U0071072

當華屋坍塌

1900s〜1930s
二十世紀前期中國的毀家廢婚論

陳慧文 著

推薦序

清華大學中文系　劉人鵬教授

　　婚姻與家庭形式在人類歷史中歷經變遷，在不同社會中有不同的樣貌，甚至在同一社會文化中，也因各種活生生的境遇而有著複雜多樣的變形實踐。晚清以迄五四，政治經濟文化社會都面臨鉅變，婚姻家庭以及性別關係如何改變，是這個鉅變的大時代裡關鍵議題之一。人們向來熟悉的歷史敘事是，此時最大成就在於揚棄父母之命媒妁之言的傳統大家庭舊制度，走向現代尊重個人的自由戀愛以浪漫愛為基礎的一夫一妻小家庭制，並且以為自由戀愛的一夫一妻制即是歷史的應然與永恆必然。慧文這本論文處理的正是這段時期婚姻家庭論述中遺忘於主流敘事之外的另類重要思想與實踐。閱讀這段時期歷史中曾經產生的複雜多樣論述，對於婚姻家庭的歷史、理論與現實理解之拓展，以致於思考現今各式婚家與不婚家的實踐，不論在理論視野或是社會實踐上的更寬廣可能性，都充滿啟發性的意義。

　　這段歷史時期的「毀家廢婚」論，並非僅來自無政府主義，亦非僅為追求個人自由。以康有為的《大同書》為例，其「去家」的烏托邦想像蘊含的理論假設在於，現代世界雖然追求「男女平等，各自獨立，情欲自由」，但整個人類社會的「男女平等，各自獨立，情欲自由」根本無法在現代私有制家國體系中真正實現。因為《大同書》認為，從歷史追溯，私有制家庭是人種為便於生存而產生的制度，將女子的情欲、生育及勞動都束縛於私有家庭中，並以此種私有家庭為基本生養及經濟單位，保有子嗣並傳遞私有財產。男女不平等之外，私有且競爭的結果是，家庭間的生存資源不平等，加上全球種族有高下，國與國爭，貧富不均，人類已經活在各種不平等中。私有制婚姻家庭所能承接與不得不承接的，就是各種不平等條件下所產生的子嗣與老人，那麼人類又如何可能在其他不平等都不改變的世界裡，在既有的婚家體制下，單單主張男女

平等獨立與情欲自由？男女平等各自獨立與情欲自由，就意味著情欲、生育與財產都可能溢出原先私有制婚姻家庭制度的承擔與規限了，這是《大同書》何以想像「男女平等，各自獨立，情欲自由」只能是一個新的大同世界的起點，大同世界婚姻家庭形式發生解體性的變化，重新建立新的社會關係，而這個理想必然伴隨著整個生產方式及其他各種不平等的解除。在當今性別理論及運動的領域裡，《大同書》「去家」論所提出的挑戰或啟發或許在於：我們可能不顧其他各種不平等而實踐性別平等嗎？可能立基於眾多不平等而獲致性別平等嗎？甚至在「性別平等即代表文明進步」的普遍假設下，我們是否可能恰恰以性別平等去證成或維穩種族、國家、階級以及家庭之間的高下不平等？如何可能不停止於當前局部的婚家與性別政治正確，而持續深入探索更真實的理想？

就現實而言，家庭與婚姻在現代社會的脆弱與瀕臨崩解，不一定會直接帶來婚姻與家庭體制的消亡或毀廢，反而可能因著政治經濟體制連帶情感、生活生計及意識形態制約等等因素，而更加成為慾望的目標，或者因實用性而在實際生活中產生各種強韌性。當然，從個人而言，在體制的各種條件下選擇（或無法選擇）如何行動或生活，有各種能動性，生存策略與模式向來不一而足，毀家廢婚論並非在個人層次提出治理性的規範。重點在於婚家體制。而就婚家制度而言，如同恩格斯所說，為資產階級服務的「國家不是『被廢除』的，它是自行消亡的」（〈反杜林論〉），婚姻家庭或亦如是。它並非來自主觀意志的廢除，而所謂「自行消亡」指的是，在新的歷史條件下，必將有新的婚姻與家庭形式。那麼，如何敏銳地辨析歷史條件，如實理解活生生的現實，洞見各種力量，在學術上帶出較寬廣的歷史理解以及未來性視野，也許是一種理想的期待。

很高興慧文這本論文終於有機會出版了。轉眼之間，慧文初步構想「反家庭論述」研究計畫竟已是十六年前的事了，而她的畢業論文〈二十世紀前期中國的毀家廢婚論〉也已經完成七年了！依稀記得，最初她著眼的是五四女作家作品中的反家離家之類的內容，也就是，個人從現有的家庭中離開的故事；後來嘗試探索當時更徹底的思考，即把「家庭」作為一種制度，而對家庭作為制度本身提出批判性的反思。當時這個維度的宏觀性整體性的歷史研究尚付闕如，從事這個研究幾乎要從零開始。慧文找到了大批的材料。她整個研究過程

對我來說是十分難得的教學相長的機會。很多材料是過去知識中陌生而需要放回歷史脈絡重新解讀的；並且種類繁多，並不容易整理。慧文一邊從事教職，一邊照顧小孩，一邊還要找資料作研究寫論文。這過程非常不容易。對我而言，跟慧文討論論文是個相對省心卻相當有收穫的經驗。慧文話不多，但每次討論完再交回的修訂稿，總能見出她以各種不同的方式回應問題，提出她自己思考過後的看法。從初稿到定稿，中間大概改過好幾個版本，因為雜多的資料究竟如何分章分節，如何建立論述主軸，如何既在清晰的歷史脈絡裡，又適切回應或拓展研究議題，且能彰顯這些材料本身的歷史或理論意義，皆非易事。學術成果總是暫時呈現一個樣貌，以期引發進一步的研究討論。近年不論學界或運動界，對於婚姻家庭以及性／別相關議題，都有了較前複雜而深入的探討或認識上的拓展，持續的探索與深耕，仍令人期待！

前言

　　毀家廢婚，在今日已少人提及，突然提出，難免多少引人側目；不過，在這個多元又自由的年代，相信大部分人略想一下，就算不喜歡這四個字，也大致可以接受它的觀念。

　　本書是我就讀清大中研所時撰寫的博士論文，在2015年7月發表時，台灣的低結婚率和高離婚率已是眾所周知；到了2023年的今日，根據內政部的統計，台灣的結婚率仍在不斷探低、離婚率仍在不斷飆高。我知道有些人把這當作可悲的現象，或亟待解決的社會問題；不過也有不少人和我一樣，對此並不覺得可悲和需要解決，甚至覺得可能是可喜之事。

　　把建立一夫一妻婚制的家庭當作人生唯一幸福的道路，焦慮地尋覓「另一半」（彷彿自己生來不是完整的個體），即使疑惑猶豫仍勉強邁入婚姻，「為了家庭」逼迫自己或家人壓抑個人志趣，刻意隱瞞家庭內部的黑暗和婚姻背後的不堪——凡此種種因為過度神聖的家庭意識型態、過度美化的婚姻想像／表象，而身心不得自由的人們，總算是在逐年地減少之中。

　　現在，台灣的家長們普遍不催促子女結婚成家，人們對於不婚、離婚、多元成家等大多能夠理解；對於「以家為名」的情緒勒索和道德綁架，也有了較敏銳的辨識、防範和停損的能力。從許多跡象可以窺見：儘管進度緩慢，毀家廢婚正在進行中。

　　康有為在《大同書》中，早已預見「去家」是漸進式的；鞠普在〈毀家譚〉中，早已提出「毀家」就是「不婚」。如此說來，在不婚族及非典型家庭正不斷增加之際，「毀家廢婚」四字儘管聽似驚世駭俗，其實不是行之有年，方興未艾嗎？

　　在筆者2015年於清大中研所畢業時，恩師劉人鵬教授便再三鼓勵我將博士論文付梓，但我試投一家出版社未果後，就心灰意懶，將其束之高閣。直到七年後的近日，有感台灣不婚風氣日盛，年輕世代對婚姻幾乎不再有勉強的追求

和過度的憧憬，對人生規劃有較多的選項，與筆者年輕時大不相同，深感昔年研究的「毀家廢婚」看似銷聲匿跡，實則隱然進行，因此不揣淺陋地將敝作投稿於秀威出版社，幸得編輯青睞得以問世，希望敝作所揭對主流家庭婚姻的反思，對於近代至今的家庭婚姻研究和性別研究，能提供些許參考或思考的面向。

目次

推薦序／劉人鵬　　　　　　　　　　　　　　　　　　003

前言　　　　　　　　　　　　　　　　　　　　　　　006

第一章　**導論**　　　　　　　　　　　　　　　　　　011

　　　一段被遺忘的歷史──毀家廢婚　　　　　　　012

　　　近代中國毀家廢婚論概述　　　　　　　　　　020

　　　研究範圍及章節說明　　　　　　　　　　　　031

第二章　**毀家廢婚的理論資源／支援**　　　　　　　035

　　　天下為公的大同思想　　　　　　　　　　　　036

　　　崇尚自然的道家思想　　　　　　　　　　　　040

　　　出世離塵的佛家思想　　　　　　　　　　　　043

　　　共產、共妻、共子的柏拉圖《理想國》　　　　046

　　　社會主義的家庭觀　　　　　　　　　　　　　050

　　　無政府主義的家庭觀　　　　　　　　　　　　076

　　　女性主義的婚家、性愛觀　　　　　　　　　　085

　　　易卜生《娜拉》的女性出走形象　　　　　　　100

　　　托爾斯泰的出走　　　　　　　　　　　　　　104

第三章　**毀家廢婚的主要論點**　107

家庭婚姻起源與發展的重述　108

毀家廢婚的時代需求——推翻傳統、強權　113

毀家廢婚在歷史進程上的必然性　117

家庭婚姻的不合情理　128

第四章　**毀家廢婚的社會藍圖**　187

取代家庭功能的公共機關　188

取代婚姻的觀念和制度　205

第五章　**毀家廢婚的實踐**　227

太平天國——因國廢家的實踐　228

集會結社的毀家廢婚　231

從個人做起的毀家廢婚　247

第六章　**結論**　283

後記　303

附錄   305

　　相關人物簡介   306

　　相關事件年表   352

參考書目   364

第一章

導論

一段被遺忘的歷史──毀家廢婚

大陸社會學者鄧偉志及徐新在其著作《家庭社會學導論》中說：

> 家庭是一種社會制度。家庭是社會的基石，包括婚姻制度在內的家庭制
> 度被認為是一切制度中最普遍、最基本的制度之一，很少有哪種制度能
> 得到比家庭制度更多的認可。[1]

　　這段話簡潔有力地說明了「擁家護婚」既全球普遍、又根深柢固的龐大勢
力。「家庭是社會的基石」這個不知是在什麼歷史脈絡中被提出的句子已然成
為不證自明的金科玉律，更不用說「家是永遠的避風港」[2]、「婚姻是承諾愛
情最美的誓約」[3]……等溫情脈脈的話語透過各種媒體充斥於視聽，日以繼夜
地締造著一幕幕感人肺腑、賺人熱淚的浪漫想像，鼓勵著人們前仆後繼地追求
屬於自己的結婚成家故事。在這一股看似積極向上、朝著理想與幸福邁進的主
流中，竟然有人煞風景地喊出了「毀家廢婚」，這無疑是冒天下之大不韙，令
人側目的。在一般人看來，如此溫馨美好、幾乎等於人性基本需求的家庭和婚
姻，居然妄言毀廢，大約不是「吃不到葡萄說葡萄酸」，就是「身在福中不知
福」；或是受（不適合本國國情的）外國學說影響，而誤入歧途、走火入魔；或是
標新立異，故作驚人之語；說到這裡，若還執迷不悟，就簡直是冷漠無情、沒
血沒淚的機器人了。至於以此為題，花九年時間，一本正經地寫出兩百多頁的
博士論文，那根本是令人「無言」了。

---

[1]　鄧偉志、徐新：《家庭社會學導論》（上海：上海大學出版社，2006年），頁37。徐新：〈鄧偉
　　　志教授的婦女學和家庭社會學思想〉，鄧偉志網頁，2007年，http://www.dengweizhi.com/index.
　　　php?id=968：「鄧老師從歷史唯物主義的觀點出發，闡釋了家庭的起源、種種變革，並對家庭未來
　　　進行了預測，指出，一夫一妻制家庭不是家庭發展的終點，而是其中的一個階段，未來的家庭形態
　　　不是無，也不是消亡狀態，而是依然存在，並向更高的形態發展，這即駁斥了家庭消亡論，也區別
　　　於家庭振興論，為家庭未來的研究提供了想像的空間。」
[2]　這句話使用率甚頻，如：國泰人壽新幸福貸定期壽險2015年3月版的文宣，https://www.cathaylife.
　　　com.tw/life/web/fileUpload/product/L1_DM.pdf。
[3]　將婚姻與浪漫愛情連結的話語甚多，此句見於花蓮理想大地渡假飯店渡假婚禮的廣告詞，2015年6
　　　月2日，http://weibo.chinatimes.com/user/plcresort/3849262033131526。

「毀家廢婚」，這個主張在今天，無論是在台灣、中國還是世界各地，都是相當小眾而邊緣——可以說，比多元成家論更小眾而邊緣——的一種論述。所謂「成者為王，敗者為寇」，一般咸認歷史既已選擇了一夫一妻婚姻及小家庭制，早已被時代淘汰的毀家廢婚論自不必多言。1949年兩岸分斷的局勢形成後，台灣進入戒嚴時期，政治宣傳將無政府主義、社會主義、共產主義、毀家廢婚等言論視為洪水野獸（詳見本書第六章），一般人並不能輕易接觸談論；即便在1987年解嚴至今，對無政府主義、社會主義、共產主義等有所研究的學者仍屬少數，對毀家廢婚論有研究興趣的學者屈指可數，一般民眾對相關言論更是陌生。至於大陸學界，雖然無政府主義、社會主義、共產主義的相關論著極多，但其中對於毀家廢婚論亦頗不以為然。翻閱八、九〇年代以降台灣和中國出版的中國家庭婚姻研究論著，有的根本沒有關於毀家廢婚的隻字片語，即使提及毀家廢婚也僅以數段或數句聊備一說，其中大多認為毀家廢婚是無政府主義者所主張，大約在晚清的1907-1909年間及五四時期出現不久就銷聲匿跡，並給與極端、偏激、流於空想、脫離實際等負面評價[4]。如2001年上海出版的

4　著作如鄧偉志、張岱玉編著：《中國家庭的演變》（上海：人民出版社，1987年），頁167-169；邵伏先：《中國的婚姻與家庭》（北京：人民出版社，1989年），頁282-287；嚴冰、魏林：《中國婚姻史》（台北：文津出版社，1994年），頁308-309；張國棟、李秀領：《中國婚姻家庭的嬗變》（台北：南天書局，1996年），頁223、234-235；鄭全紅：《中國家庭史・第5卷民國時期》（廣州：廣東人民出版社，2007），頁366-367、407-408、鄧偉志：《近代中國家庭的變革》（上海：上海人民出版社，1994年），頁15-37、53-60；岳慶平：《家庭變遷》（北京：民主與建設出版社，1997年），頁15-24、31-33、47-59、72-78；梁景和：《近代陋俗文化嬗變研究》（北京：首都師範大學出版社，1998年），頁69-70、145-160；汪玢玲：《中國婚姻史》（上海：上海人民出版社，2001年），頁418；陳重伊：《中國婚姻家庭非常裂變》（北京：中央編譯出版社，2005年），頁56-64；蔣美華：《20世紀中國女性角色變遷》（天津：天津人民出版社，2008年），頁87-88；王歌雅：《中國婚姻倫理嬗變研究》（北京：中國社會科學出版社，2008年），頁326、331-333等；論文如呂美頤：〈二十世紀初中國資產階級的婚姻家庭觀〉，《史學月刊》，1987年第6期，頁59；梁景和：〈論清末的「家庭革命」〉，《史學月刊》，1990年第1期，頁45-50、27；鄭永福、呂美頤：〈中國近代婚姻觀念的變遷〉，《中華女子學院學報》，1991年第1期，頁32；徐建生：〈近代中國婚姻家庭變革思潮述論〉，《近代史研究》，1991年第3期，頁152-156；梁景和：〈論五四時期的家庭改制觀〉，《遼寧師範大學學報》，1991年第4期，頁70-74；岳慶平：〈近代婚姻家庭的變遷〉，《文史知識》，1994年第5期，頁18-24；梁景時：〈論民初至五四時期的「家庭革命」〉，《晉陽學刊》，1994年第6期，頁101-102、104-106；逸民：〈辛亥革命時期中國人婚姻家庭觀念的變遷〉，《中華文化論壇》，2001年4月，頁7-12；蔣美華：〈辛亥革命前夕婚姻家庭新觀念〉，《山西大學學報》，1995年第4期，頁25-26；沈紹根、楊三平：〈五四時期新式知識份子的家庭變革思潮〉，《求索》，1999年第2期，頁116；徐永志：〈晚清婚姻與家庭觀念的演變〉，《河北師範大學學報》，1999年4月第22卷第2期，頁129-130；余華林：〈中國現代家庭文化嬗變研究〉，北京：首都師範大學歷史學院碩士學位論文，2002年，頁8；李桂梅：〈略論近代中國家庭倫理的嬗變及其啟示〉，《倫理學研究》，2003年1月第1期，頁63-68；梁景和：〈五四時期社會文化嬗變論綱——以婚姻、家庭、女性、性倫為中心〉，《人文雜誌》，2009年第4期，頁

571頁的鉅著《中國婚姻史》中，關於毀家廢婚的文字僅有下列幾句：

> 無政府主義思潮的女權運動，主張廢除婚姻、消滅家庭，是一種個人的
> 絕對自由主義在婦女婚戀問題上的反映；……無政府主義影響不大，體
> 現在婚戀問題上，只是個別的一些過激、過頭的作法，武漢曇花一現的
> 婦女裸體遊行[5]，當屬此類，故無須多論。[6]

　　但是，從另一個角度來看，即便是擁家護婚的學者，也不得不承認毀家廢
婚曾在二十世紀前期的中國佔有一席之地，雖說「無須多論」，但為了「忠於
歷史」，卻也沒辦法對它視而不見，在大部頭的歷史敘事中，還是得挪給它一
個位置，這便可窺見其在歷史舞台上曾有的聲勢是不容小覷了。如2007年廣州
出版了《中國家庭史》共六卷，厚達469頁的《中國家庭史‧第5卷民國時期》
中關於毀家廢婚的介紹約佔4頁，其中雖批評毀家廢婚論「只能流於空想」[7]，
卻也必須說它「曾盛極一時」[8]。

　　外國學者中，研究近代社會主義在中國的馬丁‧伯納爾（Martin Bernal）、研
究近代無政府主義在中國的阿里夫‧德里克（Arif Dirlik），研究中日無政府主義
的日本哲學博士新靖子，皆曾在其著作中論及毀家廢婚[9]。他們指出二十世紀
初社會主義和無政府主義雖曾在世界形成思潮，卻未曾如中國的五四時期造成

144中論及毀家廢婚論。

[5] 1927年初，國民政府從廣州遷到武漢，3月8日，國民政府組織20多萬軍民在漢口舉行紀念三八國際
婦女節大會，並舉行遊行。突然，名妓金雅玉等人赤身裸體，揮舞著彩旗高呼：「中國婦女解放萬
歲！」等口號，衝進了遊行隊伍。詳見安廣祿：〈北伐時期武漢裸女遊行風波〉，《文史天地》，
2008年第4期，頁37-39。

[6] 汪玢玲：《中國婚姻史》，頁418。

[7] 鄭全紅：《中國家庭史‧第5卷民國時期》，頁367。

[8] 鄭全紅：《中國家庭史‧第5卷民國時期》，頁366。

[9] 如Martin Bernal, "Chinese Socialism Before 1913," in Jack Gray, ed., *Modern China's Search for a
Political Forum* (Oxford University Press, 1969), pp.66-95；〔美〕伯納爾著，丘權政、符致興譯：
《1907年以前中國的社會主義思潮》（福州：福建人民出版社，1985年），頁8-9；Martin Bernal,
Chinese Socialism to 1907 (NY: Cornell University, 1976), pp.11-32；Arif Dirlik, *Anarchism in the
Chinese revolution* (University of California Press, 1991), pp.78-147；〔美〕阿里夫‧德里克著、孫宜
學譯：《中國革命中的無政府主義》（桂林：廣西師範大學出版社，2006年），頁83、92-93、118-
119、123。〔日〕新靖子（Yasuko Shin），*The Family and Freedom: Anarchist discourse about Love,
Marriage, and the Family in Japan and China,1900s-1930s*, the Degree of Doctor of Philosophy in the
Australian National University Canberra ACT Australia, November 2003, p.2.

大量的流行和廣泛的影響,甚至潛在地影響到1949年後的毛澤東主義、文化大革命等;在家庭婚姻議題上,中國的毀家廢婚論比國外社會主義和無政府主義的主張更激烈而迫切,這是很值得探討的。而中國在二十世紀前期所以能形成中國特色的無政府主義和毀家廢婚論,絕對不可能只是西方思想的移植,而是與中國本土的思想文化淵源,及當時的政治環境和國際情勢有極大關連的。

1999年以降,海峽兩岸陸續有學者針對近代中國的毀家廢婚論加以研究,北京首都師範大學歷史學院梁景和教授於1999年發表〈五四時期的「廢婚主義」〉,2002年發表〈民國初期「家庭改制」的理論形態〉,後收入2010年出版的著作《五四時期社會文化嬗變研究》中[10]。國史館纂修洪喜美於2002年發表〈近代中國廢婚主義的討論〉,2003年發表〈五四前後廢除家族制與廢姓的討論〉[11],2005年江西省宜春學院講師鐘世娟發表〈論中國近代無政府主義之家族觀〉[12],2008年山東大學文史哲研究院李平生教授與山東省圖書館館員張秋菊發表〈論中國早期無政府主義家庭觀〉[13],這幾篇論文認為毀家廢婚論雖然不切實際,但對近代中國婚姻文化變革的研究有深入探討的價值,且提供了不少史料,對後學極有參考價值。

2005年,北京首都師範大學歷史系副教授余華林在評析近20年來中國近代家庭研究史時特別指出,應思考「廢婚毀家」論是否真如大多數研究者所言,主要起消極作用。他說:

> 其實「廢婚毀家」論的出現,與當時學界對獨身主義、戀愛自由、新性道德等問題的討論是有一定聯繫的,並與時人對家庭未來發展趨勢的認識緊密相關。脫離對這些問題的考察,就不足以了解其背景與內涵,也就不可能正確評價。[14]

---

[10] 梁景和:〈五四時期的「廢婚主義」〉,《二十一世紀》,1999年6月總第53期,頁56-62;梁景和:〈民國初期「家庭改制」的理論形態〉,《江海學刊》,2002年第2期,頁156-161;梁景和:《五四時期社會文化嬗變研究》(北京:人民出版社,2010年),頁32-51。

[11] 洪喜美:〈近代中國廢婚主義的討論〉,《近代中國》,2002年8月第150期,頁63-87;洪喜美:〈五四前後廢除家族制與廢姓的討論〉,《國史館學術集刊》,2003年9月第3期,頁1-30。

[12] 鐘世娟:〈論中國近代無政府主義之家族觀〉,《南通紡織職業技術學院學報》,2005年12月第5卷第4期,頁31-35。

[13] 李平生、張秋菊:〈論中國早期無政府主義家庭觀〉,《東嶽論叢》,2008年第6期,頁148-153。

[14] 余華林:〈近20年來中國近代家庭史研究評析〉,《中州學刊》,2005年3月第2期,頁164。

余華林在2009年發表〈現代性愛觀念與民國時期的非婚同居問題〉，其中第三節「廢除婚制與非婚同居」，將五四時期報章雜誌中關於廢除婚制的討論，與當時青年男女非婚同居的風氣連繫起來；顯見在五四時期毀家廢婚論並不只是少數苦心孤詣者幻想的空中樓閣，而對人們的生活發生了實際的影響。相關的討論後收入余華林同年出版的《女性的「重塑」：民國城市婦女婚姻問題研究》一書中[15]。

　　2008年，劉人鵬於文化研究學會年會：「樂・生・怒・活：風格運動、生活政治與私眾社會」發表〈從二十世紀初中國「毀家」、「廢婚」論談起〉，指出：

> 過去學者偶爾論及「去家」、「毀家」、「廢婚」等言論，也多半以偏激之言視之，缺乏嚴肅的研究，使得這些言論所蘊蓄的、具有特定脈絡的對於性、性別、家庭親屬體制等批判性的思考，難以在中文脈絡中繼續深化討論，對於當時這些言論所對話或融合的本土或外來思想資源的歷史性研究，也相當不足，這對於性／別與歷史的研究來說是十分可惜的。

　　文中並對康有為（1858-1927）《大同書》（約1902）、蔡元培（1868-1940）〈新年夢〉（1904）、天義派及新世紀派的毀家廢婚論，以不同於過往學者的研究視角做了深刻的評述[16]。2009年劉人鵬復於清華大學亞太／文化研究室等主辦的「置疑『婚姻家庭連續體』國際工作坊」發表〈二十世紀初中國之毀家廢婚論〉[17]，對此議題做了更廣泛而深入的剖析。其後劉人鵬以性／別研究的視

---

[15] 余華林：〈現代性愛觀念與民國時期的非婚同居問題〉，《首都師範大學學報》，2009年第1期，頁20-32；余華林：《女性的「重塑」：民國城市婦女婚姻問題研究》（北京：商務印書館，2009年），頁61-71。

[16] 劉人鵬：〈從二十世紀初中國「毀家」、「廢婚」論談起〉，發表於文化研究學會2008年年會：「樂・生・怒・活：風格運動、生活政治與私眾社會」之「性態，家庭與宗教權力之轉化」圓桌論壇，台北：文化大學，2008年1月6日。

[17] 劉人鵬：〈二十世紀初中國之毀家廢婚論〉，清華大學亞太／文化研究室等：《「置疑『婚姻家庭連續體』國際工作坊」會議論文集》，2009年12月11-12日，頁107-129。

野，重新閱讀晚清的毀家廢婚論，撰寫〈晚清毀家廢婚論與親密關係政治〉一文，收錄於2011年出版的《置疑婚姻家庭連續體》[18]中。

2010年，大陸著名報刊評論員及專欄作家熊培雲發表〈要不要廢除婚姻和家庭？——民國的一場「另類筆戰」〉，文中論及洪秀全（1814-1864）、康有為、毛澤東（1893-1976）「去家廢婚」的理想，以及《天義報》、《新世紀》、江亢虎（1883-1954）、師復（1884-1915）的毀家廢婚論，並集中討論了1920年《民國日報・覺悟》的「廢除婚姻制度」專欄，認為《民國日報・覺悟》這場廢婚與否的論戰見證了兩點：「一是上世紀20年代，中國的公共空間已經多有氣象；二是性愛、婚姻和家庭等問題在人類文明進程中有著怎樣的無窮糾結。」[19]

綜上所述，關於二十世紀前期中國的毀家廢婚論，前人已有一些研究成果，但除了過去學者討論過的毀家廢婚論外，二十世紀前期中國的報章雜誌中還有許多涉及毀家廢婚的言論，是過去學者甚少或尚未討論過的。如果說歷史是一面鏡子，那麼目前中國現代史中關於毀家廢婚論這一塊，顯然有所殘缺。有鑑於此，本書試圖盡可能爬梳二十世紀前期中國關於毀家廢婚的史料和知識，某種程度地填補或還原這部份歷史的空白。

本書撰寫時，除參閱上文提及的近現代中國家庭婚姻研究論著外，也查閱了二、三〇年代的中國家庭婚姻研究論著，當時毀家廢婚論方興未艾，易家鉞（1899-1972）、羅敦偉（1897-1964）合撰的《中國家庭問題》（1921）、黎濛（1914-1978）所著的《家庭問題》（1929）以及羅敦偉《中國之婚姻問題》（1931）都是以支持毀家廢婚論的立場撰寫的[20]，高希聖（1900-1986）《家庭制度ABC》（1929）中也指出現代小家庭制的崩解是大勢所趨[21]；而反對毀家廢婚的家庭研究論者，也在其論著中對毀家廢婚論有所回應、介紹、批判和論辯，如李兆民

---

18 劉人鵬：〈晚清毀家廢婚論與親密關係政治〉，收入丁乃非、劉人鵬編：《置疑婚姻家庭連續體》，頁33-68。

19 熊培雲：〈要不要廢除婚姻和家庭？——民國的一場「另類筆戰」〉，《同舟共進》，2010年第3期，頁26-28；熊培雲：〈民國「另類筆戰」：要不要廢除婚姻和家庭？〉，《政府法制》，2010年9月第27期，頁22-23。

20 易家鉞、羅敦偉：《中國家庭問題》（北京：北京家庭研究社，1921年）；黎濛：《家庭問題》（上海：泰東圖書局，1929年）；羅敦偉：《中國之婚姻問題》（上海：大東書局，1931年）。

21 高希聖：《家庭制度ABC》（上海：ABC叢書社，1929年），頁95-103。

第一章　導論 | 017

《中國過渡時代的家庭》（1925）[22]、中國基督教女青年會《家庭問題討論集》（1927）[23]、潘光旦（1899-1967）《中國之家庭問題》（1928）[24]、麥惠庭《中國家庭改造問題》（1929）[25]等，皆以擁護家庭婚姻的立場痛批毀家廢婚論。

除了家庭婚姻研究論著外，中國近代哲學史、思想史、學術史[26]、或中國無政府主義思想史[27]及中國社會主義思想史[28]中，亦有部分論及毀家廢婚，提供了筆者著手此題目時一些寶貴的資料，但這些零星散布在各個論著中的材

---

[22] 李兆民：《中國過渡時代的家庭》（上海：廣學會，1925年），頁74-81中批評「近來一般赤化的男女新學生，以為破壞家庭制度夫婦制度，都是容易的事情。只是男女戀愛，實行性交，產生兒女後，若沒有適當妥善的辦法，依然要保存家庭制度才行。適當妥善的辦法是甚麼呢？他們覺得就是兒童公育。」並引經據典地闡述兒童公育的弊害。

[23] 陳立廷：〈婚姻與家庭〉，收入中國基督教女青年會編：《家庭問題討論集》（上海：中國基督教女青年會全國協會編輯部，1927年），頁2：「現在因謀個性的解放，往往將婚姻的價值也毀棄了，打了自由戀愛的旗幟，產出種種惡劣的果效來，甚麼社交公開啦、自由戀愛啦、無家庭主義啦、兒童公育啦，天花亂墜，一湧齊出。」

[24] 潘光旦：〈坊間流行中國家庭問題書籍之一斑〉，收入潘光旦：《中國之家庭問題》，頁319-324中批評易家鉞、羅敦偉合著的《中國家庭問題》中的毀家廢婚論，認為其「但憑理想」、流於「臆說」、「虛無飄渺之夢境」、「強烈的感傷主義」。

[25] 麥惠庭：《中國家庭改造問題》，頁91-99中介紹了德國倍倍爾（Bebel, 1840-1913）、英國加本特〔卡賓特〕（Carpenter, 1844-1929）、俄國紀爾曼〔高德曼〕（Goldman, 1869-1940）、瑞典愛倫凱（Ellen Key, 1849-1926）的家庭改制學說，及江亢虎的無家庭主義，並分析了廢除家庭制度的利益和弊害，其結論是反對廢除家庭，以免「失卻了這種親子自然的愛，和變成不自然的或機械的生活」。

[26] 大多中國近代哲學史、中國近代思想史並未提到無政府主義和毀家廢婚論，張錫勤：《中國近代思想史》（哈爾濱：黑龍江人民出版社，1988年），頁490-507；李華興：《中國近代思想史》（杭州：浙江人民出版社，1988年）頁326-338中介紹了晚清無政府主義及其毀家廢婚論，但給予「錯誤」、「空想」、「過猶不及」等負面評價。有些中國近代哲學或思想史介紹了康有為的去家論，如錢穆：《中國近三百年學術史》（台北：商務印書館，1996〔1937〕年），頁734-751；侯外廬主編：《中國近代哲學史》（北京：人民出版社，1978年），頁195-204；王永康：《簡明中國近代思想史》（長沙：湖南人民出版社，1987年），頁155-164；馮契主編：《中國近代哲學史》（上海：人民出版社，1989年），頁217-220，但都予以負面批評；李澤厚：《中國近代思想史論》（北京：三聯書店，2008年），頁136-139中對康有為《大同書》的去家論給予較高的評價，但強調康有為打破的是中國傳統的「封建家族和宗法制度」，未提及康有為對歐美一夫一妻制小家庭的批評。

[27] 洪德先：〈辛亥革命時期的無政府主義運動〉，國立臺灣師範大學歷史研究所碩士論文，1984年，頁182；洪德先：〈民國初期的無政府主義運動1912-1931〉，國立臺灣師範大學歷史研究所博士論文，1997年，頁34-35；徐善廣、柳劍平：《中國無政府主義史》（武漢：湖北人民出版社，1989年），頁50、58-59、128-129；路哲：《無政府主義史稿》（福州：福建人民出版社，1990年），頁102-105；胡慶雲：《中國無政府主義思想史》（北京：國防大學出版社，1994年），頁58-60；李怡：《近代中國無政府主義思潮與中國傳統文化》（武漢：華中師範大學出版社，2001年），頁156-167；孟慶澍：《無政府主義與五四新文化：圍繞〈新青年〉同人所作的考察》（開封：河南大學出版社，2006年），頁41-50等。

[28] 如高放、黃達強主編：《社會主義思想史》下冊（北京：中華人民大學出版社，1987年），頁943-959；王蘭垣、謝炎久、金愈慶主編：《中國社會主義思想史》（天津：天津人民出版社，1991年），頁179；皮明庥：《近代中國社會主義思潮覓蹤》（長春：吉林文史出版社，1991年），頁114-130；張武、張豔國、喻承久：《社會主義思潮史話》（北京：社會科學文獻出版社，2000年），頁33；王繼平、鄭赤建、肖軍芳：《中國社會主義思想通史簡編》（長沙：湖南人民出版社，2007年），頁41等。

料畢竟不完整，因此筆者多次前往中央研究院近代史研究所郭廷以圖書館，查閱第一手資料，如：晚清的《萬國公報》、《天義報》、《新世紀》、五四時期的《家庭研究》、《新青年》、《新女性》、《東方雜誌》、《婦女雜誌》……等刊物，報章如《民國日報・覺悟》、《晨報副刊》、《京報副刊》等，早已絕版的書籍如易家鉞與羅敦偉合撰的《中國家庭問題》（1921）、易家鉞《西洋家族制度》（1922）、羅敦偉《中國之婚姻問題》（1931）、羅敦偉《社會主義史》（1931）、章錫琛（1889-1969）編《新性道德討論集》（1925）、盧劍波（1904-1991）編《戀愛破滅論》（1927）、鄧天矞（?-1986）與盧劍波合著《新婦女的解放》（1928）、張履謙（生卒年不詳）《婦女與社會》（1929）、黎濛《家庭問題》（1929）……等。

　　然而，由於年代久遠，仍有些資料在台灣的圖書館和網路皆無從得見，如1907年6月在東京創刊的無政府主義刊物《天義報》，至1908年4月因無政府主義受到日本政府的鎮壓而停刊，共出了十九卷，其中第1到12卷、第15到19卷在郭廷以圖書館中皆有收藏，唯1907年12月第13-14卷合冊付之闕如。2007年12月，筆者經由劉人鵬老師的介紹，得以電子郵件向大陸學者劉慧英請益，劉慧英老師不僅在關於何震（生卒年不詳）無政府主義及女性主義的研究上給了我許多指導，還慷慨地將其很不容易才收藏到的、收錄於《天義報》第13-14卷合冊的志達（生卒年不詳）[29]〈女子教育問題〉（頁8）、何震〈經濟革命與女子革命〉（頁9-22）影印寄來，令我著實感激又感動。

　　在蒐集、閱讀了數量相當可觀的資料後，筆者以為，毀家廢婚並非如過去論者所認為的，僅限於、或主要是無政府主義者所主張，並非僅在1907-1909年及五四時期出現不久就銷聲匿跡，也並非僅流於空想。根據文獻，在1900-1930s間中國許多思想家、政要、學者、作家、青年學子，都曾在人生的某個時期不同程度地討論、考慮甚至提倡過毀家廢婚論，其中雖有不少受到無政府主義影響，卻也有不少無政府色彩較淡的論者，根據別種立場、援引其他理論來談論毀家廢婚。綜觀這三十幾年間中國關於毀家廢婚的論述內容，可謂學貫

---

[29] 「志達」是經常在《天義報》發表作品的作者群之一，其理念與何震極為接近，文章風格、內容及主張與何震所發表的文章，經常有若合符節、互相應和之處，且何震又名「何志劍」，「志達」或許是何震的另一筆名也未可知。

中西，博通古今，旁徵博引，正反立說，具有相當的廣度和深度，絕非簡單的「偏激」、「幻想」等評語所能涵括。這本書只是拋磚引玉的一個嘗試，未來毀家廢婚或許能獨立成一門學問，為「毀家廢婚學」，亦未可知啊！

近代中國毀家廢婚論概述

一、晚清時期——「數千年未有之大變局」[30]的因應對策

　　中國人一向被視為非常重視家庭，因傳統中國社會以父系家庭為主，經過長久的社會經驗和歷代儒者的反覆申說，形成了家國同構的政治觀和三綱五常的倫理觀，對家庭倫理極為重視。不過，在中國亦不乏脫離常軌的人物，自古就有拋卻世俗家庭，離群索居的奇人異士。兩漢之際佛教傳入中國，曹魏廢帝時期（250-252）中國境內開始建立佛寺，作為佛教徒出家修行之所，東漢時期中國民間流傳已久的道教也建立道觀，發展出「出家」的儀式。明清以降，禮教思想變本加厲，家庭對個人的束縛也更加強大[31]。不少明清小說揭露、批判了中國家庭的黑暗面，民間也流傳著年輕人（尤其是女性）不滿傳統家庭婚姻，寧可出家的歌謠（詳見本書第二章）。儘管如此，在晚清以前，家庭倫理在中國社會始終佔有不容置疑的神聖地位，美國學者馬克・赫特爾（Mark Hutter）曾分析「中國傳統的擴大家庭幾乎延續了2000年而未發生實質性的變化。在這久遠的年代裏，……政權的穩固、法典的制訂都是以家庭關係作為基礎。一套刻板的結構性等級制度規定了處在不同社會地位的人們的適當的態度和行為。這種等級的支配性和不可冒犯性也體現在家庭內部」[32]，然而這套長期穩定、不可冒犯的家庭倫理制度卻在十九世紀末、二十世紀初中國的現代化過程中，遭到了

---

[30] 語出李鴻章（1823-1901）：〈復議製造輪船未可裁撤折〉，1872年（清同治11年）5月。類似的說法亦見王韜：〈變法自強〉，曾輯入《弢園文錄外編》，1883年第12卷，收入王曉明、周展安編：《中國現代思想文選（上）》（上海：上海書店出版社，2013年），頁13：「居今日而論中州大勢，固四千年來未有之創局也。」嚴復：〈論世變之亟〉，原載《直報》，1895年2月4-5日，收入王曉明、周展安編：《中國現代思想文選（上）》，頁17：「我四千年文物之聲明，已澳然有不終日之慮。」

[31] 參見蔡尚思：《中國禮教思想史》（香港：中華書局，1991年）。

[32] 〔美〕馬克・赫特爾著，宋踐、李茹譯：《變動中的家庭——跨文化的透視》（杭州：浙江人民出版社，1988年），頁392；譯自Mark Hutter, *The changing family: comparative perspectives* (NY: Wiley, 1981).

史無前例的抨擊。

滿清王朝自1757年起實行鎖國政策，1842年鴉片戰爭失敗後，清廷與世界的關係日益緊張，中國知識分子遭逢「數千年未有之大變局」，在思想和行動上必然有所因應。1861年清廷開始進行洋務運動，引入外國新科技，試圖「師夷長技以制夷」。1868年，上海林樂知（1836-1907）等傳教士創辦《萬國公報》，推廣西學[33]。隨著中國與西方的接觸日益頻繁，西方人迥異於中國人的小家庭生活、男女社交、群己觀念等，以及個人主義、女性主義、社會主義等思潮，漸為國人所知。1885年起，康有為融會中西思想，開始構想一個超越了中西方現有秩序、「大公」、「無私」的「大同」世界[34]，並在1891年於廣州設立萬木草堂，收徒講學，康有為的「大同」思想開始在學生梁啟超（1873-1929）等之間流傳[35]。這個康有為預計在「千數百年」後實現的大同世界，是沒有家庭的，人人住在「公室」中，並以短期的「交好之約」取代婚姻制度[36]。

1895年，清朝在甲午戰爭敗給日本，證明了洋務運動未能根本改變清朝落後的境況，於是湧現出了要求從更基本層面進行變法維新的聲音。在內憂外患、甚至亡國滅種的危機下，為了救亡圖存，西方的知識、學說大量被譯介至中國，中國的政治體制、思想觀念一層一層地被檢討批判，曾被視為立國根本的家庭也被提出來重新審視。譚嗣同（1865-1878）於1896年結識梁啟超，得知康有為的學說，聽聞「南海講學之宗旨，經世之條理，則感動大喜躍」，年底至南京閉戶養心讀書，「冥探孔佛之精奧，會通群哲之心法，衍繹南海之宗旨」，寫成《仁學》一書[37]，書中主張廢除父子、兄弟、夫婦等家庭倫理，提出「無所謂國，若一國；無所謂家，若一家；無所謂身，若一身」的主張[38]。

康有為「大同」思想和譚嗣同《仁學》於十九世紀末成形後並未公諸於

---

[33] 《萬國公報》每期扉頁上附印一行字：「本刊是為推廣泰西各國有關的地理、歷史、文明、政治、宗教、科學、藝術、工業及一般進步知識的期刊。」

[34] 康有為大約在1885年28歲開始寫作《人類公理》時，「乃手定大同之制」，見康有為：《康南海自編年譜》（北京：中華書局，1992年），頁13。

[35] 梁啟超：《清代學術概論》（台中：文聽閣圖書，2010年），頁79：「居一年，乃聞所謂《大同書》者，喜欲狂，銳意謀宣傳，有為謂非其時，但不能禁也。……此後萬木草堂學徒多言大同矣。」

[36] 康有為：《大同書》（北京：華夏出版社，2002年），頁115。

[37] 梁啟超：〈譚嗣同傳〉，收入鄭在瀛編：《傳記散文英華》（武漢：湖北人民出版社，1998年），頁458-462。

[38] 譚嗣同：《仁學》（北京：華夏出版社，2002年），頁128。

世。1898年6月，康有為等推動「戊戌變法」，8月即發生「戊戌政變」，康有為流亡海外，梁啟超流亡日本，譚嗣同殉難。1899-1900年，梁啟超將譚嗣同生前所託付的《仁學》連載於《清議報》及上海租界區的《亞東時報》，1901年東京「國民報社出洋學生編輯所」出版《仁學》單行本。同年梁啟超在《清議報》發表的〈康南海傳〉中介紹了康有為的大同學說[39]，1901-1902年康有為流亡印度期間將構思多年的《大同書》完稿，其後在少數弟子和友人間流傳[40]。

在中國近代關於毀家廢婚的論述中，康有為《大同書》是目前所見資料中最早成形的的一部鉅著。在《大同書》中，康有為歷史化地重述「家」的起源，認為「家」在「據亂世」曾經起過制止紛爭、穩定社會、使人類相保而繁盛的作用，但「家」只是聖人為了「平亂」而採取的「因人理之相收，出于不得已」[41]的制度，並不是一個完善的制度，甚至是弊害甚多的制度。美國學者蕭公權在評論《大同書》時指出：「康氏最驚人之見在於全書最長的第六部，論及家庭此一社會制度的罪惡。」[42]「大多數的家庭並不因紛爭而破裂，

[39] 梁啟超：〈康南海傳〉，原載《清議報》，1901年12月，收入新民社：《清議報全編》（台北：文海出版社，1987年），頁20-35。
[40] 〔德〕衛禮賢（Richard Wilhelm, 1873-1930）著，王宇潔、羅敏、朱晉平譯，顏玉強主編：《中國心靈》（北京：國際文化，1998〔1926〕年），頁62-63提到康有為送給他《大同書》，「只以手寫本的形式發行了很少幾本。……它是人類社會未來規則的一個嚴肅的基礎。……他思想體系的核心之一是廢除家庭。在整個事情中有一點非常奇怪。他已經為未來的社會新秩序作出了詳細的設想，但他卻一直嚴守秘密。只有個別經過精心挑選的學生知道他的這些思想。當他們滿懷熱情地想去付諸實踐的時候，康有為卻阻止了他們。……康有為的作為向我證明了，那些注定會震撼世界的思想在中國為何總是在秘密之中傳播，而歐洲人對此卻一無所知。人們依然在談論中國知識界的停滯。但顯然康有為是一個例外。」關於《大同書》成書年代的詳細考證可參見李澤厚：〈《大同書》的評價問題與寫作年代——簡答湯志鈞先生〉，原載《文史哲》，1957年第9期，收入李澤厚：《中國近代思想史論》，頁149-160；何哲：〈《大同書》的成書年代及其思想實質〉，《近代史研究》，1980年第3期，頁257-263；湯志鈞：〈《大同書》手稿及其成書年代〉，《文物》，1980年第7期，頁58-65；林克光：〈《大同書》的寫作過程初探——《〈大同書〉手稿及其成書年代》質疑〉，《福建師範大學學報》，1981年第4期，頁129-135；宋德華：〈犬養毅題記與《大同書》手稿寫作年代辨析〉，《華南師範大學學報》，1992年第3期，頁101-104；房德鄰：〈《大同書》起稿時間考——兼論康有為早期大同思想〉，《歷史研究》，1995年第3期，頁94-103；朱仲岳：〈康有為《大同書》成書年代的新發現〉，《文物》，1999年第3期，頁92-93；車冬梅：〈《大同書》成書時間考〉，《江海學刊》，1999年第5期，頁178；杜恩龍：〈康有為《大同書》手稿發現及出版經過〉，《文史精華》，2002年第5期，頁60-63；湯志鈞：〈再論《大同書》的成書年代及其評價〉，《廣東社會科學》，2004年第4期，頁12-19；馬洪林：〈關于康有為著《大同書》「倒填年月」的商榷〉，《韶關學院學報》，2004年第10期，頁1-5等。
[41] 康有為：《大同書》，頁271。
[42] 〔美〕蕭公權著、汪榮祖譯：《近代中國與新世界——康有為變法與大同思想研究》（江蘇：江蘇人民出版社，1997年），頁339。

至少暫時維持表面的和諧，但是沒有一個家庭可以永久遮掩真相。」[43]康有為並不認為歐美的小家庭取代中國的大家族就可以解決問題，在討論家的害處時指出：「此凡歐美有家之人所不能免也」[44]，其不合情理處包括違反了平等、自由、獨立的精神[45]，使「婦女但依夫而食，日讀小說，遊戲清談為事，則其不具人格、徒供玩具可見矣」[46]，而且「有家則有私」，妨礙社會公益的發展[47]，造成「富者愈富，貧者愈貧」[48]的流弊。並揭露家庭生活和樂的假象，在《大同書》己部〈去家界為天民〉中，洋洋灑灑地以將近兩千字的篇幅，詳述家庭之中人際關係的複雜和糾葛[49]，而「定于終身」的婚制，使感情變異的夫妻仍強忍而不離[50]，這都是違反人性的。因此，康有為構想了「久者不許過一年，短者必滿一月」的「交好之約」[51]取代傳統的終身婚制，以及各種對象及功能不一的公立機構，取代傳統家庭養生送死的功能[52]。《大同書》不僅在中國近代關於毀家廢婚的論述中最早提出「去家」的主張，而且架構非常完整，涵蓋面極廣，其後的毀家廢婚論也很少能超出其範圍。

誠如梁啟超所說：《大同書》「其最要關鍵在毀滅家族」[53]；不過康有為認為大同世界在「千數百年」[54]後才會實現，當下並不適合驟然實行，否則將「大亂」[55]。在家庭方面，「康氏雖指出家庭的缺點以及日後必將消失，但從未說在人類進步到不需要家庭之前，家庭可以取消」[56]。基於漸進式進步史觀，康有為並不主張在現階段用革命的手段驟然「去家」，而主張「赴之有道，致之有漸，曲折以將之，次第以成之」[57]。

---

43 〔美〕蕭公權著、汪榮祖譯：《近代中國與新世界──康有為變法與大同思想研究》，頁340。
44 康有為：《大同書》，頁181。
45 康有為：《大同書》，頁236、268。
46 康有為：《大同書》，頁232。
47 康有為：《大同書》，頁208、225-226。
48 康有為：《大同書》，頁332-333。
49 康有為：《大同書》，頁234。
50 康有為：《大同書》，頁234、236。
51 康有為：《大同書》，頁200-202。
52 康有為：《大同書》，頁230-272、285-286。
53 梁啟超：《清代學術概論》，頁60。
54 康有為：《大同書》，頁89。
55 康有為：《大同書》，頁162。
56 鄭麗麗、郭繼寧：〈關於美好未來的政治遺囑──《大同書》烏托邦方案探析〉，《船山學刊》，2009年第1期，頁89。
57 康有為：《大同書》，頁277。

儘管流亡印度的康有為對於滿清政府的問題及大同世界的理想皆仍抱持改良漸進的態度，但戊戌變法後對滿清政府徹底失望的知識分子已開始渴求更激烈且救急的良方，如加入孫中山（1866-1925）的革命陣營，致力於推翻滿清、建立民國，部分知識分子則受到當時流行於世界各地的無政府主義思潮所吸引[58]。十九世紀末、二十世紀初，中國赴日的留學生接觸到無政府主義，並將無政府主義翻譯或介紹至中國，如1899年留日的馬君武（1881-1940）於1902年翻譯英人克喀伯（Thomas Kirkup, 1844-1912）《社會主義史》（A History of Socialism, 1892）第九章〈無政府主義〉（Anarchism），題為《俄羅斯大風潮》出版[59]；1901年留日的張繼（1882-1947）於1903年根據日文的無政府主義資料編譯為《無政府主義》一書[60]；這兩本著作都提及無政府主義的主張之一——廢除家庭婚姻。1901年留日的江亢虎則在無政府主義影響下加入了個人的見解，於1903年撰寫「無宗教、無家庭、無國家」的〈三無主義懸論〉[61]。不過鑑於滿清的言論控制，江亢虎寫成〈三無主義懸論〉後自藏其稿[62]，直到民國成立後的1913年才收入《洪水集》中出版。1904年，蔡元培創辦了介紹俄國無政府主義的《俄事警聞》，發表小說〈新年夢〉，構思了一個六十年後理想的新中國，其中是沒有家庭婚姻、「沒有父子的名目」、「沒有夫婦的名目」的[63]。

　　晚清時期海外留學生相對於國內具有較大的發表基進言論的空間，1907

---

[58]　Jason Adams, *Non-Western Anarchisms Rethinking the Global Context*, 2012, http://raforum.info/spip.php?article3218中指出二十世紀前期無政府主義是一個世界化的活動而非西方現象，而「在亞洲許多地方，無政府主義是二十世紀前期的主要激進左派運動。這對無政府主義來說應該被是很重要的，因為中國是迄今全球人口最多的國家，人口超過十二億人。」p.11: "Throughout many parts of Asia, anarchism was the primary radical left movement in the first quarter of the 20th Century. This should be considered quite significant to the anarchist project because within the global context China is by far the most populated country with a population of over 1.2 billion people."

[59]　〔英〕克喀伯著、馬君武（署名「獨立之簡人」）譯：《俄羅斯大風潮》（上海：廣智書局，1902年），頁415。

[60]　燕客：〈《無政府主義》序〉，原載張繼（署名「自然生」）：《無政府主義》（1903年），收入葛懋春、蔣俊、李興芝編：《無政府主義思想資料選》（北京：北京大學出版社，1984年）上冊，頁23-24。

[61]　江亢虎：〈三無主義懸論〉，收入江亢虎：《洪水集》（上海：上海社會星出版社，1913年），頁32-37。

[62]　江亢虎：〈三無主義懸論〉，頁37：「返國又逢沈愚溪君之變，遂閒置之，從不敢以示人。」沈藎（1872-1903），字愚溪，原名克誠。1903年，因揭露《中俄密約》於天津英文報紙上，引發在東京的中國留日學生和國內各階層的反對。7月19日被逮捕，後被判斬立決。

[63]　蔡元培：〈新年夢〉，原載《俄事警聞》，1904年2月17-25日第65-68、72-73號，收入葛懋春、蔣俊、李興芝編：《無政府主義思想資料選》上冊，頁51。

年日本東京的中國留學生劉師培（1884-1919）與何震組織「女子復權會」和「社會主義講習會」，發行無政府主義刊物《天義報》，同年巴黎東京的中國留學生張繼、吳稚暉（1884-1946）、李石曾（1881-1973）、褚民誼（1884-1946）等亦發行無政府主義刊物《新世紀》。與晚清「富國強種」或「富國強兵」的主流論述不同的是，無政府主義者主張推翻滿清以後不另設政府，而要響應世界各地的無政府運動；劉人鵬論及晚清《天義報》及《新世紀》作家的毀家廢婚論時指出：「走出了富國強種的國族思考框架，他們討論性別、階級、種族的問題，自由與平等的問題，都有不同於當時主流思考的洞見。」[64]在家庭婚姻議題上，《天義報》、《新世紀》作家都不以西方一夫一妻制的小家庭為理想，而主張根本廢除家庭和婚姻制度。此外，受佛學及無政府主義影響、在東京主編革命刊物《民報》的章太炎（1869-1935），發表〈五無論〉主張進入不但「無家室」而且「無人類」的境界[65]，其言論亦跳脫了國族思考框架。

　　大體而言，晚清時期提出毀家廢婚的論者大多具有深厚的國學基礎，以及「以天下興亡為己任」的儒者襟懷，在面對中國數千年未有的大變局時，挪用若干西方思想，並從傳統思想中汲取可資運用的素材，所提出的因應對策無論是富國強兵，還是推翻滿清建立民族國家，或是推翻滿清後進入無政府世界，其眼光皆不僅止於解決當前中國的危機，還要解決世界問題，為天地立心、為生民立命、為往聖繼絕學、為萬世開太平，在各種宏偉遠大的計畫中，「毀家廢婚」被其中一部份知識分子當作世界藍圖的一個環節而提出來了。在戊戌變法時期，以《大同書》為代表，將「去家」的世界定在「千數百年」[66]，採取漸進改良的手段；在戊戌變法失敗之後，則以無政府主義者為代表，他們更積極地呼籲著以強烈的、革命的手段，立即行動，透過著書立說、發行刊物、集會演說等方式，有的甚至主張用暗殺的方式[67]，以人為的力量促使改變而不僅

---

[64] 劉人鵬：〈從二十世紀初中國「毀家」、「廢婚」論談起〉：「上個世紀初，知識分子論述中有個偏執的重心，就是『富國強種』，由於帝國主義的壓力，以及整個世界框架的改變，製造出一個『國』與『種』瀕臨危機的焦慮想像，今天大家熟悉的是主流『富國強種』或『富國強兵』論，彷彿當時所有論述及行動都指向救國救種。但其實當時已經有一些非常可愛的聲音，可說是空谷足音，對於富、強以及國族主義提出批判。」

[65] 章太炎（署名「太炎」）：〈五無論〉，《民報》，1907年9月25日第16號，頁1-22。

[66] 康有為：《大同書》，頁115。

[67] 燕客：〈《無政府主義》序〉，頁23-24：「以一爆裂彈，一手槍，一匕首，已足以走萬乘軍，破千金產……若滿州人，若君主，若政府官吏，若財產家，若結婚者，若孔孟之徒，有何絕大手段能

是坐等歷史的演變，盡快地在現時現地實現不僅是無家庭、而且無國家、無軍人、無私產、無貨幣……的無政府世界。這種即知即行的革命精神在民國以後引爆為不容小覷的動員力量。滿清政府被推翻後國內立刻成立了數個標榜無家庭、不婚姻的社會主義或無政府主義政黨或社團，更在五四時期爆發為無政府主義社團及刊物、工讀互助運動、新村運動及獨身主義、非婚同居……等毀家廢婚相關言論及實踐的大流行，正所謂「沒有晚清，何來五四」[68]！

二、五四時期──「反對舊道德、提倡新道德」[69]的時代呼求

1911年10月10日武昌起義後，滿清政府不再能箝制言論[70]，以往只能在海外出現的社會主義或無政府主義團體，在國內紛紛出現，在1911-1912年間，江亢虎、沙淦（1885-1913）、釋太虛（1890-1947）、師復等皆組織政黨、社團或創辦刊物，宣揚社會主義或無政府主義，且皆主張廢家族、不婚姻，這段時期關於毀家廢婚的言論，可見於江亢虎成立中國社會黨的機關刊物《社會世界》及其著作《洪水集》、社會黨的機關刊物《良心》、師復創辦的刊物《晦鳴錄》、《民聲》等。但是這些團體和刊物不久即因袁世凱（1859-1916）的專制而遭到打壓。

袁世凱的專制和復辟使有識之士警覺到：儘管民國已成立，但傳統、官僚的風氣不根除，專制極權仍將死灰復燃；而家庭婚姻正是傳統勢力的根基。袁政府下台，五四運動爆發後，各種思想學說，呈現百花齊放、百家爭鳴的局面，毀家廢婚論在自由的時代氛圍中，得到寬廣的發表空間，在「反對舊道德、提倡新道德」的口號聲中，部分論者認為毀家廢婚是剷除舊道德勢力的釜底抽薪之計。1921年易家鉞與羅敦偉創辦的專門性刊物《家庭研究》挾

抵抗此神出鬼沒之主義乎？遇而自斃，自不待言……暗殺手段誠革命之捷徑。」張繼的言論未如燕客激烈，但也認為婚制應廢，因為「社會有奸通罪之故，因于有婚姻制，欲絕奸通，非先廢婚姻制。」張繼（署名「自然生」）：〈無政府主義及無政府黨之精神〉，原載《中國白話報》，1904年1月2日第2期，收入葛懋春、蔣俊、李興芝編：《無政府主義思想資料選》上冊，頁30。

[68] 語出王德威：〈導論：沒有晚清，何來五四？〉，王德威：《被壓抑的現代性：晚清小說新論》（北京：北京大學出版社，2005年），頁1。

[69] 語出五四時期社團之一「新潮社」的口號，主要發起人是傅斯年、羅家倫（1897-1969）。

[70] 1911年10月10日武昌起義，12月29日，南方十七省選出孫文為中華民國第一任臨時大總統，1912年1月1日在南京宣佈中華民國成立，孫文就任。1月25日，袁世凱及各北洋將帥通電支持共和。2月12日，隆裕太后（1868-1913）接受優待條件，幼帝溥儀（1906-1967）退位，清朝於中國的統治宣告終止。

著銷售量驚人之勢，陸續將刊物中的文章集結出書且不斷再版；其他著名刊物如：《新青年》、《新女性》、《東方雜誌》、《婦女雜誌》……等，報章如《民國日報・覺悟》、《晨報副刊》、《京報副刊》等，也都曾刊載關於毀家廢婚的討論；1926年葉靈鳳（1905-1975）和潘漢年（1906-1977）創辦的無政府主義刊物《幻洲》，不僅攻擊家庭婚姻，也攻擊戀愛神聖論，在當時頗受矚目。除了刊物外，二、三〇年代有不少思想家、作家的著作有毀家廢婚的構想或傾向，如朱謙之（1899-1972）《革命哲學》（1921）、張競生（1888-1970）《美的人生觀》（1925）及《美的社會組織法》（1925）、章錫琛編《新性道德討論集》（1925）、張競生《性史》（1926）、盧劍波編《戀愛破滅論》（1927）、鄧天矞與盧劍波合著《新婦女的解放》（1928）、張履謙《婦女與社會》（1929）、黎濛《家庭問題》（1929）……等。許多青年男女試圖將毀家廢婚的理想化為真實，或是組織新村、工讀互助社或類似團體，或是堅持獨身主義，或是與相戀的對象非婚同居，試行毀家廢婚的生活。

　　與晚清時期的毀家廢婚論相較，五四時期的毀家廢婚論較少挪用中國傳統思想資源，而更熱心、更「趨新」地引用當時世界最新最流行的理論及時事報導，提出毀家廢婚的也不再只是少數苦心孤詣的學者或小眾團體，由於白話文的普及使新思潮、新觀念的傳播更快速而普及，毀家廢婚成為從大學教授、知名作家、青年學子到一般讀者都參與討論、甚至付諸行動的議題。所思考的角度除了把毀家廢婚當作理想社會工程中的一部分外，也考慮到更實際的層面，如關於家庭的法律、婚姻儀式的存廢問題等，並且與當時的自由戀愛、新性道德、自由離婚、兒童公育等議題有著或彼此支持、或彼此辯論的複雜對話。五四以降毀家廢婚論經過十幾年的醞釀、發酵，至1930年南京國民政府欲廢止清代舊法、制定適應現代國家的《民法》時，毀家廢婚的提案已堂堂呈上立法院的廳堂，成為當時中國最具影響力的學界、政界諸公討論、思考的選項之一。

三、一場關於家庭婚姻的立法院會議

　　1930年，南京國民政府的最高民意機構──立法院中，曾有一場層級很高、論點基進的會議──由立法院長主導，監察院長、內政部長、教育部長、

中央研究院院長、各大學校長等與會，將「廢除姓、婚姻、家庭」作為研議修法的選項之一。

清末民初，中國親屬間之法律關係，係適用宣統二年頒布之《現行刑律》中關於親屬的規定。1927年，國民政府北伐成功奠都南京，1930年制定《民法》，在研擬的過程中，立法委員傅秉常（1896-1965）提出關於姓、婚姻、家庭的規定，在制定《民法》時是否應該取消的問題，4月18日南京立法院於大宴會廳召開第三次全國教育會議，立法院長胡漢民（1879-1936）邀請當時教育文化界的菁英，就傅秉常的提案，歸納為三個問題，要求與會者發表意見，以做為立法的依據。三個問題分別為：

第一，要不要姓？若要，從父姓還是從母姓？
第二，要不要婚姻？若要，早婚或晚婚有無限制？
第三，要不要家庭？若要，大家庭還是小家庭好？[71]

當時嶺南大學校長鍾榮光（1866-1942）對於姓的問題，認為可有可無：「有姓也好，沒姓也好，從父姓好，從母姓也好。」對於婚姻則較果斷地回答：「不要結婚，尤其是教育界的人一個都不要結婚，如已結婚的，便不要生子女。」對於家庭問題則更簡潔地說：「不要的好。」[72]

擔任中央研究院院長的蔡元培，回應得最詳盡。對於姓氏，他主張「不要的好，用父姓不公道，用母姓也不妥當，可以設法用別的符號來代替。」對於婚姻，他認為「在理想的新村，以不結婚為好。在這新村裡，有很好的組織，裡面有一人獨宿的房間，也有兩人同睡的房間，跳舞場、娛樂室，種種設備，應有盡有。當兩人要同房居住的時候，須先經醫生檢查過，並且要有很正確的登記，如某日某時某某同房居住。將來生出子女，便可以有記號了。」至於家庭，也是「不要的好；不得已而思其次，小家庭比大家庭好。」[73]

---

[71] 〈昨午立法院之盛宴──解決姓、婚姻、家庭問題〉，《申報》，1930年4月19日。
[72] 〈昨午立法院之盛宴──解決姓、婚姻、家庭問題〉。
[73] 〈昨午立法院之盛宴──解決姓、婚姻、家庭問題〉；蔡元培：〈關於姓、婚姻、家庭問題的談話〉，收入蔡元培：《蔡孑民自述》（南京：江蘇人民出版社，1999年版），頁196-197；相關的討論可參見樓桐孫：〈中國家制的過去與未來〉，《東方雜誌》，1931年第28卷第2號，頁14；潘光

內政部長吳稚暉則以幽默詼諧的態度回答這三個問題，他說：「姓可要可不要。比如我到南京來，如果有人請我吃飯，而我沒有姓名，叫人家怎麼表示請吳稚暉呢？如果是熟人，當面招呼一下就行。沒有姓名，也不要緊了。」輕鬆地表示姓除了用來稱呼外，不應有其他作用，所以只要能夠分辨、指稱，不一定要用姓名。對於結婚，他以開玩笑的口吻地回答：「至於結婚不可少，因為有人結婚，才有人請我證婚，我才有喜酒可吃。」雖言「不可少」，卻只提及婚禮在交際上的好處，對於婚姻的意義卻未置一詞。對於家庭，他帶有嘲諷意味地說：「至於家庭，我自己主張不要！因為有了家庭，別人便要去吃吳家的飯了。所以我只願意別人有家庭，我才可以盡量去吃別人的。」[74]

教育部長蔣夢麟（1886-1964）基於醫學及性病防治尚未完善的考量，認為五十年內姓、婚姻、家庭都還需要，但「五十年後，有人說那時性病便已截止，末〔那〕麼不結婚也不成問題了。」「至要大家庭或小家庭，應視經濟社會發達的情形，在農業社會需要大家庭，在工業社會需要大〔小〕家庭，到五十年後，便是另一問題了。」意即只要醫學進步，「婚外性」所可能引發的「性病」可以防治，結婚儀式和家庭制度就不再必要了。蔣夢麟最後還說了一句意味深長的話：「到五百年後，那更不可思議了。」[75]

北平研究院院長李石曾認為姓有保存的必要，家庭和婚姻問題則贊成蔡元培的看法，認為從進化上看將來家庭婚姻勢必縮小至取消，他說：

> 姓的問題自近於自然科學的問題，從生物學的人類宗系學方面稱，為研究人類的遺傳與進化，姓似有保存的必要，但姓的如何保存乃係另一個問題，定名方法可以隨時改進的。
>
> 婚姻問題與家庭問題……均近於社會科學問題，甚為繁複，伸縮力大，從現教方面講，和蔡先生甚表同情，婚姻制度和家庭的制度，均隨

旦：〈姓，婚姻，家庭的存廢問題〉，《新月》，1931年第2卷第12期，頁1-22；潘光旦：〈過渡中的家庭制度（下）〉，《華年》，1936年第5卷第34期，頁651-653；唐振常：〈蔡元培研究的幾點辨正〉，《百年潮》，1999年第5期，頁50。

[74] 〈昨午立法院之盛宴——解決姓、婚姻、家庭問題〉；〈民國怪人吳稚暉趣聞錄〉，收入《民國秘史》編委會編：《民國秘史》（北京：大眾文藝出版社，2010年）第一冊。

[75] 〈昨午立法院之盛宴——解決姓、婚姻、家庭問題〉。

社會而演進，將來的解決，一定均趨於縮小的途徑，婚姻縮小，至於不結婚，家庭縮小，至於個人的生活，同時或須有合作社性質的組織，如蔡先生所說的一樣。總之這是演進的東西，不能有肯定的答案，事實方面，現在已逐漸的向解決方面演進，如這位譚仲逵先生的結婚，已廢除一切婚禮，便是一個例證。進化是哲學和科學所共同的，宇宙一地，都是進化的，一切問題，都歸納到科學的公理，道義是科學的、一面也是進化的東西，解決這幾個問題，也不能為例外。[76]

立法委員張默君（1884-1965）認為「為維持社會秩序應有姓，可聽兒女的自由擇姓，但以父母的姓為限，不能姓父母以外的姓」，對於婚姻則「聽人自由，看各人環境如何而定」。會議上只有國立同濟大學校長張庶華（1886-1968）「反對不結婚」，但並未嚴肅申論反對的理由，只以揶揄在場教育界人士的口吻說「不結婚便沒有後代的青年，那末教育家的飯碗問題，便要搖動了。」[77]

這場在立法院召開的全國教育會議中，與會者討論的廢婚、廢家、廢姓，其實並非突發奇想的平地一聲雷，而是經過晚清以來多年的醞釀，在五四時期已經討論得非常熱烈而普遍，不少人在理想上能接受和支持；但一旦要進入立法程序，立刻遭到強大的阻力。這場會議紀錄公諸於報後，並不受輿論支持，立法委員樓桐孫（1896-1992）認為他們的「宏論」、「理想」太過高遠而不切實際[78]，優生學家潘光旦更嚴厲批評這場會議中的說法「離奇突兀」[79]、「行不通」[80]。1930年7月23日，中央執行委員會政治會議議決《親屬法先決審查各點意見書》九點送立法院作為立法原則，立法院遂依據該原則，制定《民法親屬編》，由國民政府於1930年12月26日公布，1931年5月5日施行，其中廢除妾制、實行一夫一妻制，在當時已是頗具革新精神、推翻舊制的法律，而當初會議上想像的毀家廢婚，仍只能束之高閣。

---

[76]　〈昨午立法院之盛宴──解決姓、婚姻、家庭問題〉。
[77]　〈昨午立法院之盛宴──解決姓、婚姻、家庭問題〉。
[78]　樓桐孫：〈中國家制的過去與未來〉。
[79]　潘光旦：〈姓，婚姻，家庭的存廢問題〉，頁5。
[80]　潘光旦：〈姓，婚姻，家庭的存廢問題〉，頁11。

研究範圍及章節說明

由於本書所探討的「毀家廢婚論」，其時代背景是在二十世紀前期1900s-1930s年間的中國，當時中國境內存在的大多是傳統家族和封建婚姻，因此難免令人以為當時毀家廢婚論者欲毀廢的對象，是中國的傳統大家族制和封建婚姻，而非今日以一夫一妻為主流的家庭婚姻。但是本書的研究範圍，卻是將「毀家廢婚論」界定為<u>以一夫一妻家庭及終身婚制為批評對象，或以廢除一夫一妻家庭及終身婚制的社會為願景的一種論述</u>。僅僅抨擊中國傳統大家族制及傳統婚制、而未明顯批評一夫一妻家庭及終身婚制的議論，並非本書的主要研究對象。原因之一，是二十世紀前期的中國論者，在抨擊中國舊式婚家之餘，欲以西方婚家取而代之者，多以「小家庭」[81]、「婚姻自由」[82]稱之，從未使用「毀」、「廢」、「去」、「無」等字眼。而以「去家」、「無家」、「毀家」、「廢婚」、「消滅家庭」等語立論者，率皆不但攻擊中國舊式婚家，對西方一夫一妻家庭及終身婚制亦表不滿。原因之二，關於二十世紀前期中國如何批評中國傳統大家族制及婚制中的家長權威、包辦婚姻、男尊女卑、三妻四妾……等，如何接受了西方一夫一妻家庭及終身婚制中的自由戀愛、婚姻自主、男女平等……等，在中國近現代家庭婚姻研究中，實已汗牛充棟，無須筆者再置一詞。但是早在二十世紀初西方家制及婚制尚未實現於中國時，便有中國知識分子期期不以為可，認為西方一夫一妻家庭及終身婚制亦是弊端甚多且行將崩解，並不值得效法，這個部分在目前的婚家研究中討論得相對較少，因此是筆者可以盡些棉薄之力加以補足的。

至於廢除一夫一妻家庭及終身婚制後，是否要廢除一切形式的家庭和婚姻，則本書對「毀家廢婚」的意義從寬。在本書蒐羅的論述中，有的論者的確要廢除一切形式的家庭和婚姻，但也有的論者設想出類家庭或類婚姻的組織或制度，如：同居、短期婚姻、社會主義家庭……等，後者可能被認為仍要保留

---

[81] 如酉誨詮次：〈世界小家庭主義之趨勢〉，《進步》，1915年第7卷第4期，頁1-7；胡迪生：〈小家庭〉，《群言》，1924年第4卷第1期，頁87-89等。

[82] 如風城蓉君女史：〈婚姻自由論〉，《清議報全編》，1901年第1集第3卷，頁98-100；汪毓真：〈論婚姻自由的關係〉，《女子世界》，1904年第4卷，頁15-16等。

家庭婚姻，只是加以改良罷了。但是，既然他們所想像的類家庭和類婚姻已與至今仍被視為唯一、神聖的一夫一妻家庭及終身婚制有極大的不同，對一夫一妻家庭及終身婚制來說已具有毀廢的作用，因此仍屬於本書的主要研究對象。有一點要澄清的是：本書所論及的曾發表毀家廢婚論的中外論者，未必自始至終、也未必在思想和實踐上皆是徹徹底底的毀家廢婚論的信徒。其中不少論者在人生的某時期抱持毀家廢婚論，某時期則否；或是一面在理想上構築著毀家廢婚的世界藍圖，一面在現實中卻不反對一夫一妻家庭及終身婚制，甚至可能贊成當前社會仍需要一夫一妻家庭及終身婚制，且自己過著一夫一妻的家庭婚姻生活。對此，本書並不細究個別論者對於毀家廢婚認同和實踐的程度，而以其發表過的毀家廢婚相關論述為探討對象。

就現有資料看來，近現代中國的毀家廢婚論主要發軔於晚清康有為寫作《大同書》（約1902年完稿）、譚嗣同《仁學》出版（1899-1900），經過民國初年集會結社盛行、五四時期學風多元自由的發展，至1930年立法院制定《民法》時成為國人關注的焦點，但在1930年底《民法親屬編》公布後，毀家廢婚的議題便暫被擱置，雖仍有少數發表，但已不再為人熱烈談論。因此，本書主要以1900s-1930s這三十幾年間中國關於毀家廢婚的論著為主要討論對象，為勾勒其思想淵源及歷史框架，亦論及古今中外的相關論述。為了闡述這三十幾年中國毀家廢婚論其後在中國掀起的風暴，和在台灣曾有的餘波，在本書第六章結論將概述1949年兩岸分裂的局勢形成後，毀家廢婚論在中國和台灣不同的發展。

本書在寫作之初，曾擬以年代或個別論者來分章節，但如此寫作很難不流於資料的整理，且同一議題往往在不同的年代及不同的論著中一再出現，以致讀來雜亂瑣碎，因此決定以議題化的章節呈現，希望較能凸顯各章節的意義，每章節中盡量依年代先後作陳述及討論，並在本書末附錄〈相關事件年表〉，以釐清歷史脈絡。關於本書曾提及的各個論者的生平事蹟、思想背景、對當時及其後的影響力等，實在重要，但為了避免影響行文的流暢，或造成註釋太冗長而影響閱讀，所以皆附錄在本書末的〈相關人物簡介〉。

本書共分六章，第一章導論，概述過去學者關於本議題的研究概況，及筆者寫作本書的研究動機、方法及範圍；第二章爬梳二十世紀前期中國提出

毀家廢婚的各個論者，為了增加自己理論的可信度及說服力，曾經運用哪些理論資源來加以支援，包括傳統思想，和當時流行於中國的翻譯文本。由本章可以看出當時學者對於理論資源的運用非常靈活，不問其各派學說的歷史框架、各個學者的學術立場，只要其部分說法足為毀家廢婚的奧援，便加以挪用、內化甚至激化為獨特創新的見解。第三章探討二十世紀前期中國毀家廢婚論的主要論點，包括重述家庭婚姻的起源，提出毀家廢婚的時代需求——推翻傳統、強權，強調毀家廢婚在歷史進程上的必然性，以及揭露家庭婚姻的不合情理。「先破後立」，第四章討論毀家廢婚論者如何構思無家無婚的社會藍圖；「坐而言不如起而行」，第五章探討二十世紀前期的中國毀家廢婚論者，為了實現其理想，做了那些嘗試和努力。1949年後，國民黨政權播遷台灣，共產黨則在大陸建立中華人民共和國，本書第六章將概述毀家廢婚論在兩岸不同的意識形態下，各自走向截然不同的發展，並介紹台灣新興的毀家廢婚論，分析二十世紀前期中國毀家廢婚論對當代毀家廢婚論者可能的啟示和意義。當代台灣學界關於毀家廢婚的論述正在形成中，其未來發展有多面向的可能，二十世紀前期中國毀家廢婚論中曾引用的中外學說，以及二十世紀前期中國各個自成一家、各具特色的毀家廢婚言論，甚至筆者這本拙作，或許也能成為支援當代台灣毀家廢婚論的理論資源之一；至於如何吸納、如何挪用、甚至如何轉化、如何再生，無窮的可能，皆俟來者。

第二章

毀家廢婚的
理論資源／支援

二十世紀前期中國論者在提出毀家廢婚時，一方面吸收、轉譯外來學說，一方面重新解讀、援引中國典籍和歷史事件，展現出融會古今、博通中外的豐富內涵，使二十世紀前期中國倡議毀家廢婚的論壇彷彿呈現古今中外哲人志士異口同聲、吾道不孤的特殊景觀。不過需要澄清的是，本章所論及的各個學派及思想家，未必本身確實提倡毀家廢婚論，多半是其中一部分的說法，被倡言毀家廢婚的論者津津樂道、加以挪用。本章所要呈現的意義，並不是毀家廢婚其來有自、中外皆然，而是古今中外都有對家庭婚姻超越性或批判性的論述，曾不同程度地對家庭婚姻置疑；而二十世紀前期中國提出毀家廢婚的各個論者，為了增加自己理論的可信度及說服力，曾經運用哪些理論資源來加以支援，包括傳統思想，和當時流行於中國的翻譯文本，其中有些可能是現今的毀家廢婚論者也值得再細讀、重讀、援用的。

天下為公的大同思想

　　中國自漢武帝「罷黜百家，獨尊儒術」後，官方儒學便佔有統治地位。儒家的一切社會道德圍繞著家庭道德展開，自古就有齊家之道。不過二十世紀前期主張毀家廢婚的中國論者，有不少認為儒家經典之一——孔子（511-479BC）弟子及後學所記的《禮記》[1]中所描述的「大同」，相對於「小康」，是一個沒有家庭、婚姻的理想社會，「大同」一詞及〈禮運大同篇〉中的若干字句，從晚清到五四，從康有為到五四青年的毀家廢婚論中頻繁地出現；自稱受大同思想啟迪而提倡毀家廢婚的，亦大有人在。

　　梁啟超闡述康有為著《大同書》的思想時曾引用〈禮運大同篇〉，根據儒家文獻但跳脫了傳統框架，賦予了現代意義的闡釋，認為「大道之行也，天下為公，選賢與能」，即是國家政治由全體人民共同治理的「民治主義存焉」；「講信修睦」，不只是講究人際間的信用和睦，而放眼於國際間的合作，即

---

[1]　康有為認為「著《禮運》者，子游。」見康有為口述：〈禮運〉，收入吳熙釗、鄧中好校點：《南海康先生口說》（廣州：中山大學出版社，1985年），頁30；馮友蘭認為〈禮運大同篇〉是「一部分儒家之政治社會哲學之受道家影響者」，見馮友蘭：《中國哲學史》（上海：神州國光，1933年），頁424-425；錢穆則認為「〈禮運〉晚出，本雜道、墨思想」，見錢穆：《中國近三百年學術史》，頁738。

「國際聯合主義存焉」;「不獨子其子」,不再只關心個人、私家中的兒童,而要以公家機關照顧社會上所有的兒童,即「兒童公育主義存焉」;「使老有所終,壯有所用,幼有所長,鰥寡孤獨廢疾者皆有所養」,使所有年齡層、包括弱勢者都能在完善的社會保險制度下安身立命,即「老病保險主義存焉」;「貨惡其棄於地也不必藏於己」,即是不再有私產的「共產主義存焉」;「力惡其不出於身也不必為己」,即以為公服務為榮的「勞作神聖主義存焉」;梁啟超並轉述康有為謂「此為孔子理想的社會制度」,而要實現這些理想的主義,私家的存在卻是最大的障礙;因此康有為「推衍其條理」的結果,卻不是傳統儒者以修身齊家為本的治國平天下之道,反而寫成了一本「最要關鍵,在毀滅家族」的《大同書》[2]。

晚清無政府主義刊物《新世紀》作家鞠普(生卒年不詳)則以無政府主義的觀點,重新詮釋〈禮運大同篇〉,他認為「大道之行也,天下為公,選賢與能,講信修睦」,即是還政於民,不再需要政府的「廢政府之說」;「故人不獨親其親,不獨子其子,使老有所終,壯有所用,幼有所長,鰥寡孤獨廢疾者皆有所養」,即是以公家管理取代家庭功能的「廢家族之說」;「男有分,女有歸」,即是男女自由結合,不再需要婚姻儀式和制度的「廢婚姻之說」;「貨惡其棄於地也不必藏於己,力惡其不出於身也不必為己」,即是貨物與勞力皆歸於公,不再需要金錢交易的「廢金錢之說」;「是故謀閉而不興,盜竊亂賊而不作,故外戶而不閉」,意即在公有公享、沒有私產的社會中,人民自然無須偷拐搶騙,也就不再需要法律規範的「廢法律之說」。在廢家族方面,鞠普認為〈禮運大同篇〉中「不言父子而言親子,可見父子二字本不通,父子一倫更當廢」;在廢婚姻方面,鞠普認為「不言夫婦而言男女,正如佛所說善男子善女人,故夫婦名詞,實不通也」[3],這個說法與康有為「不得有夫婦舊名」的主張接近。

江亢虎自幼接受儒學教育,對儒家大同之世無限嚮往:「慕大同之治,妄草議案,條例多端,以為必如何如何而後天下可企于均平,因虛擬理想世界」;1901年東渡日本留學後,把儒家大同思想與初步接觸到的無政府主義思想相比

2 梁啟超:《清代學術概論》,頁132-135。
3 鞠普(荷蘭來稿):〈禮運大同釋義〉,《新世紀》,1908年3月14日第38號。

較，發現二者「多有互相印證之妙，竟暗合十之八九」[4]；1903年，江亢虎融合儒家思想和無政府主義，首創「無宗教、無家庭、無國家」的「三無主義」[5]。

民國初年，師復、彼岸（1879-1975）、紀彭（1885-1972）等人於1912年創立「心社」，以「不婚姻」為十二項戒約之一，在倡導毀家廢婚時亦引用〈禮運大同篇〉：「欲社會之美善，必自廢絕婚姻制度實行自由戀愛始。……斯時無父子，無夫婦，無家庭之束縛，無名分之拘牽，所謂<u>不獨親其親，不獨子其子</u>者，斯不亦<u>大同</u>社會之權輿歟？」[6]1913年沙淦等人組織「社會黨」，主張破除家界，由社會擔負育嬰養老的責任，在說明黨綱時亦引用〈禮運大同篇〉：「幼者之生，為繼續現社會而生也，現社會自宜公育之；長者之老，為經過現社會而老也，現社會自宜共奉之，是之謂<u>不獨親其親，不獨子其子</u>。」[7]

五四時期主張廢除婚姻制度的哲民（生卒年不詳），在申論時也曾引用〈禮運大同篇〉中的詞句：

> 婚姻制度是個不祥的東西；一日不廢除，便永遠沒有光明和樂的日子。……今果把婚姻制度廢除了，就實行「自由戀愛」，遺產公之社會，男女自由集合，組織兒童公育院，及公共養老院等。那時候，無父子，無夫婦，無家庭，無名分的種種無謂的束縛；所謂<u>不獨親其親，不獨子其子</u>，豈不是一個很太平的世界，<u>大同</u>的社會嗎？[8]

同年林雲陔（1881-1948）在〈近代社會主義之思潮〉中，指出社會主義對家庭婚姻的否定：「社會主義，既視人類為同胞，與為人類自由作保障，故其對家庭之專制，當然主張解放，婚姻制度，因經濟而結合者，多為社會黨所否認」，並認為「孔子大同世界之想，即社會主義之別解」[9]。

---

[4]　江亢虎：〈社會主義與女學之關係〉，收入江亢虎：《洪水集》，頁16。
[5]　江亢虎：〈三無主義懸論〉，頁32-38。
[6]　師復、彼岸、紀彭：〈心社趣意書〉，原載《社會世界》，1912年11月第5期，收入葛懋春、蔣俊、李興芝編：《無政府主義思想資料選》上冊，頁236。
[7]　〈社會黨綱目說明書〉，原載《良心》，1913年7月20日第1期，收入葛懋春、蔣俊、李興芝編：《無政府主義思想資料選》上冊，頁252。
[8]　哲民：〈「廢除婚姻制度」底討論〉，《民國日報‧覺悟》，1920年5月8日。
[9]　林雲陔：〈近代社會主義之思潮〉，《建設》，1920年第2卷第3號，頁445-446。

038　當華屋坍塌——二十世紀前期中國的毀家廢婚論（1900s～1930s）

對於《禮記‧禮運》中對「大同」和「小康」的描述，歷代學者有不同的解讀[10]，其原文如下：

> 昔者，仲尼與於蠟賓，事畢，出遊於觀之上，喟然而歎。仲尼之歎，蓋歎魯也。言偃在側曰：「君子何歎？」孔子曰：「大道之行也，與三代之英，丘未之逮也，而有志焉。大道之行也，天下為公，選賢與能，講信修睦，故人不獨親其親，不獨子其子，使老有所終，壯有所用，幼有所長，鰥寡孤獨廢疾者皆有所養；男有分，女有歸，貨惡其棄於地也不必藏於己，力惡其不出於身也不必為己，是故謀閉而不興，盜竊亂賊而不作，故外戶而不閉，是謂『大同』。
>
> 今大道既隱，天下為家，各親其親，各子其子，貨力為己，大人世及以為禮。城郭溝池以為固，禮義以為紀。以正君臣，以篤父子，以睦兄弟，以和夫婦，以設制度，以立田里，以賢勇知，以功為己。故謀用是作，而兵由此起。禹湯文武成王周公，由此其選也。此六君子者，未有不謹於禮者也。以著其義，以考其信，著有過，刑仁講讓，示民有常。如有不由此者，在勢者去，眾以為殃，是謂『小康』。」

根據這段記載，孔子認為在遙遠的「三代之英」——夏、商、周三代賢君當政的時代，曾經有個「大道之行也，天下為公」的「大同」境界，是超越禮義、制度、人倫的。而在「大道既隱，天下為家」的現實社會中，必須採用禮制、講究人倫、制定刑罰，以建構尚稱和諧的「小康」社會，也就是說用以規範君臣、父子、兄弟、夫婦等人倫關係的禮法，是「小康」社會的產物；不

---

[10] 如〔美〕伯納爾著，丘權政、符致興譯：《1907年以前中國的社會主義思潮》，頁2中認為〈禮運大同篇〉「攻擊家庭及社會等級」；Martin Bernal, *Chinese Socialism to 1907*, p.12: "The slighting reference to all of Confucius' favorite heroes and sages, and the general tone of the passage attacking the family and social grades, made some traditional commentators doubt that the passage could be ascribed to Confucius."大陸學者轟玉海：〈讀《禮記‧禮運》——紀念恩格斯《家庭、私有制和國家的起源》發表一百周年〉，《殷都學刊》，1984年第2期，頁20-31透過〈禮運大同篇〉與恩格斯《家庭、私有制和國家的起源》的對照閱讀，認為「父權制及一夫一妻制家庭興起使人類從原始社會過渡到奴隸制社會，而〈禮運大同篇〉描述的是原始社會，其時人民只知其母、不知其父，採取母權制的氏族制度，由全氏族的成員共同負擔養老育幼的責任。」李新：〈釋「大同」〉，《民國檔案》，1996年4月，頁73雖認為〈禮運大同篇〉「絕不是要廢除家庭，搞無政府主義」，但也認為「故人不獨親其親，不獨子其子」等語「超越了家庭、家族」。

遵守禮法的人，將被視為亂源而除之——「如有不由此者，在勢者去，眾以為殃」。將「大同」與「小康」對照來看，小康社會中人人「各親其親，各子其子」，大同社會中人人「不獨親其親，不獨子其子」；孔子在談小康社會時講究「父子」、「夫婦」的人倫關係，在描述大同社會時卻未使用「父子」、「夫婦」等名詞，而是採用「老」、「幼」、「男」、「女」等語。對抱持毀家廢婚的論者來說，〈禮運大同篇〉的確提供了相當寬廣的想像和詮釋空間。

崇尚自然的道家思想

晚清思想家譚嗣同在描述其無國無家的理想世界時，曾引用《莊子外篇·在宥第十一》中的「聞在宥天下，不聞治天下」[11]。晚清無政府主義者何震及劉師培指出：「蓋中國人民，其平昔之思想，久具廢滅人治之心」[12]，在中國傳統文化中，除了漢代以降獨尊的儒家思想外，主張「順應自然」的道家思想亦影響深遠。西方無政府主義傳入中國後，不少中國學者認為主張「無為而治」（老子，約571-500BC）、「反璞歸真」（莊子，約369-286BC）的道家思想，具有無政府主義的傾向[13]。晚清中國知識分子接觸並轉介西方無政府主義時，常援

---

[11] 譚嗣同：《仁學》，頁161。

[12] 何震、劉師培（署名「震、申叔」）：〈論種族革命與無政府革命之得失〉，《天義報》，1907年9月1日第6號、1907年9月15日第7號。

[13] 胡適：〈中國古代政治思想史的一個看法〉，《自由中國》，1954年4月1日第10卷第7期，頁6-10：「老子的主張，所謂無政府的抗議，是中國政治思想史上第一件大事。……他說：『民之饑，以其上食稅之多，是以饑。民之難治，以其上之有為，是以難治。民之輕死，以其求生之厚，是以輕死。』『民不畏死，奈何以死懼之。天下多忌諱，而民彌貧。民多利器，國家滋昏；人多伎巧，奇物滋起。法令滋彰，盜賊多有。』這就是提倡無政府主義的老祖宗對於當時政治和社會管制太多、統制太多、政令太多的一個抗議。……他是一位對於政治和社會不滿而要提出抗議的革命黨。而且他僅僅抗議還不夠，他還提出一種政治基本哲學。」馮友蘭：《中國哲學簡史》（北京：北京大學出版社，1985年），頁34：「有些現代人所想的人類生存的理想狀態，例如無政府主義，卻與道家所想的並不是一點也不相似的。……自然的、人為的這兩者之間，他們作出了鮮明的區別。照他們說，屬於天者是人類幸福的源泉，屬於人者是人類痛苦的根子。……道家的理論說，人類的烏托邦是遠古原始社會。」孫文：《三民主義·民族主義》，收入世界知識手冊編輯委員會：《孫中山選集》下冊（北京：人民出版社，1956年），頁636中直截了當地說：「黃老的政治學說，就是無政府主義。」李華興：《中國近代思想史》，頁330-331：「極端個人主義的，反對一切強權，鼓吹政治上絕對自由和經濟上絕對平均的無政府主義思想，一旦傳入中國，就有它生長的土壤」，「老莊虛無主義思想的影響，則對西方無政府主義思想輸入中國起了潤滑作用。」周為號、鍾聲：〈吳稚暉無政府主義思想剖析〉，《江蘇社會科學》，1991年第1期，頁53：「中國的許多無政府主義

用崇尚自然、反對人為造作的道家思想。如：1907年在東京創辦的無政府主義刊物《天義報》第5卷底頁就附「老子像」，並附文字：「中國無政府主義發明家」。在巴黎出版的無政府主義刊物《新世紀》，其創辦人之一、提倡家庭革命的李石曾自稱「我的思想比較接近道教。」[14]

在道家經典中，曾經描述沒有家庭婚姻的理想社會，如《莊子外篇・馬蹄第九》（約200BC）[15]中描述的「至德之世」是「同與禽獸居，族與萬物並」，沒有任何人為造作的制度；道家經典之一《列子・湯問篇》（約300BC）[16]中想像了一個沒有任何壓迫、煩惱、病痛的「終北國」：「長稚僑居，不君不臣；男女雜遊，不媒不聘；緣水而居，不耕不稼；土氣溫適，不織不衣；百年而死，不夭不病。」在這個國度裡不但沒有政治制度和經濟問題，而且男女自由交往，「不媒不聘」，沒有結婚的儀式和制度[17]。

唐末思想家無能子（生卒年不詳）在其著作《無能子》（877）中敘述太古時代，人類屬於「裸蟲」之一，原本過著自由自在，無憂無慮的生活：

> 太古時，裸蟲與麟毛羽甲雜處，雌雄牝牡，自然相合，無男女夫婦之別，父子兄弟之序。夏巢冬穴，無宮室之制；茹毛飲血，無百穀之食。生自馳，死自僕，無奪害之心，無疴藏之事，任其自然，遂其天真，無所司牧，濛濛淳淳，其理也居且久矣。

者曾受過老莊思想的影響。」張九海：《執著的烏托邦追求》（北京：新華書店，2011年），頁121：「中國無政府主義者在談論無政府主義時常以老莊思想與之附會，把無政府主義說成是自古就有的，他們竭力想給無政府主義從歷史上尋找依據和發祥地。」

[14] 朱傳譽主編：《李石曾傳記資料》（三）（台北：天一出版社，1985年），頁16。

[15] 一般認為《莊子》外篇、雜篇，應是莊子後學及道家相關學者所作，經長期積累，由漢朝人所編匯，附於內篇之後，反映漢朝人對莊子思想與道家體系的理解。詳見陳品卿：〈莊子三十三篇真偽考辨〉，《師大學報》，1984年第29期，頁339-367。

[16] 《列子》一書是先秦時期散佚的材料，直到東漢劉向父子才明確定為《列子》八篇，成為道家三大經典作品之一。

[17] 關於《列子・湯問篇》中的「終北國」，有些論者如杜耀西、黎家芳：〈試談原始社會早期的分期〉，《中國歷史文物》，1980年，頁24；李漢武：〈中國古代社會的家庭結構及其對社會政治思想的影響〉，《史學理論研究》，1997年第2期，頁21認為其描述的是私有制及家庭產生前的群居生活；譚家健：〈《列子》的理想世界〉，《中國文學研究》，1999年第3期，頁27-33則認為其描寫的是自然無為，逍遙自在的理想世界。《呂氏春秋・恃君》（239BC）中亦曾描述無家無婚的群居生活，但相對於《列子・湯問》將無家無婚的社會描寫為世外桃源，《呂氏春秋・恃君》中卻將無家無婚視為一種憂患：「昔太古嘗無君矣，其民聚生群處，知母不知父，無親戚兄弟夫妻男女之別，無上下長幼之道，無進退揖讓之禮，無衣服履帶宮室畜積之便，無器械舟車城郭險阻之備，此無君之患。故君臣之義，不可不明也。」

在這個自然境界中，人類任真自然，沒有夫婦、父子、兄弟等家庭倫理的規範和束縛。無能子認為人類社會的爭奪、貧困、戰亂等種種苦難，都是由於「裸蟲中繁其智慮者，其名曰人」，發明了播種、構木等經濟生產，製造了貧富、尊卑；又制定了婚姻制度，製造了人倫禮教：「設婚嫁以析雌雄牝牡，於是有夫婦之別，父子兄弟之序」，自此，「父不愛子曰不慈，子不尊父曰不孝，兄弟不相順為不友不悌，夫婦不相一為不貞不和」，無能子認為這是「彊為仁義禮樂以傾其真」，《無能子‧紀見第八》中記載了一位不受既定禮制束縛的樊姓男子，鄉人稱他為「狂」，他卻說：「被冠帶、善起居、愛家人、敬鄉里，豈我自然哉！」無能子藉此狂人之口，指出包括家庭倫理的文明制度其實是違反人類真性情的、不自然的[18]。

無能子並認為專情於一家之人，往往徒增苦惱和嫌怨，不如相忘於自然，親愛天下之人：

> 若以熟所親之熟，熟天下之，則天下之人皆所親矣，胡謂情所專夫！無所孝慈者孝慈天下，有所孝慈者孝慈一家，一家之孝慈未弊，則以情相苦，而孝慈反為累矣，弊則偽，偽則父子兄弟將有嫌怨者矣，莊子曰：魚相處於陸，相煦以沫，不如相忘於江湖，至哉是言也，夫魚相忘於江湖，人相忘於自然，各適矣，故情有所專者，明者不為。
>
> ——《無能子‧質妄第五》

二十世紀前期的毀家廢婚論中，雖有不少論者自承思想接近道家，卻很少在毀家廢婚方面具體地引用道家經典，筆者認為這是很可惜的。如上所舉的幾個例子，其實道家經典中關於無婚無家社會的想像，以及對婚家等人為制度的

---

[18] 關於《無能子》中反傳統、反封建禮教的討論可參見李俊恒：〈《無能子》及其在唐末思想史上的地位〉，《許昌學院學報》，1987年第1期，頁38-45；全根先：〈《無能子》的思想及其資料來源〉，《中國道教》，1991年第1期，頁38-43；沈新林：〈《無能子》芻議〉，《中國典籍與文化》，2002年第1期，頁36-42；國風：〈無能則無為──奇書《無能子》〉，《中華文化畫報》，2008年第1期，頁28-29等。

批評，都相當精彩，是值得再挖掘、深究的。

出世離塵的佛家思想

　　兩漢之際，佛教傳來漢地，逐漸成為中國境內盛行的宗教之一，到了二十世紀前期，中國提出毀家廢婚的論者，為了避免讀者誤以為毀家廢婚就是出家拒婚，往往必須將自己的理論與中國人所熟悉的佛家出世思想做一比較或區隔。如康有為認為家雖苦多樂少，但出家「禁男女之交」將「絕人類之種」[19]，因此主張「去家」及「交好之約」，認為如此「可令人無出家之忍而有去家之樂也」，「是不待出家而自然出家」[20]。梁啟超論及《大同書》時，曾引述其師康有為的話說：「有為謂佛法出家，求脫苦也，不如使其無家可出」[21]；《天義報》作家高亞賓（生卒年不詳）說「佛教出家，固為善法，至不為人間謀幸福，亦非計之得者」[22]，因此主張毀家廢婚後另定他法以管理男女交合之事。五四時期的查光佛（1885-1932）在主張「解除夫妻制度改造家庭組織」時特別聲明「並不是持佛家出世主義，叫男子統同不要女子、女子統同不要男子，因為這是不合理的。」[23]

　　有些論者提出毀家廢婚時則以宗教信仰上的出家來支持自己的理論，如譚嗣同《仁學》中援引佛教的空觀和出家受戒的制度，主張廢除儒學中舊有的夫婦等四倫、獨尊朋友一倫：

> 若夫釋迦文佛，誠超出矣，君臣父子夫婦兄弟之倫，皆空諸所有，棄之如無，而獨於朋友，則出定入定，無須分離。……
>
> 其在佛教，則盡率其君若臣與夫父母妻子兄弟眷屬天親，一一出家受

19　康有為：《大同書》，頁234。
20　康有為：《大同書》，頁227、228。
21　梁啟超：《清代學術概論》，頁135。
22　高亞賓：〈廢綱篇〉，《天義報》，1907年10月第11-12號合刊，頁425。
23　查光佛：〈女子解放當從男子解放做起（二）〉。

戒，會於法會，是又普化彼四倫者，同為朋友矣。[24]

《新世紀》作家鞠普亦以宗教家的不婚，佐證家是苦而非樂：

　　吾昔聞宗教家多不婚者，嘗疑其不近人情（宗教之可惡者，以其設虛偽之詞以愚
　　民，斂公眾之財以利己。其不婚主義，無可厚非），今乃知凡思想稍高者，未有不
　　以家為苦也。[25]

　　民初主編無政府主義刊物《良心》（1913），被稱為「政治和尚」的太虛
大師在《自傳》說：「意將以無政府主義與佛教為鄰近」[26]，他主張「破除家
庭」[27]，引用佛典所云「欲求不生滅之果，當先立不生滅之因」，認為應「喚起
人類本有之博愛心」，打破家庭與親眷間、國家與種族間的惡制度及偽道德，
「盡去親疏利害之觀念」，如此，方能使「一切眾生皆成就無上正等五覺」[28]。
　　佛教是出世的宗教，強調洗心減累，六根清淨，因此，對於虔誠禮佛的信
眾而言，家庭不啻為人生的桎梏，修持的障礙：

　　毗婆沙論云：家者是煩惱因緣，夫出家者為滅垢累，故宜遠離也。
　　　　　　　　　　　　　　　　　　　　　　　　　　——《釋氏要覽》

　　居家生活有障礙、有塵埃，出家生活則豁達自由。凡在居家，則難於純
　　一專心奉持梵行，迄於壽命盡，不如我今剃鬚髮、著袈裟（壞色衣）。由
　　居家而至於無家，如是彼遂捨少財或多財，捨多少之親屬，剃鬚髮，著

24　譚嗣同：《仁學》，頁127-128。
25　鞠普：〈毀家譚〉，《新世紀》，1908年5月30第49號。
26　釋太虛：〈太虛自傳〉，釋太虛：《太虛大師全書・雜藏第19編二　文叢》（台北：太虛大師全書
　　影印委員會，1970年），頁194。
27　迦身：〈無政府之研究〉編者（太虛大師）文末附志，原載《良心》，1913年7月20日第1期，收入
　　葛懋春、蔣俊、李興芝編：《無政府主義思想資料選》上冊，頁261。
28　太虛：〈《世界之三大罪惡》節錄：喚起人類本有之博愛心〉，原載《良心》，1913年8月第2期，
　　收入葛懋春、蔣俊、李興芝編：《無政府主義思想資料選》上冊，頁266-268。「無上正等五覺」意
　　指要達成阿耨多羅三藐三菩提（無上正等正覺），就必須如實地觀察五取蘊（五受陰），必須觀察
　　自己身心五蘊（色蘊、受蘊、想蘊、行蘊、識蘊）的愛味、過患、出離。

袈裟，由居家出離於無家。

——《中部》第三十八經

在家塵汙多，出家妙好；在家具縛，出家無礙；在家攝惡，出家攝善；
在家怯弱，出家無怯；在家順流，出家逆流。

——《大寶積經》卷八十二

居家生業種種事務，若欲專心道法，家業則廢；若欲專修家業，道事則
廢，不取不捨乃應行法，是名為難。若出家離俗絕諸紛亂，一向專心行
道為易。復次居家憒鬧多事多務，結使之根眾惡之府，是為甚難；若出
家者，譬如有人出在空野無人之處而一其心，無思無慮內想既除，外事
亦去。

——《大智度論》卷十三

又復一切出家菩薩一向能行鈎鎖梵行，在家菩薩則不如是。又復一切出
家菩薩普於一切菩提分法速證通慧，隨所造修彼彼善法，皆能疾疾到於
究竟，在家菩薩則不如是。又復一切出家菩薩安住決定清淨律儀，凡所
發言眾咸信奉，在家菩薩則不如是。如是等類無量善法，當知一切出家
菩薩於在家者甚大殊異甚大高勝。

——《瑜伽師地論》卷四十七

　　佛典中類此說明居家生活充滿煩惱、塵埃、不利修行、不如出家的章句，
可謂不勝枚舉，與重視家庭倫理的儒家傳統大異其趣[29]。雖然佛家思想與毀家
廢婚論有極大的不同，不過它可以提供一些不同角度的思考：它使人注意到婚
姻家庭是人生中許多煩惱的根源，個人欲專心修持、追求更高境界時，婚家往
往造成障礙和束縛，而不婚姻、離開家庭與共同信仰的人群過團體生活，也是

---

[29] 業露華：《中國佛教倫理思想》（上海：上海社會科學院出版社，2000年），頁8：「由於不同的
社會條件和文化背景下產生的兩種倫理思想體系，即佛教倫理思想和中國傳統倫理思想體系，必然
會存在許多差別。」

一個可能的生存方式。

共產、共妻、共子的柏拉圖《理想國》

近代中國關於「兒童公育」的討論，康有為《大同書》中已經發軔（詳見本書第四章），至五四時期，由於封建大家庭分化為個人小家庭、女性外出上班的人數增加，兒童的養育、教育成為許多年輕夫妻需要面對的問題，因此引發了「兒童公育」的討論[30]；素抱毀家廢婚之想的論者尤將兒童公育視為通往毀家廢婚社會的必經之階[31]，並引用希臘哲學家柏拉圖（Plato，約427-347BC）《理想國》（The Republic，約360BC）中的說法為奧援，主張破除家庭的沈兼士（1887-1947）在提倡兒童公育時說：「兒童歸國家教養之說，昔日柏拉圖輩早已引其端緒。」[32]自稱贊同以急進派的家庭理論進行家庭改制的沈雁冰，在討論兒童公育問題時說：「兒童公育的意思就是由國家——或社會，即公共——設立的機關去撫育教養兒童。最初提示這個意思的，恐怕要算柏拉圖。」[33]主張無家庭主義的江亢虎提倡兒童公育時亦引證道：「柏拉圖之理想國，就是如此。」[34]

主張廢除婚制的論者也曾引用柏拉圖的話，如哲民在一篇主張廢婚的文章中說：「婚姻制度，是萬惡的泉源，也就是一切強權的贅疣。主張夫妻制度的人，猶如迷信國家主義、和專制主義的人一樣。」[35]同時期贊成廢婚的李綽（生卒年不詳）亦標舉柏拉圖，說：「諸君不要大驚小怪，以為我在此說瘋話，

---

[30] 許風霜：〈近代中國「兒童公育」思想的發展與影響〉，《幼兒教育》（教育科學版），2007年第7、8期，頁90。

[31] 楊效春：〈非兒童公育〉，原載《學燈》，收入梅生編：《中國婦女問題討論集》（上海：上海書店，1989年），頁7：「現在提倡公育的人，都主張借此打破家庭制度。」熙素：〈兒童公育〉，《新女性》，1929年6月第4卷第6號，頁770：「的確，兒童公育必將破壞家庭，並且在另一方面來說，也就是因為家庭是必須破壞的原故，所以兒童公育是應該實行的。實在說起來，破壞家庭是因，兒童公育是果。」

[32] 沈兼士：〈兒童公育：徹底的婦人問題解決法處分新世界一切問題之鎖鑰〉，《北京大學日刊》，1919年11月第474-477期；另載《新青年》，1919年11月第6卷第6號，頁566。

[33] 沈雁冰（署名「雁冰」）：〈評兒童公育問題——兼質惲楊二君〉，收入梅生編：《中國婦女問題討論集》，頁58。

[34] 江亢虎講演、張孟聞記：〈社會問題・女權問題四〉，收入南方大學出版部編著：《江亢虎博士演講錄》（上海：南方大學出版部，1923年），頁111。

[35] 哲民：〈主張廢除婚制的說明〉，《民國日報・覺悟》，1920年5月13日。

其實廢婚制底話,在古時柏拉圖就說過了,並不是我們幾個武斷的。」[36] 1922年江亢虎在東南大學演講,談論男女問題時說:「柏拉圖Plato曾做一部書,叫做《理想之共和國》。他所主張關於男女問題,是自由而不結婚。」並聲明他自己的主張是:「自由結婚也好,自由不結婚也好,無論什麼都好,都是他們兩人的事,第三人不能加以干涉。」[37]

五四時期胡適(1891-1962)曾引用柏拉圖《理想國》中一段關於「共妻」的文字,為廢婚派申辯。胡適於1918年在《新青年》發表〈貞操問題〉一文,主張貞操是男女相待的一種態度,夫婦之間純以愛情為主[38],文中並未主張毀家廢婚。但當時《國民日報》主筆藍公武(1887-1957)由於憂心貞操觀的改變將對家庭婚姻造成破壞,助長當時頗成氣候的廢婚派的氣燄,所以在回覆胡適的信中討論貞操問題,強調「夫婦關係,愛情之外,尚當有一種道德的制裁」,「家族在今日的社會,依然是個柱石」,並批評當時的廢婚論說:

> 近來有一派主張破壞婚姻制度的人,他們是把男女結合看作一種性慾關係,以為不應當有什麼制限。……這一派的主張中,又可分為兩種,一是共妻,一是自由戀愛,即是亂婚。共妻和亂婚,都是野蠻社會的現象,人類由這兩種制度,經幾千年進化,才進步到一夫一婦制。如今要破壞婚姻制豈不是要復歸野蠻社會麼?……共妻主義,表面上說是尊崇婦女,實際上是把婦女看作機械牛馬,從這名目上便可證明;自由戀愛,雖與共妻略異,骨子裡賤視婦女,也是一樣。[39]

胡適回信時特別聲明他本身並不主張共妻和自由戀愛(根據藍志先的理論,即是廢婚),《新青年》同人也不曾提倡此說,但他認為「我們革新家不應該一筆抹煞『極少數人的偏見』;我們應該承認這些極少數人有自由實驗他所主張的權利」,並自認「是一個研究思想史的人,所以對於無論哪一種學說,總

---

[36] 李綽:〈婚姻何以當廢〉,《民國日報‧覺悟》,1920年5月22日。
[37] 江亢虎講演、張孟聞記:〈社會問題‧資產問題一〉,1922年10-12月在東南大學講演,收入南方大學出版部編著:《江亢虎博士演講錄》,頁105。
[38] 胡適:〈貞操問題〉,《新青年》,1918年7月14日第5卷第1號,頁5-14。
[39] 藍志先:〈藍志先答胡適書〉,《新青年》,1919年4月15日第6卷第4號,頁400-404。

想尋出他的根據理由，我決不肯『籠統』排斥他」，因此對藍志先「籠統的攻擊」提出反對的意見。他譯引柏拉圖《理想國》中所說的「男女同居公共的房子，同在一塊用餐。他們都不許有自己的東西；他們同做健身的運動，同在一處養育長大。他們自然會被一種天性的必要牽引起來互相結合」等語，指出「這就可見古代的共妻論已不曾把婦女當作機械牛馬一樣看待。近世個性發展，女權伸張，遠勝古代，要是共妻主義把婦女看作機械牛馬，還能自成一說嗎？」[40]由藍志先和胡適這兩位「非毀家廢婚論者」對廢婚派的討論可以窺知，當時的輿論將「共妻主義」視為廢婚派的主張之一，並以柏拉圖《理想國》中的共妻論為最早的思想淵源。

胡適雖為毀家廢婚論做了以上的辨正，承認它「自成一說」，卻認為「空談外來進口的『主義』，是沒有什麼用處的」，曾嚴厲地批評道：「不去研究女子如何解放，家庭制度如何救正，卻去高談公妻主義和自由戀愛！」[41]五四時期有些人認為社會主義或共產主義就是提倡「公妻」、「婦女國有」、「婦女共產」[42]，如有位不具名的衛道之士反諷道：「我若是未經人道之鰥夫，我必極力提倡公妻主義；我若是貧無立錐之化子，我必極力提倡共產主義」[43]；1921年中國共產黨成立，被選為總書記的陳獨秀（1879-1942），同年被廣州官紳驅逐出境，其中一項罪狀就是「公妻」[44]；根據羅敦偉的回憶，五四時期北大校長蔡元培被視為「提倡『公妻公產』大逆不道的草寇」，《新青年》則是「一個實行『公妻公產』，毀滅倫常的怪刊物」[45]。有些對社會主義懷有好感的知識分子甚至因為對社會主義的家庭觀有所疑慮而裹足不前，如1919年的雜誌《建設》有讀者通信，自謂讀了胡漢民〈孟子與社會主義〉一文，「心裡好快活」，覺得社會主義「可以藥吾民族游惰的病」；然而又顧慮於「自由戀愛

---

[40] 胡適：〈胡適答藍志先書〉，《新青年》，1919年4月15日第6卷第4號，頁420-422。

[41] 胡適：〈多研究些問題，少談些主義〉，《每週評論》，1919年7月20日第31號，第1版。

[42] 如《婦女雜誌》的讀者陳百行曾問主編章錫琛：「自由戀愛也是婦女共產嗎？」章錫琛則答以「你所謂的『婦女共產』，大概是指普通所謂『公妻』而言；但主張『自由戀愛』的人，也並不主張『公妻』的。」《婦女雜誌》通訊，1924年第10卷第1期，頁284。

[43] 〈什麼話！〉，《新青年》，1921年第9卷第1號，頁1。原載廣州《新國華報》。

[44] 其他罪狀為「仇孝」、「討父」等，見蔡尚思：《中國禮教思想史》，頁266；另見高銛：〈戀愛獨立〉，《學藝雜誌》，1921年第3卷第4期，頁1-16：「自從陳氏入粵，報紙傳來，公妻的問題甚囂。」

[45] 羅敦偉：《五十年回憶錄》（台北：中華文化，1952年），頁22-23中記載有一回「曹錕和張作霖見面，偶爾談到北京大學蔡校長，張大帥即連忙問道：『不就是那個主張公妻公產的姓蔡的嗎？』」

夫妻制度一破，與禽獸何異，是以經多友解說，終有點懷疑。」[46]

鑑於「公妻」之說的汙名化，支持毀家廢婚的論者幾乎不採用「共妻」、「公妻」等詞彙，甚至盡量要與這些說法作區隔，1920年上海《民國日報》「覺悟」欄的主編邵力子（1882-1967），對廢除婚姻抱持同情的態度，便提醒廢婚論者「要力避公妻和婦女國有……等等誤會」[47]；主張毀家廢婚的高銛（生卒年不詳）批評反對公妻的人們「不要無理由的無內容的把陳腐舊頭腦，認子女為男子所有物，說公妻是普天下女子都隨時可以為他所有，可以供他玩弄的意思」，但他也聲明「中國現在是不能行公妻」，並以「打破現代家庭制」、「戀愛獨立」等說法闡述其毀家廢婚論[48]。二、三〇年代的毀家廢婚論者羅敦偉、易家鉞、張履謙等人明白表示不贊成柏拉圖的「公妻」之說，羅敦偉在介紹柏拉圖的共產、公妻、共子的學說後特別指出：「他的共產主義，與現代的共產主義並不是一樣的東西，公妻主義更不是現代社會主義所贊成的。」[49]易家鉞極力為社會主義「闢謠」，聲明社會主義「決不主張公妻，不獨不主張，並且非常反對」[50]，張履謙亦強烈聲明共產主義與柏拉圖主張的公妻是「風馬牛不相及」的[51]。

柏拉圖認為對國家來說，家庭和私產只會製造分裂；而將生育、養老等傳統家庭的功能都由國家管理，則可促進團結：「當全體公民對於養生送死都能盡量做到同歡共悲時，這種同甘共苦不就是維繫城邦團結的紐帶嗎？」[52]柏拉圖

---

[46] 顧肇彝：〈通信〉，《建設》，1919年11月第1卷第4號，頁836。
[47] 邵力子（署名「力子」）：〈「廢除婚姻制度」底討論〉，《民國日報·覺悟》，1920年5月8日。
[48] 高銛：〈戀愛獨立〉。
[49] 羅敦偉：《社會主義史》（北京：北平大學俄文法政學院講義，1931年），頁13-14。
[50] 易家鉞：《西洋家族制度研究》（上海：商務印書館，1922年），頁240-241：「社會主義主張平等而反被人藉口嘲罵的，於此尚有一事，就是主張公妻。……本來公妻一事，不過止於一二理想家的空想，開始於柏拉圖，終收到最近的勞農俄國，所謂婦人國有之謠傳。其實真正的社會主義者，決不主張公妻，不獨不主張，並且非常反對，因為社會主義是一個平等的理想，公妻則把婦女仍然當作玩物，一任男子撫弄，和野蠻社會一樣。……主張公妻的人，都不外乎一種獨占的反動，憤世者的牢騷語；不能以此誹謗社會主義的真相。」
[51] 張履謙（署名「謙弟」）：〈非戀愛與其他〉，《新女性》，1928年11月第3卷第11號，頁1238：「公妻主義是柏拉圖的主張，他在共和國書中曾這樣的講說。柏拉圖之所以提倡或主張公妻主義，因為他相信奴隸制度，他也如人一樣視女人為男人的財產——妻子是丈夫的奴僕。近來有不少的人，總是說到共產，便聯想著公妻，好像共產、公妻是穿上了一條聯當褲不可分解似地；其實，共產與公妻是兩種風馬牛不相及的主張。任何共產主義者；無論他是強權派的馬克思式的共產主義者，或科學派的無政府共產主義者，在他們中可說沒有一個是主張共產必須公妻的。反之，他們不但不主張公妻，而且是從根本上的便否定那夫妻制度。」
[52] 〔希臘〕柏拉圖（Plato）著、王曉朝譯：《柏拉圖國家篇（理想國）》（台北：左岸文化，

設計的理想藍圖是組織「公社」，公社中共產、共妻、共子[53]。其中共同生活、兒童公育、兩性自由結合……等構想，為毀家廢婚論提供了理想國的原型，其後的論者在描繪毀家廢婚的社會時，雖有細節的不同，但大體未超過這幾個大方向。只是關於共妻、共子的言論，容易遭到反對毀家廢婚的論者抨擊為將女人和小孩視為財產，因此是毀家廢婚論者在引用時必須謹慎並加以釐清的。

社會主義的家庭觀

蔡元培曾回憶二十世紀初「是時西洋社會主義家廢財產、廢婚姻之說，已流入中國。」[54]社會主義派別眾多，有人認為可上溯至柏拉圖，但主要是十九世紀初資本主義形成後，歐美的一些哲學家看到了資本主義的罪惡和流弊，而主張以整個社會為整體，由社會擁有和控制產品、資本、土地和資產等，其管理和分配基於公眾利益。而現代家庭制度與資本主義有著密不可分的關係，因此社會主義者認為，資本主義崩盤、社會主義實行後，家庭將面臨重大改變甚至消失。從晚清到五四，社會主義的理論經常為中國談論毀家廢婚的知識分子所引用，其重要性並不亞於無政府主義。

2007年），頁297。包淳亮在分析西方文化「以國代家」的傳統時，曾縱論蘇格拉底（Socrates, 469-399BC）、柏拉圖（Plato, 約427-347BC）、亞里斯多德（Aristotélēs, 384-322BC）、盧梭（Rousseau, 1712-1778）、到黑格爾（Hegel, 1770-1831）等西方哲學家關於「國」與「家」的論述，指出「明確解決的把『家』至於『國』之下，把一個人的親屬身份至於他的公民身份之下，實在是西方文化中一個從來沒有改變的傳統。」並分析希臘哲學家柏拉圖《理想國》「把國視為一個更宏大、更根本的家」，「一之內再無私的存在，因為國就是所有國民共同的、唯一的家。」包淳亮：〈以國代家〉，包老師的教學網站，2009年7月12日。http://solpao.spaces.live.com/Blog/cns!AE223E14C76B3418!1521.entry?wa=wsignin1.0&sa=648060406。

53　〔希臘〕柏拉圖（Plato）著、王曉朝譯：《柏拉圖國家篇（理想國）》，頁289：「這些女人應當歸這些男人共有。沒有一對男女可以獨立成家，他們生育的孩子也是公有的，父母不知道誰是自己的子女，孩子也不知道誰是自己的父母。」頁436：「一個治理得非常好的國家必須要做到妻子兒女公有，並由國家來掌管全部教育，無論是戰爭還是和平時期，男人和女人都要承擔同樣的職責。」相關的討論參見〔英〕黑爾（R. M.Hare）著、李日章譯：《柏拉圖》（台北：聯經出版社，1983年），頁81；〔美〕喬・奧・赫茨勒（Hertzler, Joyce Oramel）著、張兆麟等譯：《烏托邦思想史》（北京：商務印書館，1990年），頁106-109；熊明輝、呂有云：〈論柏拉圖對理想國的畢生追求〉，《廣西大學學報》，2008年第3期，頁16；孔令來：〈柏拉圖《理想國》的男女平等觀〉，《理論界》，2008年第3期，頁119-121等。烏托邦研究者John Carey曾指出，烏托邦思想家最常提出的生產理想公民的方法就是毀家，John Carey ed. "Introduction", *The Faber Book of Utopias*, London: Faber and Faber, 1999, xvi: "The method of producing citizens that has been most repeatedly advocated by utopian thinkers is the abolition of the family." 劉人鵬：〈晚清毀家廢婚論與親密關係政治〉，頁33-34。

54　蔡元培著、高平叔編：《蔡元培全集》第3卷（北京：中華書局，1984年），頁325。

一、傅立葉《新世界》

康有為在《大同書》中說：「近者人群之說日昌，均產之說益盛」[55]，並提到：「英人傅氏之論生計，欲以十里養千人為大井田」[56]，文中「英人傅氏」其實應為法國社會主義者夏爾‧傅立葉（Charles Fourier, 1772-1837），其「欲以十里養千人為大井田」的構想見於名著《經濟的和協作的新世界，或按情欲謝利葉來劃分的、誘人的和符合本性的勞動方式的發現》（*Le nouveau monde industriel et sociétaire, ou, Invention du procédé d'industrie attrayante et naturelle, distribuée en séries passionnées*，1829，以下簡稱《新世界》）。朱維錚認為康有為《大同書》中「流露出他曾研究過傅立葉的『法郎吉』及公社設想」[57]；康有為《大同書》及《實理公法全書》中去除家庭及短期婚制（康有為稱之為「交好之約」）的構想，或許有部分受傅立葉影響，但也不盡相同，曾有研究指出康有為對傅立葉既受影響又有超越之處[58]，「既有共同之處，又存在著諸多差異」[59]；如關於「去家」的配套措施，及「交好之約」的細節規定等，康有為的規劃鉅細靡遺，顯然比傅立葉要更詳盡、具體得多。張繼在1904年一篇介紹無政府主義的文章中，曾引用傅立葉的說法：「富裏耶曰：『世有一派道德學者，指情欲為惡事，噫！真大惑不能之論。以吾言之，道德學者，實多數老人不得享婦人之愛者也。』」[60]《天義報》在1908年曾刊登一篇介紹社會主義大綱的譯文，其中提到傅立葉的四運動論[61]，楊天石認為劉師培〈人類均力說〉中所構想的制度「在某些地方很類

---

[55] 康有為：《大同書》，頁275。
[56] 康有為：《大同書》，頁274。
[57] 朱維錚：〈導言──從《實理公法全書》到《大同書》〉，收入康有為著、朱維錚編校：《康有為大同論二種》（北京：三聯書店，1998年），頁24。
[58] 〔美〕蕭公權著、汪榮祖譯：《近代中國與新世界：康有為變法與大同思想研究》，頁402。關於康有為的社會主義思想，另可參見梁啟超：〈南海康先生傳〉，《飲冰室合集‧文集》第3冊（北京：中華書局，1989年），頁76-78；張灝：〈轉型時代中國烏托邦主義的興起〉，《新史學》，2003年6月第14卷第2期，頁15-16；何金彝：〈傅立葉《新世界》與康有為《大同書》之比較〉，《東方論壇》，1997年第1期，頁17-21。
[59] 李赫亞：〈兩種未來社會理論的誕生──傅立葉康有為社會烏托邦思想形成之比較〉，《遼寧師範大學學報》，2003年7月第26卷第4期，頁105-108；李赫亞：〈傅立葉、康有為理想社會婚姻家庭觀比較〉，《寧夏社會科學》，2003年7月第4期，頁80-83；李赫亞：〈傅立葉、康有為理想社會政治模式之比較〉，《北方論叢》，2004年第6期，頁87-89。
[60] 張繼（署名「自然生」）：〈無政府主義與無政府黨之精神〉，頁37。
[61] 比利斯（WDP Bliss）著：〈社會主義史大綱 *A Hand Book of Socialism* 之一節〉，《天義報》，1908年1月第16-19號合刊，頁35-36。

似於傅立葉的『和諧制度』。……劉師培在構思他的烏托邦時可能受過傅立葉的影響。」[62]

在五四以後的中國，傅立葉的思想雖不及無政府主義和馬克思主義所造成的影響那樣廣泛和深遠，但仍有部分學者對傅立葉以「法朗吉」為基礎構築的「新世界」感興趣，劉半農（1891-1934）在1918年曾提出聯合家庭的構想[63]，高達觀（生卒年不詳）《中國家族社會之演變》（1944）中認為劉半農「是受了傅立葉所設計的『公舍』（筆者按：即「法朗吉」）之影響」。高達觀在此書中對傅立葉的「法朗吉」做了相當詳細地介紹，他認為這種聯合家庭雖然在中國尚無法普遍試行，但肯定是重要且必要的：「它們的利益不僅是物質的和經濟的，並且可以促進精神上及道德上的進步，以及知識及一般行為的一種更高的標準。」[64]曾留學法國的張競生在《美的社會組織法》（1925）中提倡以「情人制」取代婚制，以兩性間美滿的關係和合理的工作分配，建設一個「美的社會」，當代學者彭小妍在研究張競生的論文中認為「愛情和工作的分配是十九世紀末法國烏托邦社會主義者富里耶的基本概念。很明顯的，張競生是繼承了他的思想。」[65]羅敦偉在其著作《社會主義史》（1931）中，以相當的篇幅介紹傅立葉關於解放慾望的學說及「法朗吉」的構想，他雖指出在傅立葉死後，其追隨者建造了25個以上的法朗吉，後皆歸於失敗，但仍肯定其改建社會的計劃[66]。

傅立葉在《新世界》中認為，現有的文明制度「排除了自由戀愛和自由的親屬關係」[67]，在愛情上要求永恆和忠實是違反自然情欲的[68]。家庭的根本缺點之一就是家人的關係不容改變[69]，他批評「道德家所大事贊揚的家族關係」

---

[62] 楊天石：〈論《天義報》劉師培等人的無政府主義〉，收入楊天石：《尋求歷史的謎底：近代中國的政治與人物》（北京：首都師範大學出版社，1994年），頁332。

[63] 劉半農：〈南歸雜感〉，《新青年》，1918年第5卷第2號，頁125-129。

[64] 高達觀：《中國家族社會之演變》（台北：中國民俗學會複印，1987〔1944〕），頁105-106。

[65] 彭小妍：〈性啟蒙與自我解放：性博士張競生與五四的色慾小說〉，《文藝理論研究》，1995年第4期，頁48。

[66] 羅敦偉：《社會主義史》，頁51-54。

[67] 趙俊欣等譯：《傅立葉選集》（北京：商務印書館，1979年）第二卷，頁116。

[68] 趙俊欣等譯：《傅立葉選集》第二卷，頁53：「道德學家就是這樣來扼殺感官情欲的，他們對心靈情欲也毫不放鬆。……在愛情問題上，他們的意見更可笑了。他們要在愛情問題上講究永恆和忠實，可是永恆和忠實同自然的意旨卻是如此的不相容，對兩性來說如此的厭煩，以致當人們能有充分自由的時候，絕沒有一個人會遵守這種清規戒律的。」

[69] 趙俊欣等譯：《傅立葉選集》第二卷，頁119：「它絕不是自由的，……可以依照自願調換朋友、情人、合夥者，但是在血統關係上卻絲毫不能改變：它是永久性的，與自由選擇相對立的。這也是

是「一般糾紛的萌芽」，並再三指出家庭制度和夫妻關係是違反上帝的意旨的[70]。因此，在傅立葉所構想的「和諧社會」中，其婚姻關係是長短不一的，建立在互相愛慕的基礎上，並沒有終身不得離異的婚姻制度。這個社會的基層單位不是家庭，而是「法郎吉」（Phalanx，生產－消費協作社），法郎吉成員住在「法倫斯泰爾」（Phalanstéres，公共房舍）裡，婦女與男子享有同等權利，沒有一般所謂的家庭，兒童由公共教育制度教養成人[71]。由於以「法朗吉」為單位來取代家庭的構想，對支持毀家廢婚的人來說頗具可行性，因此曾引起一陣實驗性的風潮，使毀家廢婚在現實中部份的實現成為可能。

二、貝拉米《百年一覺》

　　美國社會主義者愛德華・貝拉米（E.Bellamy, 1850-1898）1888年著的小說《回顧》（Looking Backward, 2000-1887），由李提摩太譯為《回頭看》，以「紀略」二字標明其為略譯而非全譯，以〈《回頭看》紀略〉為題於1891年12月至1892年4月在《萬國公報》連載，1894年由廣學會出版單行本，改名為《百年一覺》[72]。譯文中採用了中國儒者較易瞭解的「大同之世」一詞，將社會主義稱

人們沒有想到去認識的缺點，而這個缺點卻是如此嚴重。」
[70] 趙俊欣等譯：《傅立葉選集》第二卷，頁116-117：「家庭、即可能的社會結合中最小的結合，因此也是與上帝意圖、節約和聯繫最背道而馳的社會結合。」頁119：「夫妻關係即我們社會制度的基礎，乃是可能的結合中最小的結合，不能像比一對夫妻更小的結合了。雖然如此，我們有理由假定，如果上帝希望創造最大的協作結合，並確定盡可能最大的自由，那麼由此可以得出結論：惡的萌芽，即與上帝見解最相背離的狀態就存在於這種規模最小和自由最少的結合。這就是特定的夫妻關係，從這裡面便產生了僅限於唯一的血統的簡單的家庭關係。這種關係和文明制度是屬於同一類型的，因為它是所有社會中最不協調的社會。……就宇宙結構來說，顯然，上帝希望按照幾何學正確性規律使一切東西都是自由的和協調的，而我們則採取了家庭制度。在這種制度下，只有專橫、虛偽、非正義、不和、壓迫；每個家庭裡集體利益和個人利益總是矛盾的。」
[71] 參見趙俊欣等譯：《傅立葉選集》第二卷，頁50-51、116-123、346-357；〔英〕G・D・H・柯爾著、何瑞豐譯：《社會主義思想史》第一卷（北京：商務印書館，1977年），頁69-70；楊孝臣：〈空想社會主義者——傅立葉〉，《日本學論壇》，1981年第2期，頁45-48、21；尚碎嶽等編：《空想社會主義學說史》（杭州：浙江人民出版社，1984年），頁218-219戴清亮、李良瑜、榮民泰等著：《社會主義學說史》（北京：人民出版社，1987年），頁87-92；高放、黃達強主編：《社會主義思想史》上冊，頁194-212；區健強：〈傅立葉的「救世妙方」——情慾引力學說〉，《華南師範大學學報》，1986年第4期，頁109-115；雷前友：〈試析傅立葉對文明制度道德的批判〉，1987年第4期，頁23-27；〔蘇聯〕阿・魯・約安尼相著、汪裕蓀譯：《傅立葉傳》（北京：商務印書館，1992年），頁79-84；王煉鋼：〈傅立葉的和諧思想〉，《沙洋師範高等專科學校學報》，2006年第1期，頁19-22；劉玨、毛建東：〈沙利・傅立葉的「和諧社會」思想研究〉，《唐山師範學院學報》，2010年1月第32卷第1期，頁98-101；史少博：〈空想社會主義者傅立葉探「情慾引力」與「和諧社會」〉，《學術論壇》，2010年第2期，頁59-62等。
[72] 〔美〕畢拉宓著、李提摩太譯：〈《回頭看》紀略〉，《萬國公報》，1891年12月-1892年4月。近

為「養民新法」[73]，並介紹了「通國之人均等，使貧富一例」[74]的共產制度。小說中的男主角偉斯德因故從1887年超越時空到2000年，發現在2000年的社會中，所有人自幼到二十一歲讀書，二十二歲到四十五歲工作，四十五歲以後退休，生老病死皆由國家負責，整個國家有如一個家庭：

> 自幼至二十一歲是在塾讀書之日，初出塾學事是各樣粗工，三年外又有一年學專門伎藝，再後各人因其長進有升等，因之出力任事至四十五歲，除此之外，又各有所司之人，共有五等，凡升等者，皆因其藝之精進也。至四十五歲以後，即可以安閒，國家俱有賜養，雖其家子孫不能無養，而<u>國家視人如一家</u>，凡有老病，俱以養給，又工價無厚薄。[75]

小說中強調「國家視人如一家」的觀念，使人排除狹隘的門戶之見，有助於人類的進步：

> 從前國人全各為己計，有利則進，無利則退。今已改章，<u>將一國之人均令視為一家人</u>，即無爭論，自立此新章以後，新機器、新書、新法均有益於人者，迭出不窮毫無秘密不傳之意，且又好又多。[76]

在未來社會中，婦女不再家事纏身，因為家務勞動已併入社會勞動——「閫內之事，較前甚少，緣作衣裳、洗衣、炊爨等事，皆歸大局中辦理」，且在「國家視人如一家」的最高指導原則下，女人與男人都是平等的一家人，其就學、就業亦與男性平等：

    代譯本為林天鬥等譯：《回顧》（北京：商務印書館，1963年）。

[73]〔美〕畢拉宓著、李提摩太譯：〈《回頭看》紀略〉，《萬國公報》，1891年12月，頁15。

[74]〔美〕畢拉宓著、李提摩太譯：〈《回頭看》紀略〉，《萬國公報》，1892年1月，頁20。

[75]〔美〕畢拉宓著、李提摩太譯：〈《回頭看》紀略〉，《萬國公報》，1892年2月，頁19；〔美〕貝拉米：《回顧》（北京：商務印書館，1963年），頁182：「（整個國家）是個家庭，一個充滿生命力的結合體，一種共同的生活，一株參天的大樹」。相關的討論參見〔美〕喬・奧・赫茨勒（Hertzler, Joyce Oramel）著、張兆麟等譯：《烏托邦思想史》，頁221-229；尹傳紅：〈「烏托邦」迷夢——貝拉米與《回顧：西元2000-1887》〉，《中國科技月報》，2001年第5期。

[76]〔美〕畢拉宓著、李提摩太譯：〈《回頭看》紀略〉，《萬國公報》，1892年3月，頁14。

至入塾讀書，則男女俱一例。……出力任事，或十年或十五年不等，倘生育嬰孩，則作工時少，或無嬰孩，亦至四十五歲時止。……雖工價亦一例也。蓋<u>國家既視人如一家</u>，則必使人人無論男女，皆視為一例。且現在女子身體壯實，心地明白聰慧，德行、學問比從前皆高一等。[77]

　　美國學者馬丁・伯納爾（Martin Bernal）認為，《百年一覺》中譯本中「大同」一詞的翻譯，可能促使康有為將「大同」一詞的概念從遠古轉向未來[78]。然而除此以外，伯納爾認為康有為《大同書》受貝拉米《百年一覺》的影響並不大，因為「貝拉米設想的社會，在許多方面不如康的激進。除了特殊的少數幾點外，看來康並未從貝拉米的書中直接借用到什麼東西。」尤其在家庭方面，康有為的論點比貝拉米更為基進[79]。

　　康有為曾對學生說：「美國人所著《百年一覺》，是大同影子。」[80]就這句話窺察，《百年一覺》在康有為心目中是已捕捉到大同世界的「影子」，但還未盡詳實，可見康有為對《百年一覺》既贊許又未完全服膺的態度。對於《百年一覺》對康有為的影響，無須完全抹煞，但也不宜過於放大。

77　〔美〕畢拉宓著、李提摩太譯：〈《回頭看》紀略〉，《萬國公報》，1892年3月，頁18。
78　〔美〕伯納爾著，丘權政、符致興譯：《1907年以前中國的社會主義思潮》，頁14-15；Martin Bernal, *Chinese Socialism to 1907.* pp.25-26. 顏健富在討論《百年一覺》對晚清小說的烏托邦視野的影響時有類似觀點，見顏健富：〈晚清新小說的「烏托邦」視野〉，國立政治大學中文研究所博士論文，2008年，頁29：「就西方的資源，廣學會出版的《百年一覺》（或是刊登於《萬國公報》的《回頭看記略》）的『未來』敘述對於晚清小說的烏托邦視野帶來重大衝擊，從傳統的『理想過去』轉向了『放眼未來』。」
79　〔美〕伯納爾著，丘權政、符致興譯：《1907年以前中國的社會主義思潮》，頁18；Martin Bernal, *Chinese Socialism to 1907.* p.30. 瑞典學者馬悅然（N.G.D. Malmqvist）雖然「不排除康有為受到貝拉米影響的可能性」，但也認為影響應不太大，因為「康有為和貝拉米兩人的著作中的相同特徵……可以在多數烏托邦著作中找到」。見〔瑞典〕馬悅然：〈從《大同書》看中西烏托邦的差異〉，《二十一世紀》雙月刊，1991年6月第5期，頁14。部分學者質疑梁啟超稱《大同書》「一無依傍，一無剽襲」（梁啟超：《清代學術概論》，頁135）的說法，認為《大同書》受《百年一覺》的影響很大，如朱維錚：〈導言──從《實理公法全書》到《大同書》〉，頁36認為「只要將〈《回頭看》紀略〉譯介文字與《大同書》庚部『去產界公生業』等有關文字對照，便可發現康有為關於未來流通、分配和消費方面的構想，與〈《回頭看》紀略〉如此雷同，致使人們很難不說那是抄襲」；王秀國：〈試析康有為《大同書》對《回顧》的吸納及改造〉，《佛山科學技術學院學報》，2005年3月第23卷第2期，頁41-45認為「在康有為的《大同書》中可以找到貝拉米虛構的新社會的『影子』」，並就兩書對現實社會的揭露批判、未來社會公有制的主張、生產和分配的計劃、未來人們勞動、消費、休息等各個方面社會制度的設計、對婦女問題、婚姻問題和兒童教育問題的關注、進化論和天賦自由平等權的理論基礎等，做了相當詳細的比對分析，結論是「在《大同書》中康有為對貝拉米的《回顧》一書有多方面的吸納與改造」。
80　吳熙釗、鄧中好校點：《南海康先生口說》，頁31。

梁啟超曾稱《百年一覺》「亦小說家言，懸揣地球百年以後之情形，中頗有與《禮運》大同之義相合者，可謂奇文矣。」[81]《百年一覺》對譚嗣同也或多或少有所影響，他在《仁學》中描述心目中的理想社會是：「視其家，逆旅也；視其人，同胞也。父無所用其慈，子無所用其孝，兄弟忘其友恭，夫婦忘其倡隨」，並認為這個社會「若西書中《百年一覺》者」，而且「殆彷彿《禮運》大同之象焉。」譚嗣同期望達到「無所謂國，若一國；無所謂家，若一家，無所謂身，若一身」[82]的理想，與《百年一覺》中「國家視人如一家」的理念接近。有學者認為蔡元培〈新年夢〉[83]「在借政治小說發表政見方面」很可能受到《百年一覺》的影響[84]，比較這兩篇小說，都是以夢境來描繪未來世界，表達其政治理念，〈新年夢〉中「中國雖大，如一家之人」[85]的理想，也與《百年一覺》的理念接近。

1907年一位投稿到《新世紀》的未具名作者，自稱「弟數年來，於廢財產婚姻兩層，信之甚篤」，但深感「尋常之人，不可以點化」，因此提議「以理論及小說，描寫新社會佈置之法」，並認為《百年一覺》就是一個以小說家言宣傳廢產廢婚的最佳範例：「如美國某氏之《社會未來記》（華文節譯本曰《百年一覺》），使讀者想像其樂，而恨不能置身於其間，中間以一二語點化之。」[86]

---

[81] 梁啟超：〈讀西學書法〉，收入梁啟超輯：《中西學門徑書七種》（廣州：廣州出版社，2015年）。
[82] 譚嗣同：《仁學》，頁128。
[83] 蔡元培1904年發表〈新年夢〉時並未署名，到1920年才在口述傳記時提到這篇小說是他的作品，並自述創作背景，說明在廢財產、廢婚姻未普及於全世界時，倡言共產、自由戀愛者需具備較高的道德標準，否則不但使社會主義被不肖者利用，還會使社會主義失去信用，更增加傳播上的困難，見蔡元培口述、黃世暉記：〈蔡元培口述傳略〉，頁14-15：「是時西洋社會主義家，廢財產，廢婚姻之說，已流入中國。子民亦深信之。曾於《警鐘》〔《俄事警聞》〕中揭〈新年夢〉小說以見意。惟其意，以為此等主義，非世界大多數人承認後，決難實行，故傳播此等主義者，萬不可自失信用。倘令中國人持此主義，己既不名一錢，亦不肯作工，而惟攫他人之財以供其揮霍。曰：『此公物也。』或常作狹邪遊，且誘惑良家女子，而有時且與人妒爭，自相矛盾。以是益為人所姍笑。子民嘗慨然曰：『必有一介不苟取之義，而後可以言共產。必有坐懷不亂之操，而後可以言廢婚姻。』對於此輩而發也。」另可參見蔣維喬：〈民國教育總長蔡元培〉，《教育雜誌》，1912年1月第3卷第10期，頁10-20：「夙抱社會主義，顧不輕以語人。蓋壬、癸之間，知革命主義者尚鮮，至社會主義，則未經人道，偶有一二留學生道之，類皆不矜細行，為世垢病。」胡漢民：〈論說──答楊肇彝先生〉，《建設》，1919年11月第1卷第4號，頁838：「蔡民友先生說：取予之間一介不苟者，乃可言共產。男女之間一事不苟者，乃可言自由戀愛。……社會主義是勞働神聖，有人卻可看做可以遊手坐食。社會主義是戀愛神聖，有人卻看做可以縱慾荒淫。這都不是社會主義的罪過，還是借著自由行惡的人的罪過。」
[84] 侯敏：〈蔡元培與清末政治小說〉，《明清小說研究》，2004年第4期，頁124。
[85] 蔡元培：〈新年夢〉，頁42。
[86] 來稿：〈與人書〉，《新世紀》，1907年9月14日第13號，頁3-4。

《百年一覺》中以生動的對話和場景，闡述「一國若一家」的觀念以及國家教育、婦女解放、公共食堂、公共洗衣間……等設計，使得以公共機關取代家庭功能的社會圖景如在目前，以生動精采的小說情節，吸引讀者的目光，的確為毀家廢婚論的宣傳示範了一個可能有效的方式。

三、馬克思、恩格斯《共產黨宣言》

德國社會主義者馬克思（Karl Heinrich Marx, 1818-1883）、恩格斯（Friedrich Engels, 1820-1895）於1848年發表《共產黨宣言》（*The Communist Manifesto*）德文版，1888年英文版問世，其中論及資產者的家庭將要隨著資本主義的消失而消失，社會教育將要代替家庭教育[87]。

日本早期社會主義者幸德秋水（1871-1911）與堺利彥（1870-1933）的思想雖傾向無政府主義，仍時常在著作中翻譯、介紹馬克思、恩格斯的某些論著。幸德秋水與堺利彥曾合譯馬克思、恩格斯的《共產黨宣言》，1904年部分章節刊於《平民新聞》，1906年他們創辦《社會主義研究》雜誌，並在創刊號上全文刊載了《共產黨宣言》的日譯本。

劉師培與何震創辦的《天義報》設於東京，與幸德秋水、堺利彥等關係密切[88]，不僅經常刊登他們的文章，也常介紹其最新譯著、演講消息等，中日

---

[87] 〔德〕馬克思、恩格斯著，中共中央馬克思恩格斯列寧史達林著作編譯局譯：《馬克思恩格斯全集》（北京：人民出版社，1995年）卷一，頁289-291；〔德〕馬克思、恩格斯著，管中琪、黃俊龍譯：《共產黨宣言》（台北：左岸文化，2004年），頁106-107：「消滅家庭！連極端的激進黨人也對共產黨人的這種可恥的意圖表示憤慨。現代的、資產階級的家庭是建築在什麼基礎上的呢？是建築在資本上面，建築在私人發財上面的。這種家庭的充分發展的形式，只是在資產階級中才存在，而它的補充現象是無產者的被迫獨居和公開的賣淫。資產者的家庭自然會隨著它的這種補充現象的消失而消失，兩者都要隨著資本的消失而消失。……你們說，我們用社會教育代替家庭教育，就是要消滅人們最親密的關係。而你們的教育不也是由社會決定的嗎？不也是由你們藉以進行教育的那種社會關係決定的嗎？不也是由社會通過學校等等進行的直接的或間接的干涉決定的嗎？共產黨人並沒有發明社會對教育的影響；他們僅僅是要改變這種影響的性質，要使教育擺脫統治階級的影響。……資產階級的婚姻實際上是公妻制。人們至多只能責備共產黨人，說他們想用正式的、公開的公妻制來代替偽善地掩蔽著的公妻制。其實，不言而喻，隨著現在的生產關係的消滅，從這種關係中產生的公妻制，即正式的和非正式的賣淫，也就消失了。」Karl Marx & Friedrich Engles, *The Communist Manifesto* (Oxford・NY: Oxford University, 1992), pp.21-23: "Bourgeois marriage is in reality a systam of wives in common and thus, at most, what the Communists might possibly be reproached with, is that they desire to introduce, in substitution for a hypocritically concealed, an openly legalized community of women."

[88] 參見蔣俊、李興芝：《中國近代的無政府主義思潮》（濟南：山東人民出版社，1990年），頁65。

作家們或也聚會討論、交換意見[89]。1907年《天義報》的〈書報介紹〉介紹堺利彥的近作《婦人問題》說：「堺君於婦人解放問題研究有年，並熱心提倡女權，此書為其最經意之作。」[90]受日本社會主義者影響，何震及其他天義派作家雖主要信奉巴枯寧、克魯泡特金等的無政府主義，但也接受及翻譯馬克思、恩格斯的若干論著，尤其是關於家庭、婦女問題的論述，並將「經濟革命」視為解決婦女問題的先決條件，何震在1907年撰〈經濟革命與女子革命〉一文，主張「如欲實行女界革命，必自經濟革命始。」「若經濟革命不克奏功，而徒欲昌言男女革命，可謂不揣其本矣。」[91]並在文末摘錄《共產黨宣言》其中一節的譯文中，批評「今之家族制，乃紳士之家族制也，乃以資本及私利為根基者也」，而婦女在資本主義家庭中的地位只是「生產機械之一耳」[92]。

1907年東京《天義報》曾摘譯《共產黨宣言》第二章「無產者與共產黨人」[93]中的一段，附錄在主編何震撰寫的〈經濟革命與女子革命〉文後，大約五百多字，這段譯文的第一句話，就是頗引人側目的「家族制之廢止」，《共產黨宣言》共有四章，討論範圍很廣，譯者獨鍾關於家庭婚姻問題的這一段，且以「廢家」開頭，可見其對此一議題的關注。以下是譯文的第一段：

> 家族制之廢止，雖持急進說者，亦以共產黨人，為此不名譽之主張，因生憤激。雖然，現今之家族制，乃紳士之家族制也，乃以資本及私利為根基者也。雖此等制度，發達至於完全，然亦僅行於紳士閣之間，若平民家族，則實際已歸消滅，或以娼妓橫行之事，為其完成之要件。今欲娼妓消滅，則紳士之家族制亦當消滅，而此二者之消滅，又當與資本消滅同時。[94]

---

[89] 如〔日〕幸德秋水：〈幸德秋水來函〉，《天義報》，1907年6月第1號，頁45-46中，幸德秋水邀請何震與堺利彥至其住處共論何震所著〈女子宣布書〉一文，文末何震附註略述三人會面討論的情形。另根據〈社會主義講習會第一次會記〉，《天義報》，1907年8月第6號，頁152-155，記載幸德秋水出席該會並發表演說；〈社會主義講習會第二次開會記略〉，《天義報》，1907年第8-10號合刊，頁78-80，記載堺利彥出席該會並發表演說，演說大旨為人類社會變遷中的上古共產制和今世私有制的源起。

[90] 〈書報介紹〉，《天義報》，1907年第15卷，頁50。

[91] 何震（署名「震述」）：〈經濟革命與女子革命〉，《天義報》，1907年第13-14號合刊，頁20。

[92] 何震（署名「震述」）：〈經濟革命與女子革命〉，頁21。

[93] 或譯「普勞份子和共產黨人」，英譯為"Proletarians and Communists"。

[94] 何震（署名「震述」）：〈經濟革命與女子革命〉，頁21。

「家族制之廢止」在現行中文版中譯為「消滅家庭」或「揚棄家庭」，英文版譯為「Abolition of the family」。早期中國留日學生對社會主義的接觸有相當程度是透過日文，而日文本是漢字文化圈的成員，日文中的漢字，其構詞法多與中文相通，日譯西書所用的詞彙，中國學者一看就懂；因此在轉譯、或譯介相關論著時，很自然會受到日文漢字的影響[95]。德國漢學家李博曾指出，早期「中國人對歐洲各社會主義流派的了解，包括對馬克思、恩格斯創立的社會主義學說的了解幾乎全部來自日語。」[96]《天義報》上刊載的無政府主義和馬克思主義譯文，幾乎都是由日文轉譯。如志達〈因格爾斯學說〉中所使用的「一夫一婦制」、「家族」、「姦通」、「勞動者」（日文漢字為「勞働者」）、「戀愛」、「財產」、「中流」、「上流」等詞彙，在堺利彥〈婦人問題概觀〉中皆可看到相同的漢字。何震在翻譯《共產黨宣言》的文字中雖言「家族」，所指稱的卻非中國傳統的大家族，而是當時歐美的資產階級家庭，這個翻譯應是受幸德秋水和堺利彥的日譯本影響。在日文漢字中，「家族」和「家庭」意義幾乎相同。何震在這段譯文中藉馬克思、恩格斯的理論，揭露當時歐美的資產階級家庭中外遇、嫖妓等現象，表面上專一於配偶的一夫一妻制，其實是「偽善陰密之婦人共有制」[97]。

在這段譯文中，何震對一般人以「廢家」為「不名譽」的說法加以駁斥。她藉馬克思、恩格斯的理論指出，一夫一妻的家庭制度並非如此崇高、如此合乎道德，它不是以一般所歌頌的「愛情」為根基，反而是以形同賣淫的金錢（資本及私利）為根基。何震在這段《共產黨宣言》的節譯文後加注道：「案

---

[95] 參見付立波：〈近代日文書籍的引進及其影響〉，《晉圖學刊》，2006年6月第3期，頁85，文中並指出，「凡是詞尾用化、式、炎、力、行、的、界、型、感、點、觀、線、論、率、法、主義、作用、社會、階級等詞，也大多是從現代日語中借用過來或是利用這種構詞法創造的。」

[96] 〔德〕李博：《漢語中的馬克思主義術語的起源與作用》（北京：中國社會科學出版社，2003年），頁79。

[97] 何震（署名「震述」）：〈經濟革命與女子革命〉，頁22。「偽善陰密之婦人共有制」今譯見〔德〕馬克思、恩格斯著，中共中央馬克思恩格斯列寧斯大林著作編譯局譯：《馬克思恩格斯全集》卷一，頁291：「偽善地掩蔽著的公妻制」；〔德〕馬克思、恩格斯著，管中琪、黃俊龍譯：《共產黨宣言》，頁106-107：「披著偽善外衣的公妻制」；Karl Marx & Friedrich Engles, *The Communist Manifesto*, p.23: "Bourgeois marriage is in reality a systam of wives in common and thus, at most, what the Communists might possibly be reproached with, is that they desire to introduce, in substitution for a hypocritically concealed, an openly legalized community of women."

馬氏等所主張共產說,雖與無政府共產主義不同,而此所言則甚當。……故附譯其說,以備參考。」[98]身為《天義報》主編的何震既認定馬克思主義雖與無政府主義不同,但關於家庭婚姻的言論「甚當」,不久《天義報》就刊登了民鳴(生卒年不詳)翻譯的《共產黨宣言》英文版序[99]及《共產黨宣言》的譯文[100]。不過大概因為何震在《天義報》13-14號已發表過《共產黨宣言》中關於家庭的部份節譯,為免重覆,民鳴的《共產黨宣言》譯文在家庭的部份很簡略,只有:「紳士閱者,又離析家族者之感情,致使家族間之關係,成一金錢上的關係。」[101]雖然僅寥寥數語,亦可一窺天義派作家對馬克思、恩格斯家庭觀的理解,認為一夫一妻家庭和資本主義是緊密連結的。

四、恩格斯《家庭、私有制和國家的起源》

馬克思逝世後,恩格斯整理其遺稿,於1884年出版《家庭、私有制和國家的起源——就路易士・亨・摩爾根的研究成果而作》(*Der Ursprung der Familie, des Privateigenthums und des Staats: im Anschlub an Lewis H. Morgan's Forschungen*)德文版,1902年英文版問世,1908年3月,署名「志達」(生卒年不詳)的作者在《天義報》發表了〈因格爾斯學說〉,這是目前看到《家庭、私有制與國家的起源》在中國最早的譯介文字,大約1500字,摘譯了本書第二章〈家庭〉中的一部份關於當時歐美家庭婚姻的論述[102]。志達在譯文前的導言中介紹這段譯文「約謂今之結婚,均由金錢」,當時《天義報》的主編何震在譯文之後加注道:

---

[98] 何震(署名「震述」):〈經濟革命與女子革命〉,頁21-22。
[99] 〔德〕因格爾斯著、民鳴譯:〈《共產黨宣言》1888年英文版序〉,《天義報》,1907年第15號,頁461-468。高瑞泉:《中國近代社會思潮》(上海:華東師範大學出版社,1996年),頁337:「劉師培等人立足於無政府主義者的立場,並不贊同馬克思的國家觀及無產階級專政理論。儘管如此,《天義報》在介紹馬克思主義方面,無論就數量還是水準而言,在20世紀初中國同類報刊中是名列前茅的。」
[100] 〔德〕馬爾克斯、因格爾斯合著,民鳴譯:〈共產黨宣言〉,《天義報》,1908年第16-19號合刊,頁1-19。題目下標明是由幸德秋水和堺利彥譯自英版,再由署名「民鳴」的譯者由日文版轉譯為中文。
[101] 〔德〕馬爾克斯、因格爾斯合著,民鳴譯:〈共產黨宣言〉,頁6。
[102] 志達:〈因格爾斯學說〉,《天義報》,1908年第16-19號合刊,頁135-138。〔美〕阿里夫・德里克著、孫宜學譯:《中國革命中的無政府主義》,頁97:「《天義報》對婦女壓迫問題的關注,可能是因為何震。東京的無政府主義者提出這個問題是受了恩格斯《家庭、私有制和國家的起源》一書的啟發。」Arif Dirlik, *Anarchism in the Chinese revolution*, p.103: "He Zhen was probably responsible for the attention the journel devoted to the issue of women's oppression."

以上所言，均因氏所論財婚之弊也。彼以今之結婚均由財產，故由法律上言之，雖結婚由於男女間之契約，實則均由經濟上之關係而生耳！無異雇主之於工人也。觀於彼說，則女子解放必自經濟革命始，彰彰明矣！編者識。[103]

藉由志達的導言及何震的腳注所構成的框架，作者和編者共謀地引導讀者將關注的重點聚焦在「今之結婚」。譯文中指出婦女在現代婚姻中的地位有如「賣淫」，「其與娼婦相異者，則以彼猶商品，恆以時間以定其賣身之金，此則與奴隸相同，乃永賣其身者也」；對於「若立法進步，則婦人境遇，可減其悲慘」的說法，譯文中加以駁斥，認為雖然根據法律「夫婦之關係，其權利義務，亦立于同等之地；然此等條件，不過理論上之強制耳，未盡滿婦人之望也」[104]，指出法律並無法保障婦女在家庭中具有與男子平等的地位。

同年4月，張繼從東京前往巴黎，曾短期參加《新世紀》的編輯工作，並以「反」為筆名發表文章[105]，在〈國粹之處分〉一文中提到《家庭、私有制與國家的起源》第九章〈野蠻與文明〉中的幾句：

因改兒士〔恩格斯〕論家族、私產、國家三者曰：「待社會革命之後，此種種者，當置諸博物館，與古之紡車、青銅斧並陳之。」[106]

103　志達：〈因格爾斯學說〉，頁138。
104　志達：〈因格爾斯學說〉，頁137。
105　根據蔣俊、李興芝：《中國近代的無政府主義思潮》，頁96-97中的考證。
106　張繼（署名「反」）：〈國粹之處分〉，《新世紀》，1908年4月25日第44號。這段話在1902年美國社會主義者恩特曼所翻譯的英文版Frederick Engels, translated by Ernest Untermann, *The Origin of the Family, Private Property, and the State* (Chicago: Charles H. Herr & Company, 1902), pp.211-212 中是這樣的："The society that is to reorganize production on the basis of a free and equal association of the producers, will transfer the machinery of state where it will then belong into the Museum of Antiquities by the side of the spinning wheel and the bronze ax." 〔德〕恩格斯著、楊賢江（署名「李膺揚」）譯：《家族私有財產及國家之起源》（上海：新生命書局，1929年），頁281：「以生產者自由平等的結合為基礎以改組生產事業的社會，將把國家的全機構——那時牠將歸屬的——與紡車及青銅之斧相並，移入到古物博物館去。」

對天義派與新世紀派作家張繼來說，恩格斯《家庭、私有制與國家的起源》中的若干言論可以支援無政府主義廢除家庭、私產和國家的論述。依其理論，家庭的消失有其歷史必然性，屆時對它最適當的處置，就是和古代的紡車、青銅斧一起放在博物館供人參觀。

1920年惲代英（1895-1931）翻譯了恩格斯《家庭、私有制與國家的起源》的序言及前兩章，譯文題名為〈英哲爾士論家庭的起源〉，署名「待英」，於10月10日刊登在《東方雜誌》，大約6000字[107]。開頭約600字節譯了1891年第四版序言中的伯厥芬（巴霍芬，Bachofen）和麥克連倫（參克倫南，Mc Lennan）關於家庭起源的論述，接著以500字左右概要地翻譯第一章〈史前文化各階段〉，之後約5000字相對詳細地翻譯第二章〈家庭〉[108]。譯文中指出賣淫宿娼是現代婚制的產物，甚至在現代家庭中的婦女其地位也與娼妓一般無二：「其實所謂一夫一妻的結婚，女子之異於為金錢賣身的娼妓的很少，只是一個是幾小時的賣身，一個是一回賣個干〔乾〕淨罷了。」[109]

1920年楊效春（1895-1938）與惲代英引發了一場關於兒童公育、毀家廢婚的論戰，楊效春認為家庭是社會的根本，惲代英則引述恩格斯的關於家庭起源的研究，說：

> 一切歷史報告，都證明那荒謬的假說，即十八世紀，所以為不可破的，如一夫一妻制的家庭，是一個核，社會國家都圍繞他而逐漸結晶的學

---

[107] 惲代英（署名「待英」）：〈英哲爾士論家庭的起原〉，《東方雜誌》，1920年10月10日第17卷第19號，頁50-55；《東方雜誌》，1920年10月25日第17卷第20號，頁67-71。

[108] 惲代英（署名「待英」）：〈英哲爾士論家庭的起原〉不僅處理的範圍和字數較1908年的志達〈因格爾斯學說〉要廣而多，行文也較少文白夾雜而較自然流暢，因英文文法的理解錯誤造成的歧義也較少。五四以後，中國的翻譯工作更加活躍，關於馬克思主義的翻譯質量上也較上一個時期大為提高。參見陳玉剛編：《中國翻譯文學史稿》（北京：中國對外翻譯出版公司，1989年），頁9；齊衛平：〈五四運動前後馬克思主義在中國傳播的兩個階段比較研究〉，《河南師範大學學報》，2003年第30卷第5期，頁102。雖然惲代英這篇譯文處理的範圍比起1908年志達要廣泛得多，但志達譯為1500字的部份關於當時歐美的家庭婚姻的論述，惲代英卻只「濃縮」為幾句話：「其實所謂一夫一妻的結婚，女子之異於為金錢賣身的娼妓的很少，只是一個是幾小時的賣身，一個是一回賣個干淨罷了。」惲代英（署名「待英」）：〈英哲爾士論家庭的起原〉，頁68。惲代英保留的這一小段，在1908年《天義報》刊出志達〈因格爾斯學說〉時，也以圈點的方式特別強調：「婚姻者，其周圍恆受抑制者也。觀其習俗，則不啻賣淫之男女耳。其與娼婦相異者，則以彼猶商品，恆由時間以定其賣之金；此則與奴隸相同，乃永賣其身者也。」志達：〈因格爾斯學說〉，頁136。

[109] 惲代英（署名「待英」）：〈英哲爾士論家庭的起原〉，頁68。

說，是沒有根據的。……「現有的一夫一婦制的婚姻，並非調和夫婦，乃男子壓抑女子的結果。……男子並無人願褪亂交之樂，故多宿娼；女子亦復不能安於屈服，故多蓄姦。」合Engles的話看來，所以賣淫宿娼，乃現在家庭制度的出產品。[110]

同年8月李三無（生卒年不詳）發表在《婦女雜誌》的〈廢娼運動管見〉中，主張廢娼運動必須「先從側面改造社會，就是絕對不許性的機能之商品化和絕對不許射利的結婚」[111]，而恩格斯《家庭、私有制與國家的起源》中的一段話正符合他對「改造社會」後的新性關係的想像：

> 馬克斯（Karl Marx）的好友伊哲爾士（Fridrich Engels）也說過幾句話，和我們所豫想的社會上性的關係，很能符合，在他的名著《家庭的起源》（Beginning of home）裡面。他說：「在新時代完成的時候，男子無論怎樣，終不能彀有機會拿金錢權力或其他經濟的方法來買得女子的隸屬。就是女子在愛情以外，無論有甚麼理由，也不肯再去隸屬於男子。……」女子既不做男子隸屬，那麼有娼妓發生的餘地嗎？[112]

《家庭、私有制與國家的起源》中指出了家庭與私有制的緊密連結，揭露了女性在家庭中的地位與娼妓的無甚差異（後者一次一次賣，前者永賣其身），並提出家庭和私有制都將消失的歷史必然性，這些論點對二十世紀前期中國的毀家廢婚論來說是頗具感染力與煽動力[113]。

---

[110] 惲代英：〈再駁楊效春非兒童公育〉，收入梅生編：《中國婦女問題討論集》，頁38。

[111] 李三無：〈廢娼運動管見〉，《婦女雜誌》，1920年8月第6卷第8號，頁14。

[112] 李三無：〈廢娼運動管見〉。Frederick Engels, translated by Ernest Untermann, *The Origin of the Family, Private Property, and the State*, p.100: "That will be decided after a new generation has come to maturity: a race of men who never in their lives have had any occasion for buying with money or other economic means of power the surrender of a woman; a race of women who have never had any occasion for surrendering to any man for any other reason but love."

[113] 〔美〕柯臨清（Christina K. Gilmartin）著、宋少鵬譯：〈共產黨早期組織中的性別和性別政治〉，收入游鑑明、羅梅君、史明主編，洪靜宜等譯：《共和時代的婦女》（台北：左岸文化，2007年），頁90：「恩格斯把家庭視為婦女受壓迫的首要地點的唯物主義分析，與許多中國共產主義者的反家庭傾向產生了很好的共鳴。他們發現這種唯物主義解釋為把父權制家庭視為暴虐制度的『五‧四批評』提供了一個理論框架。至少到一九二七年之前，恩格斯的理論不僅正當化了中國共

五、倍倍爾《婦女與社會主義》

德國社會民主黨領袖奧古斯特・倍倍爾（August Ferdinand Bebel, 1840-1913），繼承了馬克思、恩格斯關於家庭問題和婦女解放思想，著有《婦女與社會主義》（*Die frau und der sozialismus*, 1879）[114]，根據江亢虎的回憶，他在1907年赴日時，透過日本社會黨人幸德秋水的評介，閱讀了《婦女與社會主義》的日譯本。這本書對他影響很大，使他下定決心研究婦女和家庭問題[115]，並在1908年發表了〈無家庭主義〉和〈自由營業管見〉這兩篇主張廢除家庭、婚姻及財產繼承制的文章。

1920年與陳獨秀共同發起組織馬克思主義研究會和上海共產主義小組的李漢俊（1890-1927），根據列文（Daniel De Leon, 1852-1914）的英譯本*Woman Under Socialism*（1904），將倍倍爾《婦女與社會主義》中的第三篇譯為〈女子將來的地位〉（*Woman in the future*）發表於《新青年》，譯文中指出「現今的婚姻形式就要消失他存在的根據而瓦解」，並詳述了未來社會主義中女子的性愛生活：

> 在選擇情人的時候，伊與男子一樣是自由的，是不受拘束的。伊向人求婚或受人求婚和與人結合，除了伊自己底歡喜以外，是沒有別的動機的。這個結合是一種私的結合，是不要用甚麼形式的儀式來舉行的——剛與中世紀末尾以前，婚姻是一種私的結合一樣。社會主義在這個地方並不創甚麼新例；不過是將私有財產還沒有來支配社會以前，在比較原始社會通行過的東西，在文明程度比較高的新社會之下恢復起來罷了。
>
> 在不使別人受損害的條件之下，各個人自己想法子來滿足自己底本能；滿足性慾，也與滿足別的自然本能一樣，是各人底私事。沒有一個人對於別人要負責任，也沒有裁判官能夠不受依賴就來干涉。我如何吃

產主義文獻對家庭的持續譴責，而且有利於其他『五四』女性主義問題在共產主義性別話題中的持久性。」
[114] 李丹：〈倍倍爾與婦女問題〉，《綏化學院學報》，2010年第6期，頁57-59。
[115] 江亢虎：〈社會主義與女學之關係〉，頁15-17；郭海軍：〈辛亥革命前後的江亢虎社會主義思想〉，《河北理工大學學報》，2007年2月第7卷第1期，頁186。

喝，我如何睡覺，我如何穿衣，都是我底私事——我與異性如何交媾也剛剛如此。智識和修養，完全的個人自由——經將來社會的教育和環境嵌入正軌了的一切特性——是要來保衛各個人，使足以引起他底損害的命令，不能施行於他的。將來社會底男女對於自己生存的自修和智識，是要比現在增加到很高的程度的。關於自然事件的一切淑女式的含羞和秘密的虛飾，都是要消失的，這個單純的事實，就是較之現在所通行的更要自然的性交底一個保障。[116]

　　沈雁冰是支持毀家廢婚論的五四新文化運動先驅者之一。他在〈家庭改制的研究〉（1921）一文中，分析西方的家庭理論可分為急進派、保守派及修正派，對於保守派的論調，他則以揶揄的口吻批評道：「保守派的惟一目的是維持舊家庭制。自從有女子主義，發生家庭問題以來，保守派的謾罵的論調，是

[116] 〔德〕F.A.Bebel著、李漢俊（署名「漢俊」）譯：〈女子將來的地位〉，《新青年》，1920年9月1日第8卷第1號，題目下註明譯自「德國伯倍爾（Bebel）所著《社會主義與婦女》，（*Der Sozialismius uud due Freatt*）英譯本有幾種，此文乃是列文（Daniel De Leon）所譯題名Woman under Socialism的第三篇Woman in the future.一九一七年紐育出版」。中譯文另可參見郭真：《社會問題大綱》（上海：平凡書局，1922年），頁148-149；〔德〕倍倍爾著、沈端先譯：《婦人與社會主義》（上海：開明書店，1927年），頁469；〔德〕奧古斯特·倍倍爾著，朱霞、葛斯譯：《婦女與社會主義》（北京：中央編譯出版社，1995年），頁466-467；August Ferdinand Bebel, translated by Daniel De Leon, *Woman Under Socialism* (New York: New York Labor News Co, 1904), pp.343-344: "In the choice of love, she is, like man, free and unhampered. She woos or is wooed, and closes the bond from no considerations other than her own inclinations. This bond is a private contract, celebrated with out the intervention of any functionary just as marriage was a private contract until deep in the Middle Ages. Socialism creates in this nothing new: it merely restores, at a higher level of civilization and under new social forms, that which prevailed at a more primitive social stage, and before private property began to rule society.
Under the proviso that he inflict injury upon none, the individual shall himself oversee the satisfaction of his own instincts. The satisfaction of the sexual instinct is as much a private concern as the satisfaction of any other natural instinct. None is therefore accountable to others, and no unsolicited judge may interfere. How I shall eat, how I shall drink, how I shall sleep, how I shall clothe myself, is my private affair, exactly so my intercourse with a person of the opposite sex. Intelligence and culture, perfect individual freedom qualities that become normal through the education and the conditions of future society will guard everyone against the commission of acts that will redound to his injury. Self-training and the knowledge of their own being are possessions of the men and the women of future society to a degree much above the present. The simple circumstance that all bashful prudery and affectation of secrecy regarding natural matters will have vanished is a guarantee of a more natural intercourse of the sexes than that which prevails today.
.... That the present form of marriage corresponds ever less with its purpose, no thinking person any longer denies. Thus is seen the phenomenon of the demand for freedom in the choice of love, and for the untrammeled dissolution of the marriage bond, when necessary, made by people who refuse to draw the requisite conclusions for the change of the present social system."

不斷于耳；他們閉起眼睛，跪倒在傳統思想的大偶像下」[117]。他認為保守派的言論大多不值一哂，只有其中「宗教派」和「生物派」的理論還可以討論，其中「宗教派」以奧國的福歐斯脫博士（Friedrich Wilhelm Foerster, 1869-1966）為代表，其著作《結婚與兩性問題》（*Marriage and the Sex Problem*, 1912）是「宗教派擁護舊家庭最奮力的戰書」，沈雁冰總結其論點說：「福歐斯脫非但不主張家庭改制，而且還主張宗教的婚姻與宗教的家庭——就是在神前結的婚，永不准離異，根據這婚姻來的家庭亦永遠是神聖的，是和個人密切地連結著的。」並評論道：「宗教派對于戀愛問題、家庭問題的批評顯然是很不合理的」[118]。而「生物派」的主張可以英國格蘭脫亞倫（Grant Allen,1848-1899）的《婦女問題罪言》（*Plain Words On the Women Question*, 1889）為代表，亞倫認為婦女自謀生計，將造成婦女晚婚或不婚，即使結婚了也會疏於育兒，導致人類滅亡的危機，沈雁冰批評道：「亞倫這些話，真是閉了眼睛說海話，只顧從片面發揮他的演繹論理，是很有許多可駁的地方的」[119]。至於修正派的主張，大抵是從教育、和法律兩方面著手進行改革，沈雁冰認為亦不適用於中國，因為「各國學者都就其本國的情形提出方案。各不相同；我們情形不同，當然不能直抄」[120]。

既然保守派和修正派的主張都不可取，沈雁冰認為惟有急進派社會主義的家庭理論適用於中國，在分析了西方眾說後，他清楚地表明立場，並為社會主義申辯道：

> 我先聲明一句話，我是相信社會主義的。社會主義者對于家庭的話，遠之如恩格爾的《家庭的起源》中所論；近之如伯伯爾的《社會主義下婦人》所論，我覺得他不論在理想方面、事實方面多是極不錯的（尤佩服他們考古的精深）。所以我是主張照社會主義者提出的解決法去解決中國的家庭問題。我這話，一定有人以為在中國提倡這個，去實際太遠的，我卻以為不然。我以為正惟中國的家庭制度是大異于西洋的，所以可以直

---

[117] 沈雁冰：〈家庭改制的研究〉，《民鐸》，1920年第2卷第4號，頁9。
[118] 沈雁冰：〈家庭改制的研究〉，頁9-10。
[119] 沈雁冰：〈家庭改制的研究〉，頁10-11。
[120] 沈雁冰：〈家庭改制的研究〉，頁11。

截了當采〔採〕取社會主義者的主張，不必躊躇。[121]

　　表明了對社會主義的支持後，沈雁冰以相當的篇幅及肯定的態度介紹倍倍爾《婦女與社會主義》，並認為「書中最痛切而且是全書思想的集中點」的，就是對私有財產制下的中產階級婚姻的批評：

> 中產階級的婚姻法是中產階級財產關係的結果。照他們的婚姻法，合法的兒子才是有私產繼承權的人；要想得私產繼承權，就非得承認這個婚姻法不可，承認這婚姻法可就承認了這婚姻法所生的家庭關係了；換一面說來，因為有這家庭關係和這婚姻法，社會上的私有制度方得保留著，所以私產制度的能廢與否，實與現在家庭關係的存廢很有連帶關係。[122]

　　沈雁冰下結論道：「所以伯伯爾是主張現家庭制的無條件改組，因為『私產制度是附在現家庭制的骨裡的』，不廢現在的家庭制度，私產制度永不能廢的了」，並表明他自己的立場是贊成社會主義家庭改制論的[123]。

　　易家鉞亦指出關於私有財產制和婚姻制度之間的密切關係，「柏白爾說得最好：『資產階級的婚姻制度，是資產階級的財產制度的一種結果。』」易家鉞闡釋倍倍爾的理論道：

> 這話稍為變通一點，就是資產階級的家族制度，不過是私有財產制度的一個結果。更切實的說，現代的婚姻制度，家族制度，不過是私有財產制度的一個表現。柏白爾以為資產階級的婚姻，只許合法的（Legitimate）兒子，為私產的繼承者，要想得私產繼承制，就非得承認這種婚姻不可；承認這種婚姻制度，即無異乎承認這種婚姻制度所生的家族制度。換過來說，因為有這種家族制度和婚姻制度，社會上的私產制度，才能

---

[121] 沈雁冰：〈家庭改制的研究〉，頁12。
[122] 沈雁冰：〈家庭改制的研究〉，頁3-4。
[123] 沈雁冰：〈家庭改制的研究〉，頁4。

保存。所以私產制度的能廢與否，實與家族制度的存廢有連帶關係。簡直可以說：要廢除私有財產制度，非廢止家族制度不可！[124]

羅敦偉也曾引用倍倍爾的說法主張男女自由的戀愛和結合：

戀愛結婚是男女最自然的結合，不是勉強湊合也不是強迫結合，絲毫不借助於外力。……伯伯爾對這種結合也描寫過，他道：「社會主義是因為造成置基礎於自由選擇及自由意志上面的結婚──也沒有外部的壓迫為特色的結合──的時代，所以即刻要打破一夫一妻制度及賣淫制度。」照伯伯爾說，戀愛的結合不僅不借助外力，而且他的影響很大可以打倒現在一切不良的婚姻制度。[125]

1925年提倡「新性道德」的章錫琛，曾引用倍倍爾的話，說明基於財產關係的一夫一妻制「未必是適應於自然的要求及人類社會健全的發展」：

一夫一妻制是市民的職業秩序及財產秩序的結果，已經被十分地證明，因而這確已成為市民的社會裡重要的基礎之一；然而這究竟適應於自然的要求及人類社會的健全的發展與否，卻是別一個問題。基於這市民的財產關係的婚姻多少是不得已的婚姻，他已經教示我們發生許多的害惡，大抵祇是不完全地達其目的或全然不能達其目的。我們更可以知道，現代的婚姻雖是一個社會制度，卻殘留著幾百萬的人們不能到達，決不是像他的讚美者所主張那樣，適應自然的目的基於自由的愛的選擇的婚姻。[126]

---

[124] 易家鉞：《西洋家族制度研究》，頁231；〔德〕倍倍爾著、沈端先譯：《婦人與社會主義》，頁104：「一夫一妻制是資產階級的職業制度和財產制度的結果」；〔德〕奧古斯特・倍倍爾著，朱霞、葛斯譯：《婦女與社會主義》，頁98；August Ferdinand Bebel, translated by Daniel De Leon, *Woman Under Socialism,* p.85: "Unquestionably, monogamous marriage, which flows from the bourgeois system of production and property, is one of the most import ant cornerstones of bourgeois or capitalist society."

[125] 易家鉞、羅敦偉：《中國家庭問題》，頁65-66；羅敦偉：《中國之婚姻問題》，頁168-169。

[126] 章錫琛：〈駁陳百年教授「一夫多妻的新護符」〉，《莽原》，1925年5月第4期，頁8-13。

陳碧蘭（1902-1987）在1936年亦引述倍倍爾的話，指出「現代家庭制度與現代的私產制度之間的依存關係」，並分析道：

> 由倍倍爾的意見，依存於私產制強迫的婚姻法和由此而生的家庭關係，當然只能有利於少數擁有私產的人，對於絕大多數的人民大眾，尤其對於婦女幾等於一幅〔副〕枷鎖。因此，他認為現代的一切婚姻法及家庭制度，應在根本廢除之列。[127]

馬克思、恩格斯與倍倍爾都指出，一夫一妻婚家與私有財產制及資本主義是緊密連結的。大陸學者史春風曾析論道：「馬克思主義的唯物史觀，特別是階級鬥爭說極大地影響了中國知識分子。五四運動以後，以李大釗、陳獨秀為代表的先進知識分子運用新的理論觀點來闡釋和解決中國的婦女問題。他們在一定程度上改變了自己過去單純通過爭取民主權利來解放婦女的主張，開始反覆闡釋這樣一個觀點，那就是婦女的歷史地位、道德觀念、家族制度的變化都是社會經濟制度變化的結果，婦女受壓迫的根源是私有制度，而並不僅僅是男人，因此，婦女要獲得解放，只有消滅私有制度，實現社會主義。」[128]毀家廢婚論者更據此主張，要廢除萬惡的資本主義，改善婦女地位，就必須廢除現代的家庭婚姻制度。

六、加本特《戀愛論》

英國著名的社會主義思想家和社會改革活動家愛德華·加本特（Edward Carpenter，或譯為「卡賓特」，1844-1929），其代表作《戀愛論》（或譯《愛的成長》、《愛的成年》等，*Love's Coming of Age*, 1906）在中國五四時期報章雜誌上廣受譯介和討論，1922年無政府主義刊物《民鐘》發刊時，詩人劉大白（1880-1932）在宣言中大倡打破「家庭的『天羅地網』」，並節錄加本特《戀愛論》中「關於家庭」（On

---

[127] 陳碧蘭（署名「陳碧雲」）：〈現代家庭制度的各派主張之檢討〉，《東方雜誌》，1936年第33卷第1號，頁498。

[128] 史春風：〈新文化運動與馬克思主義婦女理論的傳入〉，收入仝華、康沛竹主編：《馬克思主義婦女理論發展史》（北京：北京大學出版社，2004年），頁67。

the Family）一節的意見說：「家庭是使人類互相隔絕，養成利己的性質。」[129]沈雁冰在一篇介紹西方的家庭理論的文章中，認為加本特關於家庭改制的主張「是至理名言，足以為反對家庭制的強有力的沖鋒者」[130]，並根據他對加本特的閱讀理解加以闡述：

> 加本特（Edward Carpenter）以為人類最合理的生活應是社會生活，一切人類都是痛癢相關的，一切人都在同一社會中生活著，互盡其服務的能力；家庭這個東西便是使人類互相隔絕，各存利己的心，不知道有社會，惟知有自己的毒物。所以不論現家庭制度本身有何等好處，一無些弊端，只就發達利己心、減少人們的痛癢相關的觀念一面看來，已覺得家庭這個東西，實在萬萬要不得，因為他使人類道德的及知識的方面，都入於褊狹而貪婪。我們如認凡人類不宜分界限，如認人類生活是應以社會生活算做最合理的形式，則現在的家庭制度，就是萬萬要不得的。在這種家庭制度下的家庭生活，實是黑暗的生活，不合理的生活，這是加本特反對現家庭制的理由。[131]

　　1920年林雲陔在〈近代社會主義之思潮〉的「社會主義與家庭制度」一節中，引用加本特的主張，從為女性爭取平等自由的立場出發，對現有家庭婚姻制度提出否定及改造的建議：

> 加本特Carpenter社會學子之著者也，其主張對於婚姻制家庭之改造有當注意之兩點：一、予婦人以完全自由權，使得享男人平等之待遇。二、婚姻自由。由上之說，婦女自身對於經濟上政治上之利益，當然能如男人同享受之。由後之說，則謂不可以玩物視婦女，並須廢除家庭主制而

---

[129] 劉大白：〈《民鐘》宣言〉，原載《民鐘》，1922年7月1日第1期，收入高軍、王檜林、楊樹標主編：《無政府主義在中國》，頁52；〔英〕愛德華・加本特著、樊仲雲譯：《戀愛論》（上海：開明書店，1927年），頁179-181；Edward Carpenter, *Love's Coming of Age* (London: Swan Sonnenschein & Co. LTD, 1906), pp.168-170。

[130] 沈雁冰：〈家庭改制的研究〉，頁4-5。

[131] 沈雁冰：〈家庭改制的研究〉，頁4；另見易家鉞：《西洋家族制度研究》，頁242；〔英〕愛德華・加本特著、樊仲雲譯：《戀愛論》，頁179-181；Edward Carpenter, *Love's Coming of Age*, pp.84-88。

後能享精神上結合之愉快。[132]

　　易家鉞、羅敦偉在《中國家庭問題》一書中，認為自然的一夫一妻本來並沒有什麼弊害，但是一夫一妻的制度，卻含有女子私有的觀念，他們認為「關於這層，加本特說得很好」，並引用《戀愛論》第六章〈將來婚姻的預測〉中的話說：

> 試看近代國家與社會（即法律與道德）所批准許可以的一夫一妻的結婚，理想上固然也說是生於同心一體的愛，可是實際完全與此不同。因為這單是外部的壓迫結合的，辛致陷於醜惡的墮落狀態中，是當然的事情。縱令有許多的結合，幸而能夠平安渡過這個難關，其餘的因那排他隔離的緣故，流於狹隘固陋，是萬不能免了。……要之，無論男子方面和女子方面，都有以二人一體結婚明白的傾向。但是我們很不願意用一夫一妻的名目稱呼他；因為一夫一妻的字樣，是跟著女子私有的觀念的，有女子私有的嫌疑的[133]。

　　加本特贊成二人同心一體的戀愛，但不贊成一夫一妻的名目和制度，易家鉞、羅敦偉認為加本特「因為看見一夫一妻制有這樣的壞處，所以他也和愛倫凱一樣，主張一夫一妻的制度也不要了。」[134]黎濛在《中國家庭問題》一書中亦引用加本特《戀愛論》中第五章〈婚姻：一個回顧〉（Marriage, A Retrospect）一節中的文句：「男子所需要的是他情慾的發洩處，女子目的是在尋求家庭和主人。」「說起這種婚姻的動機，則大概不外男子的主我主義，主觀的觀念，以及肉體的滿足。」[135]說明一夫一妻婚姻未必是基於戀愛，反而多半是為了私利

---

[132] 林雲陔：〈近代社會主義之思潮〉，頁445。
[133] 易家鉞、羅敦偉：《中國家庭問題》，頁64-65；另見羅敦偉：《中國之婚姻問題》，頁171-172；〔英〕愛德華・加本特著、樊仲雲譯：《戀愛論》，頁109-110。
[134] 易家鉞、羅敦偉：《中國家庭問題》，頁65。
[135] 黎濛：《中國家庭問題》，頁133-134；〔英〕愛德華・加本特著、樊仲雲譯：《戀愛論》，頁88-89、94；Edward Carpenter, *Love's Coming of Age*, p.75: "The monetary dependence of the woman, the mere sex-needs of the man, the fear of public opinion, all form motives, and motives of the meanest kind, for maintaining the seeming tie." p.80: "Too often of course of such marriages the egoism, lordship and physical satisfaction of the man are the chief motive causes."

而結婚。

加本特的《戀愛論》指出一夫一妻婚姻未必等於二人同心一體的戀愛，反而是具有利己的性質，含有女子私有的觀念，由此建立的家庭使人類互相隔絕，只知有自己、不知有社會，這幾個論點對一夫一妻婚家提出了有力的攻擊。

七、羅素與勃拉克的家庭婚姻觀

1920年10月，英國社會主義者伯特蘭・羅素（Bertrand Russell, 1872-1970）及其女友英國劍橋大學教授朵拉・勃拉克女士（Dora W. Black, 1894-1986），應梁啟超（1873-1929）之邀來華講學，羅素說：「余與勃辣克女士除法律上之解釋外，其關係與夫婦無異，……君等嘗讀余書者，當亦知余雖對於男女間之關係，視之為重要。而對於英國婚姻之法律，則常目之為腐舊不適用，且常勸世之有智識者廢棄之。」[136]江亢虎讚佩有加地說道：

> 羅素B. Russell就是實踐自由戀愛的一個。羅素他到我國來時，帶著一個女學生勃拉克女士Miss Black，他介紹他時，他總說：「除了法律以外，他是我的妻子。」羅素在英國的地位很高，他信仰自由戀愛之說，而又有勇氣實行，他承認勃拉克為他之戀愛女友──戀人──他敢在眾人前公然介紹，因為在他的良心上以為此是正當的，所以他便毅然實行了。

江亢虎認為羅素與勃拉克的正面示範適足以證明「自由戀愛，在我良心上以為正當，應該如此的，那末他的行為便是正當，應該的。」[137]

1921年1月成立「家庭研究社」、出版《家庭研究》雜誌的易家鉞、羅敦偉等人，在1921年2月出版了《家庭研究》的「羅素婚姻研究號」，討論羅素與勃克拉的關係，易家鉞認為他們的關係足證「未來兩性的結合，絕不會在

---

[136] 〈本館與羅素博士來往之函件〉，《申報》，1920年10月16日。相關的討論詳見呂芳上：〈法理與私情：五四時期羅素、勃拉克相偕來華引發婚姻問題的討論（1920-1921）〉，《近代中國婦女史研究》，2001年8月第9期，頁35-55。

[137] 江亢虎演講，王錫九、帥佐唐記：〈社會主義之今昔〉，1920年11月17-20日在山西大學講演，收入南方大學出版部編著：《江亢虎博士演講錄》，頁100。

呆版的形式上面、數目上面、制度上面，而在戀愛上面、自由上面、平等上面」[138]；在〈中國的離婚問題〉中，易家鉞自稱是「素來反對《親屬法》的人」，他認為不僅離婚應該絕對自由，而且跟婚姻有關的法律都應該廢除，並稱譽羅素與勃拉克的自由戀愛正是無視於法律的「好榜樣」：

> 老實說吧，即使我們的離婚法，能夠更好沒有的像新俄國的那樣，試問這種「換湯不換藥」的法律有什麼用處？試問頭腦稍為新鮮的人，有幾個把這種法律放在眼底？羅素對於英國法律不置重，而與勃拉克女士發生戀愛，這是一個好榜樣！[139]

易家鉞在〈家庭與婚姻〉中，亦批評今天一夫一妻的家庭並非完全以愛為標準，未來社會中男女應自由結合，並引用羅素《自由之路》（*Roads to freedom,* 1918）的第八章〈能夠造成的世界〉（The World as it Could be Made）中的話：「夫妻親子的關係，一以愛為轉移，沒有愛，這種關係便不能存在」[140]。

李懋猷（生卒年不詳）在1920年翻譯了羅素〈能夠造成的世界〉，文中批評現代的婚姻關係「除掉更難脫逃外，和賣淫行為常常是沒有區別的」，因為在資本主義社會中，「經濟使婚姻成為一種買賣的事件，在這上頭愛情完全居於附屬地位」；而在未來「能夠造成的世界」中則是：

---

[138] 易家鉞：〈羅素婚姻問題為中國人之觀察〉，《家庭研究》，1921年2月第1卷第3期，頁16-17。

[139] 易家鉞：〈中國的離婚問題〉，原載《時事新報·學燈》，收入梅生編：《中國婦女問題討論集》，頁8。文中提及的新俄國的離婚法，是俄國1917年十月革命後於1918年公布的婚姻法，文宙：〈俄國新婚姻法的宣佈〉，《東方雜誌》，1927年第24卷第9號，頁35曾歸納其基本原則有三點：「（1）在成立婚姻及解除婚姻上男女平等，兩造中有一造提訴，即許離婚。（2）關於相互間的經濟責任及兒女的教養男女平等。（3）合法的和非合法的兒童平等。」〔美〕居住在俄國的一婦人著、趙景雲譯：〈俄國婚姻制度之廢除（一）〉，《晨報副鎸》，1927年3月27日第66期，頁13：「從大革命的初期以來，婚姻制度究竟應否廢除的問題，久已引起全俄各地劇烈的辯論。……自一九一七年，布爾賽維克黨專權以來，已經視『家庭』為資產階級的制度，對之極端憎惡，早存下廢除的心願。……所以，蘇維埃政府最初的那些命令中便有一種廢除『私生子』的規定。將全體兒童的法律地位都成為平等的，不論其為結婚者所生的，抑是未結婚者所生的。……同時，又通過一種法律，簡直使離婚變為一件數分鐘了了的事情，結婚者任何一方的請求都可辦到。」

[140] 易家鉞：〈家庭與婚姻〉，收入梅生編：《中國婦女問題討論集》，頁179；〔英〕伯特蘭·羅素著、李國山譯：《自由之路》（北京：西苑出版社，2003年），頁39；Bertrand Russell, *Roads to freedom* (NY: Routledge, 1977〔1918〕), pp.150-151: "Husbands and wives, parents and children, will be only held together by affection: where that has died, it will be recognized that nothing worth preserving is left."

當經濟上的奴役之惡遺傳不復能鑄造我們本能時，大家所懷想的人間關係將不和現在一樣。夫妻親子的關係將單由愛情結合：愛情斷絕，便可認這種關係無復保存的價值。[141]

　　主張「全局改造」、兒童公育、毀家廢婚的惲代英，提出現階段應「把習俗無理的『離婚是不幸』說打破」，他引用羅素《社會改造原理》（*Principle of Social Reconstructio*, 1916）中的話說：「夫妻一結合，便要鞏固一生；或是在雙方面同意而外，還要他種理由纔可離異；實在是沒有理由可說。」[142]有「羅素專家」之稱的張崧年（1893-1986）在討論男女關係、婚姻問題時也引用羅素的這句話申論自由離婚的合理性：「要索或希期一生的固定，苛求互諾以外的離婚根據，都是無理由的。」又說：「終身的一夫一妻，當其成功，雖然是最好的，但是吾們需要之越發複雜使他越發常常成個失敗。阻止那個失敗，只有離婚是最好的方法。」[143]

　　羅素曾批評現代婚律的弊害道：「為了現在的婚律，許多男女，論他們表面的關係，都被罰在一個完全不相投的結合之社會裡，並痛苦的覺得逃免是不可能的。……現在婚律把孩子與共同生活關在一夫一妻的制限裡。但愛情他是不能關的」[144]，張崧年認為羅素這些話足證「這種因襲的婚律既不合現在

---

[141] 〔英〕羅素著、李懋猷（署名「李季」）譯：〈能夠造成的世界〉，《新青年》，1920年11月1日第8卷第3號，頁1-15。

[142] 惲代英：〈駁楊效春非兒童公育〉，收入梅生編：《中國婦女問題討論集》，頁15；〔英〕伯特蘭・羅素著、張師竹譯：《社會改造原理》（上海市：上海人民出版社，2001年），頁119；Bertrand Russell, *Principle of Social Reconstruction* (London: G. Allen & Unwin, 1920 [1916]), p.128: "It ought to admit that, although lifelong monogamy is best when it is successful, the increasing complexity of our needs makes it increasingly often a failure for which divorce is the best preventive."

[143] 張崧年：〈男女問題〉，《新青年》，1919年3月15日第6卷第3號，頁320；一年後張崧年在另一篇文章中再次譯引這兩句話，譯文略有修改，見張崧年：〈羅素與人口問題〉，《新青年》，1920年4月1日第7卷第4號，頁7：「要索或希望『男女結合的』終生的固定，或苛求什麼出乎互諾以外的離盡根據，都無理由的。」「終生的一夫一妻當其成功的時候雖是最好的，但現在我們的需要既越來越複雜，遂使得這個制度越來越常失敗，防止這種失敗離異是最好的方法。」〔英〕伯特蘭・羅素著、張師竹譯：《社會改造原理》，頁119、126；Bertrand Russell, *Principle of Social Reconstruction*, p.128.

[144] 張崧年：〈羅素與人口問題〉，頁7-8；〔英〕伯特蘭・羅素著、張師竹譯：《社會改造原理》，頁125-126；Bertrand Russell, *Principle of Social Reconstruction*, p.135: "Owing to the law, large numbers of men and women are condemned, so far as their ostensible relations are concerned, to the society of an utterly uncongenial companion, with all the embittering consciousness that escape is practically impossible. ...... The law at present confines children and a common life within the bounds of monogamy, but it cannot

的人性與需要」[145]，因此張崧年主張不僅離婚自由，男女關係也應自由，如羅素所指出的：「不論法律、或是輿論，都不應過問男女之私關係。」[146]並引用羅素的話主張兒童公育：「身心健全人生的兒子的教養費，應完全歸群合負擔。」[147]1925年提倡「新性道德」的章錫琛所見略同，他主張「社會對於男女間的關係，祇有在產生兒童時，才有過問的必要，其餘都應該任其自由。」[148]並多次引用羅素的話宣揚其說：「嚴格主義只能造成秘密及虛偽的種種罪惡，要免除這種種罪惡，祇有承認男女關係的自由。……我們理想的目的，不在依了法律及社會的強制能使一夫一妻永遠相守。我們理想的目的，是在使所有的性交都能以相互的意向（不涉其他）為基礎，而出於自由的衝動。……人生戀愛須受制度法律的制限，這實在是世界上最大的謬誤。」[149]「法律與輿論都不能過問男女間的私人關係，除非是於小兒也有關係的。」[150]

　　1921年7月6日，羅素在教育部會場演講時，直指中國要免除亡國危機，必須將「愛家心」轉移為「愛國心」：

　　　　中國人的愛家心是強烈的，愛國心卻是淡薄的。所以，政治社會方面都陷於沉痾的狀態之中。……不幸中國國民恰於此時遇著空前未有的真正可怕的敵國侵略的危險，因之禍機四伏，苟欲免招滅亡之禍，最緊急需要的就是愛國心了。假如你們欲保持你們的獨立，必須把那對于家族的愛忱，移到國家上面去。家族的團體太狹，不足以適應現代的需要。一個種族，若只圖扶助家族，像中國人扶助得那麼熱烈，那麼，就不能發

confine love."
[145] 張崧年：〈羅素與人口問題〉，頁7。
[146] 張崧年：〈男女問題〉，頁322；另見張崧年：〈羅素與人口問題〉，頁7：「無論法律或輿論，除論到兒童的地方，都不應自涉於男女之私關係。」〔英〕伯特蘭・羅素著、張師竹譯：《社會改造原理》，頁126；Bertrand Russell, *Principle of Social Reconstruction*, p.136: " It will have to recognize that neither the law nor public opinion should concern itself with the private relations of men and women, ..."
[147] 張崧年：〈男女問題〉，頁322；〔英〕伯特蘭・羅素著、張師竹譯：《社會改造原理》，頁119；Bertrand Russell, *Principle of Social Reconstruction*, p.128: "If the sterilizing of the best parts of the population is to be arrested, the first and most pressing necessity is the removal of the economic moyives for limiting families. The expense of children ought to be borne wholly by the community."
[148] 章錫琛：〈新性道德是什麼〉，《婦女雜誌》，1925年1月第11卷第1號。
[149] 章錫琛：〈駁陳百年教授「一夫多妻的新護符」〉。
[150] 章錫琛：〈新性道德與多妻──答陳百年先生〉，原載《現代評論》，1925年5月第1卷第22期，收入章錫琛編：《新性道德討論集》（上海：開明書店，1925年），頁44。

達對于公共事業上的忠誠和熱心。近代的國民，不能發達這種忠誠和熱心，是難望興旺的。[151]

　　與羅素同行來華講學的勃拉克女士，曾到北京女子高等師範學院及教育部演講，又在北京互助團及羅素研究會討論婚姻問題，其後將討論結果撰為〈婚姻問題〉一文，文中批評現代婚制將婦女視為丈夫的財產：「世界各國婚律，除俄國之外，仍然依據原始的原理做基礎；即以婦女作為丈夫的財產，正像他起一所房子時所買的家具及地毯一樣。」勃拉克認為俄國婦女之所以較能擺脫奴隸身分，是由於該國推行共產主義，足證「婦女問題，是不能離開共產主義的形勢而求得根本解決的方法。因為婦女的奴隸身分，是與貯蓄私有財產的信仰權有密切關係。故私有財產的情形根本改變，而婦女的待遇也隨之發生改變。」[152]

　　陳碧蘭在1936年的一篇文章中曾回憶道：「羅素給青年印象較深的（指他在中國演講時），還不在他的哲學，卻是在他本人對婚姻問題上的表現，因為當時與羅素同來的還有他的新夫人，那位夫人原來就是他的學生，並且他與他不曾經過正式的婚禮，即實行同居。……由他在行動上所表現出來的：婚姻是自由的，婚姻的儀式也可以不要的，甚至師生也可以戀愛的。」[153]羅素與勃拉克不僅在理論上反對婚律，而且在生活上實行非婚同居，並光明正大的公然宣稱，對毀家廢婚論來說，可謂是表現了一種從個人做起的運動方式。

無政府主義的家庭觀

　　無政府主義源於歐洲，萌芽於十八世紀末，流行於十九世紀下半期至二十世紀上半期。十九世紀八〇年代，中國開始出現關於歐洲無政府黨活動的報

---

[151] 羅素講演、道洪筆記：〈中國的到自由之路──羅素臨別講演〉，收入姜繼為編：《哲學盛宴──羅素在華十大講演》（合肥：安徽教育出版社，2007年），頁234-235。
[152] 〔英〕勃拉克女士（Dora W. Black）著、伯西譯：〈婚姻問題〉，《婦女雜誌》，1921年第7卷第5號，頁12。
[153] 陳碧蘭（署名「陳碧雲」）：〈評羅素的婚姻觀〉，《東方雜誌》，1936年第33卷第3號，頁113。

導[154]。「絕對自由」是無政府主義者所高舉的最鮮明的旗幟，他們號召攻破一切束縛自然人性的人為權威，「家庭」是其中之一[155]。

一、巴枯寧〈社會主義民主同盟綱領〉

俄國著名無政府主義者巴枯寧（俄文：Михаил Александрович Бакунин，英譯：Mikhail Bakunin, 1814-1876），其學說主張絕對自由，反對一切權威[156]，1868年10月在瑞士建立「社會主義民主同盟」時，發表了〈社會主義民主同盟綱領〉，其中有關於追求自由、廢除婚制的主張。1902年馬君武翻譯英人克喀伯《社會主義史》的第九章〈無政府主義〉，題為《俄羅斯大風潮》出版，文中提及「棄婚姻之制」：

> 無政府主義者，實發源於公產主義（一名社會主義），而創此無政府主義者，實世間上思想最高遠最活潑之法蘭西人布魯東也。……其擴充而發達之，則有……俄羅斯人巴枯寧也。……巴枯寧之社會主義，最直截爽快之主義也，是為革命社會主義。……所謂人之自由者，惟服從自然之法律而已。……專制之君吏，吾固當除去之，即被民選舉者，吾亦當除去之。……又曰：棄婚姻之制，男女有自然之法律以相交合，何限制之為。又棄等級之制，無不平等之政治。[157]

文中「棄婚姻之制，男女有自然之法律以相交合，何限制之為。」出自

---

[154] 高放、黃達強主編：《社會主義思想史》下冊，頁943-944；高瑞泉主編：《中國近代社會思潮》，頁322-331。

[155] 楊芳燕：〈激進主義、現代情境與中國無政府主義之崛起〉，《臺大歷史學報》，2004年6月第33期，頁375：「無政府主義的世界觀是一革命的世界觀，而其革命的內核則在於：全面根除現今世界上存在的一切形式的權威，包括社會、政治、經濟、文化、思想、倫理、道德、精神，以及宗教上的權威。無政府主義者相信，欲根除這些權威，必須全面地改造現存的社會政治秩序，而改造的關鍵，則在於剷除這套秩序所植基的核心制度，包括私有財、家庭、婚姻、社會分工、階級、政府與國家。」

[156] 李石曾（署名「真」）譯：〈巴枯寧學說〉，頁1-2；汪公權（署名「公權」）：〈巴枯寧學術要旨〉，《天義報》，1907年6月第1號，頁28-30；李顯榮：〈評巴枯寧的絕對自由觀和反權威論〉，《世界歷史》，1981年第4期，頁22-28；俞良早：〈評巴枯寧的絕對自由觀〉，《湖北大學學報》，1983年第5期，頁112-116。

[157] 〔英〕克喀伯著、馬君武（署名「獨立之箇人」）譯：《俄羅斯大風潮》（上海：廣智書局，1902年），頁415。

〈社會主義民主同盟綱領〉[158]，1903年張繼在〈無政府主義及無政府黨之精神〉一文中曾經介紹「千八百七十八年八月，來布油之無政府黨宣言曰：『吾黨之目的，在得人類最完全之幸福，吾人之戀愛，當任其自由，萬不可受法律及禮儀之束縛。』」[159]1904年劉師培與林獬（1874-1926）合作之《中國民約精義》中，介紹巴枯寧的學說道：

> 無政府黨之起原，則起於近世社會主義……法人布魯東創之於前，俄人巴枯寧繼之於後，巴氏之宗旨曰：世間最可樂之事，未有甚於革命者也。所謂人之自由，惟有服從自然之法律而已，故專制之君吏吾固當除去之，即被民選舉者，吾亦當除去之，故其除婚姻之制，去等級之別，使人人作工，各有其分。[160]

1907年《天義報》刊登了汪公權（生卒年不詳）翻譯〈社會主義民主同盟綱領〉的譯文，其中第一條綱領譯為：「民主社會黨同盟會者，標榜無神主義，排斥宗教，以知識代信仰，以正義代神，反對政略的、宗教的、法律的之婚姻。」[161]同年《新世紀》作家李石曾發表的〈巴枯寧學說〉中，也提到巴枯寧「創立萬國社會黨（筆者按：即「社會主義民主同盟」另譯），以平等級、平男女、共財產、去政府、覆強權為宗旨」[162]。

---

[158] Thomas Kirkup, *A History of Socialism* (London: Adam and Charles Black), 1892. p.187, 1900. p. 241: "The Alliance declares itself atheistic; it seeks the abolition of all religions, the displacement of faith by science and of divine justice by human justice, the abolition of marriage as a political, religious, legal, and bourgeois institution. The Alliance demands above all things the definitive and complete abolition of classes, and political, economic, and social equality of individuals and sexes, ..." 劉人鵬曾引述周麗卿的考查：「Kirkup的*A History of Socialism*初版於1892年，1900年再版，1906年三版，之後還有1913年版，略有不同。不確定馬君武所譯根據1892版或1900版，但此段文字二版本無異，唯"Anarchism" 1900年版在第十章。又，該書於1920年由李季譯出，書名《社會主義史》，新青年社出版，蔡元培作序。」劉人鵬曾對照馬君武與克喀伯的譯文，分析道：「原文強調的是廢除婚姻作為一種政治、宗教、法律與中產階級的制度，譯文更多反映的則是當時漢人知識分子對於男女自由交合之主張的迫切感，展現了對於性愛親密關係能夠脫離特定制度形式之束縛的願望。」以上見劉人鵬：〈晚清毀家廢婚論與親密關係政治〉初稿，未發表。

[159] 張繼（署名「自然生」）：〈無政府主義及無政府黨之精神〉，頁37。

[160] 劉師培：《中國民約精義》卷一，收入劉師培：《劉師培全集》第一冊（北京：北京中央黨校出版社，1997年），頁25。

[161] 汪公權（署名「公權」）：〈巴枯甯民主社會黨同盟會綱領〉，《天義報》，1907年7月第4號，頁37。

[162] 李石曾：（署名「真」）譯：〈巴枯寧學說〉，《新世紀》，1907年8月17日第9號，頁1。

巴枯寧〈社會主義民主同盟綱領〉中關於婚姻的早期中文譯介，皆強調應「服從自然的法律」，任其自由，去除人為的法律、禮儀等限制，對中國早期的無政府主義者產生了很大的影響。如李石曾於1902年赴法學農，接觸到無政府主義，從此「以浪漫蒲魯東、巴枯寧為神聖，尊崇其說」[163]，他曾說：「夫配合乃兩人之事，他人無可干涉之理，而彼官府父母者，何其多事哉！」[164]其他《新世紀》作家如吳稚暉主張「以兩相情願之愛情，自由配合」[165]，指出「如婚律之與婚禮，皆無理之干涉也。」[166]鞠普亦謂：「男女交合，干卿甚事，而西俗必成婚于教堂，或登記于官府，此何意耶？」[167]某位投稿至《新世紀》的匿名作者說：「西人在教堂成婚，吾人悉知其可不必，不知其在縣署成婚，亦可無需也。男女相愛則合，愛盡則散，此自然之公理也。」[168]日本無政府主義者幸德秋水寄給《天義報》主編何震的一封信中說：「既以愛情為男女交際之要件，即可不必問其為法律上所許否，即夫婦相樓而成家，如現時所謂結婚制度者，將來自由之社會，亦不必以此為必要之事。」[169]自謂「吾于一切學術，均甚懷疑，惟迷信無政府主義」[170]的《天義報》主編何震，亦曾批判一夫一妻制道：「今觀歐美婚姻之制，一縛於權利，再縛于道德，三縛於法律。……安得謂之結婚自由乎！至於一夫一妻之制，不過為宗教所束縛，復為法律及偽道德所牽制耳。」[171]

　　直到五四時期，支持毀家廢婚的論者仍屢次提及巴枯寧〈社會主義民主同盟綱領〉，易家鉞在《西洋家族制度》中指出巴枯寧〈社會主義民主同盟綱領〉足證在宗教的態度上，社會主義與家族制度無法相容：

　　　　家族制度自始至終帶有不少的宗教臭味，大家族制度下的祖先崇拜

---

[163] 朱中和：〈歐洲同盟會紀錄〉，收入中國人民政治協商會議全國委員會文史資料研究委員會編：《辛亥革命回憶錄》（六）（北京：文史資料出版社，1981年），頁17-18。

[164] 李石曾（署名「真」）：〈書騷客對於遊學蕩子之慨言後〉，《新世紀》，1907年12月21日第27號。

[165] 鞠普：〈男女雜交說〉，吳稚暉（署名「燃」）按語，《新世紀》，1908年4月11日第42號。

[166] 吳稚暉（署名「燃」）：〈答某君〉，《新世紀》，1908年7月18日第56號。

[167] 鞠普：〈論習慣之礙進化〉，《新世紀》，1908年6月第50號。

[168] 一人來稿：〈西人之結婚及成婚〉，《新世紀》，1907年6月29日第2號，頁4。

[169] 〔日〕幸德秋水：〈幸德秋水來函〉。

[170] 〈社會主義講習會第一次會記〉，頁155。

[171] 何震（署名「震述」）：〈女子解放問題〉，《天義報》，1907年第8-10號合刊，頁8-9。

（Ancestor Worship）不用說了，即在小家族制度下，受了基督教的影響，以為一夫一妻是上帝所命。這種迷信的宗教，在社會主義者眼中，直等於古代野蠻人之崇拜生殖器。因為社會主義相信科學，尤以近代的社會主義者為然。巴枯寧草國際社會民主黨同盟的進行程序書，第一句話就是：「本會主張無神！」（The Alliance declares itself atheistic）……那嗎〔麼〕帶有宗教臭味的家族制度，自然是社會主義者所排斥的了。[172]

五四時期無政府主義曾盛行一時，1918年在山西成立無政府主義社團「平社」的蔚克水（生卒年不詳），曾在1919年為巴枯寧作傳，其中提到〈社會主義民主同盟綱領〉時，將第一條譯為：

> 對於政治上，法律上，民制上，宗教上的制度與婚姻的程式，一齊主張廢除。[173]

兩年後，楊賢江（1895-1931）透過帆足理一郎（1881-1963）的日文翻譯，將巴枯寧的〈社會主義民主同盟綱領〉第一條轉譯為：

> 本聯盟是宣言無神論者。撤廢一切崇拜。以科學代信仰，以人間正義代神之正義。又將廢止有政治的宗教的司法的行政的意義之結婚制度。[174]

巴枯寧〈社會主義民主同盟綱領〉第一條簡潔有力地將婚姻與宗教、政治、法律……等並舉，宣言廢除，對毀家廢婚論來說是很激勵人心的一篇宣言。

二、克魯泡特金《無政府主義》、《麵包掠奪》、《互助論》等

「無政府主義之父」俄人克魯泡特金（俄文：Пётр Алексе́евич Кропо́ткин，英譯：Peter Kropotkin, 1842-1921）與巴枯寧同樣主張絕對自由，廢除法律及強權[175]，認為

---

[172] 易家鉞：《西洋家族制度》（上海：商務印書館，1922〔1926〕年），頁266。
[173] 蔚克水（署名「克水」）：〈巴枯甯傳略〉，《新青年》，1919年5月第6卷第5號，頁540。
[174] 〔日〕帆足理一郎著、楊賢江譯：〈新時代之貞操論〉，《婦女雜誌》，1921年第7卷第7號。
[175] 汪公權（署名「公權」）：〈苦魯巴特金之特色〉，《天義報》，1907年7月第3號，頁43-47；李石

家庭在人類史上的出現並不是自然而然、天經地義的。1908年，李石曾翻譯克魯泡特金的著作〈國家及其過去之任務〉（英譯：*The State: Its Historic Role*, 1896），其中對國家及家庭的起源做了歷史化的敘述，認為上古時代的人類本來是善群的，其後有婚配之禮、家屬之分，才開始有私愛：

> 此等野蠻之部族，求其家屬分別之存在，亦如善群之哺乳動物，所有在團體中之私愛，皆不甚顯明也。迄于中古時代，漸由各派之子孫，離析為小團體，而家屬生焉。此種之界劃，其大原因，則生于近古有婚配之禮。[176]

克魯泡特金在《無政府主義》（英譯：*Anarchism: its philosophy and ideal*, 1896）及《麵包掠奪》（英譯：*The Conquest of Bread*, 1906）等著作中，提出無政府共產主義共同生活的構想，李石曾曾翻譯《無政府主義》中的一段文字：

> 設若立一公會，與各會員相約曰：「眾人當保君之房屋、街道、運輸、學堂、博物院、藏書樓等益。如君由二十五至五十歲，每日作工四五點鐘，于人生所需各行之中，由君自選其一，餘時或致力于科學，或致力

曾（署名「真」）譯：〈克若泡特金學說〉，《新世紀》，1907年9月7日第12號-1907年10月12日第17號；〔俄〕苦魯巴金著、劉師培（署名「申叔」）譯：〈麵包掠奪〉，《天義報》，1908年1月第16-19號合刊，頁37-51；〔俄〕苦魯巴金著、齊民社同人譯：〈無政府主義之哲理同理想〉，《天義報》，1908年1月第16-19號合刊，頁53-62；〔俄〕克若泡特金著、無（生卒年不詳）譯：〈強權與法律〉，《新世紀》，1908年3月28日第40號-1908年5月23日第48號；〔俄〕克若泡特金著、李石曾（署名「真」）譯：〈國家及其過去之任務〉，《新世紀》，1908年8月1日第58號-1909年2月6日第83號；〔俄〕克若泡特金著、張繼（署名「反」）譯：〈萬民安樂〉（《麵包略取》之第二章），《新世紀》，1908年8月1日第58號-1908年8月29日第62號；〔俄〕克若泡特金著、李石曾（署名「真」）譯：〈獄中與逃獄〉，《新世紀》，1909年6月19日第102號-1909年8月14日第108號；〔俄〕克若泡特金著、李石曾（署名「真」）譯：〈俄羅斯之兇惡〉，1909年8月14日第108號-1909年9月18日第113號；〔日〕森戶辰男著、樹德譯：〈克魯泡特金社會思想之研究〉，《建設》，1920年第2卷第3號，頁387-433；李存光編：《無政府主義批判：克魯泡特金在中國》（南昌：江西高校出版社，2009年）。

[176] 〔俄〕克若泡特金著、李石曾（署名「真」）譯：〈續國家及其過去之任務〉，《新世紀》，1908年8月8日第59號，頁3。這段文字與1946年的英文版有很大的差異，見 Peter Kropotkin, translated by Vernon Richard, *The State: Its Historic Role* (London: Freedom Press, 1946): "In these tribes, the separate family no more existed than it exists among so many other sociable mammals. Any division within the tribe was mainly between generations; and from a far distant age, going right back to the dawn of the human race, limitations had been imposed to prevent sexual relations between the different generations, ..."

于美術，亦由君自願。每年計千四五百點鐘之工作，以作飲食、房屋、道路、轉輸，盡于公會之所求者矣。」[177]

劉師培在〈苦魯巴特金學術述略〉中亦曾多次引用克魯泡特金的《無政府主義》一書，認為克魯泡特金的學說「約而言之，則破壞現今社會後，凡人類之中，悉以互相扶助之感情為共同生產之組織，以成自由結合之社會」[178]，劉師培曾翻譯克魯泡特金《麵包掠奪》第八章第二節〈方法及手段〉（Ways and Means），並在文後加註，謂本節「於未來社會計劃精詳，乃不刊之論也。」文中構想無政府共產社會的勞動生活是：

> 此社會中，凡一切小兒，均富於腦力勞動及腕力勞動。舍從事教育之小兒及婦人外，由壯者結合，自廿齡或廿二齡起，至四十五齡或五十齡止，以從事於每日五時間之勞動，於人類必要之職業，各擇其性之所近，區類而治，則全社會之人員，其安樂生活，必可與今日中等階級相擬，而實際之安樂，兼可維持，於每日五時勞動外，凡科學、藝術以及他項必要之部類，亦可各得其所求。[179]

---

[177] 李石曾（署名「真」）譯：〈續克若泡特金學說〉，《新世紀》，1907年10月5日第16號，頁16；〔俄〕克魯泡特金著、天均等譯：《無政府主義》（台北：帕米爾書店，1977年），頁271：「如果我們人人從事於生產的工作，不像我們現在那麼樣，耗費我們的生產力，每人每天作四點鐘的工作就很可以給個人以一個適當的安樂，如現在中產階級所有的了。」頁310：「社會若收回了積於其中的一切財富，每人每日只以四五小時為有利與手力的生產工作，就足以使全體人都享受富饒的幸福」。Peter Kropotkin, translated by Harry Lyman Koopman, *Anarchism: its philosophy and idea* (San Francisco: Free Society, 1898): "a society, having recovered the possession of all riches accumulated in its midst, can liberally assure abundance to all in return for four or five hours effective and manual work a day, as far as regards production."

[178] 劉師培（署名「申叔」）：〈苦魯巴特金學術述略〉，《天義報》，1907年11月第11-12號合刊、1907年12月第13-14號合刊，頁45-52。

[179] 〔俄〕苦魯巴金著、劉師培（署名「申叔」）譯：〈未來社會生產之方法與手段〉，《天義報》，1907年11月第15冊，頁480。Peter Kropotkin, *The Conquest of Bread* (G. P. Putnam's Sons, New York and London, 1906), p.123: "Suppose that in this society all children learn to work with their hands as well as with their brains. Admit that all adults, save women, engaged in the education of their children, bind themselves to work 5 hours a day from the age of twenty or twenty-two to forty-five or fifty, and that they follow occupations they have chosen in any one branch of human work considered necessary. Such a society could in return guarantee well-being to all its members; that is to say, a more substantial well-being than that enjoyed to-day by the middle classes. And, moreover, each worker belonging to this society would have at his disposal at least 5 hours a day which he could devote to science, art, and individual needs which do not come under the category of necessities, but will probably do so later on, when man's productivity will

民國初年主編《良心》、主張「破除家庭」的太虛大師曾說：「有西洋近代的社會文化及克魯泡特金等思想，則佛學漸可見之實行。馬克思主義，我是向來看不起的，我自己是以為實行上最低限度也必克魯泡特金才可」[180]。五四時期國內盛行的工讀互助團，其理念即來自克魯泡特金著名的《互助論》（*Mutual Aid: A Factor of Evo-lution*, 1902）[181]，如惲代英1917年在湖北中華大學讀書時成立了「互助社」，美學漢學家夏海（Shakhar Rahav）認為「顯然這個名稱包含了克魯泡特金『互助』理論的用意」[182]。這些工讀互助團體實行共產生活，並以毀家廢婚為理想，如施存統（1899-1970）在北京工讀互助團成立後說：「我們理想的無政府、無強權、無法律、無宗教、無家庭、無婚姻的理想社會，在團裡總算實現了一部份。」[183]

三、其他無政府主義譯著

除了巴枯寧及克魯泡特金外，二十世紀初還有不少譯自西方無政府主義的論著中都宣揚自由，主張毀家廢婚。如1903年張繼根據日文的無政府主義資料編譯為《無政府主義》一書，內有〈無婚姻〉一篇，燕客（生卒年不詳）為其作序，主張採取暗殺的手段從事革命，其中「結婚者」由於不合自由戀愛的精神，所以也是暗殺的對象：「吾願殺盡結婚者，以自由戀愛為萬事公共之基礎」[184]。

1908年李石曾在《新世紀》發表譯文〈革命原理〉，譯自《革命必不可免》一書，作者為「革新之一人」，本書可能是當時在法國流傳的無政府主義小冊之一。書中長篇大論地闡釋毀家廢婚論，〈第三編之一　愛情〉中指出一

have augmented, and those objects will no longer appear luxurious or inaccessible."
[180] 釋太虛：〈致吳稚暉先生書〉，釋太虛：《太虛大書全書・雜藏第17編一酬對》，頁187-188。
[181] 〔俄〕克若泡特金著、李石曾（署名「真」）譯：〈互助〉，《新世紀》，1908年1月25日第31號-1908年6月13日第51號；鄒振環：〈20世紀轟動中國的《互助論》〉，《民國春秋》，1995年第6期，頁11-13；吳浪波：〈互助論在近代中國的傳播與影響〉，湖南師範大學中國近現代史碩士論文，2005年；吳浪波：〈互助論在近代中國的傳播與影響〉，收入鄭大華、鄒小站編：《西方思想在近代中國》（北京：社會科學文獻出版社，2005年），頁130-157。
[182] 〔美〕夏海（Shakhar Rahav）：〈從教條到實踐：西方學者對於惲代英研究的簡介及其對於互助社的來源與實踐的看法〉，收入何祥林、李良明主編：《紀念惲代英誕辰110周年學術討論會論文集》（武漢：華中師範大學出版社，2006年），頁67。
[183] 施存統：〈「工讀互助團」底實驗和教訓〉，《星期評論》，1920年5月1日，頁7。
[184] 燕客：〈《無政府主義》序〉，頁23-24。

夫一妻制要求已婚者的愛情「久而無異」是一種「強迫」，而「強迫者，即產業專制之遺風，道德迷信之陋俗也」；〈第三編之二　結婚〉中痛罵婚姻「以人為質，其所異于奴隸者幾何」，是「強權私產的胚胎」；〈第三編之三　家庭與教育〉中批評「今之家庭不但無益于教育，而且害之」，因為它「有礙人之自由發展」；最後在結論的部份，描畫了一幅以自由平等為基礎、毀家廢婚的理想藍圖：

> 欲實行自由平等，必去宗教、政府以絕迷信；毀軍警、法律以覆強權；行共產以均教育而濟公需，罷婚姻以行自由結合，廢家庭以行人類之生長自由，于是共產之主義實行，而自私之法度廢絕，長幼無所欺凌，男女無所避忌，工作各從所適而無精粗之重輕，是時也，人類乃脫於經濟道德之縛束，乘其自由平等之良基，逐進化之道，而日就于光明。[185]

《天義報》曾於1907年10月摘錄〈革命原理〉中的〈第三編之三　家庭與教育〉[186]，可以窺知《天義報》主編何震對本文關於家庭與教育的論述有所共鳴。

1908年底，《新世紀》刊載了一段無政府主義者馬利斯（J.H. Morris）[187]口述、四無（生卒年不詳）筆譯的文字，其中說道奴役人的強權之一——資本主義，實與現代家庭婚姻關係密切：

---

[185] 革新之一人著、李石曾（署名「真」）譯：〈續革命原理〉，《新世紀》，1908年1月18日第30號，頁1-2。

[186] 〈革命原理〉，《天義報》，1907年10月第11-12號合刊，頁428-430，發表時註明「摘錄《新世紀》〈革命原理〉」，但〈革命原理〉在《新世紀》自1907年11月16日第22號才開始連載，《天義報》刊出的〈第三編之三　家庭與教育〉在《新世紀》是1908年1月18日第30號才刊出（是連載的最後一篇），或許因天義報和新世紀兩派作家及編輯群的互動頻繁，所以〈革命原理〉尚未在《新世紀》發表時，李石曾已將譯稿交付《天義報》的編輯，亦未可知。

[187] 馬利斯（J.H. Morris）著有〈自由性關係〉（"Free Sex Relations", *The Firebrand*, May 3, 1896, 1）、〈安那其婚姻〉（"Anarchy in Marriage", *The Firebrand*, January 5, 1896, 1-2)，見Jessica Moran, "The Firebrand and the Forging of a New Anarchism: Anarchist Communism and Free Love", 2004, http://userwww.sfsu.edu/~jmmoran/firebrand_freelove.htm以及Jessica Moran, "Oppositional Culture and Community Creation: American Anarchism and *The Firebrand*, 1895-1897", 2005, http://userwww.sfsu.edu/~jmmoran/firebrand_communism.htm。

現今之社會，以為婚配者，道德中神聖不可侵犯之條項也。實則婚
　配者，無非一資財之關係。

　　所謂家屬者，又今日社會上神聖不可侵犯之道德也。然家屬亦役於
　金錢，為專利賊增益其私產。[188]

　　在二十世紀前期力圖革新、去舊的中國，揚著自由旗幟、向強權進攻的無
政府主義，成為部分知識分子的選擇。無政府主義的終極理想是絕對自由、消
弭一切權威，而一夫一妻家庭及終身婚制顯然與個人自由牴觸、而且是各種權
威的集合（包括法律、宗教、資本主義……等），因此對倡言毀家廢婚的論者來說，無
政府主義是重要的理論資源之一。

女性主義的婚家、性愛觀

　　二十世紀前期，中外許多傑出的女性，站在女性立場，以女性的視角，重
新審視現代社會中被視為緊密連結、實則未必的婚姻、家庭、愛情和性，加以
批判並提出改造的願景。以下僅就較為中國的毀家廢婚論所挪用的幾位女性主
義論著加以說明。

一、自由主義女性主義——愛倫凱《愛情與結婚》

　　瑞典教育家、女性主義者愛倫凱（Ellen Key, 1849-1926）在其名著《愛情與結
婚》（英譯：*Love and Marriage*, 1903）中，指出一夫一妻制是人類社會發展過程的一
種制度，並不是不可能被替代或解除的，五四時期胡漢民在討論愛情婚姻問題
時，介紹了「近來最有名反對夫婦制度的瑞典耶倫伽女士」，並引用愛倫凱的
一段話說：

　　愛與結婚，時常要求個一致。如果愛情消滅，或新愛情發生，那結婚就
　當然失其權利。新關係在這裡不得不起。好像私有財產制度，不過表

---

[188] 馬利斯（J.H. Morris）述、四無譯：〈無政府黨係如何一種人乎〉，《新世紀》，1908年12月12日
　　第77號，頁13。

經濟生活或時代的秩序，這種時代過去，應有別的制度和他替代。一夫
一婦制，也不過戀愛生活的過去一個款式，也得因別的道德和習慣來解
除。[189]

胡漢民對愛倫凱這段話評論說：「這些話在理論上都是極充分的。世界原
本沒有一種制度可永久不變的，存在與否，只看他和時代社會適合與否。」[190]
吳覺農（1897-1989）在〈愛倫凱的自由離婚論〉中，更明確地譯出愛倫凱這層
意思：

用嚴肅的意義來解釋，可以說人類的種族，並非因一夫一妻制而存在，
一夫一妻制，是為人類的種族上而存在；所以人類原是支配一夫一妻制
的。保存和廢止，都在人類。[191]

對支持毀家廢婚的論者來說，自由離婚雖然不是最根本的解決之道，卻可
能是從現階段邁向毀家廢婚的必經之路。關於這層意思，羅敦偉在《中國之婚
姻問題》中說得很明白：

婚姻問題的總解決，我以為在沒有廢除婚姻制度之前有兩箇辦法：一、
積極的——戀愛結婚；二、消極的——自由離婚；……細細研究起來，
有什麼結婚，又有什麼離婚，終於還有婚姻問題的存在。嚴格的解釋，
要把婚姻問題完全解決，祗有一箇辦法，廢除婚姻制度，提倡絕對的自
由戀愛。沒有什麼結婚，也沒有什麼離婚，自然也沒有什麼婚姻問題。
話雖如此，社會問題的解決是有一定的秩序，一定的步趨，不能夠想得

---

[189] 胡漢民：〈論說——答楊肇彝先生〉，頁837；胡漢民：〈胡展堂先生夫婦制度論〉，
《民國日報・覺悟》，1919年11月13日；Ellen Key, translated by Arthur G. Chater, *Love and Marriage*(NY:Putnam, 1911), pp.289-290: "With ever-growing seriousness the new conception of morality is affirmed: that the race does not exist for the sake of monogamy, but monogamy for the sake of the race; that mankind is therefore master of monogamy, to preserve or to abolish it."
[190] 胡漢民：〈論說——答楊肇彝先生〉，頁838；胡漢民：〈胡展堂先生夫婦制度論〉。
[191] 吳覺農：〈愛倫凱的自由離婚論〉，《婦女雜誌》，1922年6月第8卷第4號。譯文註明「譯自英譯
本*Love and Marriage*，自由離婚一段（"Free divorce", pp.287-358）」，對照可知所採用的是Arthur G. Chater譯自瑞典語的英譯本，Ellen Key, translated by Arthur G. Chater, *Love and Marriage*, pp.289-290.

到即做得出，說得過即做得通。真正知道一箇解決社會問題的方法是不容易，實行起來也有應該知道的事，不是可以隨便說說的。[192]

1920年署名「四珍」的譯者將愛倫凱《愛情與結婚》摘譯為一篇文章，譯文中批評現代的婚姻和愛情往往並不一致：

> 雖然大多數人都認愛情是人生最可寶貴的東西，而人類尚沒有能力在生活中安排一位置給愛情。未結婚而起愛情，人家稱之為罪；而既結婚之後──照現在的結婚生活說──卻又難得有愛情；又有為了小孩子的緣故，不得不犧牲了愛情的人。[193]

吳覺農於1922年發表愛倫凱《愛情與結婚》中關於自由離婚的一段譯文，文中認為感情的變異是很自然的，不能保證終生不渝：「無論何人，雖然以自己的運命與他人的運命相接合，可是自己將來的全運命，決不能完全依託在他人的支配下，所以一次結合的形式，以為無論什麼時候，都不能解除；可以說是無智之極了！」[194]因此，愛倫凱痛斥近代婚姻的弊病，支持自由離婚論：

> 自由離婚，即使如流俗人所見，發生什麼弊害，然比較那由結婚釀成現在繼續發生的種種壞現象：如極卑鄙的習慣，最可恥的買賣性交；最可傷心的心靈毀壞，最非人的種種殘忍，和近代生活各方面所表現，對於自由最卑鄙的各種侵害，不知相差多少！[195]

---

[192] 羅敦偉：《中國之婚姻問題》，頁167-170。

[193] 〔瑞典〕愛倫凱（Ellen Key）著、四珍譯：〈愛情與結婚〉，《婦女雜誌》，1920年3月第6卷第3號，頁1-12。

[194] 吳覺農：〈愛倫凱的自由離婚論〉，Ellen Key, translated by Arthur G. Chater, *Love and Marriage*, p.309: "No human being is sole master of his fate when he has united it with another's. The possibility of becoming a complete personality in and through love depends in half upon the pure and whole desire of the other to share in developing the common life. It is this which is overlooked by the eloquent preachers of 'constancy as the expression of the personality,' and this makes their words about the duty of lifelong love as meaningless as a harangue about the duty of lifelong health."

[195] 吳覺農：〈愛倫凱的自由離婚論〉，Ellen Key, translated by Arthur G. Chater, *Love and Marriage*, p.290: "Whatever abuses free divorce may involve, they cannot often be worse than those which marriage has produced and still produces - marriage, which is degraded to the coarsest sexual habits, the

李三無認為「愛女士關於結婚道德，是一個形式廢除論者」[196]、「是破壞一夫一婦永續的形式學者」[197]，他指出愛倫凱的學說揭露了「現代戴住假面具的一夫一婦制」[198]，並且「拿愛情做性的道德的中心」，同時「把結婚外面的形式，置之度外，極力撇開」[199]：

> 依愛女士所說結婚生活上道德的、或不道德的標準，全然因愛情的有無來決定。至於是否經過法律上的手續形式，並不成為問題，可以撇開不論。簡括的說，愛女士所主張的精髓，結婚必根於實質上的愛情，法律上的手續形式，一概可以不要。……愛氏既拿愛情做為結婚的基礎，臨了歸結到自由離婚，自是當然的徑路。從這一點看起來，所謂一夫一婦外面的形式，不待說已是破壞無餘的了。[200]

主張毀家廢婚的易家鉞，認為在毀家廢婚未實行前，應提倡「絕對的自由離婚」，論證時也引用了愛倫凱這段話，他的譯文是：

> 自由離婚，無論就含有怎樣的弊病，總不能說比含有野鄙的性的習慣，最可恥的買賣的性交，最可痛的心靈虐殺，最非人道的殘忍，及表現於近代生活各方面的對於自由的擴暴的侵害——這些為結婚所釀成的，及正在醞釀弊病的弊病更甚！[201]

1924年在《婦女雜誌》發表廢婚論的韓興鈇（生卒年不詳）引用愛倫凱的名言：「無論怎樣的婚姻，有戀愛便是道德的。即使經過怎樣法律手續的婚姻，

---

most shameless traffic, the most agonising soul-murders, the most inhuman cruelties, and the grossest infringements of liberty that any department of modern life can show." 相關討論可見蔭：〈愛倫凱的自由離婚及其反對論〉，《婦女周刊》，1925年第17期，頁130-133。

[196] 李三無：〈自由離婚論〉，《婦女雜誌》，1920年7月第6卷第7號，頁2。
[197] 李三無：〈自由離婚論〉，頁5。
[198] 李三無：〈自由離婚論〉，頁6：「現代實際社會上一般人，每每戴住一夫一婦的假面具，肆行他的多夫多婦主義。」
[199] 李三無：〈自由離婚論〉，頁4。
[200] 李三無：〈自由離婚論〉，頁2、3。
[201] 易家鉞：〈中國的離婚問題〉，原載《學燈》，收入梅生編：《中國婦女問題討論集》，頁24；Ellen Key, translated by Arthur G . Chater, *Love and Marriage*, p.290.

沒有戀愛總是不道德的。」[202]以此做為結婚儀式應該廢除的佐證。1936年陳碧蘭亦引用愛倫凱上述名言，認為這段話「已經根本否定了所謂神聖的不變的現代一夫一妻的形式主義了」[203]。

愛倫凱批判現代婚姻的弊病，主張身體的完全自由權，推崇戀愛與婚姻的一致，贊成自由離婚，對五四中國關於自由戀愛、新性道德、自由離婚等的討論很有影響力，其部分學說對於一夫一妻永續的形式具有破壞的力道。

二、社會主義女性主義──紀爾曼《婦女與經濟》

夏綠蒂‧柏金斯‧紀爾曼（Charlotte Perkins Gilman, 1860-1935）是十九、二十世紀之交美國傑出的女性主義者與社會學家，其著作《婦女與經濟》（Women and Economics: A Study of the Economic Relation Between Men and Women as a Factor in Social Evolution, 1898）在當時廣受討論且影響深遠。五四時期P.生（生卒年不詳）曾翻譯紀爾曼《婦女與經濟》中的第十四章，題為〈家庭生活與男女社交的自由〉，文中批評「我們現有的婚姻形式，女子因為衣食的需要被迫進去，男子因為廚房和守家人的需要被迫進去的，實是不滿意而使人疾心痛首的。」她認為人性本是合群的、樂於社交的，但現代的家庭婚姻制度「那半生半死的生活法子卻把我們『分開』」，每天「從一個隔絕孤離的家庭出來便到乾枯的工場，從乾枯工場又回到隔絕孤離的家庭」。為了改善這種情況，紀爾曼提議廢去廚房，採用新式的住房，不但已婚男女可以同居一室，獨身者有單身住房，且「成群的男子或是成群的女子也可以隨他們的喜歡，立起一個大家庭」，居住環境不再侷限於以往一夫一妻的小家庭，而是「以公共利益為準則的自由結合」，並建設公共的聚會所、兒童部等[204]。

---

[202] 韓興鈸：〈結婚是否必需相當的儀式〉，《婦女雜誌》，1924年第10卷第12號，頁1880。另見任白濤譯：《近代戀愛名論》（上海：亞東圖書館，1927年），頁89：「縱然不是遵照成規的結婚，只要有戀愛，就是道德的；沒有戀愛，無論何種形式的結婚都是不道德的。」

[203] 陳碧蘭（署名「陳碧雲」）：〈現代家庭制度的各派主張之檢討〉，頁496。

[204] 〔美〕紀爾曼夫人著；P.生譯：〈家庭生活與男女社交的自由〉，原載《婦女雜誌》，1920年10月，頁37-55，收入梅生編：《中國婦女問題討論集》，頁159-175，Charlotte Perkins Gilman, Women and Economics: A Study of the Economic Relation between Men and Women as a Factor in Social Evolution (Boston: Small, Maynard & Co., 1898), pp.295-317. 另見勵鄉夫：〈論兒童公育〉，《女子月刊》，1936年第4卷第2期，頁23：「主張兒童公育最烈的，要推二十世紀初年的紀爾曼（Charlotte Perkin Gilmm）夫人了；他是一位激底的所謂女子主義者（Feminst），她反對成為性的奴隸之婦女的生活──婦女的活動局限於家庭勞役和育兒的不合理，認為必須將這些責任變為熟練底專門家的工

沈雁冰介紹紀爾曼構想的旅館式家庭說：

> 紀爾曼是主張一種旅館式家庭的，各份人家的伙食，不需自備，只要公
> 買一付大灶，燒好後派人分送到各家，或大家走來，在一間大飯堂內會
> 食，也可以。清潔衛生等事也可由各家的總賬內公支，不須一家一家分
> 開，多了麻煩。此外更要有個屋頂花園，有個乳兒房、幼稚園，用最有
> 學識經驗的乳母或教師管理。這樣，家務自然減少。婦女盡有時間為社
> 會服務，就是那些管理公廚，管理公共清潔事宜的婦女們——自然不一
> 定是女——也是個獨立的勞工，不復是家庭的奴隸了。[205]

沈雁冰認為紀爾曼所主張的旅館式家庭「是一種合作社的形式」，其重點
「就是現家庭制的廢去，這是很堪注意的事」[206]。

在回應惲代英及楊效春關於「兒童公育」的論戰時，沈雁冰曾根據紀爾曼
《婦女與經濟》中的言論，指出紀爾曼贊成兒童公育的理由有三：第一，婦女
解放得先從經濟獨立做起，職業婦女無暇撫育兒童，所以「唯有『兒童公育』
才是兩全的辦法」。第二，紀爾曼認為「欲達到我們理想中的兒童教養法，是
件極難的事」，因為大多數的母親並沒有充分的金錢、時間和知識，所以必
須借重兒童公育。第三點也是沈雁冰認為最重要的一點：「在家庭內長養的
孩子即早便染了人我的界限，沒有社會的觀念。所以博愛，互助……等等精神
是很缺乏的；公育的兒童便就相反，團體的生活在他們的小腦子上即早印上一
個社會生活的影子。」最後沈雁冰下結論道：「我是極端贊成中國實行兒童公
育」[207]。

1936年陳碧雲亦為文介紹紀爾曼公共食堂、公廚及兒童公育的主張，並肯
定這個「根本改革現代家庭制度的具體方案……無疑地是最進步的和極有價值
的。」[208]紀爾曼以「旅館式家庭」及「兒童公育」的構想，取代一夫一妻及未

　　作。」
[205] 沈雁冰：〈家庭改制的研究〉，頁252。
[206] 沈雁冰：〈家庭改制的研究〉，頁252。
[207] 沈雁冰（署名「雁冰」）：〈評兒童公育問題——兼質惲楊二君〉，頁58-67。
[208] 陳碧蘭（署名「陳碧雲」）：〈現代家庭制度的各派主張之檢討〉，頁497。

成年子女同居的生活形式，對毀家廢婚論來說，提供了可能取代一夫一妻及終身婚制的一種生活方式的想像。

三、無政府主義女性主義──高德曼〈結婚與戀愛〉

　　談到西方無政府主義，除了巴枯寧、克魯泡特金等備受矚目的男性大師之外，美國的愛瑪・高德曼（Emma Goldman，另譯高路曼，1869-1940）在五四時期的中國社會是最具知名度的無政府主義女性領袖[209]。1917年袁振英（1894-1979）將高德曼《無政府主義及其他論文》（*Anarchism and Other Essays*, 1910）一書中闡述自由戀愛、批判現代婚制的力作──〈結婚與戀愛〉（Marriage and Love）譯為中文刊於《新青年》；文中首先破除世人以為婚姻與愛情關係密切的迷思：「婚姻與愛情，二者無絲毫關係，其處於絕對不能相容之地位，猶南極之於北極也。」[210]並舉離婚率逐年攀高為例，指出「婚姻乃人生之不幸事，已不能諱。其否認此說，非愚即妄」[211]，批評婚姻「乃為倒行逆施之事，遏抑女子之發展」[212]，同時謳歌愛情是「人生最要之元素也，極自由之模範也，希望愉樂之所由創作，人類命運之所由鑄造」[213]，因此在兩不相容的「結婚與戀愛」之

---

[209] 參見Hippolyte Havel著、盧劍波（署名「劍波」）譯：〈愛瑪高德曼〉，《新女性》，1927年3月第2卷第3號，頁269-284；Hippolyte Havel著、盧劍波（署名「劍波」）譯：〈愛瑪高德曼（續）〉，《新女性》，1927年4月第2卷第4號，頁429-446；〔德〕顧德琳（Gotelind Müller）著、洪靜宜譯：〈知易行難：中國無政府主義的婦女性別論述及其落實限制〉，收入游鑑明、羅梅君、史明主編，洪靜宜等譯：《共和時代的中國婦女》（台北：左岸文化，2007年），頁70-71；賈蕾〈論愛瑪・高德曼的女性主義對巴金的影響〉，《西南民族大學學報》，2005年12月第26卷第12期，頁44-47；許慧琦：〈愛瑪・高德曼（Emma Goldman）及其《大地之母》（Mother Earth）月刊的行動宣傳：以其跨國網絡與性別論述為例〉，《中國近代婦女史研究》，2012年12月，頁107-166。

[210] 〔美〕高曼女士著、袁振英（署名「震瀛」）譯：〈結婚與戀愛〉，《新青年》，1917年7月1日第3卷第5號，頁1；〔美〕Emma Goldman女士著、盧劍波（署名「劍波」）譯：〈結婚與戀愛〉，《新女性》，1927年1月第2卷第1號，頁81：「結婚與戀愛，沒有什麼共通的地方，牠們的距離如南北極一樣，事實上是彼此相反的。」Emma Goldman, "Marriage and Love", *Anarchism and Other Essays* (New York & London: Mother Earth Publishing Association, 1911), p.233: "Marriage and love have nothing in common; they are as far apart as the poles; are, in fact, antagonistic to each other."

[211] 袁振英譯：〈結婚與戀愛〉，頁2；盧劍波譯：〈結婚與戀愛〉，頁83：「結婚是一種失敗，除了傻子以外是沒人否認的。」Emma Goldman, "Marriage and Love", p.234: "That marriage is a failure none but the very stupid will deny."

[212] 袁振英譯：〈結婚與戀愛〉，頁7；盧劍波譯：〈結婚與戀愛〉，頁89：「結婚只有姦污，凌辱和腐朽她的完成的。」Emma Goldman, "Marriage and Love", p.241: "Marriage but defiles, outrages, and corrupts her fulfillment."

[213] 袁振英譯：〈結婚與戀愛〉，頁7；盧劍波譯：〈結婚與戀愛〉，頁89：「戀愛在一切生命中是極強烈而深邃的原素，是希望，愉樂與狂喜的前驅；戀愛是一切法律和習俗的藐視者；戀愛是人類命運的最自由而有力的鑄型。」Emma Goldman, "Marriage and Love", p.242: " Love, the strongest

中，她主張愛情實貴於婚姻：「安可以侚促卑鄙之國家宗教、及矯揉造作之婚姻，而代我可寶可貴之自由戀愛哉！」[214]並下結論道：「若世人能破除婚姻之陋習，結純粹之團體，人類之和諧，必皆以愛情為根源矣。」[215]

五四時期無政府主義刊物《民聲》中曾介紹高德曼對現代婚姻的反對：

> 高路曼女士深痛現在婚姻制度的不自然，故在《結婚與戀愛》（*Marriage and Love*）一書中，力斥金錢、勢力、法律、習慣、才能的結婚為不合真理及人生，女士極主張自由戀愛（Free Love），以為愛情乃神聖之物，有最高尚純正不受一切外物的限制，循自然的生理和自由的心理而發生，這才是真正戀愛的道德。[216]

另一無政府主義刊物《民鐘》也相當重視高德曼的論著，在創刊宣言中引用高德曼的話批評現代家庭婚姻制度：「高路曼說：『凡人一入此漩渦，一生的希望斷絕。』」[217]並在出版《無政府集》時收入袁振英所譯的高德曼〈結婚與戀愛〉一文。1920年在《民國日報》發表廢婚論的「輩英」（生卒年不詳），曾引用高德曼的話鼓吹青年打破婚制：「高曼說戀愛無他，自由而已矣。……親愛的，可愛的青年！你不想求自由麼？為什麼不打破這個婚姻的約束呢？」[218]

---

and deepest element in all life, the harbinger of hope, of joy, of ecstasy; love, the defier of all laws, of all conventions; love, the freest, the most powerful moulder of human destiny; ......"

[214] 袁振英譯：〈結婚與戀愛〉，頁7；盧劍波譯：〈結婚與戀愛〉，頁89-90：「怎麼能把這麼偉大的力量和那可鄙的國家和教會所產生的莠草——結婚視為同義呢？」Emma Goldman, "Marriage and Love", p.242: "...... how can such an all-compelling force be synonymous with that poor little State and Church-begotten weed, marriage?"

[215] 袁振英譯：〈結婚與戀愛〉，頁9；盧劍波譯：〈結婚與戀愛〉，頁92：「看，宇宙的發展到真實的伴侶之誼（true companionship），和一致（oneness）的程度了，牠的母親乃是戀愛——而決不會是結婚，這是確無可疑的。」Emma Goldman, "Marriage and Love", p.245: "If the world is ever to give birth to true companionship and oneness, not marriage, but love will be the parent."

[216] 〈近世無政府黨傳略〉，《民聲》，1921年7月15日第33號，頁430。

[217] 劉大白：〈《民鐘》宣言〉。本句為高德曼〈結婚與戀愛〉中將但丁《神曲》中形容地獄的名言用在婚姻上，見袁振英譯：〈結婚與戀愛〉，頁2：「Dante格言曰：『其入是者，一生之希望絕矣。』其用於Inferno人謂其確當，若用之以比婚姻，亦甚妙也。」盧劍波譯：〈結婚與戀愛〉，頁82-83：「若把但丁（Dante）在"Inferno"（地獄）中的格言，移用於結婚上面，也是不錯的。他說：『一個人進了此地以後，便沒有希望了。』」Emma Goldman, "Marriage and Love", p.234: "Thus Dante's motto over Inferno applies with equal force to marriage: 'Ye who enter here leave all hope behind.'"

[218] 輩英：〈廢除婚制問題的討論（一）〉，《民國日報·覺悟》，1920年6月1日。

1927年，盧劍波認為袁振英十年前所譯高德曼的〈結婚與戀愛〉「其文言譯述，不免以辭略意之處」，且「譯得太匆促」[219]，因此重譯此文刊於《新女性》，當時與盧劍波沒有經過結婚儀式而結合的鄧天喬，在《新女性》發表〈我們的結合〉一文，表明不畏人言，堅決反對婚制的心志，並聲明「關於反對結婚的理論方面，我的親愛的同志劍波曾譯Emma Goldman女士——一個未結婚而和他的同志Alexander Berknan結合的全世界著名的女無政府黨——的〈戀愛與結婚〉一文。預備在《新女性》上登載，那便可以代表我的意思了。」[220]。同年盧劍波出版了高德曼《自由的女性》的全譯本，在其編著《戀愛破滅論》中，稱高德曼的自由戀愛言論是「膽大的性革命主張」[221]。高德曼以理論和行動打破結婚與戀愛間的紐帶，高歌自由，實行非婚同居，對信仰無政府主義的青年很有影響力。

四、共產主義女性主義——柯倫泰〈家庭與共產主義〉

在二、三〇年代，俄國女革命家及性道德理論家——亞厲山德拉・柯倫泰（俄文：Алекса́ндра Миха́йловна，英譯：Alexandra Kollontai，1872-1952）的反家庭婚姻論述也頗受中國學界注意。1917年俄國工人階級在布爾什維克黨領導下聯合貧農發起了社會主義革命，史稱「十月革命」或「布爾什維克革命」。十月革命的勝利，使中國一些知識分子認為社會主義是世界潮流，對十月革命十分嚮往，並決心走上俄國社會主義革命的道路[222]。關於俄國十月革命的理論及活動，紛紛

---

[219] 盧劍波譯：〈結婚與戀愛〉。

[220] 鄧天喬（署名「天喬」）：〈我們的結合〉，《新女性》，1927年1月第2卷第1號，頁126。

[221] 盧劍波（署名「劍波」）：〈前言〉，盧劍波（署名「劍波」）編：《戀愛破滅論》（上海：泰東圖書局，1927年），頁1-3。高德曼在批判婚姻、主張性解放的同時，亦歌頌戀愛，彭小妍：〈五四的「新性道德」——女性情慾論述與建構民族國家〉，《近代中國婦女史研究》，1995年8月第3期，頁85曾分析道：「她（高德曼）固然認為婦女『性的覺醒』對婚姻制度而言是『致命』的挑戰（the pernicious sexawakening of woman），但是在談論婦女情慾時，並不把重點局限『性』本身。她的理論重點是愛（love），性、生育是愛的自然衍生，不可淪為由婚姻買賣契約所掌控。」許慧琦曾分析北伐前後中國無政府主義者的性愛論述，認為此時期「『非戀愛論』的提出，從時間點與思想層次兩方面，可證是這些激進無政府主義青年接受並超越高德曼思想的表現。」見許慧琦：〈低潮中的另闢蹊徑？——從Emma Goldman在中國的譯介談北伐前後無政府主義者的性愛論述〉，發表於「第八屆國際青年學者漢學會議——近現代報刊與文化研究學術研討會」，國立政治大學中文系，2009年3月14日。

[222] 詳見丁守和、殷敘彝、張伯昭：《十月革命對中國革命的影響》（北京：人民出版社，1957年），頁47-59。

被譯介到中國，柯倫泰就是其中的一位[223]。柯倫泰主張對俄國傳統的社會習俗和制度進行根本的改革，提倡自由戀愛，簡化結婚和離婚手續，消除對私生子的社會和法律歧視，以及從各方面改善婦女地位。

　　1918年11月16日柯倫泰在莫斯科召開的「第一屆全俄羅斯工農婦女代表大會」上演講，原題為〈家庭與共產政府〉（семья и коммунистическое государство），會後這篇演說被印製為宣傳小冊子，多次再版，1920年改標題為〈家庭與共產主義〉（семья и коммунизм）發表於官方刊物《女共產黨員》（коммунистка），被譯為中、英、德、法、西班牙文等傳播於世[224]，中文譯者是沈雁冰，譯文題為〈未來社會之家庭〉[225]，發表在中國最暢銷的刊物《東方雜誌》。譯文中首先指出，家庭的改組已經發生：

> 人類生活，當我們的眼前刻刻變換；從前的習慣和風俗，漸漸兒不見；平民家庭的全體，已改組得新奇古怪，出於預料之外。……現在我們不必隱起真情不講了：在從前的正式家庭中，男人掌管一切，女人無一事得管——因為伊沒有自己的意志，也沒有自己的時間——這等的家庭，經過一天一天的修改，到現在幾乎成為過去的了。但我們不應該為了這等情形發憂。我們因為錯誤或無知識的緣故，往往信凡百事物自變，我們周圍的事物可以不變。諺云：一向是如此的，故將常常如此，這句話實在不通！我們只消一看過去的人民怎樣生活的，就曉得一切事物是板定要變的了（Subject to Change）沒有什麼固定不可變的風俗、政治組織和道德。家庭在人類生活的萬變底反響中，常常也要變形式。[226]

---

[223] 〔日〕山川菊榮著、祁森煥譯：《婦人和社會主義》（北京：商務印書館，1923年），頁8。

[224] 詳見陳相因：〈論《家庭與共產政府》一文的生成、翻譯與傳播——1924年以前柯倫泰在新俄羅斯、蘇聯與中國〉，《近代中國婦女史研究》，2011年12月第19期，頁2-3。

[225] 陳相因評論這篇譯文時認為，沈雁冰將原題中的「共產政府」或「共產主義」譯為「未來社會」，「在某一程度上體現了翻譯者當時身為共黨一員的信念：中國的未來必將與蘇聯一樣步入共產主義的『康莊大道』。」詳見陳相因：〈論《家庭與共產政府》一文的生成、翻譯與傳播——1924年以前柯倫泰在新俄羅斯、蘇聯與中國〉，頁2-3。

[226] 〔俄〕柯倫泰著、沈雁冰（署名「燕賓」）譯：〈未來社會之家庭〉，《東方雜誌》，1920年5月10日第17卷第9號，頁62；Alexandra Kollontai, "Communism and the Family", translated by Alix Holt. *Selected Writings of Alexandra Kollontai* (Allison & Busby, 1977): "Life is changing before our very eyes; old habits and customs are dying out, and the whole life of the proletarian family is developing in a way that is new and unfamiliar and, in the eyes of some, 'bizarre'." "There is no point in not facing up to the

根據柯倫泰的觀察，由於經濟的發展、勞動婦女的增加，家庭已盛極而衰、面臨末日：

> 從前個人式的家庭，已到了盛極而衰的地位。[227]

> 現在無可免避的事實便是：舊式家庭的末日已經到了。這是新生活情形的結果。家庭已經不是國家的必要品，像從前那般了；非但是無用，比無用更壞，因為家庭要牽累女人使不能做較為有利而更正經些的工作。家內人對於家庭，也沒有保留的必要了，因為撫育子女長成這件事，從前是歸家庭管的，現在都漸漸移到公共的手裡了。[228]

個人式家庭式微後，柯倫泰認為在未來共產主義的社會中，家務和撫育小孩都將是公共的事。未來兒童的生活和教育不但不會因為失去父母和家庭的依靠而令人擔憂，反而將更為理想：

> 為我們陶鎔將來社會的人的家庭，決不是從前狹小的家庭，父母時常爭鬧，親生子女待得好些的家庭。我們新社會新人民的陶鎔所，是要在社會黨機構內，如遊戲場，花園，公所以及其他許多相類的公共場所。小孩子該有大半天住在那邊，受大教育家的陶鎔，熟曉「全體一

---

truth: the old family in which the man was everything and the woman nothing, the typical family where the woman had no will of her own, no time of her own and no money of her own, is changing before our very eyes. But there is no ne d for alarm. It is only our ignorance that leads us to think that the things we are used to can never change. Nothing could be less true than the saying 'as it was, so it shall be'. We have only to read how people lived in the past to see that everything is subject to change and that no customs, political organisations or moral principles are fixed and inviolable. In the course of history, the structure of the family has changed many times; it was once quite different from the family of today."

[227] 〔俄〕柯倫泰著、沈雁冰（署名「燕賓」）譯：〈未來社會之家庭〉，頁67；Alexandra Kollontai, "Communism and the Family":"The individual household is dying."

[228] 〔俄〕柯倫泰著、沈雁冰（署名「燕賓」）譯：〈未來社會之家庭〉，頁71；Alexandra Kollontai, "Communism and the Family": "There is no escaping the fact: the old type of family has had its day. The family is withering away not because it is being forcibly destroyed by the state, but because the family is ceasing to be a necessity. The state does not need the family, because the domestic economy is no longer profitable: the family distracts the worker from more useful and productive labour. The members of the family do not need the family either, because the task of bringing up the children which was formerly theirs is passing more and more into the hands of the collective."

致」、「同業關係」、「互助」等神聖格言的偉大，和對於共同生活的信仰。[229]

在現有的婚制及家庭被取代後，柯倫泰認為未來的男女關係將更加自由、平等：

> 從前以婦女為家庭奴隸做根基的結婚式，將來要被自由結合代替了；自由結合，是以勞工國家內兩個互相尊敬，權利義務平等，而又相愛的男女做根基的。從前個人的，自我的家庭，將來要被勞工的大普遍家庭代替了；在這大家庭內，一切男工女工，都是弟兄們。[230]

沈雁冰在討論中國家庭改制時亦反對採用西方個人式的小家庭，贊成社會主義式的公共生活[231]，反應了他對柯倫泰家庭觀的認同。日本學者白水紀子曾指出「從1920到1921年，沈的思想行為變化很大，他強烈渴望變革要有行動，想通過經濟來理解社會。當時新俄國的情報大量傳入中國，這對正在形成這一姿態的他來說影響很大。他在1920年5月譯了格倫泰夫人著的〈未來社會之家庭〉，介紹了新俄國有關兒童教育、家庭問題的方針。對他來說這也是在婦女問題中所關心的大事之一」[232]。

1920年柯倫泰擔任俄共中央婦女部長時，提出了著名的「一杯水主義」，認為革命後理想的新女性和異性的關係只不過是生活中的一個階段，在共產主

---

[229] 〔俄〕柯倫泰著、沈雁冰（署名「燕賓」）譯：〈未來社會之家庭〉，頁70；Alexandra Kollontai, "Communism and the Family": "The old family, narrow and petty, where the parents quarrel and are only interested in their own offspring, is not capable of educating the 'new person'. The playgrounds, gardens, homes and other amenities where the child will spend the greater part of the day under the supervision of qualified educators will, on the other hand, offer an environment in which the child can grow up a conscious communist who recognises the need for solidarity, comradeship, mutual help and loyalty to the collective."

[230] 〔俄〕柯倫泰著、沈雁冰（署名「燕賓」）譯：〈未來社會之家庭〉，頁70；Alexandra Kollontai, "Communism and the Family": "the indissoluble marriage based on the servitude of women is replaced by a free union of two equal members of the workers' state who are united by love and mutual respect. In place of the individual and egoistic family, a great universal family of workers will develop, in which all the workers, men and women, will above all be comrades."

[231] 沈雁冰：〈家庭改制的研究〉，頁256。

[232] 〔日〕白水紀子著、顧忠國譯、劉初霞校：〈沈雁冰在「五四」時期的社會思想〉，《湖州師範學院學報》，1991年第3期，頁41。

義社會滿足性欲和戀愛的需要就像喝一杯水那樣簡單和平常。這個說法在當時俄國共產青年間曾流行一時[233]。

1923年前往俄國莫斯科東方勞動者共產主義大學就讀的陳喬年（1902-1928），顯然深受柯倫泰「革命家的戀愛觀」影響，1925年在中共旅莫斯科支部執行委員與共青團負責人座談會上，陳喬年發表言論說：

> 革命家沒有結婚，也沒有戀愛，只有性交，因為革命家的生活是流動性的，因而不能結婚；同時革命家沒有時間和精力去搞那種小布爾喬亞戀愛的玩意，所以沒有戀愛。走到那裡，工作在那裡，有性的需要時，就在那裡解決，同喝一杯水和抽一支香煙一樣。[234]

1928年沈瑞先（1900-1995）翻譯柯倫泰的小說〈三代的戀愛〉（1923）刊登於《新女性》，小說中描述祖母、母、女三代三樣的戀愛，都不同程度挑戰了家庭與婚姻。祖母瑪爾亞在婚後與一位有婦之夫發生婚外情，她認為「戀愛的權利，比結婚的義務更強」[235]，所以毅然與丈夫離婚。母親奧爾伽是馬克思主義者，她曾先後與不同的革命同志兼情人同居，也曾同時有兩個情人，但「因為主義的緣故，所以不曾結婚」[236]。女兒蓋尼亞是活躍的共產黨員，她「對於種種男子，祇要看得中意，即使不愛他們也毫無介意地和他們發生關係」，因為「戀愛一定要有非常多量的時間和精力」，可是熱心於革命運動的他們「絕對沒有可以從容戀愛的時間」，所以「在這種情況下，我們偶然碰到，兩個人感到幸福的時候，我們就尊重了這個時間」，蓋尼亞認為「這是誰都沒有責任

---

[233] 上海外國語學院列寧著作翻譯研究室譯：《回憶列寧》（北京：人民出版社，1982年）第5卷，頁44-46；覃忠群：《奇異事物溯源》（南寧：廣西民族出版社，1988年），頁14；馮軍、李冰等編著：《共青團工作全書》（北京：中國青年出版社，1992年），頁151；柯惠鈴：〈性別與政治：近代中國革命運動中的婦女（1900s-1920s）〉，國立政治大學歷史研究所博士論文，2004年，頁262；柯惠鈴：〈軼事與敘事：左派婦女回憶錄中的革命展演與生活流動（1920s-1950s）〉，《近代中國婦女史研究》，2007年12月第15期，頁148；王文東：〈蘇聯道德教育的歷史經驗與教訓〉，《思想理論教育導刊》，2010年第7期，頁107。

[234] 陳碧蘭：《早期中共與托派——我的革命生涯回憶》（香港：天地圖書，2010年），頁161。

[235] 〔俄〕柯倫泰著、沈瑞先（署名「芝崴」）譯：〈三代的戀愛〉，《新女性》，1928年9月第3卷第9號，頁993。

[236] 〔俄〕柯倫泰著、沈瑞先（署名「芝崴」）譯：〈三代的戀愛〉，頁997。

的」[237]。與前兩代相較，蓋尼亞的思想和行為不僅掙脫了家庭和婚姻的束縛，也擺脫了性慾與愛情的鎖鍊。

〈三代的戀愛〉刊出後，引起熱烈的迴響，盧劍波從這篇小說看到「婚姻制過去了，在美名而瑕質之下的自由戀愛也不能不過去了。」[238]詩人姚方仁（1891-1969）在詳細分析了三代的戀愛後，批評中國的戀愛思想至今未脫離「外祖母時期」，並對蓋尼亞表示肯定道：「第三代的戀愛，倒是一反以前怵怵惕惕的，黑幕重重的，被偶像所欺騙的，怪難弄的戀愛觀；而能赤裸裸地，乾脆地，大膽地，喊出切合於新興階級自身需要的戀愛觀來。」[239]靜遠（生卒年不詳）對蓋尼亞的主張表示贊同，認為她是「有新的感情，新的概念，新的道德的新興階級的未來權利的人。」[240]散文作家陳醉雲（1895-1982）表示「至於蓋尼亞的精神，我也相當的贊成，因為她能夠像處置其他私事似的處理她的戀愛問題」[241]，並申論道「戀愛也同友誼一樣，是個人的私事，在沒有軼出自由的範圍，在沒有妨礙公眾時，是不應該受任何條件的干涉。同時，法律和道德，也應當尊重各人戀愛上的自由，尊重是合於各人個性的戀愛自由，而改變它們的傳統化的硬性，使更適應於實際」[242]；自稱為「非戀愛論者」的毛一波（1901-1996）說他「不承認有所謂戀愛，但贊成雙方合意的性交自由。所以也贊成柯倫泰女士的辦法，可以自由得〔地〕去表現他們的性行為。」[243]波弟（生卒年不詳）表示「贊成蓋尼亞的『互相中意了便在一起，不然便互相走開』的主張」，提倡大家「向著性的解放的道路走」[244]；弋靈（生卒年不詳）不僅認為「在〈三代的戀愛〉一篇中的重心，便是無戀愛的性交……在我以為是全然合理的。」[245]更進一步明確指出：「蓋呢〔尼〕亞的戀愛行為……是當正〔正

---

237 〔俄〕柯倫泰著、沈瑞先（署名「芝崴」）譯：〈三代的戀愛〉，頁1024。
238 盧劍波（署名「劍波」）：〈論性愛與其將來的轉變〉，《新女性》，1928年12月第3卷第12號，頁1358。
239 姚方仁：〈關於「三代戀愛」的分析觀察〉，《新女性》，1928年12月第3卷第12號，頁1370。
240 靜遠：〈戀愛至上感的抹殺〉，《新女性》，1928年12月第3卷第12號，頁1389。
241 陳醉雲：〈個性本位的戀愛〉，《新女性》，1928年12月第3卷第12號，頁1410。
242 陳醉雲：〈個性本位的戀愛〉，頁1411-1412。
243 毛一波（署名「毛尹若」）：〈讀「新戀愛道」後〉，《新女性》，1928年12月第3卷第12號，頁1414。
244 波弟：〈讀三代的戀愛後〉，《新女性》，1928年12月第3卷第12號，頁1422。
245 弋靈：〈新戀愛問題——關於柯倫泰夫人的戀愛觀〉，《新女性》，1928年12月第3卷第12號，頁1415。

當〕的，自然的。並且不僅是在混亂壓迫的現代的唯一的遁路，即使一個穩定的時代已經到來，即使是真正的戀愛已經出現，祇要是因了自然的生理的要求，無戀愛的性交也還可以依然存在。」[246]孫伏園（1894-1966）提到中國某女士的思想比蓋尼亞更前衛，認為性的自由不應只是工作忙碌下不得已的救濟策：

> 中國已有比俄國第三代更進一步的主張，這是我聽見一位少年女子說的，「雖然工作不忙，還不應該照著第三代的主張而戀愛嗎？」工作，工作，這確是俄國第三代女子的一個不徹底的缺陷，預備別人攻擊時作擋箭牌的。「如果不提工作，」某女士說，「這個小傢伙太可愛了！」[247]

蒲察（生卒年不詳）認為未來社會將只有性關係、沒有戀愛，女子與男子一樣獨立，男人和孩子不再能羈縻她：

> 在未來的社會裡，人負有重大的繁遽的工作，誰復會像現今有閒階級的閒暇，有工夫去談什麼戀愛，只有性的關係而已。思想與行動上，婦女是能如男子一樣地會獨自行走了，什麼也不能羈縻她。她對於所厭惡的舊的，可以隨便的捨棄，如捨棄那不適意的破鞋一樣。子女是公育了，和男子上有什麼差別！如此，自然地會趨於更新的尚不可知的新戀愛道上去。蓋尼亞就是在達到那條路上的一個。柯倫泰的戀愛觀，正是現在與未來社會過渡中應有的產物。[248]

1929年沈瑞先翻譯柯倫泰的著作《戀愛與新道德》，文中批評了資本主義社會中婚姻制度的恆久和私有性質：

> 合法的結婚，它底基礎，是建築在兩個虛偽的原理上的。第一，是那不解消性；第二，是所有〔私有〕的觀念，就是一配偶者對於他配偶者的

---

[246] 弋靈：〈新戀愛問題——關於柯倫泰夫人的戀愛觀〉，頁1419。

[247] 孫伏園（署名「伏園」）：〈我們將有自己的三代的戀愛〉，《新女性》，1928年12月第3卷第12號，頁1400。

[248] 蒲察：〈對於新戀愛問題的解答〉，《新女性》，1928年12月第3卷第12號，頁1425-1426。

難分的所屬的觀念。……現在的道德,是人們無論如何地犧牲,也有應在結婚中「找出他底幸福來」的這滑稽的要求壓迫著。[249]

夫婦間底不可分的所有權這觀念,在布爾喬爾〔資產〕階級性底法典中,以特別的勞心,同時以全然立腳於所有權底基礎上的閉塞的個人主義家族底理想,來偶像化了。[250]

同年沈瑞先翻譯柯倫泰〈新婦人〉(1922) 刊登於《新女性》,文中描述二十世紀的新婦人「不是以幸福的結婚作為Romance終結的純真少女」,是「要求生活獨立的」、「主張自身人格的」、「反對婦人在國家家庭社會奴化」的「獨身婦人」[251],遇到戀愛的對象,新婦人並不受任何形式的拘束,很自然而自由地發生性行為;但對於結婚的要求,卻避之唯恐不及:「這種事情,是不可能的;不,這種事情,我是不願意的。……兩個人住在一起,不是太笨了嗎?暫時或許是可以的,但是一生一世,那是無論如何也辦不到的。」[252]可說是為小說〈三代的戀愛〉中第三代的戀愛觀作了一個註腳。

以上提及的幾位在二十世紀初具有影響力的女性主義者,她們鑑於女性長期受制於男性,禁錮於家庭,家事育兒纏身;或是迷惑於愛情,受困於道德,身心不得自由;因此層層地戳破家庭、婚姻、戀愛、性道德……等神秘的面紗,以號召一種更獨立自主、自信自在的「新婦人」。

易卜生《娜拉》的女性出走形象

《娜拉》(*A Doll's House*,另譯《傀儡家庭》、《玩偶之家》等,1879) 是挪威名劇作家亨利克・易卜生 (Henrik Ibsen, 1828-1906) 的代表作,1914年春柳社[253]首次把《娜

[249] 〔俄〕柯倫泰:〈戀愛與新道德〉,收入〔俄〕柯倫泰著,沈端先、汪馥泉譯:《戀愛與新道德》(上海:北新書局,1929年),頁86。

[250] 〔俄〕柯倫泰:〈兩性關係與社會變革〉,收入〔俄〕柯倫泰著,沈端先、汪馥泉譯:《戀愛與新道德》,頁150。

[251] 〔俄〕柯倫泰著、沈端先譯:〈新婦人〉,《新女性》,1929年1月第4卷第1號,頁4。

[252] 〔俄〕柯倫泰著、沈端先譯:〈新婦人〉,頁8。

[253] 春柳社是中國文藝研究團體,1906年冬由中國留日學生李叔同 (1880-1942)、曾孝谷 (1873-

拉》搬上中國的舞台，劇中「娜拉」（Nora）此一進步女性拋夫棄子、從小資產階級家庭出走的形象，契合當時中國進步青年追求婚姻自主和個性解放的思想，而獲得熱烈的迴響。

1918年6月《新青年》推出了「易卜生專號」，其中發表了羅家倫（1897-1969）與胡適合譯的《娜拉》劇本，劇中女主角娜拉在覺悟後，認清她看似美好的家庭其實只是玩偶的劇台，其中的女性和孩童都沒有獨立的人格：

> 我們的家庭，實在不過是一座劇台；我是你「頑意兒的妻子」，正如我
> 在家時，是我爸爸的「頑意兒的孩子」；我的孩子們，又是我的「頑意
> 兒」。……這就是我們的結婚生活。[254]

胡適在〈易卜生主義〉一文中評論《娜拉》時，舉發了家庭的四大惡德，並分析一般人依然忍耐著家庭生活的原因：

> 易卜生所寫的家庭，是極不堪的。家庭裡面，有四種大惡德：一是自私
> 自利；二是倚賴性，奴隸性；三是假道德，裝腔作戲；四是怯懦沒有膽
> 子。……這種極不堪的情形，何以居然忍耐得住呢？第一，因為人都要
> 顧面子，不得不裝腔作戲，做假道德，遮著面孔。第二，因為大多數的
> 人都是沒有膽子的懦夫。因為要顧面子，故不肯鬧翻。因為沒有膽子，
> 故不敢鬧翻。那《娜拉》戲裡的娜拉忽然看破家庭是一座做猴子戲的戲
> 台，他自己是台上的猴子。他有膽子，又不肯再裝假面子，所以告別了
> 掌班的，跳下了戲台，去幹他自己的生活。[255]

1937）創建於日本東京，以研究各種文藝為目的，並建立了演藝部，從事演劇活動，在中國早期話劇創始時期產生過重大影響。

[254] 〔挪威〕易卜生著，羅家倫、胡適合譯：《娜拉》，《新青年》，1918年6月15日第4卷第6號，頁567。

[255] 胡適：〈易卜生主義〉，《新青年》，1918年6月15日第4卷第6號，頁491-492；吳二持：〈胡適思想與易卜生主義〉，收入耿雲志編：《胡適研究叢刊》第二輯（北京：中國青年出版社，1996年），頁115-126；〔日〕清水賢一郎：〈革命與戀愛的烏托邦——胡適的「易卜生主義」和工讀互助團〉，收入耿雲志編：《胡適研究叢刊》第二輯，頁127-142。

袁振英在〈易卜生傳〉中評論《娜拉》「點寫社會之詐偽，及名分心，攻擊家庭制度；寫婦人之地位，如愛鳥之在金籠」，並以熱情的筆觸痛罵家庭罪惡、讚揚娜拉精神：

> 娜拉之大夢醒矣！家庭之黑幕揭矣！……己身既為玩偶，而又以玩偶待其子女，歷代相沿，莫不身為玩偶，罔曉人生之真義，此為萬惡之家庭，所以無存在價值也！……婚姻制度之矯揉造作，家族名分之妄說盲從，皆足為人類之桎梏！此娜拉之所以痛罵一切也！……處今日家族婚姻制度之下，男女愛情，必無永久純一之希望；徒增社會之罪惡耳！且家庭中之惡濁空氣，清〔青〕年子女，日夕所呼吸；其不日趨下流者鮮矣！易氏此劇，真足為現代社會之當頭棒喝，為將來社會之先導也。[256]

當代著名漢學家舒衡哲（Vera Schwarcz）在討論中國五四青年對娜拉的認同與接受時指出：「娜拉的最後動作——挑戰般地猛關房門，成為他們反對家庭制度束縛的鬥爭的先聲。」[257]中國青年黨創始人李璜（1895-1991）亦曾回憶《新青年》「易卜生專號」對家庭的衝擊及對青年的影響道：

> 五四前後新文化運動中的思想改造，其挑戰對象，乃是直指於中國社會的基層組織——家庭制度及其傳統的家族主義，要打倒人人家裡的那一個神龕子……其驚世駭俗，比較來得更為普遍。……譬如在民七的八月《新青年》雜誌四卷六號，胡適所主編的易卜生專號上，其易卜生主義一文，及其譯載的《娜拉》與《國民公敵》等篇，都給予當時及後來的青年人拋棄家庭以及婦女解放的影響至大。[258]

高德曼在〈近代戲劇論〉中論及《娜拉》一劇，認為其中揭露了現代婚姻美好表象下的詐偽，在袁振英和盧劍波先後的譯文中，都提到現代家庭對女性

---

[256] 袁振英：〈易卜生傳〉，《新青年》，1918年6月15日第4卷第6號，頁612-613。

[257] 〔美〕維拉‧施瓦支（舒衡哲）著、李國英等譯：《中國的啟蒙運動——知識份子與五四遺產》（太原：山西人民出版社，1989年），頁134。

[258] 李璜：《學鈍室回憶》（台北：傳記文學，1973年），頁24。

來說是表面華麗的「藩籬」、「牢籠」：

> 娜拉逃脫其黃金色之藩籬，以獨立之新人格，開社會廣大之生機：將來
> 男女種嗣自由之真理，發軔於此矣。（袁振英譯）[259]

> 當娜拉關了鍍金的牢籠的門，而走入新世界，以重建她的人格的時候，
> 她已開了為她自身的女性和未來的人類之自由門了。（盧劍波譯）[260]

　　易家鉞、羅敦偉認為《娜拉》證明了「家庭是婦女的牢獄」[261]，且由於婦
女解放思想的覺醒，「近代婚姻關係的弛廢，是一件不可掩飾的事實」，顯示
小家庭制度已將崩解[262]。陳獨秀在廣東女界聯合會演說時指出「女子離家庭而
獨立生活，去什麼地方生活呢？在什麼地方能謀生活呢？無論什麼地方，都在
資本制度之下」，所以「女子離了家庭的奴隸生活」，卻又「變成資本家底奴
隸」。依陳獨秀之見，女性出走後要有好的出路和境遇，只有在社會主義之
下才有可能[263]。1923年12月26日魯迅（1881-1936）在北京女子高等師範學校演講
〈娜拉走後怎樣〉，他說：

> 從事理上推想起來，娜拉或者也實在只有兩條路：不是墮落，就是回
> 來。……為準備不做傀儡起見，在目下的社會裏，經濟權就見得最要緊
> 了。第一，在家應該先獲得男女平均的分配；第二，在社會應該獲得男
> 女相等的勢力。可惜我不知道這權柄如何取得，單知道仍然要戰鬥；或
> 者也許比要求參政權更要用劇烈的戰鬥。[264]

259　〔美〕高曼女士著、袁振英（署名「震瀛」）譯：〈近代戲劇論〉，《新青年》，1919年2月15日
　　　第6卷第2號，頁187。
260　〔美〕高曼女士著、盧劍波譯：〈近代戲劇論〉，收入〔美〕高德曼女士著、盧劍波譯：《自由
　　　的女性》（上海：開明書店，1928〔1927〕年），頁171。
261　易家鉞、羅敦偉：《中國家庭問題》，頁95。
262　易家鉞：《西洋家族制度研究》，頁194-195。
263　陳獨秀：〈婦女問題與社會主義〉，原載《廣東群報》，1921年1月31日，收入梅生編：《中國婦
　　　女問題討論集》，頁131。
264　魯迅：〈娜拉走後怎樣〉，收入魯迅：《墳》（北京：人民出版社，1951年），頁143-145。

此後，「娜拉走後怎樣」成為中國五四青年熱議的話題，並出現了許多圍繞「出走」主題的小說和戲劇創作[265]，如：魯迅〈傷逝〉（1925）、盧隱（1898-1934）〈何處是歸程〉（1927）等小說都敘述女子走出「父家」後、又走入「夫家」之門，並沒有走出一條獨立自主的道路。藉由娜拉出走形象及其問題的提出，以及五四青年自由戀愛、婚姻自主的實踐，不少青年男女都發現反對中國舊式婚姻、採取西方婚制未必就能得到幸福，現代家庭依然問題叢生。中國青年黨領導人曾琦（1892-1951）認為易卜生寫《娜拉》的用意「是在嘲笑現時的家庭和夫婦關係」[266]；張履謙認為《娜拉》暴露了所謂的「好家庭」對女子來說其實是一種「家庭奴隸制度」[267]。

托爾斯泰的出走

家庭不僅對娜拉這樣覺醒的女性來說是個牢籠，對男子來說也可能是急欲逃離的所在。1910年11月10日，82歲的俄國文豪列夫・尼古拉耶維奇・托爾斯泰（俄文：Лев Николаевич Толстой，英文：Leo Nikolayevich Tolstoy, 1828-1910）秘密離開了妻子兒女離家出走，十天後因肺炎病死於車站，這個消息震驚了整個俄國乃至全世界。1915年，汝非（生卒年不詳）在《新青年》發表〈托爾斯泰之逃亡〉一文，以「逃亡」稱其離家出走的行為，並以正面肯定的態度，認為托爾斯泰此舉乃是「至真」、「歸仁」的表現：

> 托氏之逃，非逃于政治之關係，而逃于家庭之關係也。……彼老人之久羈戀于家庭，隨處而生其脫離之概念，年愈久而愈深，在常人以為奇，彼之故舊知交，早以料其如是。……一生繫戀之家庭，及其悟道至真，卒不免于脫離之一法。斯亦此老奇偉史中，所謂變動不居，一以歸仁為

---

[265] 詳見許慧琦：〈「娜拉」在中國：新女性形象的塑造及其演變（1900s~1930s）〉，國立政治大學歷史研究所博士論文，2001年，頁120-121；周慧玲：〈女演員、寫實主義、「新女性」論述——晚清到五四時期中國現代劇場中的性別表演〉，《近代中國婦女史研究》，1996年8月第4期，頁110-111。

[266] 曾琦：〈婦女問題與現代社會〉，《婦女雜誌》，1924年1月1日第8卷第1號，頁4。

[267] 張履謙（署名「謙弟」）：〈我所認為新女子者〉，《新女性》，1926年11月第1卷第11號，頁804。

鵠者歟！[268]

　　文中指出，托爾斯泰「欲脫離其家庭……長懸諸腦中，在彼之故交。咸知之已久。」早在1897年，托爾斯泰便曾計畫離家出走，並寫信給妻子，說明家庭生活與他心中所相信的真理及渴慕的逍遙是不相容的：

> 吾嘗以吾生活狀態，證以吾心中所自信之理由，其不相容之點，即起于是間，吾為此不相容之點，致余于苦惱之地，為時已非一日。……余年漸趨于老境，余對于人間事，漸已厭倦之。余渴望置余身于世外，作逍遙之游。[269]

　　但此次托爾斯泰的出走計畫並未成行，直至1910年，托爾斯泰毅然決定秘密離家，並在留給妻子的信中表明心志道：

> 余對於羈縻家庭之感情，刻已變矣，變之亦已長矣。總而言之，與余以難堪而已。余不能再寄身於此奢華之境遇。此境遇吾曾長久生活於其中。余今日欲行余心之所安，如彼世界中年齡如余之老人，皆常行之者。此即從紛紜世界中，退藏於密，以其殘餘歲月，葆全性命之真。[270]

　　1917年，無政府主義者黃凌霜（1898-1988）撰文介紹托爾斯泰的生平及著作，稱托爾斯泰「持無家庭主義……謂人由愛而生，賴工而存，故主張一切人治制度皆當廢除。」[271]文中介紹其晚年脫離家庭之舉：「托氏晚年，欲犧牲其家庭產業，實行其理想之主義，……托氏脫離家庭之思想，於是演為事實矣。」[272]並翻譯其留給妻子的書信中，表明出走心跡的一段話：

---

[268] 汝非：〈托爾斯泰之逃亡〉，《新青年》，1915年第1卷第2號，頁1-2。
[269] 汝非：〈托爾斯泰之逃亡〉，頁3。
[270] 汝非：〈托爾斯泰之逃亡〉，頁5。
[271] 黃凌霜（署名「凌霜」）：〈托爾斯泰之平生及其著作〉，《新青年》，1917年第3卷第4號，頁3。
[272] 黃凌霜（署名「凌霜」）：〈托爾斯泰之平生及其著作〉，頁5。

吾之地位，吾之痛苦，彌久彌甚，予已不能再忍。除遠行外，更無他法。此予之所敢自信者也。且奢華都麗之鄉，予更不願久居，但求淡薄寧靜，與世無聞，保我性真，以了殘年而已。[273]

　　劉大杰（1904-1977）論及托爾斯泰晚年出走一事時，認為是由於「他對於種種問題（尤其是人生問題），得不到解答，使他苦腦〔惱〕得無路可走，因此愈加覺得家庭生活無味，而不得不最後一逞了」，並稱托爾斯泰「是一個非常人中的奇人」[274]。鞠普在〈毀家譚〉中說：「凡思想稍高者，未有不以家為苦也」，並說明其原因為「蓋人以遠者大者為樂，則必以小者近者為苦，家實苦人之具也。」[275]托爾斯泰的離家出走，可以說是鞠普此說的一個實例。

　　綜上所述，二十世紀前期中國引進了大量的外來學說，其中革命性的反家庭婚姻論述亦挾勢而來，激盪出改革中國傳統家庭婚姻的強烈呼求，其中一部分知識分子且主張毀家廢婚，他們並非全盤照搬外國的反家庭婚姻論述，往往融會中國的思想文化來理解和運用相關的外來學說，甚或產生比外國學者更加基進的、不僅是反對、而且要徹底顛破、毀廢家庭婚姻的論述，且有部分論者並非僅止於紙上談兵、或描畫未來世界，而想方設法親身實踐，亦有推而廣之形成團體者。在以上析論了與反對家庭婚姻有關的來自中外的理論資源／支援後，以下各章將探討二十世紀前期中國毀家廢婚論的主要論點、理想藍圖及實踐情形。

---

[273] 黃凌霜（署名「凌霜」）：〈托爾斯泰之平生及其著作〉，頁5。

[274] 劉大杰：〈托爾斯泰及其夫人答HK〉，《長風》，1929年第5期，頁98；關於托爾斯泰晚年離家出走的敘述另可參見白本（生卒年不詳）：〈托爾斯泰晚年出亡的原因〉，《東方雜誌》，1925年第22卷第20號，頁107-110；劉永濟（1887-1966）：〈（九）托爾斯泰誕生百年紀念〉，《學衡》，1928年第65期，頁56-57；陳訓慈（署名「陳叔諒」，1901-1991）：〈託爾斯泰誕生百周紀念——託翁的生涯與他的思想一瞥〉，《東方雜誌》，1928年第25卷第19號，頁47；范宜芳（生卒年不詳）：〈托爾斯泰逝世二十五周紀念——談他的悲劇的死〉，《文化建設》，1936年第2卷第2期，頁124-127。

[275] 鞠普：〈毀家譚〉。

第三章

毀家廢婚的
主要論點

二十世紀前期提出毀家廢婚的中國論者，依各自不同的學術背景和關懷視野，不同程度、不同角度地展開論證，或重述人類史上家庭婚姻的起源與發展，或提出毀家廢婚的時代需求、歷史進程上的必然性，或揭露家庭婚姻的不合情理之處，在在強調毀家廢婚並非荒謬無稽、悖情逆理，而是合理當行的，其言說有些呈現出特殊歷史背景下的思想軌跡，有些至今對反主流家庭婚姻論者仍頗具說服力及參考價值。

家庭婚姻起源與發展的重述

　　二十世紀前期中國學者在探討毀家廢婚的議題時，有不少對家庭婚姻體制本身在人類史上的出現、作用、地位等，以全新的目光重新加以審視及闡述，試圖從中解構家庭婚姻長久以來被視為天經地義的神聖性和合理性。

　　康有為在《大同書》中，認為上古時代男女的交合本是隨性所至，毫無常規的，後來由於兩情相悅，或武力強大者的脅迫，而發展出較為固定的性伴侶模式：

> 初民之始，男女野合，述匹無定，或以情好，或以勢迫，旋合旋離，不
> 日不月；既離復合，既合復離，風水相遭，無有常者……男女雜合既
> 久，則有情好尤篤者兩不願離，又有武力尤大者以強勇獨據之；交久則
> 彌深，據獨則彌專，於是夫婦之道立矣。[1]

　　根據康有為的推論，婚制的由來是古代聖賢為了杜絕男人「因爭女而相殺」的亂象而制定的：

> 夫男女者，人之大欲也，當草昧武力之世，以男女無定之人，因爭女而
> 相殺者，不知日凡幾矣。後聖有作，患人之爭，因人之情，制禮以崇
> 之，凡兩家判合者以儷皮通其儀，為酒食召其親友而號告之，高張其事

---

[1] 康有為：《大同書》，頁241-242。

以定其名分，為使人勿亂之也，於是夫婦之義成矣。[2]

婚制製造了「夫婦」，而且是家制、族制的源頭：

> 夫婦既定，則所生之子，則深信其為吾子也，則慈愛之、保養之彌篤
> 矣。及諸子並生，雖有男女先後，皆為一父之子也，號為兄弟；同育於
> 一室，同居於百年，同食，同嬉，同歌，同悲，父母同愛之而諸子同依
> 之。父子、夫婦、兄弟立而家道成矣。[3]

　　具有深厚儒學背景的康有為，對「家」的起源採取較肯定、正面的態度，認為它在「據亂世」曾經起過制止紛爭、穩定社會、使人類相保而繁盛的作用，但「家」只是聖人為了「平亂」而採取的「因人理之相收，出于不得已」的制度，並不是一個完善的制度，甚至是弊害甚多的制度，根據康有為的漸進式進化史觀，人類將通往更理想的境界即「太平世」，而在臻於完美的太平世中，勢必捨棄「家」此一不完美且為害甚烈的制度，所以他說：「故家者，據亂世人道相扶必需之具，而太平世最阻礙相隔之大害也」，又說：「欲至太平大同必在去家」[4]。

　　無政府主義者在演繹婚姻制度的起源時，則採取較否定、負面的態度，如劉師培指出婚姻制度源於兩部相爭，必略奪他部婦女為私有，所以婚制的出現與私有制密不可分，在此制度下女性的地位不僅不平等，而且有如奴隸，是非常卑賤的：

> 上古之初，行共夫共妻之制，未嘗有女下于男之說也，亦未嘗以女子為
> 私有也。厥後兩部相爭，戰勝之民，對于戰敗之族，繫累女子，定為
> 己身之私有。觀希臘、猶太、波斯、羅馬古史，于戰勝他部，必言掠女
> 子若干人。又中國蔣濟〈萬論〉引黃帝言，謂：「主失其國，其臣再

2　康有為：《大同書》，頁242-243。
3　康有為：《大同書》，頁243。
4　康有為：《大同書》，頁271。

嫁。」又蒙古之初興，其攻克一國，必盡俘其女子，以分給己部之民，此即沿蠻族戰勝他族之遺制者也。惟其掠女于他部，故遇之如奴隸，使之受制于男，又慮其乘間私佚也，故防範之法，日益加嚴，而視女子為至賤。于女則禁其多夫，于男則許其多妻，習俗相沿，遂以為自然之天則。[5]

在巴黎留學的《新世紀》發起人之一褚民誼，曾指出原人時代本無婚制及家庭，也無所謂親疏，而婚制和家制的產生使人類失去了原有的「博愛心」[6]：

原人時代，散漫無秩序也。無秩序，不可目為無政府，閱者勿誤會。後已逐見改良，首定婚制，男長必娶，女長必嫁，于是乎有家。生子女而教養之，視為己有，親愛無匹，子女之視父母，亦如是，親疏由是而分。聚家而為村，聚村而為邑，邑邑相交際往來，同利害，則和平；不同利害，則爭戰。有爭戰，有和平，于是乎有國。同國而異種，同種而異國，亦以利害而和平，或爭戰，于是乎有種族。相沿既久，習以為常，同國同種人，待之如兄弟，而曰同胞；異國異族人，視之如寇仇，而曰外人。於是漸失博愛之心，而以親疏利害之故，遂力淺狹之門戶，以自相愛相妒。[7]

褚民誼主張要破除私團體和親疏的習慣，就必須廢婚姻、毀家庭，以達到博愛眾人，世界大同的理想，言論除參酌克魯泡特金的學說[8]外，亦融會了中國儒家的大同思想：「老吾老，天下皆吾老也。幼吾幼，天下皆吾幼也。無

5　劉師培（署名「申叔」）：〈無政府主義之平等觀〉，《天義報》，1907年7月25日第4號、8月10日第5號、9月15日第7號。

6　褚民誼（署名「靡君」）：〈絕婚配以解私團體〉，《新世紀》，1908年2月22日第35號，頁3。

7　褚民誼（署名「民」）：〈四續普及革命〉，《新世紀》，1907年11月23日第23號。文中「無秩序，不可目為無政府，閱者勿誤會。」刊出時縮小印刷。

8　李石曾翻譯克魯泡特金〈國家及其過去之任務〉發表於《新世紀》，1908年8月8日第59號，頁3，其中對國家及家庭的起源做了歷史化的敘述，認為上古時代的人類本來是善群的，其後有婚配之禮、家屬之分，才開始有私愛。將褚民誼的主張與上述李石曾的譯文對照，不難看出受其影響痕跡。

父子、夫婦、昆弟、姊妹之別，家族無矣。」[9]「四海一家，天下大同，無君臣、父子、夫婦、昆弟之別，只有朋友之愛，愛以是為博。」[10]

民國初年無政府主義者沙淦，認為婚制及家族是造成人類親疏觀念的起源，其說法與褚民誼的博愛說相當接近：

> 原始時代之人，只知私其母而已。婚制既定，乃有父子、夫婦、兄弟、姊妹，遞推遞進，上而祖曾，下而孫玄，有姓氏以區異，有宗支為統系，而家族之制乃大成。世所謂之同種、同族、同胞，亦無非家族所演進耳。夫既有同胞，則必有非同胞，同胞非同胞之區別，豈非起於親疏觀念乎！[11]

曾經加入社會黨的太虛大師，自稱其「思想本質，仍完全得之於佛學」，認為「無政府主義與佛教為鄰近」[12]，而佛學與無政府主義的共通點，在太虛大師看來，就是「博愛心」，因此他提倡「喚起全世界人類本有之博愛心」，主張「講人道者，惟有博愛可言」[13]。太虛大師認為，博愛心是人類良心所本有，然而今天「人類之愛力，僅及于家庭及眷戚者，親疏之觀念使之然也；僅及于國家及種族者，利害之觀念使之然也」。親疏觀念的起源，褚民誼和沙淦皆曾說是起於婚制，太虛大師立說略有不同，認為親疏利害之觀念是「發生于育養競爭之天然」：

> 蓋草昧之世，人智未開，其生長必受父母之育養，于是乎親疏之觀念生焉，衣食住而與他個相競爭，于是乎利害之觀念起。由親疏觀念而演成家庭與親眷間之惡制度與偽道德，由利害之觀念而演成國家與種族間之惡制度與偽道德。[14]

---

9 褚民誼（署名「民」）：〈續無政府說〉，《新世紀》，1908年2月29日第36號。
10 褚民誼（署名「民」）：〈四續普及革命〉。
11 社會黨人來稿：〈三無主義之研究〉，《社會世界》，1912年11月第5期，頁7-12。
12 釋太虛：〈太虛自傳〉，頁194。
13 迦身：〈無政府之研究〉編者（太虛大師）文中按語，頁260-261。
14 太虛：〈《世界之三大罪惡》節錄：喚起人類本有之博愛心〉。

五四時期有名的報人陳德徵（?-1951）在〈家族制度的破產觀〉中，敘述人類在上古的遊牧時代並沒有家族制度，進入農業社會後，為了「夫妻協作生活，養兒防老和增高利己慾」，才成立家族制度[15]。1927年，作家戚維翰（?-1947）也指出「我們試閉目想一想原始的時代，人類的婚姻也沒有制度的桎梏，純由於自然的結合，和其他的動物是一般無二的。」[16]既然人類的原始狀態是沒有婚姻制度的，戚維翰認為應回歸自然：「兩性的配合，當純聽之自然，和一切的動物一樣地順其天性；和原始的人類一樣。」[17]同年，向培良（1905-1961）在〈戀愛破滅論〉中，提倡「沒有家庭，沒有結婚，也沒有戀愛」的新生活，文中追溯婚姻和家庭的起源，認為是為了鞏固私產制度而出現的：

> 劫掠式的婚姻，以初民時代的經濟背景形成的，因為經濟情形之變遷而被破壞了。人們既有了較為安定的經濟生活，有了鞏固的私產制度，於是便利用性，壓迫性以為這新制度的一種工具，所以，私產制度建設好了以後，人們便制〔製〕造成組織完備的家庭這東西來了。他們組織家庭以保護私產，而且以家庭為工具使婦女孩子以至於性都成了私產。[18]

　　1929年主張廢除家庭的熙素（生卒年不詳），認為「留心家庭的起源」可以破除一般人以為「破壞家庭即是間接的破壞社會」的觀念，因為從人類史上考察，家庭並不等於社會，也不必然是社會的基礎或單位：

> 在家庭制度沒成立以前，人類已有了社會結合，那時人類性生活的形式，自巴學風（Bachofon）以後，大多數的原始家都承認原始時代，人類都是實行無限制的性交，即每個男子屬於每個女子，每個女子屬於每個男子，他們都是多夫之妻，或多妻之夫。雖然近代有些社會學者認為在

---

[15]　陳德徵：〈家族制度的破產觀〉，《婦女雜誌》，1921年5月第7卷第5號，頁6-10。
[16]　戚維翰：〈離經叛道〉，《幻洲》，1927年3月16日第10期，頁464。
[17]　戚維翰：〈離經叛道〉，頁465。
[18]　向培良（署名「培良」）：〈戀愛破滅論〉，原載《世界月刊》，1927年9月第1期，收入盧劍波編：《戀愛破滅論》，頁8-9。1929年主張廢除家庭、兒童公育的熙素亦認為「原始時代家庭發生的原因，除了『性』的原因外，最重要的還是經濟的原因」，見熙素：〈兒童公育〉，頁770。

人類進化的程序中，並沒有亂交這個時期，但這仍只是一種臆說，並且即算如此，我們也無法證明家庭的組織是在社會的結合之前，所以無論從那方面看，我們都只能認家庭為社會進程中一種特殊的形式，決不能說家庭即是社會，更不能說破壞家庭，間接即破壞社會。[19]

同年顧均正（1902-1980）亦指出結婚的產生是由於「社會的需要與愚妄的迷信」，並不是「顛撲不破的真理」，而是會隨著時代變更的：

> 我們對於結婚之一般的概念，是產生於社會的需要與愚妄的迷信。像這樣的智理與迷信的交錯的產物，自然急需改革，但這種改革卻不是容易的事。真理是逐時代而變更的，現在認為極淺薄的迷信，其在過去卻被認為顛撲不破的真理。同樣，現在所認為是真理的，其在將來，也不過是一種新的迷信而已。[20]

上述論者重新審視婚姻家庭制度的起源，使婚姻家庭的存在不再是那麼天經地義，「把婚姻家庭放在一個可疑的位置上」[21]，可以說是「置疑婚姻家庭連續體」的第一步。

毀家廢婚的時代需求──推翻傳統、強權

二十世紀前期中國的內憂外患，以及亡國滅種的危機，是知識分子極力於促使中國邁向現代化的主因。在這段時期，與「尚古」的傳統知識分子不同的是，「新」成為改革派知識分子追求的目標。誠如當代學者李歐梵所說：「從1898年的『維新』運動到梁啟超的『新民』觀念，再到『五四』時期新青年、新文化、新文學的一系列宣言，『新』這個詞幾乎伴隨著旨在使中國擺脫以往的鐐銬，成為一個『現代』的自由民族而發動的每一場社會和知識運

---

19 熙素：〈兒童公育〉，頁770-771。
20 顧均正：〈結婚與戀愛事件〉，《新女性》，1929年1月第4卷第1號，頁93。
21 參見何春蕤：〈對置疑的置疑：綜合討論〉中引述劉人鵬的說法，收入丁乃非、劉人鵬編：《置疑婚姻家庭連續體》，頁321。

動。」[22]當代學者王德威在〈被壓抑的現代性〉一文中，將「現代」一詞定義為「求新求變，打破傳承」[23]。二十世紀前期中國不同意識型態和政治主張的知識分子，都不約而同地在呼喚著「新人」，進而期待經過改造的新人能夠打破傳統，建構新社會、新中國乃至新世界[24]。在各家爭鳴、眾聲喧譁中，傳統上被視為人倫之始、社會基石、治國平天下之本，其價值幾乎不容置疑的「家庭」，卻被直指在「新人」、「新社會」、「新國家」、「新世界」的追求中必定或可能產生若干阻礙，其制度和觀念有改良的必要，基進者甚至主張根本廢除家庭。當代英國社會學家安東尼・吉登斯（Anthony Giddens, 1938-）說：「家庭是傳統和現代性之間鬥爭的場所。」[25]美國社會學家詹姆士・戴維森・韓特（James Davison Hunter, 1955-）說：「家庭是文化衝突最突出的戰場。有人會說這是決定性的戰場。」又說：「家庭一直是為政治辯論加溫的社會問題。」[26]在二十世紀前期的中國亦體現了這場激烈的鬥爭。

傳統中國是「家國同構」的，根據當代大陸學者金觀濤、劉青峰的研究，「家國同構體是一沒有固定邊界、甚至亦無確定民族為依託的集合。『國』是以皇帝家族為政治核心，行政是中央集權政府，其末梢為縣，而（家）『宗族』是最廣泛的社會基層組織基本單元。」[27]大陸學者邵伏先曾分析：「宗法家庭、家族是封建國家與個人之間的中間層次，又是國家組織方式的同構體，所以，封建大國可以利用這一同構的中間層次擴充對個人的管理、控制能力，發揮家庭的同構效應」[28]，因此，在「家國同構體」中，家庭是為獨

---

[22] 李歐梵：《現代性的追求》（北京：三聯書店，2000年），頁235-236。

[23] 王德威：〈沒有晚清，何來五四？──被壓抑的現代性〉，收入王德威：《如何現代，怎樣文學》（台北：麥田出版社，1998年），頁29；王德威：〈被壓抑的現代性〉，收入王德威：《想像中國的方法》（北京：三聯書店，1998年），頁7-8。

[24] 楊芳燕：〈情欲政治學：梁啟超的兩種愛國論及其意涵〉，收入熊秉真、張壽安等著：《情欲明清──達情篇》（台北：麥田出版社，2004年），頁245中分析晚清政治論述的語境時指出：「所謂造新人、新社會的理想以及實踐的途徑，1890年代以降排天倒海而來的諸多構想及議論，到了1905-1908年間已衍成不同政治勢力對峙、角力的明朗局面。」汪榮祖：〈晚清變法思想析論〉，收入張灝等著：《晚清思想》（台北：時報文化，1980年），頁106指出晚清思想家的變法有雙重目標：中國富強與世界大同。

[25] 鄭曦原、李方惠：《通向未來之路：與吉登斯對話》（成都：四川人民出版社，2002年），頁147。

[26] 〔美〕詹姆士・戴維森・韓特著，王佳煌、陸景文譯：《文化戰爭──為美國下定義的一場奮鬥》（Culture Wars: the Struggle to Define America，台北：正中書局，1995年），頁300、301。

[27] 金觀濤、劉青峰：〈從「天下」、「萬國」到「世界」──晚清民族主義形成的中間環節〉，《二十一世紀》，2006年4月94期，頁42。

[28] 邵伏先：《中國的婚姻與家庭》（北京：人民出版社，1989年），頁211。

裁、專制的封建大國服務的，如當代學者孟憲範所說：「家庭與整個國家的政治、經濟、社會、倫理生活有著血肉相連的關係，封建家長制是封建統治的基礎」[29]。日本哲學博士新靖子在分析二十世紀前期中日無政府主義者對家庭態度的不同時，曾指出中國無政府主義者比日本更強烈地要求毀家，因為他們發覺家庭制度與儒家的三綱五常密不可分，唯有毀家，個人才能從權力主義的壓迫中解放出來[30]。

對試圖推翻傳統、主張變革的知識分子來說，家庭是首要改革對象，如發起維新運動、並在《大同書》中構築理想世界的康有為說：

> 以有家而欲至太平，是泛絕流斷港而欲至於通津也。不寧唯是，欲至太平而有家，是猶負土而浚川，添薪以救火也，愈行而愈阻矣。故欲至太平獨立性善之美，惟有去國而已，去家而已。[31]

《天義報》作家「漢一」在〈毀家論〉中直言：「欲開社會革命之幕者，必自破家始。」[32]《新世紀》作家鞠普在〈毀家譚〉中推論道：自有家而後各私其妻、各私其子，進而有夫權、父權、君權，「夫夫權、父權、君權，皆強權也，皆不容於大同之世者也，然溯其始，則起於有家，故家者，實萬惡之源也。治水者必治其源，伐木者必拔其本，則去強權必自毀家始。」[33]

至滿清政府被推翻、民國成立，革命派所夢想的民主自由「新中國」卻並未實現，袁世凱的北洋政府獨裁專制，社會上仍瀰漫著保守勢力和官僚風

---

[29] 孟憲範：〈家庭：百年來的三次衝擊及我們的選擇〉，《清華大學學報》，2008年第3期，頁134。

[30] 〔日〕新靖子（Yasuko Shin），*The Family and Freedom: Anarchist discourse about Love, Marriage, and the Family in Japan and China,1900s-1930s*, p.2: "On the other hand, Chinese anarchists called for destruction of the family. This was because they perveived the family system to be inseparable from oppressive Confucian ethics. For them, people could onle be emancipated from authoritarian oppression if the family system was eliminated. "

[31] 康有為：《大同書》，頁226。

[32] 漢一：〈毀家論〉，《天義報》，1907年7月第4號。〈毀家論〉發表時署名「漢一」，劉師培亦名「劉光漢」，有學者認為「漢一」即劉師培的筆名之一。參見朱榮貴：《前輩談人權——中國人權文獻選輯》（一）（新莊：輔大出版社，2001年），頁17；〔韓〕曹世鉉：〈在國粹與無政府之間——劉師培文化思想管窺〉，《東方論壇》，2000年第2期，頁27；馬克峰：《中國近代十大怪傑》（武漢：湖北人民出版社，1996年），頁246-247。

[33] 鞠普：〈毀家譚〉。

氣，部份亟思變革的有識之士認為改革家庭是掃除專制獨裁的根本之計。白佩蘭在分析1920-1940年中國的家庭論述時指出：「對於所有擁護變革的人，傳統家庭成為直接的抨擊對象。事實上，人們認識到，這種家庭制度是遍佈中國社會各個領域的權力主義的源頭。」[34]主張「三無主義」——「無家庭、無宗教、無國家」[35]的江亢虎指出：以「破除家庭」為首要，對「三無主義」的實現可收事半功倍之效，因為與破除國家和宗教相較，破除家庭不須激烈革命，只要各個人自我了悟，即可做到不婚、不成家，「而成功則咄咄立辦，更不難以平和手段得之。蓋人可自了，即知即行，無所需求，更無假激戰也。」[36]因此「欲求親愛、自由、平等等快樂者，必先破家庭。破家庭較之廢宗教、傾政府，論事則根本之圖」[37]。民初無政府主義集大成者師復引用李石曾的話說：「支那人恆言曰：有夫婦而後有父子，有父子而後有君臣。故家族者專制政體之胚胎也。」[38]吳虞（1874-1939）指出「家庭制度為專制主義之根據」，並認為唯有徹底的家庭革命才能推翻專制，「如造穹窿然，去其主石，則主體墜地。」[39]梁冰弦說：「汩汩的新潮流蕩了好些時候，才把『三綱』的大箍子衝破了一點點，復辟再難成功，『君綱』的箍子可再合不攏。……只有那『父綱』、『夫綱』依然舞爪張牙，肆其毒噬。這惡物的凶焰絕不減于『君綱』，家族的害人絕不減于政治。」[40]周建人（1888-1984）認為君主專制的國家是「家庭獨裁制度的推廣」[41]，胡漢民指出家庭制度和「階級的專制、偽善的品性、倚賴寄生的生活」是互相表裡的，所以「要謀個人和社會底發達，非破壞他不可。」[42]華林（1893-1973）痛批家庭專制道：「家庭裡頭，階級極嚴，層層壓

34　白佩蘭：〈危急中的家庭：1920-1940年中國知識分子論家庭〉，收入李小江、朱虹、董秀玉主編：《性別與中國》（北京：三聯書店，1994年），頁44。
35　江亢虎：〈中國無政府主義之活動及余個人之意見〉，原載《江亢虎文存初編》，1914年，收入葛懋春、蔣俊、李興芝編：《無政府主義思想資料選》上冊，頁313中江亢虎自述「所主張則以無家庭、無宗教、無國家為度，而未嘗倡言無政治」。
36　江亢虎：〈無家庭主義意見書〉，收入江亢虎：《洪水集》，頁2-4。
37　江亢虎：〈無家庭主義意見書〉。
38　師復：〈廢家族主義〉，師復：《劉師復文集》（台北：帕米爾書店，1980年），頁116。
39　吳虞：〈家庭制度為專制主義之根據論〉，《新青年》，1917年2月第2卷第6號。
40　梁冰弦（署名「兩極」）：〈家族的處分〉，原載《民風》，1919年9月7日第16號，收入葛懋春、蔣俊、李興芝編：《無政府主義思想資料選》上冊，頁400-404。
41　周建人：〈家庭改造的途徑〉，《婦女雜誌》，1923年第9卷第9號。
42　胡漢民：〈從經濟底基礎觀察家族制度〉，《建設》，1920年第2卷第4號，頁731-777。

制，真正是黑暗地獄，不知害死多少青年，所以歷代專制，皆根據家庭專制而來。所以求忠臣於孝子之門，家庭就是奴隸的製造場、殺人的斷頭台！」[43]熙素更詰問道：「家庭呢，從歷史上考察起來，完全是一種封建制度和宗法社會的遺留，我們能讓它存在嗎？」[44]

二十世紀前期中國主張變革的知識分子，無論是改良派欲推動君主立憲，亦或革命派欲推翻滿清、建立民國，還是無政府主義者期望推翻滿清政府後，響應世界各國的無政府運動，進入一個無國家、無政府的新世界……這些不同的政治主張卻有個共同點，就是要改變或推翻專制的、腐敗的封建大國，建設「新中國」或「新世界」；而要鬆動、推翻既有的封建秩序，封建王朝的大功臣：「家庭」就成為首當其衝的改革對象，對支持毀家廢婚的改革者來說，「去家」、「破家」無疑是改革的拔本塞源、釜底抽薪之計。

毀家廢婚在歷史進程上的必然性

在上一節中，有些論者認為「去家」、「破家」可以呼應當前中國求新求變的時代需求，那麼就長遠的眼光來看，在人類的歷史長河、未來趨勢中，家庭婚姻的存廢又是如何？擁家護婚的論者認為家庭婚姻終究是人類社會的基礎，贊成毀家廢婚的論者則不以為然。有些論者預測家庭婚姻的廢除是千年後、百年後的事，也有些斷言毀家廢婚在不久的將來就會實現。無論遲早，贊同毀家廢婚的人大多認為：無論人們支持或抗拒，自覺或不自覺，意圖推波助瀾還是力挽狂瀾，勇往直前還是徘徊游移，人類都正在通往毀家廢婚的時代潮流中。

根據康有為的漸進階段式進步史觀，人類的進化分為「三世」──據亂世、昇平世和太平世，而無婚無家的世界終將在「太平世」實現。「三世」說最早見於《春秋公羊傳》。《春秋》把魯國的242年歷史分為「所見」、「所聞」、「所傳聞」三個階段；東漢何休（129-182）注《春秋公羊傳》時，將它進一步發揮成：所傳聞的衰亂世、所聞的昇平世，和所見的太平世這三

---

43 華林：〈社會百話（十一）廢除家庭〉，《民國日報‧覺悟》，1919年7月25日。
44 熙素：〈兒童公育〉，頁772。

個階段。康有為融合何休的三世說和《禮運》「退化」的復古歷史觀——「大同」、「小康」說，並結合了西方的進化論，所形成的歷史觀不但迥異於傳統三代的復古歷史觀，也迥異於傳統的循環史觀，把歷史看成是朝著一個終極目標作直線演進。王德威曾分析康有為《大同書》的時間觀道：

> 康有為的大同世界出自一向未來發展的直線時間觀念，與傳統中國烏托邦理想成鮮明對比。傳統烏托邦的時間觀若不是靜止的就是退化的。在康有為的理想世界中，政府結構是由一個個小型自治區聯盟組成的，其政治政策是要禁止私有財產，甚至泯除家庭。[45]

在《大同書》中，康有為認為在「據亂世」中的婚姻家庭是一夫多妻，以男為主；在「昇平世」中的婚姻家庭是一夫一妻制，仍以男為主；在「太平世」中則不再有家庭婚姻，男女平等，以短期的「交好之約」代替婚約：

據亂世─────→昇平世─────→太平世（千數百或萬年）

（一夫多妻，以男為主） （一夫一妻，以男為主） （男女平等，去家，立交好之約）

雖然康有為認為「太平世」的世界是人類終極理想的「大同」之世，但他認為大同世界在「千數百年」[46]後才會實現，並不主張在現階段用革命的手段驟然「去家」，應「赴之有道，致之有漸，曲折以將之，次第以成之」[47]，否則將「大亂」[48]。

自稱為康氏門生的譚嗣同自幼受儒學薰陶，熟習《禮運》的「大同」、「小康」說和《公羊》的進化三世說，其後受西方進步史觀和康有為三世說影響，在《仁學》中融合眾說，推演出「逆三世」與「順三世」的史觀。在「逆三世」時期，人類社會的發展是如《禮運》所述的退步的，由洪荒太古的「前太平世」，經過三皇五帝等天子統治的「前昇平世」，發展到夏商周三代以

45　王德威：〈翻譯「現代性」〉，收入王德威：《如何現代，怎樣文學？》，頁65。
46　康有為：《大同書》，頁115。
47　康有為：《大同書》，頁277。
48　康有為：《大同書》，頁203。

降、必須以君主統治才能平亂的「前據亂世」，而約制男女關係的「婚姻」，以及包含了政治倫理和家庭倫理的「三綱」，都是「前據亂世」的產物。譚嗣同認為，晚清社會雖然處於據亂世，但已步入人類發展的「順三世」時期，其後將進步地邁向「後昇平世」及「後太平世」。在邁向「後昇平世」的過程中，譚嗣同主張廢除五倫中的四倫，僅留「朋友」一倫，夫婦的關係就如朋友，是平等的；而在終極理想的「後太平世」，將是天下一家、人生逆旅，無所謂私人的「家」；人人往來自由，不以性交為恥，所以也無所謂「淫」：

〔逆三世〕前太平世 ⟶ 前昇平世 ⟶ 前據亂世 ⟶

（洪荒太古，元統）　　　（三皇五帝，天統）　　　（夏商周以降，君統，婚姻、三綱）

⟶ 〔順三世〕後據亂世 ⟶ 後昇平世 ⟶ 後太平世

（晚清，君統）　　　（天統，夫婦朋友也）　　　（元統，無所謂家、無淫）

　　章太炎於1903年因「蘇報案」被捕入獄，在獄中鑽研佛學，1906年出獄後前往日本，在東京接觸到日本學者和中國留日學生的無政府主義。〈五無論〉發表於1907年9月《民報》，在佛學和無政府主義的交互影響下，章太炎認為在共和百年後將遞見「五無之制」——無政府、無聚落、無人類、無眾生、無世界，「五無」的第一步就是「無政府」，在消滅政府的同時，還應輔以三事：共產、銷兵、毀家[49]，「使人無私藏，亦無家室」[50]。章太炎認為無政府主義者所嚮往的無政府、無私產、無家庭雖是「欲求至善」必經的步驟，也能使人類的競爭稍微減少，卻非「圓滿」之計，由獸類的社會觀之，「獸類無一夫一婦之事，兩性相逐，天下為公，而以字尾之故，相噬齧者猶眾，何獨人類而能外是？」[51]因此無政府、無私產、無家室只是「五無之制」的第一步，還必須遞進成就到無聚落、無人類、無眾生、無世界，才能「高蹈太虛」、「翔

---

[49] 王玉華：《多元視野與傳統的合理化——章太炎思想的闡釋》（北京：中國社會科學出版社，2004年），頁228。
[50] 章太炎（署名「太炎」）：〈五無論〉。
[51] 章太炎（署名「太炎」）：〈五無論〉。

驪虛無」，達到「盡善」[52]的境界：

專制──→共和──→五無之制

（百年）　　（無政府無家室、無聚落→無人類、無眾生→無世界）

《天義報》作者「漢一」認為未來世界將無私產，「則人生逆旅，無往非家，土地屬之公有，無此疆彼界之分，是家之一詞，實應消毀，無可疑也。」[53]五四作家易家鉞亦認為家庭隨著私有制的廢止而廢止，是人類進化的必經之路：

> 在現在私有財產的時代，正是家庭鞏固的時代；私有財產廢止後，家庭當然在取消之列。最可笑的，有許多人為一夫一妻制度迷住，跌在五里霧中，以為這是婚姻的極點；其實無論你講到哪裡，最後的婚姻，一定是自由戀愛（Free love）。這是進化的經路，我們可以想到的。[54]

五四時期北大教授張競生曾發表反家庭婚姻的「愛情定則」，小說家魯迅雖佩服「張先生的偉論」，但認為由於「私有制難以消除」，所以張競生的主張「當大約在二十五世紀」才能實現[55]。惲代英也認為家庭及婚姻將隨著「兒童公育，私產破除」而廢除，但由於社會上對於家庭婚姻的傳統觀念難以破除，毀家廢婚並無法在近期實現，大約再過五十或一百年，人們才能接受毀家廢婚的觀念：

> 依我的見解，自由結婚，自由離婚兩件事，合起來便等於戀愛自由。為現在委曲求全，便結婚要注意兩方身心各方的異同，而且一定要使離婚成為一種尋常的事。其實徹底研究起來，家庭的制度不應該廢除麼？

---

[52] 章太炎（署名「太炎」）：〈五無論〉。
[53] 漢一：〈毀家論〉。
[54] 易家鉞（署名A.D）：〈破壞論（一）〉，原載《奮鬥》，1920年1月4日第1號，收入高軍、王檜林、楊樹標主編：《無政府主義在中國》第一輯，頁369-370。
[55] 魯迅：《兩地書》（北京：人民出版社，1952年），頁179。寫作於1926年10月20日。

「結婚」應該成一件大事麼？……兒童公育，私產破除，一定是世界將來的目的。那時我真不知這結婚二字有何意義？……我這話自然太駭人了，其實我亦不預備將這問題與人討論，因為這話怕胡適之亦未必信。不過再隔五十年或一百年，自然都會覺悟的。[56]

康有為將「去家」的社會構想在千百年後，章太炎將「無家室」的世界推測在百年共和後，魯迅認為張競生反家庭婚姻的「愛情定則」大約在二十五世紀才能實現，惲代英認為大約再過五十或一百年，人們才能接受毀家廢婚的觀念，都將毀家廢婚的實現設定在比較遙遠的未來。不過五四時期也有不少毀家廢婚論者言之鑿鑿地指出，家庭婚姻的崩解已經近在眼前了，如李大釗（1889-1927）認為根據歷史的發展，家庭的崩解為期不遠：

歐洲中世也曾經過大家族制度的階段，後來因為國家主義和基督教的勢力勃興，受了痛切的打擊；又加上經濟情形發生變動，工商勃興，分業及交通機關發達的結果，大家族制度，遂立就瓦解。新起的小家庭制度，其中只包含一夫一妻及未成年的子女，如今因為產業進步，婦女勞動，兒童公育，種種關係，崩解的氣運將來必然不遠了。[57]

無政府主義者梁冰弦亦強調現代社會進化迅速，誇張地表示家族制度在「轉瞬」間便將成為歷史陳跡：「『進化』先生已經三步并作一步，向前狂跑，稍稍治過近世史學的，當能發見它跑的踪迹。用比例法來一算，今日一日，不知當從前幾十年。」「拿活動的眼光去觀察家族制度，轉瞬便當和那石斧銅刀一塊兒在歷史博物館裡頭楚囚相對。」並以對話方式闡述「家族組織進而為社會組織，簡直是不能逃的進化大例」：

甲、初民社會何以不能保持下去？必要進入較有組織的部落社會呢？

---

56 惲代英：《惲代英日記》（北京：中共中央黨校出版社，1981年），1919年11月4日，頁656。
57 李大釗：〈由經濟上解釋中國近代思想變動的原因〉，《新青年》，1920年第7卷第2號，頁51-52。張灝曾析論道：「李大釗不只在馬克思主義中發現有關社會主義烏托邦的歷史必然性，還發現馬克思主義也孕育了『當下時代的臨盆感』。」張灝：〈轉型時代中國烏托邦主義的興起〉，頁34-35。

答道：初民時代泯泯棼棼，當然不可以久，較有組織部落比較的好，那自然起而代之了。

乙、部落何以不能保持下去，必要進而為國家組織呢？

答道：由小群而大群，這是群眾心理自然演成的，趨勢如此，誰也阻擋不住的。

丙、依歷史的過去陳跡推斷將來，你相信世界主義能代替國家主義而興嗎？

答道：一點沒有懷疑，相信相信，而且快了。

丁、那末，介在部落與國家之間的家族還成了什麼東西？國家主義都將末日了，它還能夠一空依傍，獨存在嗎？

答道：我們論社會進化史，知道有家族之後，較家族未成立之前，總文明了一些，所以一向不曾懷疑著家族存廢問題，現在你由人類進化的起源問下來，再繼續下去，家族的組織似不得不進而為社會的組織了。[58]

哲民、陳德徵、胡漢民都從進化論和社會主義的視角，認為家庭婚姻將要廢除，哲民說：

廢止婚姻制度，原是個根本的解決，不過在事實上好像有點困難罷了。但是這種制度，將來必須要廢除的；因為我們理想中的世界，就是共事合作的勞動世界。推之社會主義的原理，遺產公之社會所有、兒童概歸公育，那婚姻制度當然沒有需要的價值，勢非廢止不可了。[59]

照進化論說起來，就是從部落主義、進而為國家主義、再進而為無政府主義。那婚姻制度，也是由雜婚主義、進而為夫妻主義、再進而為自由戀愛主義；這樣得〔的〕推敲，也就是科學自然界進化的結果。[60]

---

58 梁冰弦（署名「兩極」）：〈家族的處分〉，頁402-403。
59 哲民：〈主張廢除婚制的說明〉。
60 哲民：〈廢除婚制問題底討論〉，《民國日報・覺悟》，1920年5月20日。

哲民且認為婚姻制度應該「立刻」廢除，他慷慨陳詞道：

> 婚姻制度，我們要立刻廢除的，如果有人要拿法律來限制我們的自由戀愛，那麼，我們便該把法律也打破；無法律、無強權、完成我們的自由戀愛！從人類進化上觀察，我很相信自由戀愛，是最靠得住的。[61]

陳德徵在〈家族制度的破產觀〉中，認為家族制度在「現時代」已不能不宣告破產，因為進入工商業社會後，「夫婦並不全靠協作過活，養兒未必防老，利己慾專向自己一方面擴張」，使家族制度趨於破產，再加上「交通的便利，家族間未經宣佈的困苦狀態和牛馬生活，也都披露；這種黑暗組織，自然沒有存在的餘地」；他認為家族制度不但「在資本主義下的現時代」是「已經發生了破產的現象和事實」，「趨於大勢而不能保存」，而且根據進化論，破壞個性和本能、陷人類於悲痛的家族制度也將被淘汰、宣告破產：

> 我們應當認定：人類是有進化而能進化的，個性的發展和本能的施展，是意中事。破壞個性的發達和本能底施展的，就是個性和本能的仇敵；這種仇敵，我們萬萬不能容納。家族制度，就是破壞個性和本能的發展的惟一物品。
>
> 現在的時代，凡陷人類於悲痛的東西，已經絕對不能容留。為了要徹底改造經濟組織，和剷除社會之不平的緣故，社會主義、共產主義，已經同潮一般地捲來；他的聲浪，正愈激愈高而不可遏；那私有財產制度恐怕難以容留，什麼資本家、大地主，也無由站立在這潮流之上；那家族制度，能在這時代不宣告破產嗎？[62]

胡漢民盱衡世界局勢，亦指出家族崩壞的日子不遠矣：

---

[61] 哲民：〈「廢除婚制」討論中的兩封信〉，《民國日報·覺悟》，1920年5月14日。
[62] 陳德徵：〈家族制度的破產觀〉。

世界經濟的性情，日有「社會化」底趨勢。固先由大家族崩壞，變而為小家族。而至於最近時代，即小家族亦難免於破壞。中國民族生活，不能脫離社會經濟底勢力，而自為風氣。

社會改造，不能限於一部分。而全部改造，須以社會經濟的組織為中心。由必然不可避之經濟行程，實現協作共享之民主社會，則根於私有不平等之家族制，當然不能存在。

社會主義者關於家族制度，有同一的論調：都以為家族不過是經濟發達至或種程度一時的產物，如若資本制度、私有財產制度不存在，則家族亦與同其命運；子女為人類底嗣續，當由社會保育之；男女戀愛自由，結合分離，不受何等之束縛牽制。

這回歐洲大戰之後，社會主義底思潮，徧滿世界，私有略奪的制度，岌岌可危，而歐戰當時，各國婦女幾乎完全替了男子平時底工作，女子職業問題，已經解決過半，以此推測將來，家族制度崩解底運命，也怕相去不遠了。[63]

　　同時期的高銛相信未來戀愛終將脫離經濟而獨立，並將人類邁向「戀愛獨立」的過程分為三期，第一期暫行一夫一妻制，第二期要求女性教育、職業、待遇、繼承權及機會與男性平等，第三期也是高銛認為最理想的境界：打破現代家庭制，建立兒童公育制、女子保護機關及老人保護機關。特別的是，高銛認為這三個階段並不需要拘泥於時間慢慢進行，而是可以「急速度過」的：

我不是說第一期要經過了多少年，纔可行第二期。我們可以將他急速度過。並施不背，好像古代化學上證明一個物質不滅律要費千年。到現在學校裡，只費幾個鐘頭就渡過。因為前因後果都明白的緣故。歐美各國演了幾千年得的第二期結果，我們可以急速渡過，第三期的事業，歐美方在萌芽，我們可以和他共追的呢。[64]

---

[63] 胡漢民：〈從經濟底基礎觀察家族制度〉。
[64] 高銛：〈戀愛獨立〉，頁15。

1925年提倡「新性道德」的章錫琛，指出現代的一夫一妻制不會是人類婚制的止境，「因為社會上的一切制度，無不在逐日變遷之中，婚制也當然不在例外，何況一夫一妻制，……有種種的破綻，而這種破綻，倘使不是從這制度的本身發生，也當然為了人類的不適於這制度。我們如果對於社會的缺陷不肯模模胡胡地看過，當然不能不要求更完善，更適合於人類的制度的。」[65]

1926年高長虹在〈論雜交說〉中指出，雜交雖然在思想上被視為「洪水猛獸」，但人們其實已經在實行雜交生活，如：私通、離婚、多妻、宿娼和賣淫等，種種情況證明「結婚和戀愛是如此其不可靠，他們的破裂是如此其巨大，壞的結果是如此其繁多。雜交在實生活上是如此其顯明，這些無不在表示對于真的性生活的要求已十分急切，而不可一日緩的了。」[66]

高長虹在文學作品中亦屢次反應出他對婚姻制度的否定，他曾說「我永遠地，永遠地不能做一個丈夫。我不合適做一個丈夫，也不願意做一個丈夫。」[67]在報紙上看到別人結婚的消息，他的感想是：

> 世間既然有離婚那樣的事，結婚本來便可以不必。不過，人類的智慧還
> 不很發達的現在，不結不離，也許會再找不到戀愛的題材。我只希望那
> 離婚的消息多一些，結婚的消息少一些，那便是報紙上所記錄的人類的
> 進化了。[68]

高長虹把結婚的減少視為人類的進化，在〈情書十則〉中更把結婚視為歷史陳跡。〈情書十則〉是高長虹以他的劇作《神仙世界》中的女主角為假想的戀愛對象，所撰寫的書信體抒情小品，對於世人每每聽說某兩人戀愛，便開始關心他們何時有「好消息」（結婚），他並不認為可喜，並抒發他對結婚的反感：

65　章錫琛：〈駁陳百年教授「一夫多妻的新護符」〉。
66　高長虹：〈論雜交說〉，《狂飆》，1926年10月17日第2期，頁46-54。
67　高長虹：〈每日評論〉，原載《長虹周刊》，1928年第8期，收入山西省孟縣政協《高長虹文集》編委會編：《高長虹文集》（北京：中國社會科學出版社，1989年）下，頁287。
68　高長虹：《曙》（上海：泰東圖書局，1928年），收入山西省孟縣政協《高長虹文集》編委會編：《高長虹文集》上，頁495。

當我雙手掬了我的愛的心遞給你的時候，我繫之以忠誠而盛情的詞句：這是我永久的心。我那時需要這樣，也只需要這樣。如以什麼結婚——比如有人拿什麼結婚來猜測，來加在我們的身上，那我便不看作是一種無禮，也只得承認了那是由于誤解了愛的緣故。我那時，我更是那裡有那樣乖戾，向你提出這結婚二字？唉，結婚，結婚它已去我遠了。我早已知道，我不會再遇見它了。它已是歷史上的古迹了。我只有跳上舞台活演古代的事迹時我才能再做一次新郎，此外則我也許在最多的情景中我寧像古代的獨身者了。[69]

1920年代末的《新女性》作家亦時有類似言論，如張履謙呼籲新女子「不做家庭的奴隸」，認為家庭已是「過去的遺物」：

現代的家庭因資本主義的發達，工廠制度的興旺，已經變為旅館式了。……我們觀察近世紀人與人的生活關係，以及社會運動的無國家的理想，益足以證明家庭是過去的遺物。[70]

盧劍波在一篇聲言「婚姻制過去了」、性愛在未來將有所轉變的文章中說：

時代轉變了，用克魯泡特金的話，如像龍捲風一樣，牠是不管人類意願與否而必然來到的。現社會的一切觀念形態Ideologio的內容，也必然要過著「改換價值」（Transvaluation）的運命。[71]

熙素亦認為「就人類經濟生活的演進趨勢著眼，證明家庭已只是歷史上的

---

[69] 高長虹：〈情書十則〉，原載《長虹周刊》，1928年第7期，收入山西省盂縣政協《高長虹文集》編委會編：《高長虹文集》下，頁259。有趣的是，高長虹在雜文中批判戀愛神聖論，直言戀愛只是性的功用，反對講求永恆專一的婚姻，主張非固定性伴侶的雜交；在以戀愛中的女子為抒情對象的小品文中，雖同樣反對婚姻，卻謳歌「忠誠」、「盛情」、「永久」的愛，這是毀家廢婚論因文學載體及敘述對象的不同，可能呈現不同風貌的一個例子。

[70] 張履謙（署名「謙弟」）：〈我所認為新女子者〉，頁805。

[71] 盧劍波（署名「劍波」）：〈論性愛與其將來的轉變〉，頁1358。

遺物罷了，將來是非破壞不可的」：

> 社會是變遷的，否則進化也不會有了。……現代的經濟組織的基礎，已
> 由家庭而移到工廠了，這時的家庭促成了一個發洩性慾的場所，完全失
> 掉了本來的意義，所以在機器工業的社會中，家庭定要崩壞的。……一
> 般人所認為最高理想的一夫一妻的小家庭，他既不是基本的經濟組織，
> 也不能說他是社會的單位（社會的單位只是個人），他反是資產階級以金錢
> 買來的性交和娛樂的場所，……所以現在叫著好聽得〔的〕一夫一妻的
> 小家庭，也只是資產階級所專有的娛樂場所，等到資本制度破壞後，也
> 同時將歸消滅。[72]

　　散文作家陳醉雲認為「人類社會是逐漸在進化的，──雖然它的過程，常
是一種來復線式的迂緩狀態，像江河的常有波折一樣，但到底是向上演進的。
──一切制度是常在改變的」[73]，他不但指出家庭婚姻的破裂是現代的趨勢，
還指出對於這種趨勢與其抑塞阻止，不如因勢利導：

> 現在有一種趨勢，就是家庭制度的破裂；……有許多小家庭，因經濟與
> 意志的個別活動，也漸有分立的要求，這也是不能避免的傾向。而且，
> 男子的娶妾，狎妓，冶遊，女子的外遇──例如姨太太的姘人之類，這
> 都是不可掩的事實，使原有的婚姻制度露出絕大的破綻。凡是一種事變
> 的發生，總是有它不得其平的緣故，祇有因勢利導，纔是上策；如果一
> 味的加以抑塞阻止，不過徒然增加它潰決的勢力而已。[74]

　　1936年陳碧蘭亦認為對於家庭制度的沒落不必惋惜懷戀，應積極尋求替
代物：

---

[72] 熙素：〈兒童公育〉，頁770-771。
[73] 陳醉雲：〈個性本位的戀愛〉，頁1413。
[74] 陳醉雲：〈個性本位的戀愛〉，頁1412。

歷史是變動的，不斷變化的。每一種社會制度，都不過是歷史進化階段上之一環，家庭制度自然也不能例外。……現在一夫一妻的小家庭制，乃是由大家族制崩潰後的廢墟上建立起來的。現在這種小家庭制度又在動搖，衰敗而趨向沒落了。我們是否因此為牠惋惜呢？我以為違背歷史進化是不可能的。我們對於過去的遺物，不應過於懷戀，而應多注意尋求新的替代物。我們對於現代的家庭制度似乎也應作如是觀。[75]

　　支持毀家廢婚的人認為，無論贊成或反對，家庭婚姻的崩解和廢止在人類文化的演進上是必然會發生的事，而且那並不是一場悲劇或災難，只要改變觀念，便會發現毀家廢婚對人類社會來說將是一種進步、甚至一種理想；與其處心積慮地、忙不迭地修補崩壞中的家庭婚姻的種種破綻，倒不如思考要用什麼態度來面對、用什麼方式來因應毀家廢婚時代的到來。

家庭婚姻的不合情理

　　對擁家護婚的人來說，即使家庭婚姻如以上三節所述，並非天生自然、而是後天人為的，且家庭婚姻的崩解是時代需求、大勢所趨；然而若家庭婚姻本身是合情合理、完善健全或是利多於弊，便也無反對甚至力倡廢除的必要，甚至有極力改良、疾聲呼籲以「力挽狂瀾於既倒」之必要。因此揭露家庭婚姻的不合情理之處，也是毀家廢婚的重要論點之一。

一、違反平等自由人權

康、譚提倡自由平等

　　天賦人權、平等自由的觀念，在晚清中國是改革派知識分子由西方引進並提倡的重要思想武器[76]，但有些改革者不久便發現，在家庭倫理和婚姻制度的

---

[75] 陳碧蘭（署名「陳碧雲」）：〈現代家庭制度的各派主張之檢討〉，頁500。
[76] 參見羅耀九：〈辛亥革命準備時期的思想解放波瀾〉，《學術月刊》，1980年第5期；王爾敏：〈中國近代之人權覺醒〉，收入王爾敏：《中國近代思想史論續集》（北京：社會科學文獻出版社，2005年），頁372-397等。

束縛下，要提倡平等自由的精神、塑造獨立自主的人格，實在窒礙難行。

康有為在《大同書》中認為在人類理想的「太平之世」中，「人皆獨立，即人得自由，人得平等」，而婚姻制度卻使人「強苦難之，損失自由多矣」[77]，康有為並指出不僅是中國，歐美人也未達到真正獨立自主，其原因就是「有家」：「歐美今大發獨人自立之說，然求至太平世之人格，實未能也，何也？以其有家也。」[78]譚嗣同在《仁學》中主張「無所謂家」，他從家庭成員中不平等的權力關係，認為中國家庭倫理的「五倫」中，君臣、父子、夫婦、兄弟四倫皆妨害自主之權，唯有「朋友」一倫「一曰『平等』，二曰『自由』，三曰『節宣惟意』。總括其義，曰不失自主之權而已矣」[79]，因此，他主張除了「朋友」一倫外，其他四倫應予廢除，以「衝決倫常之網羅」[80]。

康有為與譚嗣同皆強調去「名」的重要，康有為說大同世界「不得有夫婦舊名」[81]，譚嗣同主張去除「夫婦」之名，而以「朋友」相稱。譚嗣同認為「名」是一種人為的不平等，是一種不合理的束縛[82]，他說：「又況名者，由人創造；上以制其下，而下不能不奉之；則數千年來，三綱五倫之慘禍酷毒由此矣。」[83]「名之所在，不惟關其口使不能言，乃并錮其心使不敢設想。愚黔首之術，故莫以繁其名為尚焉。」[84]就今日文化建構的理論觀之，並非先驗地存在著「夫」或「妻」的事實、人類去發現他們的存在並加以命名，而是我們用「語言」這個差異系統來給定意義。所有關於夫妻的「陳述」（statements）所形成的「論述」（discourse），決定了什麼可以說或不可以說，什麼可以做或不可以做，甚至什麼可以想或不可以想[85]。康有為和譚嗣同皆試圖以去除「夫

77　康有為：《大同書》，頁236。
78　康有為：《大同書》，頁268。
79　譚嗣同：《仁學》，頁127。
80　譚嗣同：〈《仁學》自敘〉，譚嗣同：《仁學》，頁2。
81　康有為：《大同書》，頁200。
82　王樾：《譚嗣同變法思想研究》（台北：台灣學生書局，1990年），頁94。
83　譚嗣同：《仁學》，頁23。
84　譚嗣同：《仁學》，頁124。
85　Gayle Rubin曾說在性別體系中每個人都會「被符號化」（encoded）到一個適當的位置，並根據拉康理論，指出是「親屬稱謂」（kin terms）指明了關於性／性別的關係結構。Gayle Rubin, "Thinking Sex: Notes for a Radical Theory of the Politics of Sexuality", in Abelove, Barale, Halperin, et al, (Eds), *The Lesbian and Gay Studies Reader*(Psychology Press, 1992), p.185: "Each new generation must learn and become its sexual destiny, each person must be encoded with its appropriate status within the system." P190: "In the Lacanian theory of psychoanalysis, it is the kin terms that indicate a structure of relationships

婦」之「名」（稱謂、符號）來消解夫妻的概念及權力關係。

無政府主義的絕對自由觀

　　受無政府主義影響的毀家廢婚論者，秉持著無政府主義所倡導的絕對自由觀，對家庭婚姻的不自由、不平等抨擊尤烈，創辦並主編《天義報》的何震指出，西方一夫一妻制看似結婚自由，其實不然：「今觀歐美婚姻之制，一縛於權利，再縛于道德，三縛於法律。……安得謂之結婚自由乎！至於一夫一妻之制，不過為宗教所束縛，復為法律及偽道德所牽制耳。」[86]劉師培在〈無政府主義之平等觀〉中，認為原始社會中人人都有權利義務無差別的「平等權」、不役他人不倚他人的「獨立權」、不受制於人不受役於人的「自由權」，後來由於人為的各種制度，才使人類喪失了這些權利，而婚姻制度就是造成男女不平等的原因之一[87]。同年高亞賓在《天義報》發表的〈廢綱篇〉主張重整社會秩序，因維繫中國傳統道德秩序中的「三綱」違反了平等自由原則，而「夫婦之倫」在「三綱」之中為害最烈：「三綱之說，是屠殺民族之利刃也。而夫婦一倫，又奇毒殊藥錬冶利刃而神屠殺之用也。」他指出「夫婦居室，為不平等之牢獄，為束縛人之酷刑」，對男子來說「丈夫有妻，豪氣銷磨，終身累贅」；對女子來說「直鄙婦人為無用物，女權黑暗，實屬之階」，因此高亞賓主張「夫婦之倫宜先廢去也」，主編何震在文末加按語道：「此篇中多疵語，唯廢婚制說，語多可采，故錄之於此」[88]。

　　在巴黎主編無政府主義刊物《新世紀》的吳稚暉，在婚姻問題上特別強調自由，他認為男女應以愛情配合，而非強制配合，因此主張廢除婚制：

---

which will determine the role of any individual or object within the Oedipal drama." （引文中底線為筆者所加）。

[86] 何震（署名「震述」：〈女子解放問題〉，頁8-9。2010年台灣婦女團體發起連署「廢除通姦罪」，簡至潔指出「平等親密的婚姻，得靠著雙方持續相互取悅，而不是用一張紙、一條刑法，就能框住對方的情感與身體。」同樣認為法律對平等的婚姻關係無效，簡志潔的論點強調婚姻中雙方在情感和身體上的相互取悅，何震則著眼於經濟結構問題。簡至潔：〈敬請支持，婦女團體發起連署「廢除通姦罪」！〉，2010年6月30日，http://blog.chinatimes.com/OUNIDSLOVE/archive/2010/06/30/513527.html。

[87] 劉師培（署名「申叔」）：〈無政府主義之平等觀〉。

[88] 高亞賓：〈廢綱篇〉文末，頁428。

男女宜純任兩相情願之愛情，自由配合，此結婚當廢之理由。由愛情配合，成孕生子，其子必良於強制配合之所生，此為結婚當廢之旁義，此皆當告諸主張結婚之人者也。

雖然提到愛情配合其種較良，但吳稚暉並沒有侷限於當時強種救國的論述框架，他特別釐清婚姻是否當廢，與能否強種無關：

主張以兩相情願之愛情，自由配合，其主義純起于人類之相互，當各遂其合理之自由，而不受外界非理之約束，毫無改良孕子之作用在內。雖使孕子愈益改良，亦為進化界中，必然發生之事實，……此為別一條件，與結婚之當廢，不為一事。[89]

李石曾曾在《新世紀》發表了許多以「革命」為號召的文章，如：〈祖宗革命〉、〈三綱革命〉、〈男女之革命〉以及譯作〈革命原理〉……等。在婚姻家庭問題方面，他主張男女自由結合，無須任何外力干涉：

泰西各國結婚，不經官府所認可者，謂為非正式之結婚，不得享所謂正式結婚之權利。支那結婚亦尚繁文縟節，其意以防所謂苟合也。夫配合乃兩人之事，他人無可干涉之理，而彼官府父母者，何其多事哉！[90]

結婚與結婚之年，為父母與法律所限定，亦謬誤之極者也。……交合乃兩人之事，固非父母法律所當干涉。[91]

《新世紀》作家鞠普在〈毀家譚〉中認為人類的不平等、不自由都是源於有家：「人生天地間，獨來獨往，無畏無懼，本極自由也。自有家而奔走衣食，日不暇給矣。」因此「欲得自由，必自毀家始」[92]。為求人類進化，鞠普

---

89 鞠普：〈男女雜交說〉，吳稚暉（署名「燃」）按語。
90 李石曾（署名「真」）：〈書騷客對於遊學蕩子之慨言後〉。
91 革新之一人著、李石曾（署名「真」）譯：〈續革命原理〉。
92 鞠普：〈毀家譚〉。

還提倡「男女雜交」，即異種交合。他批評「以男女相悦為淫，以男女雜交為獸」的陋說是造成中國種弱的原因[93]，認為「今欲人群進，愛情普，必自廢婚姻始，必自男女雜交始」，他以古今中外的典籍記載和人類學、社會學上的例子，旁徵博引地論證「不雜交者種不進」、「不雜交者種不強」、「不雜交者種不智」、「不雜交者種不良」，並說「凡稍出色之人物，無非雜種」，他認為現行的婚姻制度，是推行男女雜交的阻礙，慨嘆道「此吾所以不能不深惡痛絕夫婚姻之說也」[94]。吳稚暉曾對鞠普將男女雜交與廢婚姻並舉，並以改良人種為目的的說法提出異議：「異類相交，則所生良，同類則不良，此科學上之定理，與結婚之廢與不廢，無甚關涉。」[95]吳稚暉認為雜交（即異種交合）無須強迫，也無須以強種為目的，而仍應以愛情配合為原則：「交合既能異種，而又任兩異種以愛情自相配耦，絕不許第三人之干涉，如婚律之與婚禮，皆無理之干涉也。」[96]1923年吳稚暉發表〈一個新信仰的宇宙觀與人生觀〉時，認為「廢婚姻，男女雜交，乃是人類必有之一境」[97]，1926年高長虹曾發表〈論雜交說〉，指出女子「解放的唯一途徑」就是「實行雜交」[98]，不過吳稚暉與高長虹在二〇年代談論「雜交」時指的是不固定性伴侶，而非不同人種間的結合；而張競生在1925年出版的《美的社會組織法》中提倡異種交合的「外婚制」[99]，其觀點則與鞠普的雜交說較為接近。

江亢虎的無家庭論述中，也經常標舉自由，他接受儒學教育，「慕大同之治」[100]，1903年留日期間接觸到社會主義和無政府主義，「標新領異，獨揭三無主義之說」，指出「家庭使人失去自由」，「既結婚矣，即不自由」，提倡「由有家庭變而為無家庭」[101]。1908年發表於《新世紀》的〈無家庭主義〉中批評西方一夫一妻的家庭婚姻制與中國相較，「猶五十步笑百步耳」，如「夫

---

[93] 鞠普：〈大同釋疑〉，《新世紀》，1908年4月4日第41號。
[94] 鞠普：〈男女雜交說〉。
[95] 鞠普：〈男女雜交說〉，吳稚暉（署名「燃」）按語。
[96] 吳稚暉（署名「燃」）：〈答某君〉。
[97] 吳稚暉：〈一個新信仰的宇宙觀與人生觀〉，收入吳稚暉：《吳敬恆選集（哲學）》（台北：文星書店，1967年），頁69-70。
[98] 高長虹：〈論雜交說〉，頁46-54。
[99] 張競生：《美的社會組織法》（北京：北新書局，1926年）。
[100] 江亢虎：〈社會主義與女學之關係〉，頁16。
[101] 江亢虎：〈三無主義懸論〉，頁37。

婦互相累贅，不能為完全之自由」，是中西方家制婚制兼有的流弊[102]。1910年遊學比利時期間撰寫〈無家庭主義意見書〉，指出「有家庭，無真自由」；「欲求親愛、自由、平等等快樂者，必先破家庭。」[103]1911年在南京發表的〈釋個人〉中更嚴詞批評家庭「不明個人之界說，而蔑視個人之權利，殊堪痛恨也。」[104]民國成立後，一般國民以「結自由之婚姻，構共和之家庭」為滿足，江亢虎卻「期期不敢以是為圓滿之止境」，他引用秋瑾（1875-1907）生前曾說過：「家庭者，地獄之變相也；婚姻者，非刑之別種也。」對所謂的共和家庭、自由婚姻評論道：「蓋有家庭即不能共和，有婚姻即不能自由，故欲求真自由，必廢婚姻；欲求真共和，必破家庭」[105]。

民初無政府主義集大成者師復在〈心社趣意書〉中說：夫妻彼此專有，以及家庭中的父子關係，都違反平等的精神，「所謂一夫一妻者，名為平等，而甲為乙夫，乙為甲妻，明明已以甲為乙所專有，乙又為甲所專有。既曰所有，即無異以人為物矣，烏有人人平等之世，而可以誰某為誰某所有者哉？不寧惟是，有婚姻則有父子，父子者，不平等之甚者也。」[106]同時期太虛大師主編的無政府主義刊物《良心》中，署名「迦身」的作者在發表「反對家族主義」的言論時，也指出家族成員間的關係違反了平等自由的精神：「父為不正當之行為，子不能干涉；子為不正當之行為，父可以教訓；夫可以任意嫖淫，妻不能有外遇。此可謂平等乎？……人有自由之權，……而為人子者，為人妻者，其

---

[102] 江亢虎（署名「某君」）：〈無家庭主義〉，《新世紀》，1909年4月17日第93號。文中所列二十三條結婚之弊是：（一）見色而心動，乃生理上自然之作用，牽于社會之惡習而遏制之，往往戕生。（二）或激而非法出精，或非類交媾，則戕生尤甚。（三）男女為保持無謂之名節，犧牲許多幸樂。（四）男女相悅，而情不能遂，有抑鬱以死者。（五）男女相悅，為人所覺，有羞憤以死者。（六）墮胎之事。（七）私生子之不幸。（八）男女有私交，若負重愆。（九）因一度婚姻，即不可更有私交，故決擇綦難，往往終身不嫁娶。（十）慾念乃一時之勃起，本不可以持久，況性情氣質，亦常有變遷，定為夫婦，則必終身相偕，故有情義已殊，而名義仍屬者，其苦不可言。（十一）若離婚則終嫌有痕跡，感不快，非良策。（十二）鰥寡之不幸。（十三）妒姦致殺之事。（十四）夫妻相謀殺之事。（十五）長親陵虐子婦之事。（十六）嫖妓之事。（十七）夫婦互相累贅，不能為完全之自由。（十八）自育子女，銷磨許多之志氣與時間。（十九）貪得無厭，倒行逆施，多為妻子計。（二十）門第遺產為人間第一不平等事，且繼承尤易啟。（二十一）父母不皆有教育者之資格，最易誤人。（二十二）親之于子，責善則難，溺愛則昏，無善處之道。（二十三）家庭不能皆出教育費，故人有智愚，因有貴賤貧富，虞詐以生，而爭奪以起。
[103] 江亢虎：〈無家庭主義意見書〉。
[104] 江亢虎：〈釋個人〉，收入江亢虎：《洪水集》，頁30。
[105] 江亢虎：〈自由婚姻與共和家庭〉，收入江亢虎：《洪水集》，頁60。
[106] 師復、彼岸、紀彭：〈心社趣意書〉。

權皆為為父者為夫者奪去,是彷彿一家族之奴隸耳。」[107]

　　師復的忠實追隨者梁冰弦在〈家族的處分〉中,批評家族和人格主義抵觸,因在家族中,「某是某的妻,某是某的子……」,完全無「人格獨立」可言;而且「既為家族的一員,便有許多制裁隨其後,再沒有發展的餘地」,所以家族是個性發展的障礙;此外,因家族中成員之間權力地位不平等,「家族的一員,必有威權臨其上」,不僅身體不得自由,連意志、思想也不能自由。梁冰弦認為當時某些論者針對家族制度的弊病提出的「家族制度的改良法」,所謂「改家族為家庭」、「複式單式之分」等提議,並不能真正解決問題,「廢除家族」,將「家族組織進而為社會組織」,才是根本解決之道[108]。

　　詩人劉大白在1919年7月,《星期評論》以「女子解放從那裡做起?」為題徵稿時,回應這個題目說:「人類根本的解放非『無家庭』不可,因為家庭的確是人類自由絕大的障礙物。家庭存在一天,無論男女,決不能得真正的自由,那麼,解放也不是根本的解放。」[109]在1922年無政府主義刊物《民鐘》的發刊宣言中,他痛斥家庭的罪惡道:

> 家庭這個東西,是婦女解放的障礙物,是產生人類自私自利的工具。……要是家庭不革命,社會罪惡無由驅除,自由戀愛也沒能成立。我們最恨的是那卑鄙沒趣的家庭生活,是那矯揉造作的婚姻制度。我們赤裸裸的旗幟是「自由戀愛」,對於家庭的「天羅地網」自然要打破他了。[110]

---

[107] 迦身:〈無政府之研究〉,頁260-261。

[108] 梁冰弦(署名「兩極」):〈家族的處分〉,頁400-404。

[109] 劉大白:〈女子解放從那裡做起?〉,《星期評論》,1919年7月27日第8號,頁2。1919年7月,《星期評論》以「女子解放從那裡做起?」為題徵稿,並刊出六篇回應的文章,其中胡適主張從教育、社交、生計、婚姻等方面實行解放,胡漢民強調女子經濟的獨立,廖仲愷(1877-1925)則指出女子要有自覺,在道德、知識、體育上自己準備、自己解放,戴傳賢(署名「季陶」)認為應普及女子教育。六篇中有兩篇涉及家庭問題,署名「蔣玉」的作者(生平不詳)主張「廢除家族制度、尊重個人、化去兩性的軒輊」,並批評中國家族以「三從」之說束縛女子;至於廢除中國家族制度後是代之以西式家庭制度,還是徹底廢除家族,文中則未論及。唯有劉大白明確地主張「無家庭」,且指出「無家庭」不僅是女子的解放,而且是人類的解放。

[110] 劉大白:〈《民鐘》宣言〉。

曾經是無政府主義信徒[111]的施存統（1899-1970），在提倡廢婚時高舉個人絕對自由的旗幟：

假使婚姻制度，根本應該廢除，還要爭自由結婚作什麼用？明知囚籠，為什麼還要故意再套進去？[112]

我底反對婚姻制度，有一個根本理由；就是我們應當要有一個「自由的人格」，什麼束縛都要反對；婚姻制度是束縛我們底自由的，所以我要極力反對。[113]

婚姻底意義，我以為就是男女底結合，要經過一定的手續和儀式；不論自由的非自由的，都是如此。這些一定的手續和儀式，都是束縛我們自由的；我們為恢復自由起見，所以要反對婚姻。[114]

自由結婚，我們固然不能說他是一種買賣結婚；但總可以說是一種專利的結婚。什麼專利？就是愛情專利和性交專利。我們一個人自己是要有一個「自由的人格」，不應當屬於誰某所有的。我底愛情……為人家所專利，就是表示我沒有「自由的人格」；人家底愛情……為我所專利，就是侮弄人家底「自由的人格」。總之，我專利人、人專利我，都是狠〔很〕不應該的，於「自由的人格」有損的。自由結婚，是一種彼此相互專利的結婚，是不合於「自由的人格」的，所以我們

---

[111] 施存統本是無政府主義者，主張廢除婚姻制度，柯惠鈴：〈性別與政治：近代中國革命運動中的婦女（1900s-1920s）〉，頁115中分析施存統撰寫的廢婚文章「指出婚姻是將個人束縛在家庭制度之中，其本質是要求一個人的情慾服從於另一個人，沒有任何人應該被強迫忍受這樣一種制度。」施存統1920年6月留學日本後，逐漸成為馬克思主義者。接受馬克思主義後，他對自由平等的看法有所改變，認為「有了共產主義的經濟組織，才有自由平等，不是先有了自由平等，然後才有共產主義的經濟組織。換句話說，自由平等，是建築在共產主義的經濟組織上面的。」見施存統（署名「存統」）：〈經濟組織與自由平等〉，《民國日報·覺悟》，1921年5月10日；李俊：〈五四時期施存統對馬克思主義的介紹和研究〉，《黨史研究與教學》，2004年第3期，頁28-32；李俊、周軍：〈試論五四時期施存統的馬克思主義觀〉，《洛陽師範學院學報》，2004年第4期，頁27-29。
[112] 施存統（署名「存統」）：〈廢除婚制問題底討論（一）〉，《民國日報·覺悟》，1920年5月12日。
[113] 施存統（署名「存統」）：〈廢除婚制問題底討論（一）〉，《民國日報·覺悟》，1920年5月20日。
[114] 施存統（署名「存統」）：〈廢除婚制問題的討論（五）〉，《民國日報·覺悟》，1920年5月23日。

要反對他。[115]

　　受無政府主義影響的北大學生朱謙之，在1921年出版的《革命哲學》中說：「我的意思，家庭非廢除不可，因為家庭是婦女解放的障礙物，要是家庭不革命，那末異姓〔性〕的戀愛，也不能自由。」[116]並提倡個人絕對的自由：

> 從前過的是奴隸的生活，現在我要努力做主，對於任何等的證據和權勢，凡是壓制我的，都要盡數鏟除，什麼國家家庭法律宗教，一切的束縛，一切的命令，我與他都無一點情恩，我只認定自由，凡與自由衝突的，便是強權，就要對不起他；所以新生活一面是反對強權的壓迫，同時提倡個人之絕對的自由。[117]

　　曾編輯出版無政府主義刊物《奮鬥》的散文作家易家鉞，1921年9月與羅敦偉在北京組織了專門研究家庭的學術團體「家庭研究社」，創辦《家庭研究》月刊，這份雜誌旨在「應用社會學的觀點以研究家庭問題，而其內容則是大膽地抨擊大家庭制度，反對父權家長制，主張結婚離婚的自由，指摘中國家庭一切不合理的現象」，他們認為「不管是大家庭，還是小家庭，不能不把婦女當作男子的貨物、奴隸，不能不把人類當作家庭的貨物、奴隸」[118]，並筆鋒犀利地指出「家庭這個東西與國家發展個人生存是不相容的」，引起傳統社會的一片譁然，甚至有人認為易家鉞「無君無父無法無天將要造亂了」[119]。1922年易家鉞與羅敦偉合著的《中國家庭問題》中，指出不僅中國的大家族制度要打破，西方一夫一妻制的小家庭制度也應該打破：

> 我們認為中國大多數人的自由，都為家族制度所限，欲得自由為社會中

---

[115] 施存統（署名「存統」）：〈廢除婚制問題底辯論〉，《民國日報・覺悟》，1920年5月25日。

[116] 朱謙之：《革命哲學》（上海：泰東書局，1921年），頁13。

[117] 朱謙之：《革命哲學》，頁169。

[118] 羅敦偉：〈家庭生活的民主化──社會的home〉，《家庭研究》，1921年第1卷第1號；易家鉞：〈家庭制度滅亡論的一個引子〉，《家庭研究》，1921年第1卷第4號。

[119] 范泓：〈易君左其行其狀〉，收入褚鈺泉主編：《悅讀MOOK》第16卷（南昌：二十一世紀出版社，2010年4月），頁102。

的一員，首先應該打破這個束縛自由的東西，已死的大家族制度固然要用最大的詛咒來詛咒，而歐洲人士和中國新人物所謳歌的小家庭制度，也同時認為他與大家庭不過五十步與百步之差，一樣的不合理，一樣的要詛咒，一樣的要打破他，推翻他。……現在我們一夫一妻制也用不著了，當然要提倡「靈肉一體的戀愛」，「同心一體的戀愛」了。[120]

同年易家鉞在一篇探討離婚問題的文章中，指出人類的兩性關係「是一種基於自然的事實，合則留，不合則去，本來是絕對的自由的」，他認為「兩性的結合，應當同他的分離一樣，完全不受外部的一切勢力——法律，道德，經濟，輿論，習慣，宗教等的干涉和支配」，而人為的限制卻抹煞了兩性關係的自然和自由：

> 不幸我們的祖先，男子，聖人，教祖，大立法家等等，受了一種刻骨的利己心與偏狹的嫉妒心的支配，受了一種妖魔的神祕性與條文的印版性的支配，硬把兩性關係這件事，當做一件神聖不可侵犯而又嚴守秘密的事情，造出許多吃人的禮教，法律，傳說，習慣，迷信，威權，把人類的「自然」消滅盡了！把人類的「自由」剝奪完了！

易家鉞和同時期的輩英、世衡（生卒年不詳）皆以鼓吹革命的口吻，疾聲呼籲年輕人打破婚制、追求自由：

> 可憐！受婚姻痛苦的哥兒姐兒們，你們若有徹底的自覺心，早就應該把法律上的限制一齊打破，向「自然」和「自由」的方面開快步走！（易家鉞）[121]

> 親愛的，可愛的青年！你不想求自由麼？為什麼不打破這個婚姻的

---

[120] 易家鉞、羅敦偉：《中國家庭問題》，頁66。
[121] 易家鉞：〈中國的離婚問題（一名「離婚絕對自由論」）〉，原載《時事新報・學燈》，1922年4月25日，收入梅生編：《中國婦女問題討論集》，頁5-26。

約束呢？

　　覺悟的青年啊！讓我們跟著自由神走吧！修養我們的人格！「找尋」自由的戀愛！「創造」自由的戀愛！萬不要跳進結婚的火坑啊！（筆英）[122]

革命啊！戀愛革命啊！努力破壞一切偽道德惡習慣非人道和不自然的男女結合底婚姻制度！重新建設新社會平等的，自由的，真正戀愛的男女結合！（世衡）[123]

　　1920年代末的無政府主義者張履謙亦曾在《新女性》發表言論，指出家庭婚姻制度不僅對女性是一種束縛，對男子而言亦然，可以說是一種讓男女互為奴隸，皆不得自由的制度：

家庭制度總是奴隸人的制度，不是女人用來奴隸男人的，便是男人用來奴隸女人的一種工具。[124]

我們試想現代經過戀愛結婚的兩性，男性對於女性和其兒童所負的經濟責任，為女性和兒童成了資本家的工場勞働者，所受的經濟束縛，與女性為了經濟不自由而成了男子的奴隸和財產，有何不同呢？再想一想中國流行的諺語中有：「嫁漢嫁漢，穿衣喫飯。」與乎「踏板上一雙尖尖鞋，油鹽茶米拿攏來。」等語，這不是明明將男子變成了婦女的奴隸嗎？變成了女子的財產嗎？[125]

　　同時期在《新女性》發表廢婚、廢家言論的陳醉雲、熙素亦謂：

像現在這種契約式的婚姻制，即使是出於雙方的願意而簽釘〔訂〕，但

[122] 筆英：〈廢除婚制問題的討論（一）〉。
[123] 世衡：〈戀愛革命論〉，原載《民國日報·覺悟》，收入梅生編：《中國婦女問題討論集》，頁81。
[124] 張履謙（署名「謙弟」）：〈我所認為新女子者〉，頁804。
[125] 張履謙（署名「謙弟」）：〈非戀愛與戀愛〉，《新女性》，1928年5月第3卷第5號，頁510。

大部分的人，似乎並不感到怎樣幸福，而且都在嘆息，掙扎，表面屈服而暗下背叛。要救濟這種不幸的事實，當然祇有從根本上著手，廢去這種非必要的視為慣例的契約，恢復各個人的自由，以個人為本位，讓他們或她們憑著自己的意志而活動，適於同居的同居，適於獨居的就獨居，並且不必定要負著任何嚴重的名義和責任，這樣，人群間或者倒可以增進不少的幸福罷。[126]

專就新式家庭說，仍脫不了束縛個人自由的罪名。誰都知道沒有結婚的人總比結婚的人自由，沒有兒女的總比有兒女的自由，並且老年的父母總不捨兒女遠離，指就這點很平常的事實，很足說明家庭是束縛個人自由的了。因此，我們為了要使個性有相當的發展，非將家庭的束縛打破不可。[127]

　　中國早期共產黨員也對家庭婚姻的違反平等自由人權多所批評，如華林說：「家庭裡頭，更以『婚姻制度』為最惡。我們『尊重個人自由』，男子是人，女子亦是，不應誰屬誰。」並以鼓吹革命的口吻道：「青年奮鬥，第一就要『廢除家庭』『廢除婚姻』，我們與舊社會戰、與偽道德戰，絕不怕人反對的。青年一天多一天、老人一天少一天，那有不能改造社會的呢？」[128]另一共產青年惲代英在日記中，主張「婚姻應該廢除，戀愛應該自由，男女間一切束縛應一並解放」[129]、「無論是素質的戀愛，感情的戀愛，乃至盲目的戀愛，都應該有他的自由。」[130]李大釗亦批評「原來中國的社會只是一群家族的團體，個人的個性、權利、自由都束縛禁錮在家族之中，斷不許他有表現的機會」[131]。
　　不僅共產黨員反對家庭婚姻，國民黨的學者及政要如傅斯年（1896-1950）、

---

[126] 陳醉雲：〈個性本位的戀愛〉，頁1411-1412。
[127] 熙素：〈兒童公育〉，頁772。
[128] 華林：〈社會百話（十一）廢除家庭〉。
[129] 惲代英：《惲代英日記》，1919年12月25日，頁680-681。
[130] 惲代英：《惲代英日記》，1919年11月4日，頁656。
[131] 李大釗：〈由經濟上解釋中國近代思想變動的原因〉。

胡漢民、查光佛也都曾都指出「家庭」是束縛個人自由、權利、個性的桎梏，傅斯年說中國的家庭是「破壞個性的最大勢力」[132]，胡漢民說家庭「是一種不平等不自然底結合」[133]，查光佛在〈女子解放當從男子解放做起〉一文中，描述有一位經過自由戀愛而結婚的男性朋友，有一天對查光佛抱怨說：

> 我原來是個狠〔很〕自由自在的人，于今卻有點半身不遂，好像春蠶吐絲、作繭自縛，自己擺脫不開。我於今天一點子覺悟了，還是講獨身主義的好、無家庭的好、不結婚的好。

查光佛感嘆夫妻制度對男女雙方都是一種束縛：

> 他們由愛情成功的夫婦，尚且如此。……因為有了夫妻制度，一班男子，不能打破習慣，不能任女子解放，硬把各個女子，當做各個男子的私有品，說這是我的妻、這是你的妻、這是他的妻。同時男子也就成了女子的私有品，變成了我的夫、你的夫、他的夫了。於是男子女子，都不是社會上共同生活的一個人，只是某的夫、某的妻了。久而久之，男子來緊緊的束縛女子、女子也緊緊的纏住男子，兩下死不放手，一方面是無可奈何、一方面是甘心願意，男子替女子作牛馬、女子替男子作牛馬，一生一世，不得開交了。

查光佛提議男子們應帶頭解放，跳出小家庭的「火坑」：

> 女子解放，當從男子解放做起。怎麼從男子做起呢？就是要一班男子，頓時澈底明白，跳出自己小家庭圈子來，把社會做一個大家庭，進裡面來工作。再不要把自己好好的一個人，認成只是某人的丈夫，來增加自己的繫累，兩下牽纏不斷，一齊陷在火坑，永世不得超脫。[134]

---

[132] 傅斯年（署名「孟真」）：〈萬惡之原〉，《新潮》，1919年12月第1卷第1號，頁125。
[133] 胡漢民：〈從經濟底基礎觀察家族制度〉。
[134] 查光佛：〈女子解放當從男子解放做起〉。

綜上所述，無論是否為無政府主義、社會主義或共產主義者，無論是國民黨還是共產黨，都有人依各自的學養和信仰而認識到：家庭倫理和婚姻制度的存在本身即違反了平等和自由的精神，因此對於家庭婚姻，僅止於改良是無用的，唯有徹底廢除，理想的自由平等才可能實現。

二、阻礙女性的發展

　　家庭倫理所約束的對象，固然是天羅地網地涵蓋了家庭中所有的成員，然而在傳統「男主外，女主內」的觀念下，女性承擔了家事育兒的責任，斷絕了在社會上發展的機會，「重男輕女」、「三從四德」的觀念，更使女性地位卑下；因此毀家廢婚論在探討家庭倫理對人權的侵害時，往往在女權方面特別著墨。

　　康有為在《大同書·戊部　去形界保獨立》中洋洋灑灑地列舉、詳述古今中外女性受壓制之苦，而歐美家庭中看似一夫一妻、男女平等，其實婦女「但依夫而食，日讀小說，遊戲清談為事，則其不具人格、徒供玩具可見矣。」[135] 譚嗣同批評「五倫」違反平等自由的權利，尤其婦女「不以人類齒」，在「家」裡宛如在「岸獄」中[136]；劉師培在〈無政府主義之平等觀〉中，批評西方的一夫一妻制表面看似平等，其實從某些制度和習俗看來，仍是古代俘囚女子的文化殘餘：

> 今耶教諸國，雖行一夫一妻之制，然服官之權、議政之權（近日女子間有獲此權者）、服兵之權，均為女子所無，與以平等之空名，而不復與以實權。又既嫁之後，均改以夫姓自標，豈非確認女子為附屬物耶？豈非奪其實權而使之永為男子所制耶？又西人初婚之後，必夫婦旅行，社會學家，以為古代劫女必謀遁避，今之旅行，即沿此俗，此亦女子為男子所劫之一證也。[137]

---

[135] 康有為：《大同書》，頁232。
[136] 譚嗣同：《仁學》，頁125。
[137] 劉師培（署名「申叔」）：〈無政府主義之平等觀〉。

同年《天義報》上署名「漢一」的作者在〈毀家論〉中列舉家之罪惡時，指出了家庭中性別權力和分工的不平等：「自有家而後女子日受男子羈縻……自有家而後世界公共之人類，得私于一人，自有家而後世界公共之嬰孩，乃使女子一人肩其任。」[138]

《新世紀》的編輯之一李石曾批評中國男子可娶妾嫖娼，女子卻不可二夫，是「不公之至」，而歐美的婚姻家庭制度亦「未盡公」，原因之一是夫妻地位的不平等：

> 前數日巴黎支那某君與某西女士結婚於郡長署。郡長照例宣言曰：「夫應保護其婦，婦應服從其夫」，由此可見男女不平之惡象。若夫因其為彼之婦而保護，是以之為己之財產相待，其欺侮人權，孰甚于斯！若因女子之體弱應保衛之，則人人有此義務，何獨其夫為然？人人平等，無能制人者，亦無被制者，何服從之謂哉？[139]

原因之二，是家庭違反了人類自由自立的精神，尤其對女性而言：

> 人生于世間，各有自立之資格，非屬于甲亦非屬于乙，婦不屬于夫，夫不屬于婦，此自由也。既有家庭，則易自由而為專制。曰我之妻，我愛之而忌他人愛之，曰我為爾夫，爾當愛我，而禁其愛他人，是以玩物產業待女人也，自私也，專制也。[140]

李石曾認為要讓女子自由，就必須實施自由配合：「自由配合，女子自由之要端也。自由配合不能行，經濟問題為之阻也。」[141]又說：「女非他人之屬物，可從其所欲而擇交，可常可暫。」[142]

民初的師復、五四時期的沈兼士、李綽等，皆曾以歐美女子的處境，證

---

138 漢一：〈毀家論〉。
139 李石曾（署名「真」）：〈男女之革命〉，《新世紀》，1907年8月3日第7號。
140 李石曾（署名「真」）：〈三綱革命〉，《新世紀》，1907年8月31日第11號。
141 李石曾（署名「真」）：〈續男女革命〉，《新世紀》，1907年8月10日第8號。
142 李石曾（署名「真」）：〈三綱革命〉。

明西方婚制並未達到真正的平等，師復根據歐美女子在家庭中的地位說：「一夫一妻之制，表面似勝於多妻，而實際之不平等則一。證之歐美女子，事實上終不脫『男子之玩物』之範圍。種種法律，亦惟男子是利。」[143]沈兼士根據歐美女子在社會上的地位指出：「解決婦人問題，其最大的障礙物，即為家族制度。……歐美婦人智識程度，未必遽遜於男子，而卒未能與男子並駕齊驅，共同活動於社會中心者，亦家族制度為之累故耳。」[144]李綽則根據歐美女子在公法、政治、職業上的權利，仍不如男子，是由於賢妻良母主義仍然存在，因此疾呼「打破賢母良妻主義唯一根本解決法，沒有別的；就是根本推翻家庭制。家庭制既是要推翻，那麼，夫妻上名義；當然取銷〔消〕。歸納一句，就是我們所要討論的問題──廢除婚制。……婚姻制消滅就是消滅夫妻底名義，同為一個人；不能故為非難，則女子可以自由謀各方面的發展。我相信廢婚制後，女子現在所希望底政治上平等，可以不久實現。」[145]

五四時期主張廢婚的健將施存統，亦指出家事育兒的沉重負擔限制了女子在社會上的發展：

> 有了婚姻，就有了家庭；有了家庭，婦人家大半都要做料理家庭的事，在社會上占不著什麼位置。況且一有了生育底事情，女子便只有功夫養育小孩子，更不能插足到社會裡去，社會上便忘了還有女子。同時一家底經濟，既靠男子維持，女子便變了被保護的地位，人格便不能獨立。這是誰底罪惡？是婚姻制度底罪惡！[146]

---

[143] 師復：〈廢婚姻主義〉，劉師復：《劉師復文集》，頁107。

[144] 沈兼士：〈兒童公育：徹底的婦人問題解決法處分新世界一切問題之鎖鑰〉。

[145] 李綽：〈婚姻何以當廢〉：「歐西一方面，小家庭制已實行很多年，經濟組織比中國又進步；又沒有所謂綱常名教、三從四德；所以婦女底社會上活動，當然比中國來得早。但現在歐美各國女子，在私法上，已經和男子獲得平等權利；而在公法上，不過爭得一小部分。這是什麼緣故呢？我看來，一半固然是社會經濟上進化還沒達完善的程度，一半也是因為婦女擔負生育上保養上關係太重；社會上運動時間還少，不能超乎賢母良妻主義之上。這個原因，就是阻礙女子政治上、職業上、運動的大阻力。婦女欲貫徹參政的主張，不可不打破賢母良妻主義；……婦女因為生理上關係，有了生育底責任。生育之後，就更負上了教養底責任，一天到晚既為了這事忙了不休；請問叫伊如何有空去到社會上服務呢？試再一問，為什麼要如此？不過因為他們兩個人結為婚姻，有了夫妻名義上關係；所以不得不做賢母良妻，來負這責任。這種情形，各國差不多都是如此。……女子本來底能力，本不亞於男子；其所以不能和男子並駕齊驅的緣故，就是男子使出種種手段，來摧殘女子底個性。這也是中外一律的。」

[146] 施存統（署名「存統」）：〈廢除婚制問題底辯論〉。

中國共產黨早期著名的婦女運動領導人之一、中國婦女運動的先驅者向警予，其反對家庭的議論特別強調「新家庭」對女性的桎梏，1920年5月發表的〈女子解放與改造的商榷〉中，指出「新家庭或許比較的是個安樂窩，但是我深信他不能解決女子的問題」，她站在女性的立場，深切了解女性的處境，批評「新家庭仍是女子完成男子的快樂主義」，因為：

> 家庭是以女治乎內為原則的，故家庭的中心人物為女子，家庭又是以男子為主體的，但他自己卻並不來承擔，一切的事，概由女子處理，己則服務社會，惟居指揮使命的地位，所以女子在家庭服務，簡直可說是受丈夫的委託做他家庭的常駐委員而替他專理衣食住養老育兒諸瑣務。小家庭不過範圍縮小點兒，實質卻仍是一樣。故家庭制度一日存在，那女子常駐委的職任一日不能脫離，又哪裡能夠在社會與男子同樣活動呢？現在一般提倡新家庭的人，不啻又把女子送到一個新圈套裏去，這可算得真正解放嗎？並且我們嘖嘖稱羨的新家庭，就是歐美的舊家庭。看看歐美女子社會的成績，距離男子若是之遠，這更是家庭牽累的真憑實據了。……

> 一有了家庭，則衣食住育兒養老諸事必須連帶發生（我國社會現在並無養老制度，雖是小家庭，當然要負養老的責任），縱令女子神通廣大，也免不了要減少社會的活動，並且惰性是人人有的，女子尤其是幾千年來寄生慣了的，受了男子漢的馴養，弄得不好，一定又要返本還原的。故我可以赤裸裸的這樣說：家庭制度不完全打破，女子是終不會解放的。[147]

　　1923年發表的〈中國知識婦女的三派〉中，向警予詳細分析當時中國知識婦女的處境，認為約可分為「小家庭派」、「職業派」、「浪漫派」三派，她

---

[147] 向警予：〈女子解放與改造的商榷〉，《少年中國》，1920年5月26日第2卷第2期，收入向警予：《向警予文集》（長沙：湖南人民出版社，1985年），頁16-17。相關討論參見郭冰茹：〈「新家庭」想像與女性的性別認同——關於現代女性寫作的一種考察〉，http://www.zwwhgx.com/content.asp?id=2883。

對「小家庭派」的說明是：

> 個人的快樂主義，為小家庭派的骨髓，所以該派排斥父母同居，主張一
> 夫一妻的小家庭。小家庭的內幕：夫妻平等，父母同權。小家庭的任
> 務：一使衣食住適合衛生，二使未成年子女得著善良優越的養護和教
> 育，務求家庭幸福日臻圓滿。西洋留學女生多屬此派的中堅。……小家
> 庭派大都是學者，政客的夫人，每月丈夫至少有數百元的收，伊們樂得
> 在家養尊處優過神仙的生活，甚麼社會問題，婦女問題，都達不到伊們
> 的瓊樓玉宇。

　　向警予認為小家庭中的婦女看似幸福快樂，實際上卻是為丈夫、子女而
活，並未得到真正的解放：

> 小家庭比起大家庭來，自然也有它的歷史的價值。然而這個安樂窟，是
> 從極端的個人快樂的家庭分工，永遠活埋女子的墳墓。我們試一調查小
> 家庭派中未嘗沒有學識優越可以作為的人物，然而一般社會和婦女卻絲
> 毫不能受著伊們的好處。社會上有了這一班知識優越的女留學生也等於
> 沒有。只不過替博士，學士，政客先生們和他們的子女多多少少增加一
> 點溫柔慰貼的幸福罷了。即以小家庭發祥地的歐美而說，高等知識的婦
> 女大多數也不過如此；比較能在社會改造的意義上盡點作用的，要算沒
> 有經過小家庭階級的俄羅斯婦女。由此可以想見快樂幸福的小家庭怎樣
> 桎梏婦女的解放。[148]

　　易家鉞在1922年出版的《西洋家族制度研究》中，批評「現代的一夫一妻
制，無論說到那裡，總是以男子為中心的。」[149]「要想婦女之徹底的解放，一
夫一妻制不獨不能有所援助，而且是助紂為虐的東西。」[150]易家鉞分析，婦女

---

[148] 向警予：〈中國知識婦女的三派〉，《婦女週報》，1923年11月28日第15號。
[149] 易家鉞：《西洋家族制度研究》，頁126。
[150] 易家鉞：《西洋家族制度研究》，頁123。

解放要成功，必須由兩方面著手：「第一，要在社會上由個人平等主義養成一種尊重人格的觀念；第二，要隨著一般經濟組織的變遷，廢止家族組織內的奴隸經濟……換句話說，廢止婦女無意識的在家庭內的工作。」[151]並申論道：

> 原來男子不把婦女當做一個人，自然沒有人格。婦女是男子的財產奴隸，家庭是男子施行威權的領域，故家族制度存在一天，婦女的解放一天不能達到，即男女一天不能平權。徹底的說來，婦女的地位所以這樣卑下，並不是完全做了男子的奴隸，乃是做了家庭的奴隸。……原始分工的結果，婦女就長久落在家庭這個圈套內，所謂家庭經濟，完全為婦女的責任，從柴米油鹽醬醋茶，到馬牛羊貓雞犬豕，還加上一些「小嘍囉」，直鬧得四肢不靈，兩眼發呆！婦女的一生，也就從此完事。

申論至此，易家鉞斬釘截鐵地下結論道：「婦女解放真正成就的那一天，即是家族制度滅亡的第一天。」[152]

中國婦女運動的先驅張若名（1902-1958）在1924年發表〈現代女子認怎樣的解放為滿意？〉一文，亦認為唯有打破家庭制度才能得到現代女子滿意的解放，她詰問道：「家庭制度不能打破，那麼負經理家務的是誰？大多數必是女子。……難道我們甘心忍受舊社會的壓迫麼？永遠使女子被束縛於家庭之內麼？」她認為現階段「提倡小家庭制度」是「過渡而不激底的辦法」，呼籲姊妹們團結起來，「把私有制衝破，打開家庭的鎖鍊，而爭還女子的社會地位，真正的自由。」[153]

1926年12月陳學昭（1906-1991）在《新女性》發表〈給男性〉一文，敘述她耳聞目睹許多受過中等或高等教育的女性，婚後的生活卻飽受壓迫、極為苦悶：

> 在家庭裡，因為生產的關係，也使女子受到不少的影響，吃了不少的

---

[151] 易家鉞：《西洋家族制度研究》，頁126。
[152] 易家鉞：《西洋家族制度研究》，頁126。
[153] 張若名（署名「一峯」）：〈現代女子認怎樣的解放為滿意？〉，《婦女日報》，1924年3月16-18日。

廚。普通總是男子在社會上任事,而女子則看小孩理家政,所有的精神全消磨在零零星星的事情,日積月深,男子就成了一個像煞有介事的儼然的主人公了,而女子是一個附屬者,仰仗於他們的。[154]

〈給男性〉一文引起《新女性》編輯群的關注,乃以「現代女子的苦悶問題」為題,對於女子研究學問、改造社會的志趣,與為妻為母的責任難以得兼的徬徨苦悶,徵求國內思想界發表意見,在1927年1月發表了20篇文章,其中陳宣昭(1902-1999)和顧頡剛(1893-1980)都主張廢除現有家制婚制,陳宣昭批評「家族制是滅絕個性,互相依賴,使女子不能獨立發展的障礙物。固定的家庭制,也是使女子不能自由釀成苦悶的工具。」她主張,要解決現代女子的苦悶問題,「第一要廢除家族制,第二要廢除固定的家庭制。……要破除家族制、家庭制,及婚姻制度;並主張戀愛、職業、教育,及一切方面的絕對的自由。」[155]顧頡剛認為現代女子苦悶的問題在於沒有擇業的自由,解決之道是「打破婚姻制度,廢除夫婦的名義,使得慾望變更時(筆者按:指「為妻為母」的慾望變更為「改造社會」的慾望)不受姑息和夫妻的名分的壓抑。」顧頡剛並強調這個建議並非紙上談兵,而是切實可行的:「這並不是一件難事,我的朋友中已有這樣做的了。」[156]幾年後,陳學昭在《時代婦女》(1932年)一書中,更明確表示對現代所謂經由「自由戀愛」而「自由結婚」的攻擊態度:

> 現代中國婦女,多或少,完全成了自由戀愛及自由結婚中的犧牲物:我攻擊契約式的結婚制度,然而我也攻擊以男性為主體的中國婦女的自由戀愛及自由結婚。因為在以中國男性為主體的自由戀愛與自由結婚裡,中國女子完全做了被動的犧牲者。[157]

---

[154] 陳學昭:〈給男性〉,《新女性》,1926年12月第1卷第12號,頁900。
[155] 陳宣昭:〈現代女子的苦悶問題〉,《新女性》,1927年1月第2卷第1號,頁29-30。
[156] 顧頡剛:〈現代女子的苦悶問題〉,《新女性》,1927年1月第2卷第1號,頁58。
[157] 陳學昭:《時代婦女》(上海:女子書店,1932年),頁3-4。相關的討論可參見許慧琦:〈《婦女雜誌》所反映的自由離婚思想及其實踐——從性別差異談起〉,《近代中國婦女史研究》,2004年12月第12期,頁105。

1920年代末因反對婚姻制度，與盧劍波同居而不婚的鄧天矞，自述有個女性朋友是經由戀愛而結婚，照理其婚姻應該是幸福圓滿了，「然而，誰知道呢？她自與他結婚而後，在無形中做了家庭奴役的了。整日裡只是整理粗細的家事。她沒有空閒時間去從事一切的探討，而冷酷的男子，不但不能體量〔諒〕體量〔諒〕，有時反而冷譏熱罵，說女子不知讀書，是個生來的奴隸。」[158]無政府主義者張履謙，自述認識不少富有革命性的新女子卻在生育小孩後，成了「孩子的母親」、「母親的媳婦」，不再能從事社會工作[159]，他批評「現在西洋流行的小家庭組織，便是男性奴隸女性的一種性的組織，在這樣的家庭之中，女性還是『經濟的依賴主義者』，還是丈夫的『小鳥兒』，還是『兒童的母親』」[160]，這些女性的處境，使他發覺「現社會的組織，不但是不能保證人的生活，而且是剝削人的生活的，現社會組織，須得根本重造過」，「對於家庭的組織益堅固了非破壞不可之必然論」[161]，並特別申言「社會是兩性的」，社會不是專屬男性的，女性不是男性私有的，呼籲「女性做社會的人，不做男性的妻，不做男性的愛人，不做父母的女兒，不做兒童的母親。」[162]中共著名特務潘漢年（1906-1977）也曾關注婦女問題，他呼籲女性追求獨立，在經濟、性、愛等各方面都不要依賴男人：「你們應當發展你們的生活本能，和男子一樣的能夠作工；在社會上不要依賴男子而過活，……你如有獨立生活的可能，要找一個自由性愛的男子是很方便的，再沒有什麼失戀，不得愛，獨身的悲哀了。」[163]此種要求女性經濟和性愛完全獨立的號召，其實已無視於家庭和婚姻制度[164]。作家向培良亦批評家庭造成了男子的權威和女子的被壓迫：「牠使男子負著過當的負擔，因而養成非正當的威權。牠使女子因為經濟地位之低下（家庭是女子一個沉重的軛，使她們再沒有能力去取得相當的經濟地位，）而一

---

[158] 鄧天矞（署名「天矞」）：〈婦女與家事〉，《新女性》，1928年2月第3卷第2號，頁126。
[159] 張履謙（署名「謙弟」）：〈時代下犧牲的新女子〉，收入張履謙（署名「謙弟」）：《婦女與社會》（上海：光明書局，1929年），頁110-111。
[160] 張履謙（署名「謙弟」）：〈女性是屬於社會的〉，收入張履謙（署名「謙弟」）：《婦女與社會》，頁10。
[161] 張履謙（署名「謙弟」）：〈時代下犧牲的新女子〉。
[162] 張履謙（署名「謙弟」）：〈再論婦女與社會〉，收入張履謙（署名「謙弟」）：《婦女與社會》，頁32。
[163] 潘漢年：〈性愛漫談〉，《幻洲》，1926年11月16日第4期，頁154。
[164] 相關的討論可參見陳碩文：〈想像唯美——《幻洲》中的都市書寫與文化想像〉，《中國現代文學》，2007年6月第11期，頁83。

切能力與生活都變成低下——直接造成婦女現在被壓迫的地位，並且使人類墮落。」[165]署名「聽濤」（生卒年不詳）的作者亦痛批家庭對婦女的剝削：「家庭制度的存在，婦女卻首受其累……數千年家庭制度的存在，就是繼續不斷的絞著婦女的血淚，剝奪著婦女的勞動而存在的。……站在婦女的立場上，家庭制度非予廢除不可，否則婦女決不能得到澈底解放的。」[166]

三、妨害社會公益

　　二十世紀前期中國的有志之士發現，大多數中國人對國家的前途、社會的改革、公益事業的推動等漠不關心，主要原因是大多數人只關心「自家」的生活和安危，家庭觀念重，卻缺乏「群」的觀念，有礙於「新社會」的建設。家庭不再是社會的基石，反而成了創建新社會的絆腳石。不少知識分子呼籲國人要打破狹隘的家庭／族觀念，成為能貢獻於大同世界的「公」民[167]。

　　康有為在《大同書》中說「有家則有私」，認為狹隘偏私的家庭觀念是通往大同世界的阻礙，人類的自私皆發端於家庭[168]。「大同」一直是中國人所追求的理想境界的代名詞[169]，而「家」向來是中國儒家治國平天下的基礎，所謂

---

[165] 向培良（署名「培良」）：〈戀愛破滅論〉，頁10-11。

[166] 聽濤：〈廢除家庭制度與解放婦女的途徑〉，《玲瓏》，1935年第5卷第39期，頁3334。

[167] 劉人鵬曾指出：「『破家』或『毀家』在晚清使用脈絡中，也不僅止是『廢除家庭制度』這個意義，也有犧牲自我家庭、或破除對於傳統倫常階序家庭的自私依戀、以將個人從階序性家國君父權力結構的束縛中解放出來，成為能貢獻於大同世界之自由『公』民之義。」劉人鵬：〈家庭與性的公與私〉，回應溝口雄三〈公私〉，收入陳光興、孫歌、劉雅芳編：《重新思考中國革命》（台北：台灣社會研究雜誌社，2010年），頁96-99。

[168] 相關的討論參見〔美〕蕭公權著、汪榮祖譯：《近代中國與新世界——康有為變法與大同思想研究》，頁340：「家庭此一社會組織尚有更可拒斥之處：其繼續存在為社會公益的阻礙，也是人類進步的阻礙，因其為自私的溫床、罪惡之源，以及養成依賴性與永久的不平等，因此，家庭在太平世中實無置足的餘地。故康氏斥之甚堅。」〔瑞典〕馬悅然：〈康有為的「大同」社會〉，《聯合副刊》，2002年1月11日：「在《大同書》裡，作者拆毀自私的人類為保護自己的家庭和自己的財產所建築的保障。據康有為的說法，婚姻制度是創造與鞏固社會中不公正和男女之間不平等的主要因素。如果要取消私人的所有權和私立的事業，非先取消婚姻制度和傳統的家庭觀念不可。」王開林：《大變局與狂書生》（北京：中華書局，2006年），頁51；王樹槐：〈康有為〉，收入郭正昭、王樹槐、林載爵、呂芳上：《嚴復‧康有為‧譚嗣同‧吳敬恆》（台北：臺灣商務印書館，1999年），頁154；王秀國：〈去苦求樂的人道觀，至公至平的大同路——康有為《大同書》再解讀〉，《佛山科學技術學院學報》，2007年11月第25卷第6期，頁86；李兵、張曉平：〈康有為《大同書》中的「去家界」〉，《西南民族大學學報》，2010年第5期，頁84；劉人鵬：〈家庭與性的公與私〉；劉人鵬：〈晚清毀家廢婚論與親密關係政治〉等。

[169] 語見臧世俊：《康有為大同思想研究》（廣州：廣東高等教育出版社，1997年），頁287，臧世俊並評論道：「大同思想在中國有著深厚的社會基礎和廣泛的群眾基礎，鼓舞著無數仁人志士為追求美好的理想王國而奮鬥，它的感召力是巨大的，影響是久遠的。康有為繼承了傳統大同思想，並增

「古之欲明明德於天下者，先治其國。欲治其國者，先齊其家。」（《禮記・大學》）、「天下之本在國，國之本在家，家之本在身」（《孟子・離婁上》），然而康有為卻將「家」排除在大同世界的想像之外。重視家庭倫理的儒家思想和毀家廢婚乍看之下是完全背道而馳的。對此，以孔教自任的康有為至少做了兩個大動作，使儒家思想得以承載新的思想。一是以「仁」黜「禮」，二是將傳統的「仁」賦予現代性的意義。

傳統儒家認為由「仁」所揭示的完美境界與由「禮」所形成的現實規範是互補的，而在康有為含有發展意識的價值系統中，「仁」與「禮教」互補的看法已經失效。他認為唯有超越既存的儒家制度——「禮教」，才能完全消弭社會疏離感，最終的理想社會的倫理——「仁」才能具體實現[170]。他從儒家的中心思想「仁」來闡述廢家的理論，儒家以「仁」為核心思想，主張有等差的愛，而且認為愛的施予要從家庭中的親情開始，由親及疏，孔子說：「親親而仁民」，孟子說：「老吾老，以及人之老；幼吾幼，以及人之幼。」可見儒家的「仁」是由近及遠，由親及疏的有等差的愛。康有為卻指出有家則各自為私，使人人「自親其親，然於行仁狹矣」，「仁道既因族制而狹，至於家制則亦然」[171]，故「欲至太平大同必在去家」，才能充份發揮仁的精神，舉辦育嬰、慈幼、養老、恤貧及治道路、橋樑、山川、宮室諸公益[172]。康有為認為家庭各自為私的小「仁」妨礙了社會公益的大「仁」，顯然將「仁」混雜了近代社會主義的思想。康有為在《大同書》中列出了十四條「有家之害」，縷述家制對社會公益的妨害：

1. 風俗不齊，教化不一，家自為俗，則傳種多惡而人性不能齊。
2. 養生不一，疾病者多，則傳種多弱而人體不健。
3. 生人養人不能皆得良地，則氣質偏狹而不得同進於廣大高明。
4. 自生至長不能有學校二十年齊同之教學，則人格不齊，人格不具。
5. 人之終身非日日有良醫診視一次，則身體懷疾。

添了豐富而具體的新時代的內容，使大同思想上升到空想社會主義的理論高度。」
[170] 張灝：〈轉型時代中國烏托邦主義的興起〉，頁13。
[171] 康有為：《大同書》，頁208。
[172] 康有為：《大同書》，頁226。

6. 人人自生至長不皆驅之於學校，則為無化半教之民。

7. 入學而不舍家全入，則有雜化而不齊同。

8. 因有家之故，必私其妻子而不能天下為公。

9. 因有家之故，養累既多，心術必私，見識必狹，奸詐、盜偽、貪污之事必生。

10. 有私狹、奸詐、盜偽、貪污之性相扇相傳，人種必惡而性無由善。

11. 人各私其家，則不能多得公費以多養醫生，以求人之健康，而疾病者多，人種不善。

12. 人各私其家，則無從以私產歸公產，無從公養全世界之人而多貧窮困苦之人。

13. 人各私其家，則不能多抽公費而辦公益，以舉行育嬰、慈幼、養老、恤貧諸事。

14. 人各私其家，則不能多得公費而治道路、橋樑、山川、宮室，以求人生居處之樂。[173]

　　譚嗣同也批評家庭觀念狹隘偏私，他指出父子、兄弟、夫婦等家庭倫理觀念使「世俗泥於體魄，妄生分別」，因此主張廢除四倫、獨尊「朋友」一倫，使狹隘的家庭觀念得以擴展為視全國、全世界的人都是同胞、都是朋友，達到「無所謂國，若一國；無所謂家，若一家，無所謂身，若一身」[174]。

　　章太炎早在1894年撰寫的《訄書‧明獨第二十九》中，便曾指出：「小群，大群之賊也；大獨，大群之母也。」說明人惟有從家族（小群）中解放出來成為「大獨」，方有可能達到全中國甚至全世界、全人類的「大群」，他呼籲大家樹立「大獨」精神，跨越傳統的家族、宗派等的「小群」[175]。〈五無論〉發表於1907年9月《民報》，在佛學和無政府主義的交互影響下[176]，章太

---

[173] 康有為：《大同書》，頁225-226。

[174] 譚嗣同：《仁學》，頁128。

[175] 章炳麟：《訄書》（北京：華夏出版社，2002年），頁159；馬琰：〈簡論章太炎先生在學術上的開拓精神〉，收入善同文教基金會編：《章太炎與近代中國學術研討會論文集》（台北：里仁書局，1999年），頁483-484；及劉志琴：〈人文啟蒙與章太炎的倫理道德觀〉，收入善同文教基金會編：《章太炎與近代中國學術研討會論文集》，頁66。

[176] 1903年章太炎因「蘇報案」被捕入獄，在獄中鑽研佛學，1906年出獄後前往日本，在東京接觸到日

炎認為在共和百年後將遞見「五無之制」，而「五無」的第一步就是「無政府」，在消滅政府的同時，還應輔以三事；共產、銷兵、毀家[177]，「使人無私藏，亦無家室」[178]。在〈五無論〉中，章太炎「更激烈地主張要把個人從家庭、社會、國家等所有組織中解散出來」[179]，主張廢絕一切夫妻同居或親族互相依賴的家庭、家族，才能消除人與人之間的隔閡：「夫婦居室親族相依之事，必一切廢絕之，使人民交相涉入，則庶或無所間介矣。」[180]當代學者王汎森認為章太炎摒棄「小群」提倡「大獨」、「大群」，與康有為提倡「兼愛」，及譚嗣同主張「捐棄其君臣父子夫婦之倫」而保留朋友一倫，其用意皆在超越傳統的倫理結構，以普遍愛取代有差等的愛[181]。

蔡元培於1904年2月17-25日在其創辦的《俄事警聞》連載小說〈新年夢〉，小說中的主角因以「中國雖大，如一家之人」為理想，而自號「中華一民」[182]，「中華一民」認為現代的世界之弊在於國與國、家與家之間的對抗，「因為一國中又是一家一家的分了，各要顧自己家裏的便宜，把人的力量都糜費掉了」，導致「人類的力量還不能勝自然」，他慨嘆中國人只有家族觀念沒有國家觀念：「中國人有家沒國，還天天說自己是中國人，真是厚臉皮啊！」他認為西方的家制和婚制也不足取，因為「如今最文明國的人，還是把他力量一半費在國上，一半費在家裏，實在還沒有完全的國，那裏能講到世界主義！」因此他認為要建設新中國，必須先廢除家庭與婚姻，使「各人把糜廢在家裡的力量充了公」[183]。

本學者和中國留日學生的無政府主義。

[177] 王玉華：《多元視野與傳統的合理化——章太炎思想的闡釋》，頁228。

[178] 章太炎（署名「太炎」）：〈五無論〉。

[179] 王汎森：〈「群」與倫理結構的破壞〉，收入王汎森：《章太炎的思想（1868-1919）及其對儒學傳統的衝擊》（台北：時報文化，1985年），頁247。

[180] 章太炎（署名「太炎」）：〈五無論〉。

[181] 王汎森：〈「群」與倫理結構的破壞〉，頁246-247。

[182] 劉濤：〈以小說為中國立法——蔡元培《新年夢》解〉，《漢語言文學研究》，2010年第4期，頁66-68曾評論道：「中國一民，有寓意之名也，暗含了蔡元培的政治理想。……如何作到中國一民？須去除中間的阻隔，小說中提到的主要阻隔是家庭。……中國建國成功與否關鍵在於中國是否能夠做到如同一民，是否能夠破除家庭，由家人進為國人。」另可參見歐陽健：〈評蔡元培的《新年夢》和陸士諤的《新中國》〉，《明清小說研究》，1990年第1期，頁195；歐陽健：〈《新年夢》——思想家對未來中國的嚮往〉，收入歐陽健：《晚清小說史》（杭州：浙江出版社，1997年），頁226。

[183] 蔡元培：〈新年夢〉，頁42。

劉師培在赴日接觸無政府主義之前，便曾對中國家庭／家族對公益的妨害有所反省，1904年擔任《警鐘日報》編輯時，曾發表〈論中國家族壓制之原因〉，批評中國的家庭倫理觀念以「私德」妨害「公德」：「中國之民，惑於三綱之說，各分相凌，以私德而傷公德，非經家族革命之階級，則國民公共之觀念永無進步之期，又安能奏合群之效耶？」[184]1905年秋劉師培化名金少甫，在安徽公學及皖江中學堂任歷史和倫理學教員時，編撰了《倫理教科書》，此書並非一般傳統倫理教科書中金科玉律地強調忠孝節義，反而以現代性的國家社會觀，批判了傳統中國家族倫理對公益的妨礙：

中國人民自古代以來僅有私德無公德。……古代相傳之學術，以為父母若存，則為人子者，只當對父母盡倫理，不得對社會國家盡倫理。……以己身為家族之身，舍孝弟而外別無道德，舍家族而外別無義務。凡事于家族有利則經營恐後，凡事於家族有害則退避不前。人人能盡其家族倫理，即為完全無缺之人，而一群之公益，不暇兼營。……

子與親之關係日深，而民與國之關係日淺，其妨礙公德不亦甚耶？……

中國家族倫理莫重于父子一倫，其倫理尤以孝德為重。故儒家以孝為百行之首。此雖人民之美德，然愛力所及，僅以家族為範圍，故毀家抒難罕覯。……中國社會、國家之倫理所以至今未發達者，則由家族思想為之阻隔也。……以宗法系法，故家族倫理最為發達。又以社會之倫理皆由家族倫理而推，而一群之公益不暇顧矣。[185]

有些無政府主義者討論公益時並不推崇國家觀念，認為「家庭」、「國

---

[184] 劉師培：〈論中國家族壓制之原因〉，《警鐘日報》，1904年4月13日。

[185] 劉師培：《倫理教科書》第二冊（寧南武氏排印本，1936年），頁2、5、23。相關的討論詳見趙炎才：〈劉師培近代「私德」「公德」思想述論〉，《安徽師範大學學報》，2002年11月第30卷第6期，頁721-725；趙炎才：〈世紀更替與「公德」「私德」的近代重構——以梁啟超和劉師培為中心〉，《重慶師院學報》，2003年第1期，頁66-71；趙炎才：〈略述劉師培的家族制度思想及其倫理近代化觀〉，《學術研究》，2004年第11期，頁89-94；陳奇：〈劉師培的倫理學〉，《貴州社會科學》，2003年1月第1期，頁58。

家」都是「私團體」之一，而合理的生活是將個人視為社會或全世界人類的一分子。《新世紀》編輯之一褚民誼立論強調「博愛」，他推論道：有夫婦而後有家庭，有家庭而後有鄉邑、郡國、種族等「私團體」，其中又以家庭為「人人共有之私團體，且為人人最難破之私團體」，有私團體，就有「親疏之分」，「故愛吾家，而不愛他家，私利之心，全注於此。以人類本平等，而親疏不一如斯，此非無人道，乏人理極者乎？」[186]因此人類之所以無法博愛，世間之所以充滿了競爭、妒忌、殺害、爭戰，追根究柢，就是起於「婚制」，由於「有家」。所以褚民誼主張要破除私團體和親疏的習慣，就必須廢婚姻、毀家庭：「親疏由於有家族，家族由於有男女配合而成，故欲破親疏之習慣，必自破家族始。欲破家族，必自廢婚姻始。」[187]唯有去除家累，才能使「人人不獨親其親，不獨子其子」，「去家庭的倫常，以絕親疏尚博愛」[188]，無後顧之憂地從事社會公益，建設新社會，達到博愛眾人，世界大同的理想。

《天義報》上署名「漢一」的作者指出「家」使原本屬於「世界公共」的人力，卻僅限於為一家、甚至一人（家長）服務：「自有家而後人各自私。……自有家而後世界公共之人類，乃得私于一人。」[189]《新世紀》作家鞠普亦指家庭有礙於社會公益的推動：「自有家而後各私其妻，……兒女情長，則英雄氣短；世家念重，則世界情輕。明知公益之事，因有家而不肯為。明知害人之事，因有家而不得不為。」所以「必家毀而後進化可期」[190]。

江亢虎認為「個人」應直接屬於「世界」或「社會」，1911年7月在上海張園發起成立「社會主義研究會」，創辦《社會星》雜誌，在創刊號上發表〈個人〉一文，指出個人是「世界之原分子」，「世界由單純個人直接構成」，國家、家庭、民族、宗教團體等等皆不應成為「世界與個人直接關係之中梗」[191]；同年9月他計劃組織「中國社會黨」，草擬了〈中國社會黨宣

---

[186] 褚民誼（署名「民」）：〈續無政府說〉，《新世紀》，1908年2月29日第36號。

[187] 褚民誼（署名「民」）：〈普及革命〉，《新世紀》，1907年11月30日第24號。

[188] 褚民誼（署名「民」）：〈申論民族民權社會三主義之異同再答來書論新世紀發刊之趣意〉，《新世紀》，1907年7月27日第6號。

[189] 漢一：〈毀家論〉。

[190] 鞠普：〈毀家譚〉。

[191] 江亢虎：〈個人〉，原載《社會星》，1911年第1號，轉引自徐善廣、柳劍平：《中國無政府主義史》，頁128。

告〉，文中「認個人為社會之單純分子，認社會為個人之直接團體。」[192]

1913年，沙淦等人因與江亢虎理念不合，脫離中國社會黨，另立「社會黨」。與贊成「自由營業」、「競爭進化」的江亢虎[193]相較，社會黨人立論更強調「博愛」，認為家族／庭觀念狹隘偏私，有損博愛的精神，署名「迦身」的作者在其機關刊物《良心》中曾為文批評道：「家族主義，一言蔽之曰私而已矣。曾參事母，何以不事他人之母？燕山教子，何以不教他人之子？惟其私也。」[194]當時的主編太虛大師加按語道：「故講人道者，惟有博愛可言。蓋言博愛，則慈孝和合自存其中，專言慈孝和合，則於博愛未免有損，且嫌偏私，此知道者之所以為不可也。」[195]太虛大師認為破除家庭和親疏利害觀念後，即可喚起人類本有之博愛心，達到世界一家、天下太平的理想，與沙淦等社會黨人破除家界、使人無親疏的說法接近：

> 蓋博愛心所至，能盡去親疏利害之觀念，不獨父其父，不獨子其子。[196]

> 破除家庭，……以積極言，則可造成博愛之社會，合全世界為一大家庭，老有所終，壯有所用，幼有所長，矜寡孤獨廢疾有養。天下太平，人群和樂，較之各私其私，互相爭奪者，不亦遠過萬萬矣！[197]

關於個人與社會的關係，師復與同時代的江亢虎和沙淦口徑一致，都認為「社會者，當以個人為單純之分子者也。」而今個人與社會之間的疏離，就是由於家族主義：「自有家族，則以家為社會之單位。個人對於社會，不知有直接應負之責任，而惟私於其家。人人皆私其家，而社會之進化遂為之停滯。」因此為求進化，就必須廢家族、廢婚姻、廢族姓：

---

[192] 江亢虎：〈中國社會黨宣告〉，1911年9月15日，收入高軍、王檜林、楊樹標主編：《無政府主義在中國》，頁255-256。

[193] 江亢虎（署名「安誠君」）：〈自由營業管見〉，《新世紀》，1909年5月15日第97號。

[194] 迦身：〈無政府之研究〉，頁260。

[195] 迦身：〈無政府之研究〉編者（太虛大師）文末附志。

[196] 太虛：《《世界之三大罪惡》節錄：喚起人類本有之博愛心〉。

[197] 迦身：〈無政府之研究〉編者（太虛大師）文末附志。

家族者，進化之障礙物也。家族之起源，由於婚姻家族之界域，成於族姓。故廢婚姻，所以去家族之根源；廢族姓，所以泯家族之界域。二者相為表裡者也。……

若經濟平等，（共產實行）人人得以自立，互相協助而無所用其倚附。是時也，有男女之聚會，而無家庭之成立，有父子之遺傳，而無父子之名義。是時也，家庭滅，綱紀無，此自由平等博愛之實行，人道幸福之進化也。[198]

1920年研究社會主義的金枝（生卒年不詳）不但主張廢婚，對「自由戀愛」說也提出非難，認為專情於一人的愛是狹隘的，有礙於對社會全體的愛：

現在研究社會主義的人，都能明白我們是社會養活的；那麼，我們就有戀愛社會的必要，也就應該有戀愛人的必要。假使和一個人有特殊的感情，就和他發生特殊的戀愛，那我就問：他是不是社會的人？他若是社會的人，就應該對社會盡責，不該對一個人盡特殊的責；他對一個人盡特殊的責，對於社會又怎樣？唉！這種狹義的愛，就是階級式的，我不能贊成他們。[199]

易家鉞1920年就讀北京大學時與同學郭夢良、朱謙之、陳顧遠等共同編輯出版無政府主義刊物《奮鬥》，在創刊號發表〈奮鬥主義〉，文中痛罵中國的家庭是「黑暗、污穢、罪孽的結晶體」，並批判中國人「反對社會生活的心理和習俗」，「只知道圖家庭的快樂，不肯拔一毛以利社會」，因而造成「麻木不仁的中國」[200]。1922年易家鉞與羅敦偉合著的《中國家庭問題》中，提倡「每個人都做社會的一員，對于全人類努力，不必拘墟塵井在家庭這個圈子中

---

[198] 師復：〈廢家族主義〉，頁115、122。
[199] 金枝：〈非「自由戀愛」〉，《民國日報‧覺悟》，1920年5月24日。
[200] 易家鉞：〈奮鬥主義〉，原載《奮鬥》，1920年1月4日第1號，收入高軍、王檜林、楊樹標主編：《無政府主義在中國》第一輯，頁316。

間，輕視全人類幸福而發展『自私心』。」[201]

中國共產黨員向警予認為中國式的大家庭固然有許多壞處，但還有些團體主義的傾向，而新家庭是更極端的個人主義、更不以「社會人群全體的幸福」為念，因此對於「新家庭與理想社會更為接近嗎？」這個問題，向警予的回答是：

> 就新舊家庭的內涵觀之，舊家庭是攏總的，新家庭是分析的，舊家庭的苦痛和壞處，已不待說！不過他也有點子好處，就是反乎個人主義的共同和聯帶，而新家庭乃全是建築于個人主義快樂主義之上。據我看來，那專以個人主義快樂主義為前提而圖減輕自己的負擔，我敢大膽武斷他是惰性，是私心，不是向上的動機，我們的改造，當以社會人群全體的幸福作個目標，然後這個問題才有研究的價值。故我以為舊家庭的基礎固然是已經坍了的，而新家庭在我們的理想上，也無立足之餘地了。[202]

另一位中國共產黨員華林亦指出在家庭妨礙公共幸福，因為在家庭中，「自負受生育之恩，即當做犬馬之報，青年子女受這類惡教育，被強力所逼迫，不得不去求那『昇官發財』鑽營盜竊的事。所以家庭無論好歹，都無益社會的。這種私產盜賊私團體，養成一班分利寄生的蠹賊，妨礙公共幸福的增加。」[203]

北大政治學教授張慰慈（1890-1976）也曾批評狹窄的家庭生活使人們忽視個人與世界的關係，對人類社會來說已造成經濟上的損失，而且在近乎封閉的家庭環境中，性別偏見、性別刻板印象及狹隘的家庭觀念亦不斷地被複製：

> 此刻的家庭是完全根據於一種「個人主義」，所以每家有每家的廚房，每家洗自己的衣服，每家養大自己的小孩子，但是多數人家的家婦，關于種種家務的詳細情形，一些也不曉得，只得糊里糊塗亂七八糟的過

---

[201] 易家鉞、羅敦偉：《中國家庭問題》，頁66。
[202] 向警予：〈女子解放與改造的商榷〉，頁16-17。
[203] 華林：〈社會百話（十一）廢除家庭〉。

日子，其中經濟上的損失，實在算不清楚。……小孩子在最能教育的時期，就天天被孤獨的家庭模範圍住，久而久之，他們以為人生最大的職務是對于家庭，不是在于家庭以外。……小男孩……吸收他父親賤視女孩的心理，他父親在家庭作威作福的能力，……小女孩在家裡只有學習怎樣服從，怎樣伺候「尊貴」的男子，同時覺得他們與世界的關係，實在是毫無緊要。[204]

同年畢業於上海南洋女師範的楊沒累（1898-1929）批評時人「似乎把戀愛當作夫婦間的專利品一樣，又好像要把那些新家庭模範同合意婚模範都看作是能積極援助現在婦女的東西」，然而「新家庭」和「舊家庭」一樣是「私團體」，是有礙於「公團體」的「共同事業」的：

> 結婚這件事，純是彼此分出精神，意志，光陰，才力，犧牲在私人的妄念裡，就是造得成一個幸福的小家庭，反要在公團體裡分了些利益。……就算造得成功，也不免要像一個幾代同居的舊家庭，內部還藏著許多分利的「寄生蟲」呢！難道不是「搬起石頭反倒打了自己的腳」麼？那麼，大家只是做一輩子的繁殖動物，莫想群策群力做人類理性上的共同事業罷！[205]

1920年，國民黨政要胡漢民在〈從經濟的基礎觀察家族制度〉一文中，指出家庭「不適宜於個人社會底發達」，因為家庭造成了「偽善的品性、寄生的生活、偏狹私利的行為」[206]。

1920年代末，無政府主義作家向培良批評家庭「使人們拘縮於小的個人，拘縮於非正當的結合裡，以仇恨嫉視結合起來，而又以仇恨嫉視對待其他。」[207]熙素則認為家庭造成了使社會無法進步的「保守主義」：

---

[204] 張慰慈（署名「慰慈」）：〈女子解放與家庭改組〉，《每周評論》，1919年8月10日第34號。
[205] 楊沒累：〈論婦女問題書一〉，原載《少年中國》，1919年第1卷第4期婦女號，收入楊沒累：《沒累文存》（上海：泰東圖書局，1929年），頁313-321。
[206] 胡漢民：〈從經濟底基礎觀察家族制度〉。
[207] 向培良（署名「培良」）：〈戀愛破滅論〉，頁10-11。

新式的家庭，也脫不了保守的觀念，因為能享受家庭幸福的人，都能安於社會的現狀，不願有何變動而影響其家庭，並且他們平時都將其興趣集中於家庭，因此不關心社會的事情，這樣，社會便永無進步，所以家庭是保守主義的大本營，我們為了要促進社會進步的原故，能不廢除他嗎？[208]

哲學家李石岑（1892-1934）在1931年出版的著作《人生之價值與意義》中，亦主張以「大社會」取代「小家庭」，他說：「我個人贊成戀愛而不贊成結婚。我主張廢除婚姻，破除小家庭，而造成一種大社會。」[209]

上述論者有的強調國家觀念，有的──通常是無政府主義者──認為國家觀念也是一種侷限。但他們都認為「家」存在一天，人的視野就被「家」圈住一天，很難將眼光放遠看到社會、世界、人類；因此為了增進社會公益，促進人類進化，無論是中國的家族、還是一夫一妻制的家庭，都應該廢除。

四、家庭生活苦多樂少

中國人常說「家和萬事興」，以有家為樂、無家為苦，對於家庭中的壓抑、痛苦、暴力，則以「家醜不能外揚」之言掩蔽之。然而支持毀家廢婚的論者卻反其道而行，戳破家庭和樂的假象，將家庭的黑暗面赤裸裸地攤開在世人面前。

康有為指出人的個性、嗜好各不相同，只因血親、姻親的關係，勉強長期居住在一起，勢必苦多於樂，在《大同書》己部〈去家界為天民〉中，他洋洋灑灑地以將近兩千字的篇幅，詳述家庭之中人際關係的複雜和糾葛，梁啟超在〈康南海傳〉中指出：「先生以為尋常一般苦惱，起於家族者居大半。今

---

[208] 熙素：〈兒童公育〉，頁772。
[209] 李石岑：《人生之價值與意義》（上海：良友圖書，1931年），頁24；本書筆者未見，轉引自周萍子：〈關於「戀愛與貞操」的讀後感〉，收入生活書店編輯所編：《戀愛與貞操》（上海：生活書店，1933年），頁6；錫斌：〈我也談談戀愛與貞操〉，收入生活書店編輯所編：《戀愛與貞操》，頁54-55。

日中國無論何人，問其家事，必有許多難言者。」[210]美國學者蕭公權在評論《大同書》時指出：「康氏最驚人之見在於全書最長的第六部，論及家庭此一社會制度的罪惡。」「大多數的家庭並不因紛爭而破裂，至少暫時維持表面的和諧，但是沒有一個家庭可以永久遮掩真相。」[211]康有為指出家人間常因有所偏愛或分待不均，而猜忌、怨怒，「始則訴誶，繼則鬩牆，甚則操杖，極則下毒」，且不僅中國大家族的情況如此[212]，「此凡歐美有家之人所不能免也」[213]，因此要達到大同世界，不但要廢除中國的大家族制，也不能採取西方的小家庭制[214]。

譚嗣同在《仁學》中也痛陳家庭內的暴力，強而有力地戳破家庭和平安樂的假象：「村女里婦，見戕於姑惡，何可勝道？父母兄弟，茹終身之痛，無術以援之，而卒不聞有人焉攘臂而出，昌言以正其義。又況後母之於前子，庶妾之於嫡子，主人之於奴婢，其於體魄皆無關，而黑暗或有過此者乎！」[215]章太炎對家庭生活的陰暗面著墨較少，但亦認為家人同居勢必產生嫉妒、紛爭，在〈五無論〉中指出「牝牡相交，父子相親，是雖人道之常，然有所暱愛則妒生，有所攝受則爭起」[216]。

嚮往個人自由的無政府主義者對於家庭造成的苦惱抨擊尤烈，《天義報》

---

[210] 梁啟超：〈康南海傳〉，頁25。

[211] 〔美〕蕭公權著、汪榮祖譯：《近代中國與新世界——康有為變法與大同思想研究》，頁339、340。

[212] 李卓：《中日家族制度比較研究》（北京：人民出版社，2004年），頁52-53：「數代同居，百口共食，其樂融融的大家庭生活場景基本上是一種理想甚至神話。……大家庭內部關係複雜，矛盾四伏，……在中國歷史上縱然有幾代共爨的義門，包括數百人口的大家，甚至『百室合戶，千丁共籍』（《晉書・慕容德載記》），但從來沒有、而且不可能普遍、大量存在，見於正史記載的不過清人趙翼統計的區區百餘戶罷了。」另見魯迅：〈我們現在怎麼做父親〉，收入魯迅：《魯迅全集》（北京：人民文學出版社，1981年）第1卷，頁138：「就實際上說，中國舊理想的家族關係父子關係之類，其實早已崩潰。這也非『于今為烈』，正是『在昔已然』。歷來都竭力表彰『五世同堂』，便足見實際上同居的為難」。

[213] 康有為：《大同書》，頁221。

[214] 鍾賢培主編：《康有為思想研究》（廣東：廣東高等教育出版社，1988年），頁98：「封建家庭乃至一切家庭都不復存在，個人取代家庭而成為社會的構成單位和基礎，而每個人都是相互平等、獨立自主的。人不再受制於種種家族的、宗法的關係，而只剩下『獨人』和『獨人』，『獨人』與社會的關係」；陳慧道：《康有為〈大同書〉研究》（肇慶：廣東人民出版社，1994年），頁216：「要達到大同世界……就不但封建家庭要廢除，而且歐美資本主義社會的家庭也要廢除」；劉海鷗：〈康有為《大同書》中的婚姻家庭倫理思想初探〉，《船山學刊》，2005年第1期，頁70中批評康有為《大同書》「不懂得斬斷封建羈絆和解放個人並不意味著需要立即廢除家庭，不懂得廢除了封建的大家族制度還可以有體現自由平等原則的現代小家庭制度。」

[215] 譚嗣同：《仁學》，頁124。

[216] 章太炎（署名「太炎」）：〈五無論〉。

作者漢一認為「家」製造了層出不窮的家務，徒增煩惱：「自有家而後無益有損之瑣事，因是叢生。今人動言家務累人，其實皆是自尋煩惱。今既無家，則此等瑣事，亦隨而俱無矣。」[217]《新世紀》作家鞠普指出家人間的權利義務，使人一生充滿了憂患、苦惱、罣礙：「人有家族，故親須為子謀，子復須為親謀，自少而壯而老，無時不在經營之中，亦無時不在憂患之中。」[218]「人生天地間，獨來獨往，無畏無懼，本極自由也。自有家而奔走衣食，日不暇給矣。自有家而悲歡離合，百苦叢生矣。……父母沒則有喪葬之苦，妻妾多則有詬誶之苦，兒女大則有婚配之苦，其餘離別之苦，酬應之苦，幾無日不在恐怖掛礙苦惱之中。」[219]。

　　江亢虎在1903年的〈三無主義懸論〉中指出，人要獲得安樂，就必須找出「不安樂之根蒂而務去之」，而人間之苦主要有三：「曰有宗教之苦，曰有國家之苦，曰有家庭之苦」，因此「欲求安樂之心，必舉其苦的根本推翻之，由有宗教變而為無宗教，有國家變而為無國家，由有家庭變而為無家庭。故無家庭、無宗教、無國家者，吾人今日目的之注點所在。」[220]1908年，江亢虎匿名發表〈無家庭主義〉，本文發展了「三無主義」中的無家庭主義，集中火力猛烈抨擊家庭制度：「甚矣！夫婦家庭之敝也！古今東西死于是者，視兵燹疾病十百倍不已，不死亦抑抑無生趣。所謂家庭之樂，殆如狴犴中人，苟免敲扑，則侈為寄幸耳。」[221]1910年7月江亢虎撰寫〈無家庭主義意見書〉，在繼承原有三無主義的基礎上，以破除家庭作為三無主義的中心，他說：「人生斯世，無不願求快樂者。而苦惱之來，千態萬狀。究其原委，約有三端，即政府之壓迫，宗教之錮禁，家庭之牽制是已。就中家庭危害尤甚。」個人在家庭中「上脅長親無理凌虐之威，中受夫婦互相累贅之困，下執子女代謀教養之勞」[222]，1911年3月江亢虎擬發起「個人會」時，指出「家庭積弊，至今而極，種種苦惱，種種劣根性，種種惡行為，罔不緣此而生」[223]，7月成立「社會主義研究

---

[217] 漢一：〈毀家論〉。
[218] 鞠普（荷蘭來稿）：〈禮運大同釋義〉。
[219] 鞠普：〈毀家譚〉。
[220] 江亢虎：〈三無主義懸論〉，頁32-26。
[221] 江亢虎（署名「某君」）：〈無家庭主義〉。
[222] 江亢虎：〈無家庭主義意見書〉。
[223] 江亢虎：〈擬發起個人會意見書〉，收入江亢虎：《洪水集》，頁6-7。

會」更詳述道:「家庭弊制至今而極,家長受家屬牽累之苦,家屬迫家長壓制之威,男女老幼尊卑親疏,無一人無一時不在煩惱苦難中。此不必父子責善、兄弟鬩牆、姑婦勃谿、夫婦反目、嫡庶妒寵而後然,即積善餘慶和氣致祥之家庭,其無形的痛楚,已有不可言語盡者,古人所以垂百忍之訓也。所謂天倫樂事,特如狴犴中人,苟免敲扑,則歌呼相慰藉耳。其影響所及,社會一切不道德、不法律、不名譽之行為,罔不由家庭弊制直接間接醞釀而成。」[224]因此要去苦求樂,就必須破除家庭的桎梏。

1926年,高長虹指出「家庭的糾葛」會「使人類失掉性的興趣,失掉較大的活動能力,使科學家因逃避阻礙而陷于獨身」[225],主張不固定性伴侶的「雜交」,以免除無謂的苦惱。同年唐運劍(生卒年不詳)在《幻洲》中認為廢除夫婦制度才能徹底解決性愛問題,並掃除煩惱:「夫婦制度廢除以後,還可以免除其他因有夫婦制度而生的痛苦。離愁別恨,家室負擔……等等煩惱,也可以附帶掃清。這是何等痛快的事。我想人們生活在這樣改良社會裡是何等快樂啊!」[226]1929年黎濛在其著作《家庭問題》中,描繪出西洋的婚姻制度表面上平安可羨,內部卻是充滿了無限的創痕、厭恨、欺騙和苦惱[227]。

上述論者認為家庭和婚姻生活中複雜的人際關係,以及法律、宗教和習俗

---

[224] 江亢虎:〈社會主義商榷案〉,收入江亢虎:《洪水集》,頁42。

[225] 高長虹:〈論雜交說〉,頁46-54。

[226] 唐運劍:〈性愛問題的激底解決——就是廢除夫婦制度〉,《幻洲》,1926年11月16日第4期,頁179-180。

[227] 黎濛:《家庭問題》,頁133-134。頁133中說:「有些人以為西洋的婚姻制度,是一種很好的婚姻制度,在我們中國確應有採取的必要,這種的人確是不少;所以現在社會上仿照西洋的婚姻制度去實行的,實不乏人,牧師(或證婚人)生意確比以前利市了許多。可是我們採取這種的制度,是不是就算是一種安固的制度了呢?我可以敢說,這確是不能的。……我們在表面上看來,西洋的婚姻制度,雖然是一種很平安的,一對的夫婦臂交臂的行走著,上下行動的時候,丈夫扶著柔弱的妻子,這是何等可羨慕的夫妻呀!可是我們一從內部看看,就覺到它有無限的創痕,和中國的舊婚姻制度相比,也不過是百步與五十步罷了。……一到了被可惡的牧師證了他們的名字,社會上承認了他們的結合的時候,於是在未婚前的熱情便消失了大半,漸漸互相尊重的心,都彼此消失了。他們在未結婚前,種種幻想結婚後的快樂,和舒適,到了此刻真是沒路去尋找了。他們不過是僅賴法律、宗教和習俗去強制著,因而能維持表面上的結合,由此整日都是過那厭恨,欺騙的夫婦生活。……婚姻的束縛真好似把婚姻的當事人禁錮在另外的一個世界,彼此兩人不但不能與第三者發生性的關係,就是夫婦兩人稍稍與第二個異性有些親密也是在禁止之列。夫婦二人的生活是何等的不自由!何等的苦惱!」張者孫(生卒年不詳):〈羅素婚姻論述評〉,《東方雜誌》,1935年第32卷第17號,頁94,其寫作立場雖是擁護婚,亦以痛徹心扉的口吻疾呼道:「一夫一妻制的缺憾使緊張而刺激過度的神經感受無窮苦痛,使家庭成為戰場,夜間的擁抱祇是暫時的休戰而已。我們的悲哀已不能忍耐而必須大聲疾呼了。」

等所加諸的責任和束縛，是人類苦惱的根源，唯有毀家廢婚，才能擺脫家庭婚姻帶來的煩惱和痛苦，有樂無苦的理想世界才有實現的可能。

五、資本主義的流弊

受社會主義、無政府主義或馬克思主義影響的論者，在反對家庭婚姻的同時，亦反對資本主義，他們認為資本主義與現代家庭婚姻互為表裡，家庭婚姻的私有制和遺產制鞏固了資本主義的基礎，造成了貧富懸殊和不平等的社會階級，而資本主義使人的性、愛與婚姻都受到金錢和階級的轄制，因此要廢除私有制和階級，追求不受金錢和階級支配的、理想中純粹的愛或性，只是改良現有的家庭婚姻制度是不夠的，必須將家庭婚姻連同資本主義徹底推翻才行。如署名「燕客」的作者在1903年發表的〈《無政府主義》序〉中，列舉誓願革除的對象，包括結婚者、財產家資本家，以及滿州人、君主、政府官吏、孔孟教之徒[228]。

在《大同書》中，康有為盱衡歐美工商業發達的情勢，批評資本家「操縱輕重小工之口食而控制之，或抑勒之，于是富者愈富，貧者愈貧矣。」康有為認為雖有近代社會主義欲解決貧富不均的問題，卻成效不彰，就是因為家庭和私有制尚未廢除：「近者人群之說亦昌，均產之說益盛，乃為後此第一大論題也。然有家之私未去，私產之義猶行，欲平此非常之大爭而救之，殆無由也。」[229]所以要去除家庭和私產，才可能達到大同世界的理想：「全世界人類皆無家矣，無有夫婦父子之私矣，其有遺產無人可傳，其金銀什器皆聽贈人。若其農田、工廠、商貸皆歸之公，即可至大同之世矣。」[230]

《天義報》主編何震在1907年發表的〈經濟革命與女子革命〉中，以反資本主義的立場，對現代婚姻提出批判，她認為在資本主義社會中婚姻的基礎實為「富者出資以買淫樂，貧者賣淫以博資財，謂之男女之關係，不若謂之貧富之關係也。」所以「現今之結婚，均金錢上之婚姻也，謂之財婚，亦非過論」，而且「財婚」並非只存在於中國，歐美婚制亦「無異於買賣婚姻，均掠

---

[228] 燕客：〈《無政府主義》序〉，頁23。
[229] 康有為：《大同書》，頁332-333。
[230] 康有為：《大同書》，頁356。

奪婚姻之變相」,「財婚之制,偏于世界」,她以諷刺犀利的筆調,指出中國當時的婚姻是「女子賣身于男子」,而歐美各國的婚姻,「其習俗已與中國稍殊,乃男女互相賣淫者也」,因此「現今之時代」為「男女互相賣淫之時代」,何震並以相當長的篇幅,縷述歐美各階層的男女,因貧富不均而衍生的種種婚姻現象,其中大多在今天資本主義的社會中仍屢見不鮮[231]。同年《天義報》發起人之一劉師培發表的〈人類均力說〉中,指出現有的社會秩序造成人類的不平等,使「民倚其君,然後君役其民;女倚其男,然後男役其女;佣工倚其資本家,然後資本家役佣工」,主張「破壞固有之社會」[232]。

周作人(1885-1967)1907年11月在《天義報》發表的〈防淫奇策〉中,認為「淫」與「盜」產生的原因在於「以人人私有其女子並私有其財產也」,以致人的本性屢被扼殺、不能張揚,遂向「惡」發展,因此「以女子財產為私有者,已犯天下之首惡」,他批評了西方資本主義下的婚姻制度往往受制於「門第財產之差別,不克遽遂其情」,所以「今日之婚姻,均非感情上之婚姻也。」[233]現代婚姻不僅不能防淫,反而適足以致淫,而周作人提出的「防淫奇策」則是廢除私有制,改造(或廢除)現有婚制,其說與何震〈女子解放問題〉幾無二致,明顯可見受其影響,曾有論者評論〈防淫奇策〉:「這種將女性問題歸結於財產私有的評論與『天義派』何震〈女子解放問題〉一文頗為相似。」[234]

另一無政府主義刊物《新世紀》作家鞠普指出階級制度源起於家:「人類本極平等,無所謂富貴貧賤也。自有家而世傳其職,受其遺產,於是階級分矣」[235],並以反資本主義的視角批評中國和歐美的婚制皆不合理,應予廢除:

---

[231] 何震(署名「震述」):〈經濟革命與女子革命〉,頁9-22。

[232] 劉師培(署名「申叔」):〈人類均力說〉,《天義報》,1907年7月10日第3號。關於〈人類均力說〉的討論可參見吳雁南:〈劉師培的無政府主義〉,《貴州社會科學》,1981年第5期,頁51-52;靳明全:《攻玉論:關於20世紀初期中國政界留日生的研究》(重慶:重慶出版社,1999年),頁242;吳豔玲、高士臣:〈劉師培無政府主義思想評析〉,《齊齊哈爾大學學報》,2000年3月第2期,頁91;郭院林、程軍民:〈保守與激進:劉師培思想歷程分析〉,《石河子大學學報》,2008年2月第22卷第1期,頁58;焦寬、郭院林:〈《天義報》宗旨與劉師培、何震的婦女解放論〉,《雲夢學刊》,2010年7月第31卷第4期,頁39等。

[233] 周作人(署名「獨應」):〈防淫奇策〉,《天義報》,1907年11月第11-12號合刊。

[234] 張寧、申松梅:〈無政府主義與周作人留日期間的創作〉,《現代語文》,2010年第5期,頁77;另參見孟慶澍:〈從女子革命到克魯泡特金──《天義》時期的周作人與無政府主義〉,《汕頭大學學報》,2005年1月第21卷第1期,頁36;孟慶澍:《無政府主義與五四新文化:圍繞《新青年》同人所作的考察》,頁171中評論〈防淫奇策〉「表明周作人向無政府主義有所靠近。」

[235] 鞠普(荷蘭來稿):〈禮運大同釋義〉。

男女交合，干卿甚事，而西俗必成婚于教堂，或登記于官府，此何意耶？非斂財耶？吾國雖無此陋俗，但必憑媒妁之言，父母之命，此何理耶？非專制耶？至婚姻論財，西俗尤甚，此又野蠻時代之遺習也，非廢婚姻何以除此陋習哉？[236]

《新世紀》編輯之一褚民誼認為，婚姻是構成階級社會的基礎：「今之社會，一階級之社會也；其現象，宛如一高塔。婚姻為其基礎，財產也，家庭也，國界也，種界也，遞為塔層，為其頂者，實政府也。」[237]美國學者德里克曾評論褚民誼這段話道：「這是一個普通的無政府主義觀點，但在一個長期以來一直把家庭看作政治範式的中國政治思想背景下，這種觀點卻具有特殊的意義。」[238]

江亢虎是在二十世紀初的中國積極倡導「遺產歸公」的人物之一，在1908年的〈無家庭主義〉中說「門第遺產為人間第一不平等事」[239]；1910年撰寫的〈無家庭主義意見書〉中更說明道：有了家庭，則不能使每個人都受同樣的教育，使智愚、貧富、貴賤的差別日益擴大，且「門第遺產，最悖人道，有家庭則此惡制度緣附長存」[240]。1911年9月江亢虎計劃組織「中國社會黨」，草擬了〈中國社會黨宣告〉，文中提出他一貫的主張——破除家庭制度及世襲遺產制度，他說：「貴賤貧富各階級，皆由世襲遺產制度而生，此實人世間一切罪惡之源泉也。」[241]1911年11月5日，江亢虎於上海成立「中國社會黨」，規章中采定黨綱八條，其中與家庭問題有關的是「破除世襲遺產制度」，及「組織

---

[236] 鞠普：〈論習慣之礙進化〉。
[237] 褚民誼（署名「民」）：〈續無政府說〉，《新世紀》，1908年3月14日第38號。
[238] 〔美〕阿里夫・德里克著、孫宜學譯：《中國革命中的無政府主義》，頁93；Arif Dirlik, *Anarchism in the Chinese revolution*, p.99: "Chu Minyi described the family as the basis of all inequality: 'Today's society is a class society. It is like a high tower in appearance. Marriage is its foundation. Property, family, national and racial boundaries are all levels of the tower, with government at the top.' This is a common anarchist view, but within the context of Chinese political thought, which had long viewed the family as a paradigm for politics, it had a special significance."
[239] 江亢虎（署名「某君」）：〈無家庭主義〉。
[240] 江亢虎：〈無家庭主義意見書〉。
[241] 江亢虎：〈中國社會黨宣告〉。

公共機關，普及平民教育」[242]。其後因若干理念不合，而從「中國社會黨」獨立出來的「社會黨」，也主張廢除遺產制度，如社會黨機關刊物《良心》的主編太虛大師曾指出「破除家庭」的好處之一是「可以廢除遺產，遺產廢，世界無患不均，即無攘奪之事矣。」[243]而與江亢虎的競爭進化、自由營業之說不同的是，太虛大師認為貨源應歸公、共享，無待競爭，實行無政府主義共產主義，以消弭貧富階級制度和利害觀念：

> 今則人文進步，智識大開，幼者老者即可歸社會公共教育，無待父母之撫育，子孫之供給，則親疏之觀念可除；貨源悉公諸社會，共同工作，共同享受，無俟乎競爭，則利害之觀念自減。親疏利害之觀念去，則博愛心現矣。……

> 無政府主義，蓋以傾覆一切惡制度偽道德為目的者也。……由家族遺產而生之貧富階級制度，亦惡制度之一。既屬惡制度之一，自必在於無政府主義傾覆之中。家族遺產之貧富階級制度既傾覆，不實行共產主義，將誰行乎？故無政府主義未有不含共產主義者。[244]

師復在1912年成立「心社」時擬定了十二條戒約，其中一條是「不婚姻」，他說明遺產制度是他主張不婚的原因之一：「有婚姻則有家族，有家族則有遺產制度，遺產者又不公之甚者也。」[245]1913年師復在廣州創辦《晦鳴錄》雜誌，在發刊詞中列出八大綱要，其中一項是「反對家族主義」[246]，在創

---

[242] 江亢虎：〈中國社會黨規章〉，1911年11月1日，收入高軍、王檜林、楊樹標主編：《無政府主義在中國》，頁252-255。中國社會黨被稱為中國首次以社會主義為旗幟，以社會主義者為成員的政黨，詳見姚錫長：〈江亢虎的社會主義觀與社會主義在中國的傳播〉，《新鄉師範高等專科學校學報》，2004年7月第18卷第4期，頁4。師復：〈孫逸仙江亢虎之社會主義〉，收入師復：《師復文存》（廣州：革新書局，1928年），頁21中師復曾謂當時「中國言社會主義者有二人焉，孫逸仙與江亢虎是也」。

[243] 迦身：〈無政府之研究〉編者（太虛大師）文末附志。

[244] 太虛：〈《世界之三大罪惡》節錄：喚起人類本有之博愛心〉。

[245] 師復、彼岸、紀彭：〈心社趣意書〉。

[246] 師復：〈《晦鳴錄》發刊詞〉，原載《晦鳴錄》，1913年8月20日第1期，收入高軍、王檜林、楊樹標主編：《無政府主義在中國》，頁33；《晦鳴錄》八大綱要是：共產主義，反對軍國主義，工團主義，反對宗教主義，反對家族主義，素食主義，語言統一，萬國大同。

刊號的〈無政府淺說〉一文中，主張廢除私產制度及婚姻制度：

> 然殺人之原因，十八九由於爭財，否則爭色。財之爭由於私產制度以財
> 產為私有，色之爭由於婚姻制度以婦人為私有；而二者之所以存立，又
> 無非根據於政府之法律。（所謂民法）若無政府則私產絕，婚姻廢，財與
> 色均無可爭，殺人之事又必絕迹於社會矣。[247]

　　師復的追隨者梁冰弦亦主張廢除家族，他不僅反對遺產制，還注意到「階級」問題，他認為家族所重視的「名分」便是砌成不平等的「階級」的主要材料，家族以階級形成，推而廣之，「社會亦因而以階級建立」，並造成了「今日萬惡的社會」，他高喊：「階級萬惡！家族萬惡！」[248]

　　1919年，沈兼士在一篇探討兒童公育的論文中，也認為家族制度與私有制關係密切：「家族制度者，人類私有財產制度的歷史上之惡性傳統物；自來社會種種進化，莫不受其累而形遲滯焉。」因此他主張推行兒童公育，使「家族制度，權貴階級，資產階級，均可藉此打破，永無復活之機緣；然後勞動問題，經濟均等問題，得有根本解決。」[249]

　　1920年李綽在〈婚姻何以當廢〉一文中，指出推翻婚制的第一個好處就是「打破遺產制」：「夫妻形式消滅，則家庭一定隨他取消。私有財產制於家庭，最有關係，現在既然打破家庭；則公產實行，比較上容易得多；私產制度可以消滅。」[250]五四時期創辦無政府主義刊物《奮鬥》的易家鉞，發表〈破壞論〉鼓吹要破壞國家、家庭和私有財產。他引用美國保守派社會學者亞沃德（Ellwood）的話：「西方文明，就在一夫一妻制的家庭的形式和私有財。我們的文明，就是放在這兩種制度上底。國家在社會上，是第三種重要的制度，他的生存，大部分是保護家庭和財產。」這番見解非旦沒有使易家鉞感到國家的重要，反而使他更加堅定地說「我們反對國家，也是因為他保護家庭和財

---

247 師復：〈無政府淺說〉，原載《晦鳴錄》，1913年8月20日第1期，收入高軍、王檜林、楊樹標主編：《無政府主義在中國》，頁243。

248 梁冰弦（署名「雨極」）：〈家族的處分〉，頁400-404。

249 沈兼士：〈兒童公育：徹底的婦人問題解決法處分新世界一切問題之鎖鑰〉。

250 李綽：〈婚姻何以當廢〉。

產」[251]。

1920年《民國日報》主編邵力子在該報的「覺悟」欄主持了一場關於廢婚的討論，署名「輩英」、「哲民」的作者都批評婚姻是用金錢來購買性的專利，輩英指出「結婚不過是『生殖器的買賣』；婚證是買賣的契約，婚禮是買賣的手續，買賣的媒介是金錢和戀愛。」[252]哲民評論「婚姻制度，是個娼妓制度的變相罷了，比較起來，是一點沒有分別的」：

> 婚姻制度，無論是文明結婚、自由結婚；新式結婚、或舊式結婚等；在理論好像是天經地義的，其實都是做賣買的變相。猶如嫖客把錢送給妓女，妓女把身體賣給嫖客；嫖客說愛，妓女亦說愛，彼此都是金錢為媒介。譬如今天北京來了一個大嫖客，把上海院子裡的某妓女看對了，或則出了多少錢一個月包到了；那麼，妓女就是那嫖客專利品了。所以那些版權所有的婚姻制度、和不准翻印的一夫一妻主義，都是一個的一樣顯明例子。……婚姻制度，是長期的賣買；娼妓制度，是短期的賣買；都是賣買為基礎的，不是真正的自由和戀愛為基礎的。真正的自由和戀愛，我可以武斷說一句，只有打破男女生殖器的專利主義，滿足個性的性慾目的。[253]

既然婚姻制度與娼妓制度一般無別，哲民語出驚人地批判「贊成自由結婚，就是要把自己的或人家的女子都看做了同妓女一樣。」[254]他慨嘆女子「簡直和一件商品一樣，同市場上的買賣有無分別」，主張「把萬惡的婚姻制廢掉」，「否則提倡那『隔靴搔癢』的婦女解放，終究是無效的。」[255]同時期的高銛亦主張「打破現代家庭制」，他批評「現代家庭存立之基，全在於賣淫」[256]，無論是中國的家族還是西方的小家庭，都脫離不了買賣關係：

---

[251] 易家鉞（署名A.D）：〈破壞論（一）〉。
[252] 輩英：〈結婚到底是什麼〉，《民國日報・覺悟》，1920年5月16日。
[253] 哲民：〈廢除婚姻問題的討論〉，《民國日報・覺悟》，1920年5月11日。
[254] 哲民：〈廢除婚姻問題的討論〉。
[255] 哲民：〈廢除婚姻問題的討論〉。
[256] 高銛：〈戀愛獨立〉。

我們要第一破壞這男系制之家族主義。近人主張的也多，但我覺的〔得〕都沒有激底。因為他們倡小家庭制來代，什麼是小家庭，不過子女對父母的負擔輕些，女子少一點脅迫之苦，於男女間關係毫未更改，還是一個家族主義之縮影，女子還離不了賣淫生活。因為女子自己以為他娶了我，他當養我。在男子，自己以為我娶了她，我便當養她，這種觀念之下來結婚。這兩個「當」字，從那裡著想？價值問題，淫之買賣罷了。所以近代的家庭組織，不可以不隨著家族主義一律破壞。[257]

服膺馬克思主義的李人傑（1890-1927）也以反資本主義的角度評論男女的家庭婚姻問題，在〈男女解放〉中，他認為美國女子看似比中國女子解放，但由於資本主義的私有制度未破除，經濟能夠獨立的很少，在家庭中也未脫離「奴隸」的地位：「他們大多數不是工場農場的奴隸，就還是家庭的奴隸。不是資本家的奴隸，就是丈夫的奴隸。……這也不過是西洋的監獄與中國式的監獄的差別，其坐在監獄裡面還是一樣的，其沒有解放，也是一樣的。」李人傑並指出，在私有制度下，不僅女子苦，男子也苦，因為男子一方面受資本家的剝削，一方面要負養家的責任，「中國男子的精神，大概都消磨到這裡面去了，事業大概都是埋沒到這裡去了的。社會的委靡、國家的不振都是這個原因。」因此李人傑認為「私有制度是萬惡之源。現在不僅僅是女子應該要打破他的，就是男子也是應該要打破他的」[258]。五四時期婦運健將張若名在一篇討論婦女解放問題的文章中亦主張「要打破私有制，打破家庭的束縛」[259]。

1924年展開狂飆運動的高長虹，在1926年發表〈論雜交說〉，文中評論婚姻生活是「升之九天的神化和沉之九淵的性交的滅裂而湊合的矛盾生活」，而且是建立在資本主義的經濟制度上，「性的生活建築在婚姻制度上面，而婚姻制度又建築在經濟制度上面，使性受經濟的支配是根本沒道理的。」由於性、婚姻與經濟制度的密不可分，造成了種種流弊，如：「因為經濟制度下形成的

---

[257] 高銛：〈戀愛獨立〉。
[258] 李人傑：〈男女解放〉，《星期評論》，1920年1月3日第31號。
[259] 張若名（署名「一峰」）：〈現代女子認怎樣的解放為滿意？〉。

貧富階級影響到婚姻制度，而發生一方面的多妻和別一方面的獨身，而陷人類的性生活于過度或不及的偏畸狀態。」「因為女子在經濟制度下的低卑的地位，使女子在性的生活上也處于低卑的地位，而失掉了性的自由，因為家庭的壓迫並且使女子失掉一切活動的能力。」[260]因此，他主張廢除婚姻制度，實行不固定性伴侶的性交。1927年王應培（生卒年不詳）在〈一夫一妻制〉一文中，指出現代婚制與資本主義的私有財產及階級制度是互為表裡的：「私有制的廢除，與階級的消滅，兩性間的經濟乃能平等。那時男女的關係，便是朋友之間的關係。自由結合，自由離異，無所謂夫婦，更無所謂一夫一婦；這才叫『真正戀愛之實現』。」他主張「為實現真正戀愛，而向現代婚姻制度進攻；更從廢除私有財產制度，為達到此目的之唯一手段。」[261]同年作家向培良亦謂：「家庭：牠是私產制度底保障，孕育和保守私產的地方。」[262]

　　1920年代末的無政府主義者張履謙、盧劍波亦以反對私有制的視角評判夫妻關係和家庭制度，張履謙說：

> 夫妻制度在性的方面說便是男人私有女人的性器官制度，無論他是男或女的佔有，總之是如人之佔有財產樣，在社會中是得了萬人的信賴，而且得了國家的法律之批准的。因此，有不少的人從經濟的發展史與性的變革中觀察，斷定夫妻制度是與產業的私有制度相伴而來的，他是適應於私有產業制度的經濟組織的性與性的統合之制度，他是代表兩性在私有產業制度下的性關係的唯一的方式。[263]

　　張履謙批評「小家庭制度是資本制度下的社會組織的產兒」[264]，「近代的一夫一妻的制度，更十足的具有財產佔有的意義」[265]，「從舊家庭走入新家庭」對女性來說仍然是「性的依賴的經濟主義」，過著「家主婦的整賣，娼

---

[260] 高長虹：〈論雜交說〉。
[261] 王應培：〈一夫一妻制〉，《幻洲》，1927年3月16日第10期，頁469。
[262] 向培良（署名「培良」）：〈戀愛破滅論〉，頁10-11。
[263] 張履謙（署名「謙弟」）：〈非戀愛與其他〉，頁1239。
[264] 張履謙（署名「謙弟」）：〈「尾巴」的尾巴〉，《新女性》，1928年8月第3卷第8號，頁882。
[265] 張履謙（署名「謙弟」）：〈非戀愛與其他〉，頁1239。

妓的零賣的所謂『出租』的變相的性生活」[266]，盧劍波更詳加申論私有制與夫妻、家庭的密切關係及其罪惡：

> 夫妻這個名詞，我們所以厭用的意思，是因為他們和私有制度所生的性從屬關係太親密之故，是因為他有了附加的（在單純性的自然關係之外），被決定於社會關係或與之相應而生的從屬關係這一點特質之故。[267]

> 家庭是基於有性關係或有血統關係之一群的營共同生活之詞。牠的功能之內涵被決定於社會制度，而且，其變遷，其發展，也是和社會制度相適應的。在私有制度下面，牠便生出罪惡來，因為牠在其原有的功能——「基於有性關係之一人以上的男女之營共同生活」而外更加上經濟的依附和從屬關係。[268]

　　上述論者認為資本主義下的私有制、階級、金錢都會衍生罪惡，扭曲人與人間的關係，包括愛與性的關係，而家庭婚姻的私有性質和遺產制卻是資本主義的共謀，因此要遏阻資本主義所造成的種種流弊，就必須將家庭婚姻和資本主義一起推翻。

六、婚姻的恆久性質違反人性

　　「執子之手，與子偕老」、「百年好合」、「永結同心」……一向被描摹為美麗理想的婚姻圖景，但不少倡言毀家廢婚的論者卻指出，強迫已婚者的愛情專一而永恆，是不自然的、違反人性的，康有為在《大同書》中說明每個人個性不同，不可能完全相合，且喜新厭舊、見異思遷是人的天性：

> 蓋凡名曰人，性必不同，金剛水柔，陰陽異毗，仁貪各具，甘辛殊好，智愚殊等，進退異科，即極歡好者斷無有全同之理，一有不合，便生乖

---

[266] 張履謙（署名「謙弟」）：〈非戀愛與戀愛〉，頁508。

[267] 盧劍波（署名「劍波」）：〈婦女與社會〉，收入張履謙（署名「謙弟」）：《婦女與社會》，頁21。

[268] 盧劍波（署名「劍波」）：〈婦女與社會〉，頁24。

暌。固無論何人，但可暫合，斷難久持，若必強之，勢必反目。……又
凡人之情，見異思遷，歷久生厭，惟新是圖，惟美是好。如昔時合約，
已得佳人，既而見有才學尤高，色相尤美，性情尤和，資業尤富者，則
必生愛慕，必思改交。已而又有所見，歲月不同，所好之人更為殊尤，
則必徇其情志，舍舊謀新。[269]

根據康有為的觀察，雖然古今中外都有關於夫妻離異的法律條文，但輿論
皆以夫妻終身為美，以夫妻離異為恥，以致許多感情已破裂的夫妻，仍強合隱
忍而不離婚：

然大地風俗，夫婦皆定于終身，其有離異，即犯清議：不眥其薄行寡
恩，即議其擇人不慎，否則議其治家無法，否亦以為異事笑談。于是鄉
里私貶其輕薄，公府亦皆議其行誼，報紙加以譏誚，知識傳為笑言，種
種責備，令人不堪。故雖私恨甚深，不得不彌縫隱忍。[270]

美國學者蕭公權曾分析康有為對婚姻的看法說：「他明白地非難傳統的
一夫一妻制，正由於這種制度含有一個恆久的婚姻束縛，除非在一個『正當基
礎』下離婚，否則無法解決困難。」[271]康有為認為如此「既非人道之情，又損
自由之分」的制度，猶如「築堤愈高，而水漲愈甚」[272]，因此主張廢除終身之
約的婚制，改訂暫時性的、短期的「交好之約」。

晚清在《新世紀》發表〈無家庭主義〉的江亢虎，及民初成立「心社」的
無政府主義集大成者師復，也都曾批評婚姻的恆久性質，與人性的多變是互相
衝突的：

慾念乃一時之勃起，本不可以持久，況性情氣質，亦常有變遷，定為夫

---

[269] 康有為：《大同書》，頁234。
[270] 康有為：《大同書》，頁236。
[271] 〔美〕蕭公權著，江日新、羅慎平合譯：〈理想與現實──康有為的社會思想〉，收入〔美〕蕭公
權等著：《近代中國思想人物論──社會主義》（台北：時報出版公司，1988年），頁61。
[272] 康有為：《大同書》，頁237。

婦，則必終身相偕，故有情義已殊，而名義仍屬者，其苦不可言。（江
亢虎）[273]

婚姻有永久之性質，而人情之結合，無永久不變之理，情既離矣，而社
會之惡法律偽道德復從而縛束之，以離婚為不祥，以苟合為恥辱，于是
乎狹邪妒殺等罪惡紛然以生，而社會無光明和樂之幸福矣。故吾敢斷言
曰：欲社會之美善，必自廢絕婚姻制度實行戀愛自由始。（師復）[274]

　　1920年，《民國日報‧覺悟》以廢除婚制的問題徵稿，主張廢婚的來稿
中，也有幾位指出人的感情、性慾並非一成不變，第三者的出現難以禁制，與
其用法律、宗教甚至貞操來防治婚外情，不如予以自由，因此主張廢除不符合
人性的婚姻制度：

有了戀愛，靠著證婚書和約指，強使大家永遠結合，戀愛不能移到第三
者。若是說婚姻是一成不變的；那麼，男女間憑著無理性的衝動，彼此
間的感情壞了，仍舊要依著一成不變的真理，過那種無聊的歲月，那男
女間精神上的痛苦，何等利害！我們若只曉得要求婚姻自由，而不曉得
要求戀愛自由，真是目光如豆了。（可九）[275]

滿足性慾，是人類（不止人類）正當的要求，誰也不能阻止他。但是一有
了婚姻制度，性慾可就不能滿足了！因為真正的婚姻（假定是一夫一妻主
義），男女底性慾，是不能和第三者發生的；一和第三者發生，人家就
說不道德。但是夫妻不能沒有離別的時候，多則幾年幾十年，少則幾日
幾月；在這個離別的時候，難保沒有性慾的衝動（當然有的），這時用什
麼法子去滿足？況且男女底性慾，強弱未必會相等，試問有一個性慾很
強的男子和一個性慾很弱的女子結婚；或一個性慾很強的女子和一個性

---

[273] 江亢虎（署名「某君」）：〈無家庭主義〉。
[274] 師復、彼岸、紀彭：〈心社趣意書〉。
[275] 可九：〈廢除婚制問題的辯論（三）〉，《民國日報‧覺悟》，1920年5月22日。

慾很弱的男子結婚，是不是有一方面會感著不滿足？還有，男女性慾發生的時期，未必是相同；男女性慾衝動的時刻，未必會一樣；性慾發生的時期不同，胡亂滿足性慾，生理上要不要發生危險？一方面性慾不衝動，勉強滿足性慾，是不是強姦？唉！這些都是婚姻制度得〔的〕好結果呵！……

愛情是隨時變動的，不是一成不變的；明知不能用法律、宗教、婚姻……來束縛愛情，為什麼還要做這種徒勞而無功的事情？……既然主張自由離婚，還要主張自由結婚：試問要這個婚姻制度做什麼用？（存統）[276]

法律能逼戀愛回來嗎？戀愛的發展，法律又能禁得住嗎？……倘若法律不可以，那就有什麼可以防戀愛的轉移於未經轉移之前呢？宗教的信仰？提倡男女的貞操？迷信！作偽！違反自然！（峯英）[277]

我是極端贊成廢除婚制的，……男女所以要交配，是生理的關係，並非法律的關係。現在的婚姻制度，是男女要交配，必須經過法律上手續。凡結婚的把名字寫在婚書上，便是正當的了，并且是神聖不可侵犯的了。設男女雖有濃厚愛情，而沒有經此番手續的，便不是婚姻，是私情。所以往往男女於結婚後別有戀愛，怕法律的牽纏，目的難達，死了也不知多少……唉！不要替那恨人怨婦說造化不仁，要竭力的把婚姻制度廢除呀！（祝志安，生卒年不詳）[278]

　　1926年展開「狂飆運動」的作家高長虹，指出並非所有人都適合終身固定性伴侶的生活，「因個人的身體同環境的差異而形成差異的性的需要，強納之于婚姻制度，使不得各得其平。」而解決的方法，高長虹認為就是廢除家庭婚

[276] 施存統（署名「存統」）：〈廢除婚制問題底辯論〉。
[277] 峯英：〈結婚做什麼？〉，《民國日報‧覺悟》，1920年5月26日。
[278] 祝志安：〈「廢除婚姻制度」的討論〉，《民國日報‧覺悟》，1920年6月12日。

姻制度，實行雜交生活，即不固定性伴侶的生活；如此「適應於真實的性」，有「對于人類生活全般的益處」[279]。同時期的唐運劍、戚維翰也在《幻洲》發表類似看法，反對要求「從一而終」的婚制，提倡廢除一夫一妻制：

> 我們要澈底解決性愛問題，非根本打破夫婦制度不可。因為有夫婦制度，所以有從一而終的古訓。因為有夫婦制度，所以男女不得與他人自由相愛。因夫婦制度，凡結婚男女往往拒絕第三者愛的要求，使第三者受無窮痛苦。因為夫婦制度，社會上對於男女貞操視為可貴。普遍的說：所有約束性愛的條例都是根據夫婦制度而發生的。（唐運劍）[280]

> 人生幾十年的歷程中，要強把他或她的愛情專注於一人的身上，這是多麼的桎梏天性？多麼的使人枯躁？明明是發生了三角的戀愛，而強把同等的愛情中裁去了一角，這是多麼困難的事？就是勉強地裁去了，而被裁的人要多麼的痛苦而難受啊？所以就要演出許多自殺的慘劇來。要免去這種種的困難，發展人類的天性，增進人生的愉快，非廢除一夫一妻的制度不可。（戚維翰）[281]

上述論者認為婚姻制度不但不能保障所謂的恆久、專一、忠實，反而可能扭曲人性，扼殺真正的愛情，束縛自然的性慾，不若廢除，還人性本來面目。

七、人為制度是虛幻妄想

少數受佛教思想影響的中國論者，在提出毀家廢婚論時強調人為的組織制度都是虛幻不實的。晚清曾在「蘇報案」獄中鑽研佛學、後在日本接觸無政府主義的章太炎，認為唯有不可再分析的個體有「自性」，在〈國家論〉中說：「凡云自性，惟不可分析，絕無變易之物有之。眾相組合，即各有其自性，非於此組合上別有自性。」因此所有由個體組成的團體皆非實在：「要之，個

---

[279] 高長虹：〈論雜交說〉。
[280] 唐運劍：〈性愛問題的澈底解決——就是廢除夫婦制度〉，頁179-180。
[281] 戚維翰：〈離經叛道〉，頁463-464。

體為真、團體為幻，一切皆然。……方其組織時，唯有動態，初無實體。」家族、部落、國家等人為的組織皆無自性、皆非實體，「是假有者，非實有者」[282]，在〈駁神我憲政說〉中且說是「野蠻」的：

> 家族者，野蠻人所能為，增進其野蠻之量，則為部落；又增進其野蠻之量，則為國家。是則文明者，即斥大野蠻而成，愈文明即愈野蠻，文明為極成之野蠻。[283]

在〈五無論〉中，章太炎指出家族、國家、政府、聚落甚至人類、眾生、世界等的團體都是「有作用而無自性，如蛇毛馬角，有名言而非實存」，以此破除人們對團體的「虛幻妄想」[284]，從而實現人類的超越與自由[285]。

朱謙之的思想深受禪宗影響[286]，1921年至杭州兜率寺，追隨曾主編無政府主義刊物《良心》的太虛大師出家，然而對佛學素有研究的朱謙之，卻不能適應寺院的生活，所以不久就還俗，同年出版了具有無政府主義和禪宗色彩的《革命哲學》。在《革命哲學》中，朱謙之說，現生活中種種組織都是「空洞名字」，並非實有：

> 現生活是名的，不是實的。現生活是免不了種種組織的，有了組織，就要阻抑著各分子的伸張，把一個空洞名字，似「家庭」「社會」「國家」的種種組織，「三綱五常」「孝弟忠信」的爛索子，就可以將個體的特別的一類事物管住了。所以現生活就是種種限制，把完全無缺的真情，割成七零八碎，又利用「涵蓋一切」的名，──神通廣大的魔王，將具體的「實」的自由，剝奪盡去。所以現生活是強力的，不是自由的；是組織的，不是個性的；是差別的，不是平等的；換句話說，現生活只是要壓制具體的事物，在「名」的底下，反之新生活只是「實」的

---

[282] 章太炎（署名「太炎」）：〈國家論〉，《民報》，1907年10月25日第17號，頁1-2。
[283] 章太炎（署名「太炎」）：〈駁神我憲政說〉，《民報》，1908年6月10日第21號，頁44。
[284] 章太炎（署名「太炎」）：〈五無論〉。
[285] 王玉華：《多元視野與傳統的合理化──章太炎思想的闡釋》，頁226。
[286] 朱謙之：《自傳兩種》（台北：龍文出版社，1993年），頁3。

自覺，將名根本推翻了。[287]

《高峰語錄》中「虛空粉碎，大地平沉」[288]一語，啟發了朱謙之要努力掙脫一切壓抑和強權的羈絆，認為「接著無政府主義，還可提出無人類主義，無生物主義，無……無……主義，乃至無宇宙主義」[289]，而且必須用極端的、革命的、懷疑的、破壞的方法，才能求根本的解決，「非完全則寧無」[290]。因此他提倡「宇宙革命」，促進人類的滅亡，以達到無人類乃至無宇宙，有窮消失於無窮；如此，理想的真情本體就完全實現，「我」也從此達於美、真、善之境，就是永遠的解脫。朱謙之雖自稱看不起章太炎[291]，但《革命哲學》中的「無人類、無生物、無宇宙」之說，與章太炎〈五無論〉中的「無人類、無眾生、無世界」之說實有異曲同工之妙。

朱謙之及其女友楊沒累曾自稱為「虛無主義者」，據朱謙之回憶，楊沒累1921年由周海女學轉入嶽雲中學時，「那時她講獨身主義很熱烈，同時主張人類絕滅，並謂造物主是玩弄人們的罪魁。」[292]而早在1919年，楊沒累就曾在文章中批評「婚姻的目的便是生育同好色，那些戀愛的好名詞，不過是男子騙女子的口頭禪罷了。」並說明不需要因為擔憂人類絕滅而放棄獨身主義：

> 你還記得先生說：那由星汽變成星球，再由星球變成星氣的道理麼？那
> 麼我雖沒有同地球算命的本事，也得預料他的將來，總有一個末日，
> 難道地球還免不了這末日，何況這區區一部分人就絕滅不得麼？你常常
> 聽說最古時有些東西是現在沒有的奇物，又現在我們常見的東西，有些
> 不是古時沒有的麼？那麼這體積毫沒增大又終久難免末日的地球，何能

[287] 朱謙之：《革命哲學》，頁166。
[288] 朱謙之：《革命哲學》，頁205、227。
[289] 朱謙之：《革命哲學》，頁229。
[290] 朱謙之：〈世界觀的轉變：七十自述〉，收入朱謙之著、黃夏年編：《朱謙之文集》（福州：福建教育出版社，2002年），第1卷，頁123。
[291] 根據朱謙之：〈回憶〉，收入朱謙之著、黃夏年編：《朱謙之文集》第1卷，頁47-48。1920年10月，朱謙之起草了一份〈中國無政府革命計畫書〉，並與朋友們出去散發其他革命傳單，被軍閥逮捕而入獄，審問者說他「真是個精神病的小孩子」，朱謙之答道：「不錯！哲學者大半都是瘋子，如章太炎就是好例。」並充滿年輕傲氣地說：「章太炎我還看不起呢！」
[292] 朱謙之：〈《沒累文存》編者引言〉，收入楊沒累著、朱謙之編：《沒累文存》，頁1。

讓這人類永遠不休的霸著，佔著這地位的時間太久了，那些未來的新東西，又往那裏去呢？所以人類絕滅是新陳代謝的道理，毫不足怪。[293]

將人為制度視為虛幻妄想，將人類滅絕視為成住壞空之自然，不以人類的存續為念——以此為毀家廢婚立說的論者雖然不多，但其說法融會了中國的佛學與外來的無政府主義，破除執念、講究解脫，追求比西方無政府主義更具超越性的境界，頗值得注意。

八、結婚儀式毫無意義

有些論者對家庭婚姻的不合情理之處並不做高遠的陳義，而以實用主義的立場，指出結婚、離婚等儀式、手續本身根本不切實際、多此一舉、無聊至極。較早提出這層意思的是民初的師復，他在〈廢婚姻主義〉中，批評西方婚制離婚時有種種限制（筆者按：百年後的今天，我國的婚制仍是），如：須兩人同意，或因外遇、家暴等原因才能由法院判離，並不符合自由的精神；若是解除離婚的限制，「二人之中苟有一人不合意，即可隨時自由離異」，此雖為「最自由之律」，卻也是「無謂之舉動」[294]，還不如直接廢除婚姻制度。五四時期輩英亦認為自由結婚、自由離婚的手續根本就是「多事」：

> 由戀愛以至於滿足性慾，何以必經過結婚的一重手續？……這重手續好像是宣布「以後無論那一個人，想得到我們無論那一個的生殖機關底專有權，一定要先把這合同解除了。」……（甲）（乙）結婚——（甲）（乙）離婚——（甲）（丙）結婚……可以遞演至戀愛消失的那一日為止。自由結婚的以為這是「自由」，但這種的自由，豈不是多事？[295]

柯慶施（生卒年不詳）和施存統咸認婚約不但沒有必要，還是對人格的一種輕視：

---

[293] 楊沒累：〈論婦女問題書二〉，原載《少年中國》，1919年第1卷第6期，收入楊沒累：《沒累文存》，頁322-327。

[294] 師復：〈廢婚姻主義〉，頁114。

[295] 輩英：〈結婚做什麼？〉。

婚姻制度底廢除，我是很贊成的。因為從前的婚姻，是買賣的婚姻，所以不能不要一種契約；現在既經自由戀愛了，這種制度，自然不能存在；若還存在，豈非自己不放心自己的戀愛嗎？簡單說一句，就是自己輕視自己，自己敗壞自己的人格。（柯慶施）[296]

既然叫做結婚，一定是要有一種婚證和婚禮的。婚禮是一種虛偽的表現，我們是應該排斥的。說到婚證，尤其是可笑了！我們自己是有人格的，要這婚證做什麼用。難道自己還不相信自己的人格麼？結婚底時候，先就彼此疑心起來，難道還保持得良久麼？講到性交，難道要經過別人底正式證明才可算是正當的麼？沒有經過別人證明，不能正式成為夫妻，可見夫妻底人格是不在自己了！我們是一個人，我們是一個堂堂的人，那裡要什麼人來承認！如果我們一個人，也要經過什麼證和什麼禮的承認手續，才能算一個人，豈不是一樁大笑話嗎！（存統）[297]

　　1922年易家鉞與羅敦偉合著的《中國家庭問題》中，列舉了四點「結婚儀式的害處」：（一）消耗金錢、（二）結婚意義錯誤（不管是中國還是西方的結婚儀式，都「把『性交』當成結婚的全般意思」，而以儀式來規範人類的性交是錯誤而可笑的）、（三）變化兩人間相互之關係性質（兩人純粹戀愛的關係，往往因結婚時及結婚後面對的種種現實問題而產生變化）、（四）逼出私奔淫奔（由於結婚儀式要求從一而終，使發生婚外情的男女不得不私奔）；既然結婚儀式有這種種害處，易家鉞與羅敦偉主張「打破虛偽無用有害的儀式」，或是舉辦一種「戀愛公開茶話會」，但此並非必要的儀式[298]。

　　五四以後，有些社會青年認為結婚儀式的繁文縟節既沒意義又不切實際，而且勞師動眾、勞民傷財，不如直接同居，共同生活。1923年《婦女週報》刊出了兩篇讀者對結婚儀式的討論：

---

[296] 柯慶施：〈廢除婚制問題的討論（三）〉，《民國日報・覺悟》，1920年5月23日。
[297] 施存統（署名「存統」）：〈廢除婚制問題底辯論〉。
[298] 易家鉞、羅敦偉：《中國家庭問題》，頁58-59。

我以為這個〔結婚〕儀式固然不必規定，而且還是不必有的；即使不廢止，也應該澈底改過才行。……婚禮當改為招待親友的性質，在同居一月數月以至一年，或生了子女之後，均無不可，但絕不可在同居以前，因為這只是告訴親友他們已經結合，並不是先求許可纔去結合。……我極同意於意大利密該耳司（Michels）的話，他在《性的倫理》中反對結婚儀式，以為公布一對男女初交會的時日是很不愉快，而且也是野蠻淫猥的習慣。他說兩性的接近應以漸，由最初的漠然的性的牽引進行性擇，加上智情的融合，發生戀愛，以肉體的結合為頂點，這個過程當自然而然，不可稍有勉強；……相愛的男女的性行為的開始只應以戀愛自然的發展為準，不必一定在公布期日的某時刻；……其同居的時日儘可自由開始，無指定之必要……因此我對一切結婚儀式都很反對，覺得裡邊含有野蠻的遺習與卑猥的色彩。平常總是要人死了纔弔喪，小孩生了纔賀喜，唯獨婚事要在事前大吹大擂的鬧，真是荒謬極了。（子榮，生卒年不詳）[299]

前幾日在《婦女週報》上見了子榮君的一段短論，說婚禮應改為招待親友的性質，該在同居了若干時以後纔行的，我覺得這話極得人意……戀愛果然真切時，便是一晚之契，也正不失為可告神明的婚姻；戀愛如若不存時，便是「百年偕老」，也只是恆久的姦淫。……如其是無戀愛的姦淫終是姦淫，決不會因了有人在場作證便可變為正當，反而，那些作證者倒免不了助姦的嫌疑。如其是有戀愛的，那是最正當不過的事，又何需要人允許承諾？……婚禮該移遲，或者竟直不用。（平沙，生卒年不詳）[300]

1924年《婦女雜誌》以「結婚是否必需相當的儀式？」為題徵稿，最後選刊的八篇來稿中，只有一篇認為結婚儀式是必要的，餘皆認為結婚儀式根本不

---

[299] 子榮：〈結婚儀式的問題〉，《婦女週報》，1923年10月17日第9號。
[300] 平沙：〈社評（一）〉，《婦女週報》，1923年10月24日第10號。

必存在，他們說：

> 關於結婚的材料，戀愛是必要的，儀式是不必需的。（韓興鈸）[301]

> 兩性戀愛達到結婚的程度，認清了結婚的意義，就直截了當營共同生活好啦，又何必鬧些虛文呢？（渭三，生卒年不詳）[302]

> 既經自由戀愛了，就可以住在一塊兒，組織小家庭，用不著行那訂婚和結婚的儀式，去請那親戚和朋友，來喝酒吃菜，這是一點沒價值的舉動；所以結婚一件事，簡直可以打消。……換一句話說，戀愛了就是結婚了；愛是實際的結合，結婚是形式的結合；我們有了實際的結合，還要這形式的結合做什麼？……我把結婚一件事，都根本推翻，結婚的儀式，天然沒有成立的需要了。（姜還麟，生卒年不詳）[303]

> 男的愛女的，女的愛男的，愛到了極點的時候，同起牀來，共起枕來，這正是他們應該有的一回事。何必一定要自己麻煩自己，硬用請帖告訴人們說：「某月某日，某某倆在某處舉行結婚式，屆時務乞光降」呢？……至於說「結婚而不有一回表示的動作，恐怕社會方面要發生誤會。」這可是笑話！一對男女各順著自然的要求而與其有真正情愛的對手結婚，為什麼一定要讓他們——第三者們——知道？（浪漫，生卒年不詳）[304]

> 意大利密蓋耳司《性的倫理》中反對結婚儀式，凡是公布一對男女初次交會是很不愉快，而且也是野蠻淫穢的舉動。兩性的接近，最初由漠然的性的牽引，進行性擇，加上智情的融合發生戀愛，以肉體的結合為頂點，這個過程，自然而然，不可稍有勉強；相愛的男女性行為的開始，

---

[301] 韓興鈸：〈結婚是否必需相當的儀式〉。
[302] 渭三：〈結婚是否必需相當的儀式〉，《婦女雜誌》，1924年第10卷第12號，頁1876-1877。
[303] 姜還麟：〈結婚是否必需相當的儀式〉，《婦女雜誌》，1924年第10卷第12號，頁1880-1881。
[304] 浪漫：〈結婚是否必需相當的儀式〉，《婦女雜誌》，1924年第10卷第12號，頁1877-1878。

只應以戀愛自然的發展為標準，不必在一定公布日期的某時刻。（徐寶山，生卒年不詳）[305]

兩性間的感情，能夠維持永久與否，純是兩性間的內性問題，絕非表面上的浮力——儀式所能維繫的。……雖然我國自來有不少的婚姻，就儀式的約束而不生離異，但我以為這些都是形式上的夫婦，並不是精神上的夫婦；……結婚的儀式，既無維繫兩性的效力，那麼，結婚時對於這層手續，自然可以不需了。（戚維翰）[306]

雙方的結合，拿自己的人格作保證還靠不住，倒要靠一張證書，幾件飾物，幾個鞠躬禮！倒要靠那些親友宗族作為見證！真是豈有此理！……夫妻是結合的名義，戀愛是結合的精神，雖然加上結婚儀式可以得到一點法律上的便宜，可是沒有什麼價值的，不合結婚的本旨的！（後覺，生卒年不詳）[307]

講到激動處，他們以鼓吹革命的口號吶喊道：

起來！未結婚的兄弟姊妹們啊！
起來打倒這虛偽而傷財的結婚儀式！（浪漫）[308]

破壞舊形式，建設新道德，是我們唯一的責任！
有望的青年男女，大家趕快的前進！
如果有人要扯住我們的衣裾，
我們趕快用刀截下我們的衣裾前進！（奚明，生卒年不詳）[309]

---

[305] 徐寶山：〈結婚是否必需相當的儀式〉，《婦女雜誌》，1924年第10卷第12號，頁1879。
[306] 戚維翰：〈結婚是否必需相當的儀式〉，《婦女雜誌》，1924年第10卷第12號，頁1882。
[307] 後覺：〈結婚是否必需相當的儀式〉，《婦女雜誌》，1924年第10卷第12號，頁1875-1876。
[308] 浪漫：〈結婚是否必需相當的儀式〉。
[309] 奚明：〈何謂多妻式的戀愛〉，原載《婦女週報》，1924年第57號，轉引自後覺：〈結婚是否必需相當的儀式〉，頁1876。

1926年葉靈鳳在《幻洲》發表〈新流氓主義〉，其中批評結婚儀式不但毫無意義，而且對男女雙方都是一種侮辱：

> 我們假如因為戀愛成熟，身〔生〕理上，事業上，沒有一點阻礙時，我們便可過共同生活，沒有什麼結婚不結婚的。所謂結婚，是現在可憐的女子出賣貞操而生活，和男子依賴經濟侮辱婦女貞操的一種買賣的交易契約儀式，等於交易所裡的「一聲拍板響」同等的價值！交易所裡的拍板一響，價格就定下了，再無上落，結婚的儀式，也是表示女子是賣給男人而男人是買到這個女子了一般。試問真真的戀愛而結合的青年男女，願意不願意受這種侮辱？！

因此，葉靈鳳提出三個嶄新的性愛觀念：

> (1) 自由戀愛而結合，沒有交易契約式的婚姻；
> (2) 戀愛的結果不是把經濟交換貞操，是由性愛自然的可能來支配我們的性交；
> (3) 我們都有獨立生活的可能，為性的問題才過同居生活。[310]

同時期的作家戚維翰和松元（生卒年不詳）亦在《幻洲》中發表廢除無謂結婚儀式的主張：

> 所有結婚的儀式，不但是古來的三聘六禮，媒妁迎娶等等是無意識，便是目下通行的文物結婚禮，也是無謂，都需一律廢除，免得麻煩而省化費。婚姻的要素是愛情，有了愛情，便是男的去也好，女的來也好，隨時隨地，都可以過性的生活。何須行無謂的儀式，行了又有什麼稀罕！

---

310 葉靈鳳（署名「亞靈」）：〈新流氓主義（四）我們的性愛觀念〉，《幻洲》，1926年11月16日第4期，頁141-142。葉靈鳳的性愛論述「新流氓主義」，使他被魯迅批評為「流氓畫家」，見魯迅：〈上海文藝之一瞥〉，收入魯迅：《二心集》（上海：魯迅全集出版社，1941年），頁91。

第三章　毀家廢婚的主要論點 ┃ 183

（戚維翰）[311]

我以為夫婦間的關係應是這樣的：兩方性情合時就在一起；不合時便各歸各去尋找新的他或她。固然用不到什麼證婚人，結婚書等互騙的東西；同時應廢掉一切夫婦間發生問題時不合理的規定。直截地說，夫婦間的關係，至多和朋友的關係一樣，朋友間性情相投便合在一起，不合時便你管你，我管我。朋友的數目可隨自己底意志而多少；佢們底情誼當然任其自然的深淺。……人類底生殖器是生來就有的，並不是被動或自動的裝上去的，那末，人們就有「盡」性交的義務，才不辜負了這件傢伙！人們就有「享」性交的權利，才不辜負了這件傢伙！所以，性交——與性的交合——是人們應盡的義務！應享的權利！決不是結合成了夫婦才應發生性交的！因之，發生了夫婦關係——在朋友關係中多了重性交的關係——決不應有一切無謂的禮制，野蠻的限定！（松元，生卒年不詳）[312]

黎濛在《家庭問題》中亦批評結婚儀式多餘無用，應該廢掉：

我們對於婚姻制度的改革，就我個人的意見說，關於訂婚的手續，我們當一概廢除，因為這純然是一種無謂的事。就是結婚的儀式，我們也應撤去，我們若果要結婚，則可以由當事人實行同居，倘若當事人高興的時候，可以隨便邀幾個朋友開一個茶會，那種多餘無用的婚姻儀式，尤其眩人的牧師，實在是該當棄掉。[313]

同時期的鄧天矞在〈一個女友〉中，自述自己在學期間，由於「同Mr. L（筆者按：即盧劍波）的結合，是未經過正式的結婚儀式」，而遭到同學們的排擠，甚至誹謗她曾對一位女同學下毒，但她不被流言蜚語左右，仍堅持自己的

---

[311] 戚維翰：〈離經叛道〉，頁463。
[312] 松元：〈夫妻的關係應是這樣的〉，《幻洲》，1927年3月16日第10期，頁472-473。
[313] 黎濛：《家庭問題》，頁135。

主張說：「她們自然是覺得這沒有經過結婚的兩性結合是可恥的，非禮的，不足尊敬的，……我是主張兩性的自由戀愛的，我極端反對儀式上的契約式的結婚。我不獨認定結婚是失了真的美的，善的，而是偽的醜的，惡的，并不管結婚是新式的或舊式的，都是賣身的筵席，賣身的契約，自由的人類，高貴的戀愛，要他婚姻的儀式留下來作什麼？」[314]

綜上所述，毀家廢婚論者認為無論從個人主義、女權主義、社會主義、反資本主義還是人道主義的視角來觀察，家庭與婚姻都是弊病叢生；就以超脫世俗的佛學思想或虛無主義來看，也是虛妄不實；即便以最切實際的眼光來考慮，結婚成家的儀式亦是勞民傷財，沒有一點用處，正所謂「有百害而無一利」，如此不合情理、近乎愚蠢的制度，自然是不值得擁護保存，宜乎廢除了。

---

[314] 鄧天矞：〈一個女友〉，收入鄧天矞、盧劍波：《新婦女的解放》（上海：泰東圖書局，1928年），頁56-58。

第四章

毀家廢婚的
社會藍圖

所謂「先破後立」，即便家庭婚姻如前章所揭，完全不合情理，但若沒有更合情合理的制度或方式來取代家庭婚姻，「毀家」、「廢婚」也只會被認為勢必造成亂象，或是不可能實現的空想。如易家鉞在〈破壞論〉中說：「建設對於破壞，是很有關係的，換句話說：要破壞就得要建設；這建設就是破壞的目的所在了。」[1]因此在「破壞」家庭婚姻之後，如何「建設」理想的社會藍圖，是毀家廢婚論的重要論點之一。

取代家庭功能的公共機關

家庭具有養育、教育、醫療等多方面的功能，廢婚、毀家後，這些功能將如何延續？二十世紀初中國大部分提出毀家廢婚的論者都認為，原本屬於「私」的家庭功能將歸於「公」、歸於「群」、歸於「社會」負擔，國家或社會應設置各種公共機關，來取代傳統家庭功能。

一、養生送死的公立機構

康有為在《大同書》中，建構了一個沒有「私家」的大同世界，為了取代傳統家庭養生送死的功能，康有為設想了各種對象及功能不一的公立機構；女性如果懷孕，則住進「人本院」待產及生產，嬰兒出生後即送進「公立育嬰院」，三歲以後移入「公立懷幼院」，六到二十歲都住宿於學校——六到九歲入「公立蒙養院」，十到十四歲入「公立小學院」，十五到十七歲入「公立中學院」，十八到二十歲入「公立大學院」。二十到六十歲為社會服務，依其職業，居住於農場、工廠、商店等之中的「公室」，「其公室，人佔二室，一為臥室，一為客室，並有浴房」：

---

[1] 易家鉞（署名AI）：〈破壞論（二）〉，原載《奮鬥》，1920年3月3日第5號，收入高軍、王檜林、楊樹標主編：《無政府主義在中國》第一輯，頁374。

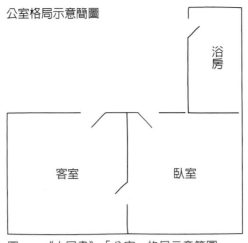

公室格局示意簡圖

浴房

客室   臥室

圖一、《大同書》「公室」格局示意簡圖

　　在康有為設想的大同之世中，每人的工價「各視其才之高下，閱歷之淺深，以為工價之厚薄，略分十級」，工價可用於公飯廳、公商店、客舍等[2]。二十歲以上的男女無職業者住進「公立恤貧院」，生病者住進「公立醫疾院」。六十歲以後如果無力自養則住進「公立養老院」。死亡時大體送進「公立化人院」安排後事[3]。如此一來，家庭養生送死的功能完全歸之於公，傳統的家庭倫理（如父慈子孝等）亦隨之廢除，康有為的弟子錢定安曾分析道：「三年懷抱，二十年教養，均由公共之人本院、育嬰院、慈幼院、小學、中學、大學院，以教之養之，則其於父母無恩，孝道可廢；及其老也，又有公共之養老院；疾病，則有公共之醫病院；考終，則有公共之考終院；則於子無靠，慈義可廢。」[4]

　　1904年蔡元培發表的小說〈新年夢〉在構思未來社會藍圖時，列出了一長串社會機構：「學校、工廠、烹飪所、裁縫所、公眾食堂、公園、醫院、公眾寢室、男女配偶室、孕婦胎教室、育嬰院、養老院、盲啞學校、盲啞廢疾工

2　康有為：《大同書》，頁285-286。
3　康有為：《大同書》，頁230-272。高娟：〈從《大同書》看康有為的社會福利思想〉，《唐山師範學院學報》，2007年5月第29卷第3期，頁73：「康有為構想的大同世界的社會福利事業是建立在消滅家庭的基礎上的，有一個具體而完善的體系。」
4　錢定安：〈康有為《大同書》序〉，康有為：《大同書》（台北：龍田出版社，1979年），頁2。

廠」等，並描寫這個理想社會中「沒有父子的名目」、「沒有夫婦的名目」，「小的倒統統有人教他，老的統統有人養他；病的統統有人醫他」[5]。

1907年在章太炎〈五無論〉構想的五無世界中，人人居住的房室不僅不再是私有財產，也不再是個人的私密空間，而是與全世界全人類輪流居住的公有財產、公共空間：「農為游農，工為游工，女為游女，苦寒地人與溫潤地人，每歲援土易室而居，迭相遷移，庶不以執著而生陵奪。」[6]每個人所暫居的房舍已可不再稱之為「家」，只是每年更換的棲身之「室」而已。

1907年7月劉師培在《天義報》發表的〈人類均力說〉中，構想了一個名叫「棲息所」的社會組織，作為六歲以前的幼兒、及五十歲以後的長者居住棲息之所：「每鄉之中，均設老幼棲息所，人民自初生以後，無論男女，均入棲息所，老者年逾五十，亦入棲息所，以養育稚子為職務」。兒童六到十歲學文字，十到二十歲學習普通科學和製造器械，二十歲以後「一人而兼眾藝」，輪做不同的工作[7]，並列表如下：

二十一齡至三十六齡作工表

二十一	二十二	二十三至二十六	二十七至三十	三十一至三十六
築路	開礦伐木	築室	製造鐵器陶器及雜物	紡織及製衣
業農	同	同	同	同

三十六齡以後工作表

三十七至四十	四十一至四十五	四十六至五十	五十以後
烹飪	運輸貨物	為工技師及醫師	入棲息所任養育幼童及教育事

劉師培的人類均力說消弭了傳統的性別分工，且將家務勞動納入社會勞動中，主編何震深表贊同，認為此法可促進男女平等，並在文末附記道：「此論所言甚善，……若行此法，則男女所盡職務，無復差別。……職務既平，則重

5　蔡元培：〈新年夢〉，頁51。
6　章太炎（署名「太炎」）：〈五無論〉。
7　劉師培（署名「申叔」）：〈人類均力說〉。

男輕女之說，無自而生。此均力主義所由與男女平等之說相表裡也。」[8]

1907年10月《天義報》刊出高亞賓〈廢綱篇〉，文中構想了「育嬰所」和「養老所」取代家庭功能，並將廢除婚制後的理想社會藍圖列表如下：

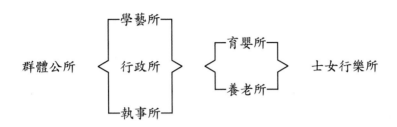

與劉師培「棲息所」不同的是，高亞賓理想社會中的老年人不必與幼兒同住，也不必擔負養育幼兒的責任，幼兒及老年人的居住場所區分開來，六歲以前住在「育嬰所」，「蓋以婚制一廢，婦人生產，勢不得不組織一，所以代為撫育」；六十歲以後居住於「養老所」，「特免自食其力之約，令就頤安」，此與康有為《大同書》中幼兒出生至三歲入「公立育嬰院」、三至六歲「公立懷幼院」、六十歲以後可居住於「公立養老院」的構想接近。與康有為《大同書》有所不同的是，《大同書》中人們六到二十歲都住宿於學校，二十歲以後則依其職業，居住於就業機構中的「公室」（類似今日的「員工宿舍」）；高亞賓的構想則是將住宅區與學校和上班地點區分開來，六歲以後晚上皆居住於「群體公所」，「蓋民無所謂私舍，無不萃居是也，男女平等，亦不以為嫌」；白天則依其年齡上學或上班，六至二十歲至「學藝所」上學，自學校畢業後，則至「行政所」或「執事所」服務[9]。

《新世紀》作家鞠普在1908年發表的〈毀家譚〉中鼓吹「不婚」的同時，也舉出一般人不願實行「不婚」的原因，並提出因應之道。劉人鵬在分析鞠普〈毀家譚〉中「不婚的善後問題」時指出，鞠普認為「個人與『婚姻』的關係，有很多不同的物質性理由使人強迫性地『不能不婚』，包括生理慾望、女子在制度性的性別歧視之下經濟上的需要、養生送死的生活或生命焦慮想要

---

[8] 劉師培：〈人類均力說〉（震附記），頁30。
[9] 高亞賓：〈廢綱篇〉。

未雨綢繆、以及內化於人人的種族繁衍任務等等，……但他認為：這些理由都可以透過不同的社會規劃而解決。」[10]使一般人不願不婚的原因之一是「慮生老病死之有時」，對此鞠普主張所有人在二十歲以前受教育，二十一到四十歲服勤勞，四十一歲以後享娛樂，並「廣設協助公會，多興慈善事業，如同志會、同業會、協助會、聯合會及產婦院、養病院、娛老院、育嬰院、幼稚園等等公共事業」[11]，「凡人生起居服食遊樂休息者，無不有公共之處」[12]。《新世紀》作者未署名的〈與人書〉中，也主張毀家廢婚，並建設各種公共機構：「工場若干，食堂若干，寢室若干，每人一寢臺，男女配合之室若干，孕婦胎教之室若干，乳母育嬰之室若干，幼稚舍若干，學校若干，養老室若干，公園若干，……食宿皆在公所，衣食器用皆公備。」[13]《新世紀》主編之一李石曾曾描繪毀家廢婚、實行共產主義社會是「自由平等博愛」又「人道幸福」的：「若經濟平等，（共產實行）人人得以自立，互相協助而無所用其倚附。是時也，有男女之聚會，而無家庭之成立，有父子之遺傳，而無父子之名義。是時也，家庭滅，綱紀無，此自由平等博愛之實行，人道幸福之進化也。」[14]

1909年江亢虎匿名在《新世紀》發表的〈無家庭主義〉中，提出要建設育嬰院、小學、中學、養老院、養病院、貧老院等社會機構，取代家庭養生送死的功能，並主張遺產歸公：「人人終身處公共社會。無夫婦，故無父子兄弟；無家庭，故無繼續法；生時所蓄餘資，死則收入公中，教養諸費資焉」[15]。1910年在比利時發表〈無家庭主義意見書〉，指出其主義「包括三大事，一自由戀愛，一公共教養，一廢止遺產」，鼓吹「用積極之方法，立公共之機關，以示模範，而利推行。」本文發表後「曾譯為英法文，各國社會黨來函讚許者數十百通，美國自由戀愛會并稱已採用之，為修訂該會約章之議案云。」[16]

---

[10] 劉人鵬：〈晚清毀家廢婚論與親密關係政治〉，頁52。
[11] 鞠普：〈毀家譚〉。
[12] 鞠普（荷蘭來稿）：〈禮運大同釋義〉。
[13] 來稿：〈與人書〉。
[14] 李石曾（署名「真」）：〈三綱革命〉。
[15] 江亢虎（署名「某君」）：〈無家庭主義〉。
[16] 江亢虎：〈無家庭主義意見書〉。

李良玉曾研究分析江亢虎的三無主義，指出它雖有「與無政府主義的不解之緣」，但實際上是「無政府主義的變異」[17]。如「自由營業」便是江亢虎與一般無政府主義者最為迥異的一項主張，他並不贊成人人財產、階級完全均等的共產社會，而在〈無家庭主義〉中首度提出「自由營業」一詞，在〈自由營業管見〉一文中，江亢虎更加詳細地解說「自由營業」，即人人從學校教育畢業後，即自立謀生，依其自由營業的不同，而有貧富貴賤之別，「看似不平等，其實至平等，而極合于競爭進化之公理」，他認為此法可促進大同世界的實現：

> 凡未成人自初生後，即由公共社會教之育之。至年齡即期，普通畢業，乃縱令自謀生計，富貴貧賤，一其人之自為位置，而不必他人強加揚抑於其間。迨天年既終，乃籍其一生所得者，仍歸公共社會中，更以教育後起之人，如此則無家庭，無夫婦父子兄弟諸關係，憑自己之能力，求一身之幸福，未成人以前，受公共社會之恩意，及其死也，還以所得者報之，而不獨親其親，不獨子其子，幾庶所謂大同者矣。[18]

江亢虎標榜「競爭」的自由營業之說，與崇尚「互助」的無政府共產主義可謂大相逕庭，因此發表之後，吳稚暉隨即回應提出反對的意見，認為「concurence」一詞譯為「競爭」「未足以盡西文之原義」，其原義應為「共同發腳」，並認為江亢虎「生前富貴貧賤，看似不平等，其實至平等」等語，與其「對待未成年人，及死後之收產法」自相衝突[19]。

江亢虎的自由營業之見雖遭到吳稚暉批評，但他始終認為這是有利無弊的兩全之計，1911年3月江亢虎發起「個人會」，6月組織「社會主義研究會」，及9月組織「中國社會黨」時，亦一再提出「自由營業」的主張[20]。無政府主

17　李良玉：〈江亢虎早期政治思想研究〉，《社會科學研究》，1989年第1期，頁97。
18　江亢虎（署名「安誠君」）：〈自由營業管見〉。
19　吳稚暉（署名「夷」）：〈書自由營業管見後〉，《新世紀》，1909年5月22日第98號。
20　江亢虎：〈擬發起個人會意見書〉：「以公財培公人，一屆責任年齡，即使自由營業」。江亢虎：〈社會主義研究會演說詞〉，收入江亢虎：《洪水集》，頁28-29：「所謂教育公共者，自初生至成人，無貧富貴賤，同在公共社會中，受一致之教育，……所謂營業自由者，一屆責任年齡，即使各謀生計，……所謂財產獨立者，財產必由自力得來，其支配權即以有生時期為限，雖父子兄弟夫

義者大多無法接受江亢虎的自由營業說，如1914年師復嚴詞批評江亢虎「對于資本制度之解決，則只主張遺產歸公，而不主張土地資本公有，又批評共產集產以為均不可行，而仍贊成自由競爭，此則視社會民主黨為尤下者也。」[21]沙淦等人也因與江亢虎理念不合，另組織「社會黨」，主張破除家界，不僅遺產要歸公，生前所有的財產也應歸公，由社會擔負育嬰養老的責任，「幼者之生，為繼續現社會而生也，現社會自宜公育之；長者之老，為經過現社會而老也，現社會自宜共奉之。」[22]

1912年7月，師復在廣州創立「心社」，主張廢家族、不婚姻[23]，1914年7月，師復在上海成立「無政府共產主義同志社」，發表〈無政府共產主義同志社宣言書〉中，列出了「無政府共產黨之目的」共十四點，其中與家庭婚姻問題有關的有三點，規劃了公共產育院、公共養育院、學校、公共養老院、公共病院等組織：

> （九）廢婚姻制度，男女自由結合。產育者由公共產育院調理之。所生子女，受公共養育院之保養。
>
> （十）兒童滿六歲以至二十歲或二十五歲，皆入學受教育，無論男女，皆當得最高等之學問。
>
> （十一）無論男女，由學校畢業至四十五或五十歲，從事于勞動。此後休養于公共養老院。凡人有廢疾及患病者，由公共病院調治之。[24]

婦，界畫較然，不相逾壇，死後一律充公，社會公共事業，如教育等費，即取資焉，如此則倚賴之劣根性除，而世襲遺產之惡制度絕矣。」江亢虎：〈中國社會黨宣告〉：「貴賤貧富各階級，皆由世襲遺產制度而生，此實人世間一切罪惡之源泉也。幾完全個人，准自由營業，惟其財產支配權，當以有生為斷，死則悉數從公，有均產共產之利，而無其弊，家庭制度于以破除焉。」他並說明人民歸公的遺產將運用在公共機關及平民教育，取代「人自為謀」的家庭教育，以促進大同世界的實現：「自初生至成年，無論何人，教育平等，而能力平等，即經濟亦平等矣。至其費用，則取之遺產而已有餘。以公共之資財，造公共之人才，不獨親其親，不獨子其子，是謂大同。」江亢虎：〈社會主義商榷案〉，頁40中亦有相同主張。

[21] 師復：〈致無政府黨萬國大會書〉，原載《民聲》，1914年6月27日第16號，收入《無政府主義思想資料選》上冊，頁301。

[22] 〈社會黨綱目說明書〉。

[23] 師復：〈廢家族主義〉，頁115、122。

[24] 師復：〈無政府共產黨之目的與手段〉，原載《民聲》，1914年7月18日第19號，收入高軍、王檜林、楊樹標主編：《無政府主義在中國》第一輯，頁274。

師復過世後，其追隨者梁冰弦繼續發揚師復精神，提倡以人類的「互助生活」代替傳統的家族，「果有了幾家如此，已大可聯合創造『新村』，慢慢的更設起公共育兒院、公共養老院等等必要的組織，于是乎新社會的雛形出現了。」[25]

五四時期沈雁冰在討論中國舊式家庭的改制時，強調不應以西方個人式的小家庭為過渡，而應直接採用社會主義，將食、衣、住、育兒、養老等家庭功能全都交給社會：

> 社會主義者主張由社會創辦公廚、公共育兒所，主張由社會給衣、食、住于凡替社會盡了力、做了工的人，主張由社會來教育小兒、養老，……一切都由社會去辦了。……我們由舊家庭制度（指普通的所謂家庭，即我上文所謂中國特式的家庭）中解放出來，立即站在社會裡就是了，何必還抄人家的樣，經過了半個人式的小家庭制？須知他們的終點，也必是社會主義的家庭啊！[26]

哲學博士張慰慈亦主張將各種家務交由公共管理：

> 此刻的家庭是完全根據于一種「個人主義」，所以每家有每家的廚房，每家洗自己的衣服，每家養大自己的小孩子，但是多數人家的家婦，關于種種家務的詳細情形，一些也不曉得，只得糊里糊塗亂七八糟的過日子，其中經濟上的損失，實在算不清楚。……

> 女子問題的解決方法，必須要把家庭作為社會的。……所謂家是一種最新式的家庭，與從前和現在的家庭完全不同。……此刻有許多的事務是各家各管各的，但是將來這許多事務，可以由數家或數十家組織一個公共的團體，公共管理。[27]

---

[25] 梁冰弦（署名「雨極」）：〈家族的處分〉，頁404。
[26] 沈雁冰：〈家庭改制的研究〉，頁4。
[27] 張慰慈（署名「慰慈」）：〈女子解放與家庭改組〉。

張慰慈強調「公共管理」的構想並不是不可能實現的:「我說的公共管理事務,并不是一種烏托邦所有的制度,此刻已經有了成例。」如現有社會中的學校和醫院,就已部分取代了傳統家庭教育和醫療照護的功能,張慰慈認為:「家裡其餘的事務,盡可照教育、醫病兩件事一樣的辦理。」[28]同時期的朱執信(1885-1920)在討論男女解放問題時也有類似的看法:「要真成一個男人不要特定的女人、女人不要特定的男人的生活,纔可以算解放。如果只是把所謂夫權、同居權、扶養權、義務取消了,也不過是治標的辦法,一定要把平日的生活和婚姻制度相連的──性欲、孕育、家事(包含炊爨等)──諸男女分功問題,一一能夠解決,始能算做解放。」[29]同年毛澤東也為文主張組織新村,以各種公共機關取代家庭:「新社會之種類不可盡舉,舉其著者:公共育兒院,公共養老院,公共學校,公共圖書館,公共銀行,公共農場,公共工作廠,公共消費社,公共劇院,公共病院,公園,博物館,自治會。合此等之新學校,新社會,而為一『新村』。」[30]

陳德徵指出家族制度雖然應當且必將破產,但是在社會經濟組織尚未徹底改造、家庭功能尚未能完全交付公共管理之前,那「已經負擔了的義務」,如

---

[28] 張慰慈(署名「慰慈」):〈女子解放與家庭改組〉。

[29] 朱執信:〈男子解放就是女子解放〉,《星期評論》,1919年11月9日第23號,頁2:「只是自己解放了下來,並不見得十分有價值。要解放有價值,只有望全社會的人先後盡量解除這個束縛。所以著手的方法,雖然由自己做起,不能做到自己解放為止。……不然總是一時的、不健全的現象,是不可以長久的。要這個條件具備,就是對社會的問題,不是對人的問題了。社會如果是一般的束縛不去,你這一兩個解放了的人,斷斷不會被人歡迎的,一定還要受許多精神上肉體上的迫害,解放了的人,還是要忍耐特別的痛苦。光佛先生說:男子緊緊束縛女子、女子也緊緊的纏住男子,兩下死不放手,這一層似乎都是表面的事情。再進一層看,就是社會生活,弄到這個人只可望這一條路上走,男的不束縛這個女子,也要束縛別一個女子,女子不纏這個男子,也要纏別個男子,結局還是不解放。所以要解放,必要把同這個束縛有關的分功的問題,替自己重新立一個秩序,纔可以解放。這個新秩序立定了,就是把男女的束縛,同男女的分功離開了,把社會的一般生活,同附著在那裡的男女束縛分開了。」查光佛:〈女子解放當從男子解放做起(二)〉,頁2-3:「就家庭現狀,說女子解放,當從男子解放做起。至於解放的惟一方法,總不外乎解除夫妻制度改造家庭組織。這個是共同的、不是片面的;是普遍的、不是個人的;是互助的、不是拋棄的;是根本改造的、不是枝枝節節敷衍的。……幾千年來,社會上歷史和習慣,所有種種的制度,都是由夫妻制度演進的,都是由家庭組織堆積的,這個當中,第一個偶像,叫做人倫。有了這第一個偶像,後來就從這上面,生出了許多花樣,……這個偶像的勢力,一直傳到於今,甚麼事情上面,都受了他的影響、都受了他的恩惠。老古董不必說,就是現在許多青年男女,研究婚姻問題,最好的也不過說是把自由戀愛,做結婚的標準。其實自由戀愛是甚麼、結婚又是甚麼,自由戀愛是自由戀愛,結婚是結婚,講到結婚,就無論是用甚麼樣的方法,結果還是一樣。」

[30] 毛澤東:〈學生之工作〉,原載《湖南教育月刊》,1919年12月號,收入中共中央文獻研究室編:《毛澤東早期文稿》(長沙:湖南出版社,1999年),頁454。

年邁的父母、無力自養的妻子、年幼的兒女，並沒有適當的社會機構來負責，所以陳德徵認為在這個過渡時期應有一種「過渡的組織」，這個組織「或者仍舊可以名之曰家庭，但他的性質，完全和家族制度不同」，因為它不再是社會的基石，而是過渡的組織，所以一旦社會可以承擔其功能，它就可以解散。依陳德徵的見解，這種過渡的組織應有以下七種特質：

> 為社會過渡的一種產兒；
> 男女間行性的自由；
> 竭力使不能自立的自立；
> 對於子女，並沒有維持血統的關係，和養他們防老的奢望；
> 對於兄弟，純是一種友愛，並不是要強迫共同操作，來謀自己的利益；
> 有這組織時，應傾向和努力於社會改造；
> 除衣食住必需外，不置產，不浪費，所得有贏〔盈〕餘，即儲作公益金。

陳德徵且勉勵有志於毀家廢婚的大家「應當熬著痛去改造經濟組織，熬著痛去打破家族制度，更應熬著痛去幹為改造社會驅逐第一障礙——家族制度——時所免不了產生的過渡組織。諸君啊！我們努力吧！我們不斷的努力吧！」[31]

二、毀家廢婚觀點中的「兒童公育」

康有為在《大同書》中，關於大同之世中兒童交給公家教養後，是否還有私家及親情存在，說明得很清楚：「蓋大同之制，私人之事皆聽自由，……人皆教養於公家，父母無非常之恩義，或有不相識者，故聽其情，若能相識知，則期已可矣」[32]，意即兒童進入公家教養的機構後不必再回到私家、也不復有私家，對於自己的親生父母則順其自然，可能相識相知也可能終身不識不知。至五四時期，中國論者在討論兒童公育問題時，曾因此引發家庭是否應廢除的爭論，有的論者由於不贊成廢家而反對兒童公育，如楊效春非難「現在提倡兒

---

[31] 陳德徵：〈家族制度的破產觀〉。
[32] 康有為：《大同書》，頁325。

童公育的人，都主張借此打破家庭制度」，並強調「家庭是傳遞社會文明，保持社會生存的緊要機關」[33]，而贊成兒童公育的論者中，有些並未贊成毀家廢婚，僅主張兒童在白天前往公立學校就讀，晚上仍舊回到各自家庭[34]；有些則主張毀家廢婚，在徹底改造後的社會中實施兒童公育，或是以兒童公育為通往毀家廢婚社會的必要途徑。限於本書的篇幅及側重的主題，此處以討論後者為主，即主張毀家廢婚的論者是如何看待「兒童公育」這個議題。

不少毀家廢婚論者認為，兒童公育不僅是毀家廢婚的必要配套措施，而且可以解決婦女問題。如提倡「青年奮鬥，第一就要『廢除家庭』『廢除婚姻』」的華林，主張在無嫁娶、無婚姻的社會中，「生育教養，社會自有公共的機關，不勞女子擔負。」[35]劉大白雖然認識到「無家庭」這個「理想的實現，和現在世界的情形，還離得太遠」，但他指出未嘗不能著手於「從『家庭組織』進步到『社會組織』的階梯」，那就是「組織公共的廚房」和「開辦公共的育兒院」，「把『料理飲食』和『撫育子女』兩件事情，作為一部分人的專業」，以取代家庭的功能及婦女的家務。如果完全的兒童公育不易實施，至少也要有臨時托育的場所：「『育兒院』辦不到，退一步也應該開辦『公共的託〔托〕兒所』，專為沒有力量沒有時間的工女作個救濟機關。」因為如果沒有這些機關取代或減輕女子的家庭勞動，「做女子的就是有充分的生活能力、完全的經濟獨立，一經嫁了丈夫，依然做他的良妻；生了子女，依然做他的賢母；要講解放，是無從說起的。」劉大白特別聲明籌辦這些機構並不是「烏托邦的理想」，而是「腳踏實地行得通的」[36]。

沈兼士更開宗明義地指出「兒童公育」是「徹底的婦人問題解決法」、「處分新世界一切問題之鎖鑰」，他層層遞進地分析道：「欲解決社會一切問題，非先解決婦人問題不可；欲解決婦人問題，非先解決家族問題不可；欲解決家族問題，非先解決兒童問題不可。解決兒童問題之惟一良法，曰『兒童公

---

[33] 楊效春：〈非兒童公育〉。

[34] 如周建人（署名「克士」）：〈生育節制打胎和兒童公育〉，《東方雜誌》，1934年第31卷第21號，頁75中論兒童公育「如果只是和幼稚園相似，不過提早了一個時期，那就覺得沒有什麼可以反對。……把小孩更提早一個時期送進去，交專門家去養，一定能夠比母親自己養育的好，……這時候親子間並沒有隔絕，誰是誰生的子女不會忘記的，親子間的感情也不會消滅。」

[35] 華林：〈社會百話（十一）廢除家庭〉。

[36] 劉大白：〈女子解放從那裡做起？〉，頁2。

育』」；兒童公育之所以如此重要，主要原因是「婦人解放後，為社會上種種之活動，不能家居撫顧兒女」，而且「兒童本為社會之分子，今歸之於社會公共教養，實合於自然之原理。」至於兒童公育的具體設施，沈兼士設想周到地說明道：

> 社會當立一調查機關，酌定每若干人口之間，於適當地方設一公共教養兒童之區，其中如「胎兒所」，「收生所」，「哺乳所」，「幼稚園」，「小學校」，「兒童工場」，「兒童圖書館」，「兒童病院」等，及其他衛生設置，均須完備。擔任教養之人材，以體格壯健，常織〔識〕完備，秉性親切為合格之三大要件。此外更當設一「兒童學研究會」，聘任「兒童學專家」（如「兒童心理學者」，「兒童生理學者」，「兒童教育學者」之類），隨時調查討論；每年聯合若干區，開一「兒童比賽會」，請專門「兒童學者」評定成績之優劣，以期競爭改良兒童公育之組織，至於盡善盡美。[37]

沈兼士並特別說明，社會公共的兒教機構，與私有制度下的兒教機構或慈善組織，是完全不同的：「此種組織，與舊式之『育嬰堂』、『貧兒院』其性質根本不同。此為互助的，平等的。彼為補救的，慈善的，階級的。不能混為一談，認此為含有彼之擴張性也。」[38]施存統也有類似看法，認為在私有制度下，絕不可能有普遍、平等的兒童公育，因此主張廢除私有制、推行兒童公育：

> 兒童公育，在私有財產制底底下，決不會有普遍的實現；因為大多數的平民，決不會有錢拿出來做兒童底養育費；有能力公育的，還不過是一部分掠奪階級？所以兒童公育機關底設立，沒有錢的男女，因性交而生出孩子，也不能享受兒童公育底利益。……
>
> 這種私有的兒童公育機關，把養育兒童的人當商品看，是蔑視他的人

37　沈兼士：〈兒童公育：徹底的婦人問題解決法處分新世界一切問題之鎖鑰〉。
38　沈兼士：〈兒童公育：徹底的婦人問題解決法處分新世界一切問題之鎖鑰〉。

格。我們既然是主張平等的人，那裡還可以蹂躪人家的人格？……

我們要組織兒童公育機關，必須要把私有財產制度根本推翻；那時各盡
所能、各取所需，才可以組織兒童公育底機關，才可以人人得到兒童公
育底利益。[39]

　　施存統並推論，要推翻婚姻制度、實行自由戀愛，就一定要有兒童公育
機關，否則「如果因性交而生出孩子，仍舊歸自己養育，試問和夫婦有什麼
差異？……總括說一句，就是：因為我們要推翻婚姻制度，所以要實行自由戀
愛；因為要實行自由戀愛，所以要兒童公育；因為要兒童公育，所以要推翻私
有財產制度。」[40]

　　後來成為古生物學家的楊鐘鍵（1897-1979），在北大就學期間曾發表文章，
認為在「快活的，理想的未來世界」中，「兒童公育是各種革新運動成功後
的自然趨勢」[41]。鴛鴦蝴蝶派作家何海鳴（1884-1944）在短篇小說〈兒童公育〉
中，構想在2022年「古式的婚姻制度早已廢除，婚媾行為不過是助成兒童生產
的方法之一」[42]。兒童產出一百天後，「那孩子便也從此與母親分別，另行送
到兒童公育院去，每六年為一級，每年另有特別教育的處所，經過三年和十八
年的工夫，算是兒童公育完成，許其出院，和成年人一樣，盡人類應盡的勞動
工作義務，享人類應有的衣食住三項公平權利。」[43]

　　同時期的向警予，以女性的立場出發，斬釘截鐵說，要廢除家庭、解放女
子，就一定要實行兒童公育：「有兒童牽累的女子，絕對不能解放，已解放的
女子，絕對沒時候去養育兒童。家庭既主張廢除，兒童更不能不組織公育。」
向警予並列出七項廢除家庭的具體辦法：「1.組織研究與宣傳的機關2.組織婚
姻自決的同盟3.組織兒童公育4.組織女子教育經費借貸銀行5.組織工讀互助團

---

[39] 施存統（署名「存統」）：〈廢除婚制問題底辯論〉。
[40] 施存統（署名「存統」）：〈廢除婚制問題底辯論〉。
[41] 楊鐘鍵：〈通信——兒童公育〉，《新青年》，1920年第8卷第1號，頁403-405。
[42] 何海鳴（署名「求幸福齋主」）：〈兒童公育〉，《星期》，1922年第26期，頁7。
[43] 何海鳴（署名「求幸福齋主」）：〈兒童公育〉，頁5。

6.組織合作社會7.組織新村」[44]，以各種公共機構取代家庭功能。張若名亦批評目前女子的生活大多被家庭束縛，而理想中的婦女生活是「日日過群眾生活，偕同他們的朋友，按定時去作工，按定時到公共飯堂去吃飯，按定時到公共遊戲場去休息，把兒童送入公共育所」，因此號召姐妹團結起來打破私有制和家庭制度[45]。

　　1927年《新女性》以「現代女子的苦悶問題」為題徵稿，參與討論的學者中也有提到以公共機構取代家庭，以減輕為人妻母的負擔，如蔡元培（署名蔡孑民）說：「將來分工之法較精，社會組織改變，或者家庭間應辦的事，完全由公共機關來代他；為妻的職責，或者可以完全放棄；為母的職責也可以減到極短的時間，止有自受孕時期以至嬰兒斷乳時期的一段，那就女子對於研究學問與改造社會的熱心，可以充分發展了。」[46]有學者將組織兒童公育的責任加諸在「新女子」身上，如顧頡剛提議「設立新式的育嬰堂，使得不願或不能撫育小孩的人不致為小孩所束縛而犧牲了自己。」並詰問道：「『兒童公育』這句話說了好久了，何以沒有人出來實行呢？舊紳士尚會立育嬰堂，難道新女子就沒有這能力嗎？」[47]新女性陳宣昭則認為，推行兒童公育是國家社會應負的責任，「國家及社會應該提出特別的費用，盡量的籌設託〔托〕兒所，兒童公育，幼稚園。」[48]天宇女士（生卒年不詳）亦謂：「社會改造以後，可以設立公共育兒所，公共會食堂。有公共育兒所，則婦人分娩之後，儘可把嬰兒交育兒所養育，自己俟身體復原後，再從事工作。有公共會食堂，則不必每個婦人犧牲於『柴米油鹽醬醋茶』之中。」[49]同時期楊沒累在小說〈自由村〉中，構想一百年後的世界，政府、家庭、資本、軍閥等皆已淘汰，取而代之的是「五大部」——「教育部、工作部、生活部、出產部、互助部」[50]。在〈婦女革命宣言〉中，楊沒累痛批婦女在家中的地位只是「家畜動產」，而所謂「男女社交公開」只是「一種軟化女性，摧殘女性的新騙術」，呼籲應刻不容緩地成立

[44]　向警予：〈女子解放與改造的商榷〉，頁16-17。
[45]　張若名（署名「一峯」）：〈現代女子認怎樣的解放為滿意？〉。
[46]　蔡元培：〈現代女子的苦悶問題〉，《新女性》，1927年1月第2卷第1號，頁53。
[47]　顧頡剛：〈現代女子的苦悶問題〉。
[48]　陳宣昭：〈現代女子的苦悶問題〉。
[49]　天宇女士：〈改造社會與現代女子的苦悶問題〉，《新女性》，1927年7月第2卷第7號，頁725。
[50]　楊沒累：〈自由村〉，收入楊沒累：《沒累文存》，頁227-239。

「家庭機器共用社」、「兒童公育院」、「職業介紹所」等，尤其是兒童公育院：「我們為補救婦女的缺點起見，為省出教養的時間和財力起見，為使兒童受得專門家的良好教養起見，都有組織兒童公育院的急切需求。」[51]

在1920年代末主張不僅要廢除家庭、婚姻，還要解放性與愛的學者，也極贊成兒童公育，其見解多發表於《幻洲》及《新女性》。如張履謙認為婦女可以只要性、不要愛、更不要家庭和婚姻，唯一的難處是性交後產下的兒童無處安置，所以「兒童不實行公育，婦女是在任何社會中都是性的奴隸，都是得不到整個人的解放的。母性的保護說簡直是殺戮女性的利刃。」[52]又說：「主張兒童公育，一方面便是發展兒童的群性，使兒童不為家庭制度束縛；一方面使婦人不為生產兒童便無其他生活趣味之可言，且能分擔社會進化的任務。如此，則婦人沒有兒童之累，而家庭之羈絆可除，經濟獨立乃有望也。」[53]唐運劍主張在廢除夫婦制度後，性交自由，女性即使懷孕，也不必被孩子束縛，因為「女性在生產時有社會公設醫院看護之。所生嬰兒由社會所設育嬰所教養，由兒童至成人一切教養皆由社會負責。……年老男女亦由社會共養之。」[54]戚維翰（?-1947）亦主張「性」不一定要有愛，更無須專一，產下的兒童也無須追究生父是誰：「有人說，一妻多夫者所生的兒子，究叫誰負責呢？這個我以為可組織成專門的育兒院負教養之責。」[55]蒲察認為未來社會中的男女將不再花工夫談戀愛，只有性的關係，「子女在未來的社會裡，無疑地是採行公育制度。」[56]主張廢除「現在這種契約式的婚姻」的作家陳醉雲亦說：「至於兒女呢，可以由地方組織機關公育。……總之，每個人都算是社會間的一員，關於

---

[51] 楊沒累：〈婦女革命宣言〉，收入楊沒累：《沒累文存》，頁328-344。

[52] 張履謙（署名「謙弟」）：〈時代下犧牲的新女子〉，頁112。

[53] 張履謙（署名「謙弟」）：〈近代已婚婦人解放論〉，《新女性》，1927年2月第2卷第2號，頁163。

[54] 唐運劍：〈性愛問題的激底解決——就是廢除夫婦制度〉，頁180-181。

[55] 戚維翰：〈離經叛道〉，頁463-464。

[56] 蒲察：〈對於新戀愛問題的解答〉，頁1425。同時期的龍實秀（生卒年不詳）雖未直言自由性交，但也感慨與異性發生關係要經過戀愛，而戀愛造成時間和經濟上的損失且令人厭煩，龍實秀：〈對於新戀愛問題的我見〉，《新女性》，1928年12月第3卷第12號，頁1423-1424：「我們如果要以三年五年的光陰來做Love making的工作，真是要了我們的命的勾當，在時間上與經濟上不知要累了怎樣重大的損失。我想，這是現在一般青年大約要承認是一種切膚之痛吧？……如果說和異性發生關係是要根據於戀愛，則我們便祇有整年整月長在『戀愛的煩惱』和『戀愛的變』底光陰裡，經過了一場戀愛的煩惱後，發覺了對方的缺點便行離異，又復對另一個異性戀愛起來，『從容地』戀愛下去，以至『相思』『煩惱』，發現缺點……那是怎樣一回令人厭煩的事呢？」

公共的公事，就對社會負責，遵守共同的規律；關於個人的私事，就對自己負責，以本身的志趣為從違；同時，沒有生活能力的老年與孩童，也由公共的力量去扶養。如果能夠這樣，不是很好嗎？」[57]對於有些人因擔憂家庭被破壞而對兒童公育裹足不前，熙素反而說：「的確，兒童公育必將破壞家庭，並且在另一方面說，也就是因為家庭是必須破壞的原故，所以兒童公育是應該實行的。實在說起來，破壞家庭是因，兒童公育是果。」[58]中國「托派」[59]女革命家陳碧蘭所描繪的理想社會中，亦設有托兒所、幼稚園等，並打破性別分工：

> 我們認為家庭制度，必隨著社會的變遷發展而逐漸破滅，我們理想中的將來的社會，……那時決無所謂家庭，各盡所能，各取所需，……個人和社會都有密切的關係，沒有家庭的必要。育兒，社會設有托兒所，有幼稚園，用最有經驗的專門家管理，按照科學的方法來養育教育。就是燒飯，洗衣，製衣等工作，也有大規模的有專門技師管理，而且那些管理員也不一定是婦女，不是以性的區別來分配職業，而是按照各人的所長來分配的。家庭的經濟的互相依賴變為社會依賴，家庭的業務也變為社會的事業，這裡還有所謂家庭存在嗎？固然兩性的同居依然是有的，但夫婦的同居也就限於同居一點，這還有現存的家庭制度的意義和體系存在嗎？[60]

57　陳醉雲：〈個性本位的戀愛〉，頁1412-1413。
58　熙素：〈兒童公育〉，頁770。
59　托洛斯基派，簡稱托派，其思想以托洛斯基為首，被認為是共產思想裡的無政府主義者。1929年陳碧蘭和彭述之、陳獨秀等人成立中共反對派組織「托派」。
60　陳碧蘭（署名「陳碧雲」）：〈論婦女職業與愛倫凱的女性復興〉，《女青年月刊》，1933年第12卷第9期，頁6；相同主張亦見於陳碧蘭（署名「陳碧雲」）：〈家庭的破滅與婦女解放〉，《東方雜誌》，1933年第30卷第7號，頁21；夏紋（生卒年不詳）：〈家庭制度的變遷與婦女解放〉，《女青年月刊》，1933年第12卷第9期，頁20：「家庭的一切事務和生活都化為社會的事務和生活，原來家庭的私事變成了社會的事務，由社會的分工來負擔。如同飯由公共食堂準備，衣由公共洗衣所洗滌，兒女由託〔托〕兒所撫養。……但這樣的生活是打破家庭所由成立的私的生活體制的生活形式，完全廢除了夫婦子女親屬間之以小的獨立的互相依賴的經濟體系的生活形式，這就是說消滅了家庭。這時雖然仍存在著夫婦的同居，然而卻僅僅屬於一種性的結合方式，這不算甚麼家庭。因為它已不含任何人間支配作用和經濟的依賴性質的緣故。」

值得注意的是，中外論者在勾勒毀家廢婚後的社會藍圖時，有不少曾依年齡分層來規畫人的一生，茲列表如下：

	教養時期	工作時期	退休時期
〔美〕貝拉米《百年一覺》（1888）	0-21歲	21-45歲	45歲以後
〔俄〕克魯泡特金《無政府主義》（1896）	0-25歲	25-50歲	50歲以後
康有為《大同書》（1902）	3-5歲：育嬰院 6-10歲：小學院 11-15歲：中學院 16-20歲：大學院	21-59歲	60歲以後入養老院
劉師培〈人類均力說〉（1907）	0-6歲：棲息所 6-10歲：學文字 10-20歲：學普通科學和製造器械	21-50歲	50歲以後入棲息所
高亞賓〈廢綱篇〉（1907）	0-6歲：育嬰所 6-20歲：白天至學藝所，晚上入群體公所。	20-60歲：白天至行政所或執事所，晚上入群體公所。	60歲以後入養老所
鞠普〈毀家譚〉（1908）	0-20歲	20-40歲	41歲以後
師復〈無政府共產主義同志社宣言書〉（1914）	0-6歲：公共養育院 6-20或25歲：入學受教育	20或25歲-45或50歲	45或50歲以後入公共養老院

　　每位構想毀家廢婚理想社會的論者雖然在規劃細節上略有不同，但大方向是一致的，即是讓人類的生活不再以家庭為重心、而以社會為中心，並以各種公共機關取代家庭功能。

取代婚姻的觀念和制度

　　傳統上認為在婚姻以外的性關係都是不合乎禮法的，因此在婚姻制度廢除的世界圖景中，應如何看待和處理男女（或男男、女女）間的性慾，就成為需要思考的問題之一。二十世紀前期中國提出毀家廢婚的論者，依各自不同的性愛觀念和思想背景，對此議題提出了不同的構想。

一、康有為《大同書》中的「交好之約」

　　晚清康有為在《大同書》中以東西方風俗的對比，說明嚴男女之防是適得其反，指出中國女子「嚴禁出入、遊觀，更禁交接、宴會，推其法意皆為防淫。男女既不得接見，則偶一見之，屬目必甚，淫念必興。」而「歐美風俗，男女會坐，握手併肩，……其教化尚不如中國之嚴也，然能修禮防者，實司空見慣使然也。」[61] 康有為認為以終身不得離異的婚姻制度來防範奸淫，猶如「築堤愈高，而水漲愈甚」，「防淫愈嚴，而淫風愈甚。不若去堤與水，自無漲潰之虞」[62]；「築堅城者適遭炮攻，立崇堤者適來水決，必不能防，不如平之，故不若無城無堤之蕩蕩也。」[63] 因此，他主張「太平大同之世，男女各有獨立之權，有交好而非婚姻，有期約而非夫婦」[64]，以短期婚姻制度——「交好之約」取代傳統的終身之約：

　　　　男女婚姻，皆由本人自擇。情志相合，乃立合約。名曰交好之約，不得有夫婦舊名……但當如兩友之交而已。[65]

　　　　男女合約當有期限，不得為終身之約。……兩人永好，固可終身；若有新交，聽其更訂；舊歡重續，亦可尋盟；一切自由，但顧人性而合天

---

[61]　康有為：《大同書》，頁228-229。
[62]　康有為：《大同書》，頁200-202。
[63]　康有為：《大同書》，頁330。
[64]　康有為：《大同書》，頁329。
[65]　康有為：《大同書》，頁200。

理。……婚姻限期，久者不許過一年，短者必滿一月。歡好者許其續約。立媒氏之官，凡男女合婚者，隨所在地至媒氏官領收印憑，訂約寫卷，於限期之內誓相懽好。[66]

　　康有為認為判斷「淫」的是非善惡的「公理」，就是「凡有害於人者則為非，無害於人者則為是。」[67]因此有害於人的性行為，如：非出於「本願」的「強奸」可能「損身破體」[68]，未成年性交有「損身」之虞[69]，獸交會造成人種的退化[70]，就必須禁止；但他樂觀地認為只要實行交好之約，人人各遂其情，各適其欲，必無人樂於強奸、童奸、童交、獸交之事，且大同之世人人皆受教育，因此不需要訂定法律來預防，最多訴諸於「學規」或「公議」（輿論）即可[71]。而無害於人的性行為，就不必禁止，如「偶相交合」（若今所謂「一夜情」）雖是在交好之約以外發生的性行為，也不必用法律或道德加以約束：

> 夫人稟天權，各有獨立，女子既不可為男子之強力所私，其偶相交合，但以各暢天性。若夫牝牡之形，譬猶鎖鑰之機，納指於口，流涎於地，何關法律而待設嚴防哉？[72]

　　至於男同性戀，康有為認為對人沒有害處，所以「兩男之交」也可立交好之約：

---

[66] 康有為：《大同書》，頁200-202。
[67] 康有為：《大同書》，頁331。
[68] 康有為：《大同書》，頁202：「若非本願，則為強奸，亂世平世，刑茲無赦。」頁330：「至強奸童幼，有損身破體者，本當予以嚴刑。」
[69] 康有為：《大同書》，頁330：「惟自由之義，乃行之於二十出學之後。若在童男童女之時，身體未成，方當學問，受公政府之教養，未有獨立之權，亦無自由之義，不獨強奸之有害，亦交合之損身，自當在禁防之列。」
[70] 康有為：《大同書》，頁331：「惟人與獸交，則大亂靈明之種以至退化，則不得不嚴禁矣。」
[71] 康有為：《大同書》，頁202言強奸之事：「然是時人得所欲，其事至易。人皆知學，其欲亦澹。亦何為冒犯刑誅，為此強奸之事哉！」頁330言童奸：「若太平之時，人得所欲，何事強奸童幼，為絕無滋味之事，可不待防。若果有之，付之公議，以定其罰可也。」頁346-347言童交：「此在教師之教導，又在友朋之激厲；苟不謹於此，雖不速於刑獄，亦當見擯清議，削減名譽，此為冒犯學規，不隸刑司焉。」頁332言獸交：「若在大同世，但在情欲，絕無禁戒，則人得所欲，以文明之人類，起居飲食備極香美，豈能復與獸交焉？義當無之，可不立禁；若有犯此者，公議恥絕，不齒於人可也。」
[72] 康有為：《大同書》，頁330。

若以淫論，則女與男交，男與男交，一也。……其有歡合者，不論男女之交及兩男之交，皆到官立約，以免他爭。[73]

在《實理公法全書》中，康有為還設想到「數人之約」。今天所謂的「小三」、「劈腿」，當事人往往是在隱秘、欺瞞中進行，在大同之世中，卻可以光明正大的立約，不過康有為對此特別交代，媒氏官對數人之約應較謹慎處理，是否數人之間皆互相愛悅，如有任何勉強、不情願的情形就不得立交好之約：

其有數人同時欲立一約者，詢明果係各相愛悅，則許之，或仍不許。[74]

在康有為構想的大同世界中，二十到六十歲的人要為社會服務，依其職業，居住於農場、工廠、商店等之中的「公室」[75]，訂立「交好之約」期間兩人或數人同居於其中一人的「公室」或客舍中[76]。康有為認為訂立交好之約將使人人易於遵守而無意犯禁，可以弭除淫禍：「夫寬游堤以待水汜，則無決漫之虞；順乎人情以言禮律，則無淫犯之事也……人人可合，故無復有和奸、逼淫之名」[77]。根據康有為《大同書》及《實理公法全書》中對「交好之約」的設計，其約形式大致如下：

[73] 康有為：《大同書》，頁331。
[74] 康有為：《實理公法全書》，收錄於康有為著、朱維錚編校：《康有為大同論二種》，頁10。
[75] 康有為：《大同書》，頁285-286。
[76] 康有為：《大同書》，頁286：「其男女有交好者，許在公室同居焉。」「其農場皆有室居，不住而別住客舍者聽之。」
[77] 康有為：《大同書》，頁330。

交好之約

（　　年　　月　　日出生

（　　年　　月　　日出生）

（　　年　　月　　日出生）

（　　年　　月　　日出生）

以上數人情志相合，乃立合約，於　　年　　月　　日至　　年
月　　日誓相懽好，由當事人向媒氏官為交好之約之登記。

訂約人：　　　　　（簽名或蓋章）訂約人：　　　　　　（簽名或蓋章）

訂約人：　　　　　（簽名或蓋章）訂約人：　　　　　　（簽名或蓋章）

媒氏官：　　　　　　（簽名或蓋章）

年　　　月　　　日

圖二、大同之世「交好之約」示意圖

　　康有為的「交好之約」可說是「暫時性婚姻」的明文規定化[78]，訂約的兩

---

[78] 在《大同書》完稿的六十幾年後，美國社會學家艾文・托佛勒在1970年的著作《未來的衝擊》中預測，未來人將接受「暫時性婚姻」（temporary marriage）：「婚姻關係不再是『死而後已』。一對男女，儘管一開始便知彼此之間的關係不過似露水鴛鴦一般，但是，他們仍照樣步入婚姻。他們亦知，當夫婦意見相左，或是當彼此發展階段已不能再相互協調時，他們之間便告吹了；既不驚恐，也不尷尬，或許連時下離婚的人所擁有的那種悲愁之情亦消失得無影無蹤。」Alvin Toffler, *Future Shock*(NY: Bantam Books, 1990), p.251: "Instead of wedding 'until death us do part,' couples will enter into matrimony knowing from the first that the relationship is likely to be short-lived. They will know, too, that when the paths of husband and wife diverge, when there is too great a discrepancy in developmental stages, they may call it quits – without shock or embarrassment, perhaps even without some pf the pain that goes with divorce today." 〔美〕艾文・托佛勒（Alivin Toffier）著、蔡伸章譯：《未來的衝擊》（台北：時報文化，1994年），頁214-215。與康有為不同的是，康有為認為交好關係以短期為理想是本於人類喜新厭舊的天性，艾文・托佛勒則認為婚姻關係的暫時化主要是由於社會環境的變遷。而且，艾文・托佛勒並不認為暫時性婚姻是廢家社會中的一種制度，反而是「在技術社會已成為保存家庭的最佳秘訣」，他並預測：「一種接二連三的暫時性婚姻形式，在暫時的時代中，因人與人及環境之間關係的短暫化，將大為盛行，而此乃是出租汽車、收購洋娃娃及一用即棄的衣物的社會必然發展。未來，這種婚姻必然會成為主流婚姻型態。」Alvin Toffler, *Future Shock* (NY: Bantam Books, 1990), p.252: "Serial marriage-a pattern of successive temporary marriage - is cut to order for the Age of Transience in which all man's relationship, all his ties with the environment, shrink in duration. It is the natural, the inevitable outgrowth of a

人或數人共同生活的「公室」或旅舍，也是一種類似「小家庭」的空間結構；但康有為強調不得以「家」、「婚姻」、「夫婦」的「舊名」來指稱新的制度和關係，梁景時對此曾析論道：「廢家觀既然要求男女關係自由結合，就必然存在兩性共同生活的組織形式，它既想拋棄家庭形式卻又要採取男女結合的某種形式——一般家庭，當然毀家觀者不把這種組織形式視為家庭的家庭已經區別於作為社會經濟單位的家庭。」[79]康有為強調去除「舊名」，因為舊名一旦存在，新制就只是一種舊制的改良，舊有的習慣和思維仍將陰魂不散、如影隨形甚至死灰復燃，因此，與今天的多元家庭、多元婚姻論有所不同的是，康有為有意識地不再採用「家庭」、「婚姻」、「夫妻」等名稱，試圖以「去名」從根剷除、完全擺脫傳統的家庭和婚姻觀念。

二、蔡元培、高亞賓、鞠普、江亢虎構想的男女交合場所

1904年蔡元培〈新年夢〉中構想了「公園」為男女社交公開的場所，「配偶室」為男女交合的隱密空間：「沒有夫婦的名目，兩個人合意了，光明正大的在公園裡訂定，應著時候到配偶室去，並沒有男子狎娼、婦人偷漢這種暗昧事情。」[80]在這個未來世界兩性關係的想像中，以「公園」為男女公開交際的場所，以公有的、臨時的隱密空間「配偶室」，代替私有的、具長期穩定性質的「家庭」，男女交好完全不必住在一起、共同生活，徹底廢除了「家庭」的符號、功能、空間、生活方式等任何的可能性。中國著名語言學家、出版家陳原（1918-2004）曾讚嘆〈新年夢〉說：「這個想像真美，幾乎不能相信它是九十年前在這古老帝國的黃昏時刻寫出來的。」[81]1908年匿名作者在《新世紀》發表的〈與人書〉中也有類似的設計，文中主張毀家廢婚後「世界新社會」中的男女「于公園互相承認後，至公設配合室，記名而後入室」[82]。

social order in which automobiles are rented, dolls traded in, and dresses discared after one-time use. It is the mainstream marriage pattern of tomorrow. In one sense, serial marriage is already the best kept family secret of the techno-societies." 〔美〕艾文‧托佛勒（Alivin Toffier）著、蔡伸章譯：《未來的衝擊》，頁215。

79　梁景時：〈論民初及五四時期的家庭革命〉，《晉陽學刊》，1996年第6期，頁105。
80　蔡元培：〈新年夢〉，頁51。
81　陳原：〈《新年夢》——蔡元培的小說〉，陳原：《隧道的盡頭是光明抑或光明的盡頭是隧道》（北京：商務印書館，2002年），頁221。
82　來稿：〈與人書〉。

1907年《天義報》所刊高亞賓〈廢綱篇〉中所構想的「士女行樂所」，是對男女交合有所控管的公立機構。為了人類的存續，高亞賓認為「夫婦可廢，而交合之事不可廢。苗族跳月，固無足道，迺若其意，則有大同之現象矣！」並對於男女交合之事，訂了四條規定：

> （甲）夫婦倫廢，則更構精，必善組織一文明現象，以為生生不已之舞臺。
>
> （乙）交媾期限，春秋四季，以二、五、八、十一、冬月為率，弛禁五日，餘俱有事不暇，人精庶免浪耗，亦強種妙法也。
>
> （丙）相悅為樂，一聽自由，然亦必年齡相仿，方為合格，苟老少顛倒，仍蹈野蠻之界。總之幼穉毫耄，稍嚴其禁焉！
>
> （丁）士女交歡，宜在湖山別墅、嵐翠霞丹之表，川明水秀之區，由地方公議建立行樂之所，天氣晴朗，腦魂暢舒，陰陽感孕，種質庶幾改良矣！[83]

〈廢綱篇〉雖然廢除了婚姻和家庭，但對於男女的交合，從季節、日期、地點到年齡，都有所規定和禁制，且依其理論，若不生育則未善盡為人類生產之責。看似自由戀愛、性開放、人人皆可「行樂」，實則諸多干涉，實在是一幅奇異的社會景觀。

《新世紀》作家鞠普提倡以「不婚」促使「毀家」的實現，而世人「強迫性地不能不婚」的第一個原因，即「男女有情慾之感」，因為「世俗以不正式婚姻為苟合，以所育之子為私生」，使慾望男女們不得不結婚。對此，鞠普主張「今使破除貞淫之說，復多設會場旅館，為男女相聚之所，相愛則合，相惡則離，俾各遂其情，則必無樂於結婚者矣。」[84]其中「會場」即男女公開社交的場所，「旅館」則是男女相處的私密空間，與蔡元培構想的「公園」及「配偶室」用意相同。鞠普認為男女之間應以「相悅即相合」為原則，但仍應考慮人口、衛生、優生等問題，因此廢婚姻後「必有一公認之規則，使男女之

---

[83] 高亞賓：〈廢綱篇〉，頁428。
[84] 鞠普：〈毀家譚〉。

合，必有其地，必有其時，必有其數，必有其類。……于自由之中，有限制之法」[85]，這種以人類存續及進化為目的，試圖以現代醫學知識及科學方法，管理男女性生活的構想，與高亞賓〈廢綱篇〉中的「士女行樂所」相當接近。

江亢虎1909年發表的〈無家庭主義〉中，指出西方一夫一妻制與中國婚制相較，「猶五十步笑百步耳」，並洋洋灑灑列出了二十三條中西方婚制兼有的流弊，其中有十條關於婚姻對男女情慾的戕害。江亢虎認為「生殖器為人類大錘鑪，最宜鄭重；交媾為人類大事業，最宜研究」，主張除了「強姦處嚴刑」及「黴毒者禁與常人交媾」外，一般人「凡秉牝牡之具，當情感之時，皆得交媾。」同時提出應推廣性教育：「義務教育中，須設為必修科，更獎勵此種學說、圖畫、模型，著其理法，詳其私害」[86]。為了提供男女在「無家庭」的社會中交往和交媾的場所，蔡元培想像出「公園」和「配偶室」，高亞賓設計了「士女行樂所」，鞠普構想出「會場」和「旅館」，江亢虎也主張建設「公園」：「每市必集大貲，為高潔精邃之公園，供男女行樂之用」[87]。

三、「性」觀念的轉變──等同於行禮、吃飯、喝水、談話、穿衣、握手、抽菸……

譚嗣同在《仁學》指出中國人防淫太過，「遏之適以流之，通之適以塞之，凡事蓋莫不然」，「西人男女相親，了無忌諱，其接生至以男醫為之，故淫俗卒少于中國」，其實「男女構精，特兩機之動，毫無可羞醜」，主張「多開考察淫學之館，廣布闡明淫學之書」；譚嗣同認為將原本隱諱的關於淫（性）的知識公開化、透明化後，自然能降低或免除人們對淫（性）的好奇和興趣：

> 藏物于篋，懼使人見，而欲見始愈切；坦坦然剖以相示，則旦日熟視而若無覩矣。……

---

[85] 鞠普（荷蘭來稿）：〈禮運大同釋義〉。
[86] 江亢虎（署名「某君」）：〈無家庭主義〉。
[87] 江亢虎（署名「某君」）：〈無家庭主義〉。

使人人皆悉其所以然，徒費一生嗜好，其事乃不過如此如此，機器焉已耳，而其動又有所待，其待又有所待，初無所謂淫也，更何論于斷不斷，則未有不廢然返者。[88]

譚嗣同大膽地假設如果自古以來行淫之事就實行於公開場合，使「行淫」如「行禮」般光明昭著；或男女的生殖器不是生於幽隱，而是長在面額之上，舉目即見，則將以「淫」為「相見禮」，就不會有人認為淫是惡的：

> 向使生民之初，即相習以淫為朝聘宴饗之鉅典，行之於朝廟，行之於都市，行之於稠人廣眾，如中國之長揖拜跪，西國之抱腰接吻，沿習至今，亦孰知其惡者？乍名為惡，即從而惡之矣。或謂男女之具，生於幽隱，人不恆見，非如世之行禮者光明昭著，為人易聞易睹，故易謂淫為惡耳。是禮與淫，但有幽顯之辨，果無善惡之辨矣。向使生民之始，天不生其具於幽隱，而生於面額之上，舉目即見，將以淫為相見禮矣，又何由知為惡哉？[89]

《新世紀》發起人之一張靜江（1877-1950），1907年6月與馮自由（1882-1958）會面時，「縱談所篤信之無政府、無宗教、無家庭等學說，議論生風，所談男女關係之界說，尤見天真，……頗與瀏陽譚嗣同著《仁學》所說相似」。受譚嗣同「以淫為相見禮」的假設之說影響，張靜江主張「性的關係」未嘗不可「用以行禮」，他說：

> 世人過分重視性的關係，最為錯誤。蓋社會所以劃分男女關係，如此明顯，乃傳統的習慣使然，而種種罪惡即緣是產生。此種習慣未嘗不可改革，譬如我們的手可行握手禮，口可以行接吻禮，則性的關係又何嘗不可用以行禮乎？[90]

---

88 譚嗣同：《仁學》，頁32-33。
89 譚嗣同：《仁學》，頁27。
90 馮自由：《革命逸史》第2集（北京：中華書局，1981〔1848〕年），頁210。

譚嗣同和張靜江將性行為視為行禮，民初的無政府主義集大成者師復更將之比喻為吃飯喝水：

> 夫男女情慾，不過生理之作用，與饑食渴飲，同為一不足為奇之條件。苟兩人相愛，體力年成相適，因而相與配合，此實中於公道，必不容第三人之干涉，亦無事設為程式。明衛生者不敢縱情慾而濫交，猶慎食者不敢徇口腹而濫食。此乃衛生之真理，而不必以禮義廉恥貞淫等偽詞相制者也。[91]

1923年有無政府主義背景的學者吳稚暉發表〈一個新信仰的宇宙觀與人生觀〉，認為在大同世界中，「廢婚姻，男女雜交，乃是人類必有之一境」，性交就像二友談話一樣，不需要經過「戀愛」，也不必因此有衣食、居處、子女等牽累：

> 大同之世，乃一雜交之世。挾貴挾富，固無其事。即挾賢挾美，亦在所陋。性交之事，直與二個朋友會談相等。因需要談話，便聚而談話，談竟各散。不因有談話之遇合，遂衣食，居處，子女，互相牽累。於是不正之性交需要，亦無從彼此相強。[92]

吳稚暉雖認為男女雜交必須「課之科學」，精細地辨知交合的男女是否有疾病或血統相近的問題，以「改良進種」；但他樂觀地認為只要科學昌明，人們對於「無良於種，而有損於身」的性交將自然「惕然冰冷」，因此「不待另加檢制」[93]。

91　師復：〈廢婚姻主義〉；鄭學稼：〈劉師復和他的思想〉，收入〔美〕蕭公權等著：《近代中國思想人物論——社會主義》，頁174中批評師復的「廢婚姻」「可視為怪說，亦屬真正無政府主義的理論。他們都以為人皆堯舜，或每一個人都和他們一樣講道理。如否認這一前提，那他的主張就成為大問題了。」

92　吳稚暉：〈一個新信仰的宇宙觀與人生觀〉：「今反說夫婦當以戀愛結合，剩著赤裸裸的男女，僅有胡同式之交關，豈不大誤？……今夫婦因性交而有衣食，居處，子女等之共同。牽係多端，性交復多起於需要之不正，乃僅以戀愛，輕易結合，輕易解約，真所謂談何容易！」

93　吳稚暉：〈一個新信仰的宇宙觀與人生觀〉：「廢婚姻，男女雜交，乃人類必有之一境。然必在子女公共養育，私產廢止之時。又有一大難事，非科學更向上，不能解決。即雜交以後，如何而血統

1926年，無政府主義刊物《幻洲》的作家唐運劍，認為在理想的社會中，性交等同於吃飯穿衣、握手親嘴，只是日常生活中的尋常舉動，不會引起任何無謂的大驚小怪：

> 在這種社會裡面，男女只有朋友的關係而無夫婦關係，男女各自生活而互不依賴。至於性交一層，只要兩性互許，隨時隨地皆可實行。照需要一方面說，和吃飯穿衣一樣的意義。從交際方面說，如握手親嘴一樣的意義。性交在這個社會裡面是公開的，尋常的，毫不出奇。有人說這樣簡直和禽獸一樣，其實他不知道這正是人不如禽獸的地方。[94]

1928年無政府主義作家盧劍波在〈談「性」〉一文中將性交等同於吃飯：

> 假如揭破性的神秘觀念，把交媾認做喫飯一樣的等閒，把接吻抱腰以至張競生所說的「情玩」只認做人與人之間的親愛的表示，把生殖看做人對於自己對於社會的責任，那麼，在將來自由社會實現以後，人只是人，只有人（Homo），沒有Viro（筆者按：指男人）和Virino（筆者按：指女人）的差別，都是同伴（Gekainaradoj），都是愛侶（Geamantoj），沒有什麼的夫妻關係，這才是人的至高完成；性的至高完成；男女的真實和諧。那時的「性」才是裸露的，自然的，社會的，崇高的，善的和美的。[95]

上述無政府主義者以追求自由的立場打破傳統的性觀念，嚮往共產革命的

不亂，可使人類更為優種是也。同姓為婚，其生不繁，即前乎今日一萬年之野蠻，亦已知之。因血屬相交，所以子女往往盲目殘缺，乃科學所證明。人類的最高道德，即在改良進種。由人而變超人，其機鍵在此。血屬之分辨，用人類之標誌，不如用天然之生理。必待科學一步一步的增進，辨明人類內部有如何的差異？即顯現於外部，為狀貌之如何分別？男女彼此一望便知，有如今日之辨別諸姑伯姊，血屬相同；或肺癆癡癲，不可嚮邇。皆不待詰誠，自不起性慾。並精細地辨知甲乙交合，雖配偶適宜，然無良劣種，而有損於身，皆自憬然冰冷，不待另加檢制。如是則雜交自行。雜交既行，無家室之私，則節孕益周。過庶之患，亦由此而救。世乃可以大同。大同之效，惟課之科學而能實現。」

[94] 唐運劍：〈性愛問題的澈底解決——就是廢除夫婦制度〉，頁180-181。
[95] 盧劍波（署名「劍波」）：〈談「性」〉，《新女性》，1928年8月第3卷第8號，頁872。引文中Homo（人）、Viro（男人）、Virino（女人）、Gekainaradoj（同伴）、Geamantoj（愛侶）都是世界語。

青年則基於革命的需要，將性視為尋常、不必花太多心思去解決的事情。1925
年主張「革命家沒有結婚，也沒有戀愛，只有性交」的陳喬年，受俄國柯倫泰
「一杯水主義」的影響，將性行為比喻為喝水抽煙：「走到那裡，工作在那
裡，有性的需要時，就在那裡解決，同喝一杯水和抽一支香煙一樣。」[96]

四、張競生的「情人制」

　　1925年，曾留學法國，受到法國浪漫、自由風氣影響的北京大學張競生
教授，出版《美的人生觀》，書中提倡「美的性育」[97]，指出過去「兩性分別
太嚴」反而使男女兒童、青少年容易「涉入邪僻的心思」[98]，其實「交媾的意
義原是一種極普通不神秘的事」[99]。同年9月出版《美的社會組織法》，設計
了一個以美為旨趣的理想社會，張競生自知此社會在現實上不易實現，但說：
「倘若此書就此終古作為烏托邦的後繼呢，則我也不枉悔，……讀者看此書為
最切實用的社會書也可，或看為最虛無的小說書也無不可，橫豎，我寫我心中
所希望的社會就是了」[100]，在他心目中的「美的社會」中，婚姻制廢除了，取
而代之的是「情人制」：

> 　　自婚姻制立，夫婦之道苦多而樂少了，無論為多夫多妻制（群婚制），一
> 夫多妻制，一妻多夫制，與一夫一妻制，大多為男子自私自利之圖，為
> 抑壓女子之具與背逆人性的趨勢。自有婚姻制，遂生出了無數怨偶的家
> 庭，其惡劣的不是夫凌虐妻，便是妻凌虐夫，其良善的，也不過得了狹
> 窄的家庭生活而已。男女的交合本為樂趣，而愛情的範圍不僅限於家庭
> 之內，故就時勢的推移與人性的要求，一切婚姻制度必定逐漸消滅，而
> 代為「情人制」。[101]

96　陳碧蘭：《早期中共與托派——我的革命生涯回憶》，頁161。
97　張競生著、張培忠輯：《美的人生觀：張競生美學文選》（北京：三聯書店，2009年），頁54。
98　張競生著、張培忠輯：《美的人生觀：張競生美學文選》，頁54。
99　張競生著、張培忠輯：《美的人生觀：張競生美學文選》，頁55。
100　張競生：《美的社會組織法》，頁121-122。
101　張競生：《美的社會組織法》，頁121-122。關於情人制的討論亦見張競生：〈情愛與美趣的社
　　會〉，《京報副刊》，1925年第259期。

所謂「情人制」就是「以情愛為男女結合的根本條件」，與自由戀愛而結婚的制度不同的是，情人制不要求永恆專一：

> 愛是欣賞的，不是給予，也不是佔有，惟在情人制之下才能實現這個願望。……在情人制的社會，男女社交極其普遍與自由，一個男人見一切女子皆可以成為伴侶，而一個女子見一切男人皆可以為伊情人的可能性。……在情人制之下，社會如蝶一般狂，蜂一般咕嗻有趣，蚊群一般沖動，蟻國一般鑽研，人盡夫也，而實無夫之名；人盡妻也，但又無妻之實。名義上一切皆是朋友；事實上，彼此准是情人。[102]

張競生稱頌「情人」是「愛與美的合一的最好表示」，進而提出「情人的宗教」和「情人政治」，以建構一個「情愛與美趣的社會」[103]。1921年朱謙之《革命哲學》中也曾頌讚「情人」[104]，但朱謙之以情人為革命主體是為了邁向「無人類」的宇宙革命，與張競生試圖創建「美的社會」的理想大異其趣。

張競生不否認在情人制中，彼此專一的一男一女生活仍是人們可能的選項之一，但這種生活並不值得特別標榜，反而顯得「心胸未免狹窄」，而且由於沒有婚制的束縛，「情人制的一男一女生活仍然是活動的，變遷不居的，他們的固定不過暫時罷了」，「各個明白誰不能占有誰，各知道情愛與嗜好一樣的可以變遷」；為了保持和增進男女間的美感與情感，張競生還建議在情人制社會中選擇一對一生活的男女「能分開居住更好，否則，也要各有房間」[105]。沈兼士在1919年也曾提出雷同的見解：「男女既能各謀生計，夫婦當以分居為常

---

[102] 張競生：《美的社會組織法》，頁132-133。
[103] 張競生：《美的社會組織法》，頁132-133。
[104] 朱謙之：《革命哲學》，頁187-191，朱謙之所倡的宇宙革命既是以自由戀愛為手段，其革命主體的理想人格就是「情人」，區別於所謂的「英雄」、「偉人」、「聖人」、「君子」：「從來提倡革命的人，想做『英雄』，做『偉人』，這『英雄』和『偉人』，就是那時候革命者心中的『理想的人格』，但是現在怎樣呢？英雄，偉人，這些怪名稱，早已過去了！什麼聖人哪！君子哪！更是要不得的東西……我想現在革命所以不成功的緣故，就因『理想的人格』的破產，革命者彷徨迷路，因此墮落者有之，自殺者有之，這是實在的情形！『英雄』『偉人』既不為我們所取，那末我們熱情所認識的，究竟是什麼呢？……我現在是個有志的人，而這個『志』，雖然說來平常，但卻是從千磨百鍊中立得，簡單一句話：『我現在立志做個「情人」了。』我理想的人格就是情人；我很盼望世界上有情的人，都爽爽快快做『情人』去。」
[105] 張競生：《美的社會組織法》，頁133-134。

法，合居為例外，破除固有之家庭形式。」[106]

　　1926年寒假，張競生向大學生們徵稿，收錄了十二篇關於性經歷的文章[107]，在每篇文末加上按語，編輯出版為《性史》一書，張競生在按語中屢次提及對於性交應採取開放的態度：「交媾確是一件極平常的事，並無神秘，並不稀罕」[108]；「性交一事，本來無庸諱言。」[109]他高呼「性的解放萬萬歲！」[110]並呼籲重視性教育：「我們應該大聲疾呼，要求大學、中學的課程中，加授性的教育。不但生理學中要徹底研究性器官、性衛生，並且要赤裸裸的研究正當的性交，使青年男女，有充分的性智識。優生強種，造端於此，倘不取公開研究的態度，鮮有不走到盲目嘗試的危險境地。負有教育青年責任的先生們，不要再戴假面具去自欺欺人了！」[111]

五、純任自由，不加限制

> 我恨人類有異性同棲的天性！
>
> 我恨男女有婚姻的制度！
>
> 我恨周公作婚嫁之制！
>
> 總之束縛男女的一切制度都是我的仇敵！
>
> ——鮑煥彬（生卒年不詳）：〈心的空漠〉節錄[112]

　　有些論者在提出毀家廢婚時，為了管理或因應新世代人類的性愛需求，構想、設計了另一套制度、或設置相關的機構，以取代傳統的家庭婚姻，如上述康有為的「交好之約」、張競生的「情人制」等。五四時期以後有些論者則認為兩性關係應自由、解放，不需要夫婦制度，也不需要任何替代的制度或再建設。

---

[106] 沈兼士：〈兒童公育：徹底的婦人問題解決法處分新世界一切問題之鎖鑰〉。
[107] 張競生：〈一個寒假的最好消遣法〉，《京報副刊》，1926年第403期。
[108] 張競生：〈SW生‧我之性生活——按語〉，收入張競生編著：《性史1926》（台北：大辣出版社，2005年），頁169。
[109] 張競生：〈敬仔‧幼時性知識獲得的回顧——張競生按語〉，收入張競生編著：《性史1926》，頁144。
[110] 張競生：〈徵求性史的討論——張競生答金滿成〉，《京報副刊》，1926年第418期。
[111] 張競生：〈志霄女士‧我的性經歷——按語〉，收入張競生編著：《性史1926》，頁211。
[112] 鮑煥彬：〈心的空漠〉，《漢口民國日報》，1927年1月19日。

1920年，孫祖基（1903-1957）在《民國日報・覺悟》一場關於廢婚問題的討論中，主張「男女的性慾，由於生理作用的不得不然，自然應當純任自由，不該應有什麼限制和管理。」[113]同年易家鉞在〈破壞論〉中雖說「要破壞就得要建設」[114]，卻見解獨特地指出也有破壞以後不必建設就成功的，如夫婦制度便是：

> 破壞固然要用建設作後盾，但不必都是這樣，卻也有底破壞就成功的。譬如：有一座屋子，修的倒很合衛生，因為窗外有一株小樹，後來長大了，把太陽光線遮住，射不到屋子裡去，這屋子就陰灰了；有個人拿把斧子把這株樹砍去，這屋子就立刻向陽了。這砍樹底行為，總算是破壞，卻不見得有什麼新底建設？又如：我前天在本刊所登的〈理想方面底廢除夫婦制度〉，就有人問我，夫婦制度廢除以後，有什麼法子補救沒有；這實在是外行話，因為夫婦制度破壞了，自由戀愛底天真便顯出來了；若果要有新底建設，仍舊給自由戀愛上加個障礙，換湯不換藥底破壞，我們何苦來行呢？那麼，這種破壞就是「廢除」、「打破」底解釋了。再進一步說，就是現在盛行的「解放」了。[115]

1925年提出「新性道德」的章錫琛認為「社會對於男女間的關係，祇有在產生兒童時，才有過問的必要，其餘都應該任其自由。」[116]周建人亦謂：「把兩性關係看做極私的事，和生育子女作為極公的事，這是新性道德的中心思想。」[117]

六、戀愛破滅、集團化的性生活

1920年，施存統在《民國日報・覺悟》發表的議論文章中，曾露骨地說

---

113 孫祖基：〈自由戀愛是什麼？——評金枝君底「非自由戀愛」〉，《民國日報・覺悟》，1920年5月26日。

114 易家鉞（署名AI）：〈破壞論（二）〉，頁374。

115 易家鉞（署名AI）：〈破壞論（二）〉，頁372。

116 章錫琛：〈新性道德是什麼〉。

117 周建人（署名「建人」）：〈性道德之科學的標準〉，《婦女雜誌》，1925年1月第11卷第1號。

明交媾是一種滿足性慾的衝動，反對所謂「精神結合」的說法[118]，且認為男女愛情消磨精神，而從事社會改造需要極大的勇氣、決心和專一，因此改造家應避免愛情的發生[119]。同年金枝亦主張自由交媾[120]，他不但認為性與愛是分離的，還認為專一的愛並不足取；不但婚姻會造成痛苦，對某人專一的戀愛所造成的痛苦亦不遑多讓，因此不但反對婚制，也反對「迷信戀愛」、「唯一的戀愛」[121]。

1926年5、6月間廣州《民國日報・新時代》一場關於「戀愛與革命」的論戰中，當時是黃埔軍校學生的吳奚如（1906-1985）批評時下流行的戀愛神聖論其實是虛偽的、嚴分階級的[122]；王森芳（生卒年不詳）亦批評「在現在資本社會底下遺產制度裡頭去談戀愛」，只不過是「買賣式戀愛」，結局就是「慾性的戀愛──結婚」，結婚後為了生活和兒女，不得不「向資本主義乞憐」，甚至成

---

[118] 施存統（署名「存統」）：〈辯論的態度和廢除婚制〉，《民國日報・覺悟》，1920年5月21日：「現在解決性慾的方法，就是互相買賣和互相專利。我們因為人不應當看做商品和機器，所以不贊成這種解決性慾的方法，就主張自由戀愛（就是自由交媾）。……我對於男女關係的意見，只承認滿足性慾一條，什麼精神的結合，我都反對；所以我想叫做自由交媾。……我以為精神的結合，不止是男女間的事體，男子和男子、女子和女子，何常〔嘗〕沒有精神的結合呢？所以我們只能夠說，精神的結合，是人和人間的一般關係，不是男女兩性間的特殊關係。男女兩性間的特殊關係，除了交媾外，一概都不應當有。交媾是一種無意識的衝動，不必一定要講什麼愛情不愛情。」

[119] 施存統（署名「存統」）：〈改造家和愛情〉，《民國日報・覺悟》，1920年5月27日：「男女底愛情，發生的時候，弄得自己也莫名其妙，好像魂魄都為他所奪，狠〔很〕足以為改造底阻礙。我們如果真心誠意的從事改造事業，一定要把男女底愛情丟開，把愛情寄託在未來的社會。未來的社會，是我們的情人，我們應當和這情人親近。我們寧可使人家說我無情（男女的愛情），不可使人家說我多情；因為我們底愛情，早已寄託一個很好的情人。朋友！決計改造社會，千萬不要講什麼愛情不愛情；這是我痛定思痛的說話呵！」

[120] 金枝：〈非「自由戀愛」〉：「交媾的事情，只須沒有生理上的妨礙（疾病或血統），且得雙方的同意，便可實行。」「性情是性情，戀愛是戀愛，和交媾沒有關係。」「交媾是生理上的關係，但需各得其自由的特權。」以上文中「交媾」二字，發表時由主編邵力子改為「滿足性慾」四字。主編邵力子在孫祖基〈自由戀愛是什麼？讀金枝君底「非自由戀愛」〉文末附註：「金枝君的〈非自由戀愛〉……那篇文章裡「滿足性慾」等字樣，原文本都作『交媾』，是我代他改了的。所以金枝底主張，實在是和存統一樣，『廢婚後男女完全自由交□，……』但是這個名詞，前次在存統君通信裡提出以後，有朋友對我說，恐怕於現在環境上有些不宜。所以我登載金枝君的論文，就擅自代他改了，這一層，要希望金枝君和一般同志原諒。」

[121] 金枝：〈非「自由戀愛」〉：「唯一的戀愛，不過除掉一種結婚的形式罷了；他分離的末日，精神上的苦痛，還要比舊式離婚的加倍苦痛。……大凡人自戀愛至終，不免有生理上的變更，有生理上的變更，必至影響到心理上去；那麼，戀愛必至漸漸消滅，旨趣必至漸漸減少；到那時，雖然有道德學問的維持，但一至精神生出苦痛，必追前思後，發生悔恨或自殺，甚至那時或以感情的衝動，生出傳染疾病，或兩方而死去其一；或兩方以十分的感情，必至以身殉其對手。」

[122] 吳奚如（署名「吳善珍」）：〈革命與戀愛〉，廣州《民國日報・新時代》，1926年5月14日第15期：「我們存在在這種舊經濟組織的社會裡，戀愛這個怪物果真如一般洋博士大學生……所大吹特吹的神聖呀！純潔呀！我們要曉得在舊社會組織未推翻以前，所有一切都是虛偽的；都是嚴分階級的。」

為「帝國主義走狗」[123]；祖儉（生卒年不詳）認為革命者可以滿足性慾，但不宜花費時間和精神於戀愛，應該「將男女的舊觀念完全打破，雙方互相滿意時，可自由結合。但祇應互相視為解決肉慾問題的伴侶，決不要日夜以思之去戀；應寄託全副精神於革命事業」[124]。

同年「狂飆運動」的主將高長虹（1898-1954），提倡性的自由，徹底地揭開了戀愛神秘的、甚至神聖的面紗，認為它只是赤裸裸的性[125]，但人往往遮蓋性的真實，而給它附加的意義，「中國的婚姻制度的金科玉律自然是在這種可笑的杜撰之下完成了的，而歐洲進步的戀愛論也玩的是同樣的把戲。」他以生動的文筆描述戀愛論者是如何架空地建築和不斷地修補一夫一妻制的金字塔，而那「完美」的金字塔其實是監獄[126]。1927年向培良承接高長虹的理論，更推廣而宣揚之[127]，發表〈戀愛破滅論〉，指出現代社會中「戀愛自由戀愛神聖這樣的口號高呼著，已經有了最高的威權，已經成了人類惟一正當的結合」[128]，然而這被神化的「戀愛」其實只是虛空：「戀愛只是玄學的產物，人們建設起來用以欺騙性壓迫性的；是人們腦子中幻想出來用以自欺欺人的概念。」[129]「戀

---

[123] 王森芳：〈反主張革命時期而可能戀愛者〉，廣州《民國日報・新時代》，1926年6月16日第39期。
[124] 祖儉：〈我也來談一談戀愛與革命〉，廣州《民國日報・新時代》，1926年5月9日第10期，相關的討論參見沈中德：〈戀愛與革命〉，廣州《民國日報・新時代》，1926年5月12日第13期；楊嘯伊：〈戀愛與革命問題——駁祖儉君〉，廣州《民國日報・新時代》，1926年5月14日第15期；吳奐如（署名「吳善珍」）：〈革命與戀愛〉。關於1920年代廣東青年關於戀愛與革命的討論，詳見柯惠鈴：〈政治與社會：1920年代廣東國民革命與婦女解放〉，《中華軍史學會會刊》，2007年第12期，頁164-166。
[125] 高長虹：〈論雜交說〉：「戀愛究竟有沒有一種超越一切的力量呢？這個，在事實上一點兒也找不到證據，沒有一個人曾經在戀愛上創造出超越一切的華美的生活來。我們所得到的證據正是相反的，那便是，實際上並沒有一種東西像所謂神化的戀愛者。但是，我們並不是說愛對於生活沒有功用，但它有那樣神秘的功用，它只是性的功用。」
[126] 高長虹：〈論雜交說〉：「戀愛論者最大的錯誤，便是他想在性的上面架空地建築起他的金字塔來，他並且不准這性在下面搖動。次則，他決不容讓這個塔有改造或推翻的可能，不得已的時候，那也只是因為塔的自身有了破綻時，不妨略微加一點修補，然這也正是為了要使他的塔完美的緣故。戀愛論者大抵都是一夫一妻制的主張者，這是他們從古典主義承襲下來而奉為圭臬的，他們所最得意而視為唯一可以壓服古說的，便是，他們的自由離婚論。這正像一個新典獄官對大眾說：『你們仍然是的，應該坐監，但是這是你們自己的事情，你們應該自己跑進去，有不得已的時候，也無妨出去，但能夠不出去自然是最好的了。』他這樣說著，他還假充他是一個解放者呢！自然，人們很不容易相信他的話，因為人們對於監獄的認識沒有像對於婚姻的認識那樣蒙昧。」
[127] 向培良（署名「培良」）：〈戀愛破滅論〉文末附記：「最初提出雜交的真理來的是長虹，他的〈論雜交〉發表在《狂飆》週刊第二期。那篇文章裡有好些地方比我更其正確地說明了事實。在某一義上，我所提出來的只是他所說明底引伸。」
[128] 向培良（署名「培良」）：〈戀愛破滅論〉，頁4。
[129] 向培良（署名「培良」）：〈戀愛破滅論〉，頁5。

愛」不但只是幻想，而且是極為負面的幻想，是「窄狹的小個人主義」，充滿了「嫉妒，仇恨，壓迫，佔領，殘酷」[130]，更糟糕的一點是，戀愛的目的和結果仍然是為人所詬病的家庭和婚姻[131]，因此，向培良宣告：「我要宣布戀愛底破滅。這是人類重新的夢，應該讓它留在過去。」「丟開了那名叫戀愛底幻想罷，我們走向未來，走向現實去。」[132]在〈關於性慾及幾部關於性慾的書籍〉一文中，向培良撰文評論當時關於性慾的言論，並提出自己的意見道：「我們假如要研究性底問題，而想使之趨於正當的途徑，則我們只有一個基本原則；一切不加限制，聽其自然發展。」「關於性慾，我們只有聽其自然發展，受自然的指導，而解除一切的障礙。其餘都是費〔廢〕話，或者是掩飾醜惡的粉飾品。」但是「所有號稱性慾學家的人們，都主張一夫一妻制，以為是神聖不可侵犯的，而有的甚至於宣稱除掉夫妻間的性交其餘都是不正當的。」向培良強調，其實「所謂結婚，所謂一夫一妻的結婚，也不過是另一個好聽的名詞，給性慾另一道更堅固的牢圈而已」，因此，他主張「取消婚姻制度，除掉性慾的這一道障礙」[133]，他認為在「沒有家庭，沒有結婚，也沒有戀愛」的社會中，「應該無產階級底建設起集團化的性生活來」：

---

130 向培良（署名「培良」）：〈戀愛破滅論〉，頁6，另見頁31：「戀愛是從個人主義出發，而歸依到個人主義的；也和資本階級其餘一切的設施一樣，不承認人類，也不承認人，而一切都以自己為標準。人們的環境變成狹小，人們的感情變成狹小，人們的生活變成狹小。他們表面上是一切都為他們的愛人，但實際上，在戀愛者的眼光中，對手方的人格是被取消了的；不復是與他們對等的人，而只是美麗的玩具，或者天使，或者不可知的神秘；或者奴隸。」

131 向培良（署名「培良」）：〈戀愛破滅論〉，頁3：「強制的婚姻結合，把性拘囚在一個棺材裡的，已經十分腐化了。性以多年的攻擊，已經宣布了牠的死刑；無論怎樣善於掩飾的人也不復能掩藏牠的罪惡。然而聰明的人立刻換了一個方式，從強迫變成引誘。『你們來罷；你們已經自由了。你們得到了戀愛，所以你們應該結婚。』他們用戀愛的餌，引著性上結婚的鉤。」頁7：「為了保存腐敗的遺骸，為了固守歷史底存在，人們便提出戀愛這樣的好聽的名字來了。事實上，他們所要保存的乃是使人類分為無類互相分離互相障礙團體底家庭，他們所要壓迫的乃是應該自由的女子，尤其是應該自由的性。他們造成家庭，以家庭為壓迫女子的工具，而以婚姻維繫住家庭；而且，他們以婚姻和家庭制止性的自由，他們知道強制婚姻已經不能存在了，於是便提出戀愛的口號來。戀愛的歸結，所謂戀愛的成功，豈不仍然是結婚那幕悲慘的喜劇，或者，滑稽的悲劇嗎？豈不是仍然要形成永久的結合嗎？豈不是仍然要互相佔有嗎？我們試一分晰〔析〕戀愛時代男女間的關係，又與強制時代男女間的關係有什麼差別呢？」頁14：「無論從事實上，從理論上，我們都可以看得出戀愛的目的是為的結婚，或者是流行的名詞，同居。他們要使男女結婚；同居，組織起家庭來，一切都和從前一樣；使性拘囚到一個匣子裡去，而以戀愛為其準備。」

132 向培良（署名「培良」）：〈戀愛破滅論〉，頁3。

133 向培良（署名「培良」）：〈關於性慾及幾部關於性慾的書籍〉，《狂飆》，1926年10月17日第2期，頁503、504。

無產階級要建設起他自己的性底關係來，就是集團化的性生活，就是雜交，純粹以性底要求建設起來的集團化的性生活。[134]

無產階級沒有家庭要保留，沒有私產要保留，並且不會掠奪孩子，所以不需要結婚；無產階級是現實的孩子，所以不需要幻想；無產階級是集團的一份子，所以不需要個人主義的戀愛；無產階級不會掠奪別人，而永遠是以生命投入一切的。[135]

向培良描繪「集團化的性生活」將使人類更團結、更無私：

沒有家庭和其他附屬於家庭的關係，沒有結婚和其他類似結婚的狀態，沒有自私，沒有佔有，沒有幻想和靈──就是，沒有戀愛。我們所認識所接觸的是有血有肉的人類，我們的朋友，而以人類偉大的結合社會底地集團底地建設起性底關係來。[136]

在雜交的程期中，就是，在集團化的性生活中，一個人不是為別人所私有，一個人也不會私有別人。一個人不要從別人那裡取得什麼，他的美麗，他的溫存，或者他的愛情；乃是要把他自己的一切給別的人。那個時候，將不會再有「我的」愛人這樣的名詞出現，更不用說什麼嫉妒和仇恨了。戀愛使人類分成無數的小團體，但雜交卻使人類成為一整個。[137]

　　1926-1928年間，張履謙在《新女性》發表了一連串非難戀愛的論述，他從解放女子的立場出發，呼籲新女子不要再沉迷於「一夫一妻」（Monogamy），「偕老百年」的癡夢，做「戀愛的奴隸」[138]，並指出「為戀愛而保持一己的

---

134 向培良（署名「培良」）：〈戀愛破滅論〉，頁36。
135 向培良（署名「培良」）：〈戀愛破滅論〉，頁38。
136 向培良（署名「培良」）：〈戀愛破滅論〉，頁38-39。
137 向培良（署名「培良」）：〈戀愛破滅論〉，頁39。
138 張履謙（署名「謙弟」）：〈我所認為新女子者〉，頁807：「現代的女子雖然是反對希伯來主

貞操」無異於保存夫妻制度[139]。性慾只是生理作用，性交只是機械或自然的行為，「戀愛」對「性趣」毫無幫助，根本不需要、也根本沒有所謂的「戀愛」，沒有理由對沒有「愛」的性交加以反對[140]，還近乎「陰謀論」的指出，戀愛是男性懼怕女性「性的覺醒」及「經濟的獨立」，而「假借那『戀愛』那麻醉與奴服女性，使女性為未出走前之娜拉，為郝爾茂之『小鳥兒』」[141]；而且，經由戀愛的兩性結合，其實仍存在著「變相的婚姻儀式」，「他們即使在形式上不用儀式了，他們並不經過訂婚與結婚等手續的儀式了。然而他們在性方面的私有，卻還比經過儀式的更甚」[142]；再者，戀愛還是「反社會的，而且是資本制度下的環境特有的」[143]，是人類愛的敵人、資本主義的幫兇，不但不值得為它浪費時間，還應該加以消滅[144]。

義，希臘主義，贊成靈肉一致的自由戀愛說，然而到了她們一旦有了所謂戀人以後，她們簡直相信戀愛至上主義，戀愛的絕對論，將自身的身心都交與所戀者，自身的自由意志悉聽戀者支配。所以她們仍然是犧牲其他一切生活來維持戀愛生活。因此，她們還在戀愛的宮殿裡做那『一夫一妻』（Monogamy），『偕老百年』的癡夢。這種由那『從夫』的理論所演繹出來的倫理，是何等滑稽可笑喲！」同時期的鄧天矞也有類似的見解，鄧天矞（署名「天矞」）：〈婦女——舊奴隸與新奴隸〉，《新女性》，1927年10月第2卷第10號，頁1035：「在這革命潮流高漲的時刻，我非常高興得見著許多婦女們勇敢的反抗一切而加入革命的戰線去工作，然而我卻又從這些婦女當中，發現了許多『從夫信仰』或『從愛人信仰』的姊妹！這在我個人認為是不對的，我希望親愛的努力婦女解放的姊妹們注意到這一點。」

[139] 張履謙（署名「謙弟」）：〈戀愛貞操新論〉，《新女性》，1927年5月第2卷第5號，頁526、529：「現今反對婚姻制度的人，他們雖然相信戀愛自由，而他們偏又迷信『為戀愛而保持一己的貞操』，且大大的歌頌貞操的功能。且高唱戀愛貞操，而認為是新性道德的至論。……他們都不敢毅然決然的承認一夫一妻制且也覺得在理論和事實上一夫一妻制不能成立，更不能由而喜許；可是，他們為了想滿足他們的『偕老百年』的鴛鴦夢，於是竟提倡戀愛貞操新論。其實他們的這種見解只不過是想保存夫妻制度吧〔罷〕了。」

[140] 張履謙（署名「謙弟」）：〈非戀愛與戀愛〉，頁502：「我相信兩性的性交，只能依據兩性各各的性的條件之適應與否，而不問兩性有無什麼戀愛。至於兩性的所謂戀愛呢，我則以為與兩性的情感（？）——人與人間的各種關係是完全一樣的。兩性間與同性間所不同者，只是『性交而已』。性交全是生理作用，無所謂愛力，只是機械的或者自然的行為。因此我便主張『非戀愛論』。」另見頁509、510、521。

[141] 張履謙（署名「謙弟」）：〈非戀愛與其他〉。

[142] 張履謙（署名「謙弟」）：〈非戀愛與其他〉。

[143] 張履謙（署名「謙弟」）：〈戀愛貞操新論〉，頁530。

[144] 張履謙（署名「謙弟」）：〈近代的兩性結合〉，《新女性》，1928年11月第3卷第11號，頁1262：「戀愛是人類愛的敵人！戀愛與人類愛是形成了對抗的形式：好像資產階級是無產階級的敵人，無產階級與資產階級所形成階級對抗的形式那樣。這是我可以根據事實而加以武斷的。……戀愛不但是人類愛的敵人，簡直是維護資本制度下的小家庭組織的工具。他想將資本制度下之旅館式的勞動者的家庭改良過來，俾之適合於一夫一妻制的小家庭，代替封建社會的大家庭，而穩定資本主義。」張履謙（署名「謙弟」）：〈非戀愛與戀愛〉，頁519：「況且人類愛的實現，是要在社會革命以後的世界中的。現在資本制度的命還未革掉，我們將生活的時間用在戀愛方面去為個人的享樂主義消磨了，我們那兒有時間來從事實現人類愛的社會革命工作呢？」頁520-521：「現在已經是資本制度和個人主義毀滅的時期了！從資本制度下產生的所謂兩性的戀愛，與乎個人主義的享樂

毛一波自稱「關於非戀愛的意見，我是隨著謙弟同志走的」[145]，他批評戀愛是「一夫一妻制的新護符」[146]，「是擁護一夫一妻制的新法寶，是在提倡男女相互的佔有或專有」[147]，而且還只是一種空想，性慾才是切實存在的[148]。同時期的靜遠、波弟、蒲察等人亦有非難戀愛、贊成無愛性交的言論[149]。

1928年作家盧劍波在〈談「性」〉一文中說明人唯有從性的神秘觀念中解放，才能從結婚制度中解放，成為一個純粹的「人」，而非「奴隸」：

> 性的解放，是人的解放之第一步首要工作，否則人依然是奴隸：女性做男性的奴隸；男性和女性共同做性的神秘觀念——廣義的禁慾主義和性的「塔布」（筆者按：即世界語taboo，禁忌）——和性的佔有觀念——結婚制度的奴隸。[150]

盧劍波主張「性」不但應擺脫「婚姻」的桎梏，亦應脫離「戀愛」的枷

而卵翼滋長的所謂的兩性的戀愛，已經是將同資本制度和個人主義同時壽終正寢了。人類所組織的社會是全人類的社會，而不單是他個人和對她個人的兩性的性的社會。所以在人類社會之下，只有人類的愛而無兩性的愛。……人類的社會，不是為兩性的戀愛而組織的，更不是為兩性（指他和她個人）的性生活而組織，乃是為全人類的安樂而組織，為保證全人類的生存而組織的。是以我們站在社會方面說來，為了社會的組織，日臻完善計，我們應當消滅這反社會的兩性戀愛，而實現人類愛。」

[145] 毛一波（署名「一波」）：〈非戀愛的又一聲〉，《新女性》，1929年4月第4卷第3號，頁329。

[146] 毛一波（署名「一波」）：〈再論性愛與友誼〉，《新女性》，1928年11月第3卷第11號，頁1256：「一些學者們以為戀愛本身便是貞操。他們既承認了貞操即是戀愛，所以不贊同男女雙方有多人以上之戀愛。這即是說，一個男子只能專愛一個女人，或女人專愛一個男子。特別是對於性交的事情，他們也如古代的禁慾主義者一樣，看得非常的重要，因為這在他們的眼中，那就是貞操與否的表現啊。……我們知道，夫妻制度，根本不合理而且無聊，那是應該打破的，我們又何必藉所謂戀愛去支持它的殘軀呢？並且，人與人，本不應誰佔有誰的，那我們又何必提倡所謂戀愛去助長那人的佔有慾呢？戀愛是專有，這是如何地助長人的『嫉妒』『偏於享樂』『情殺』以及『不顧人類愛』的呵。」

[147] 毛一波（署名「一波」）：〈再論性愛與友誼〉，頁1256。

[148] 毛一波（署名「一波」）：〈非戀愛的又一聲〉，頁330-331：「戀愛這幻想，是存在人們腦中的一種觀念，一個玄學。我們不能稱之為友誼，亦不能稱之為性交的。在積極的方面，我們說男女間的性關係，祇於性慾的滿足便夠了。……把男女的性關係認為戀愛，那是詩人小說家的幻想，或是少數戀愛之研究者的自欺欺人之談。……要賦歸男女間的性的自然，祇須承認性慾的互相滿足便夠了。最好是以性交自由的事實去代替戀愛這幻想。」

[149] 靜遠：〈戀愛至上感的抹殺〉，頁1386-1388；波弟：〈讀三代的戀愛後〉；蒲察：〈對於新戀愛問題的解答〉，頁1425。

[150] 盧劍波（署名「劍波」）：〈談「性」〉，頁873。同時期關於「性的塔布」的討論可參見寶寶（生卒年不詳）：〈兩性間的搭布〉，《新女性》，1926年8月第1卷第8號，頁561-566；黃石（生卒年不詳）：〈性的「他不」〉，《新女性》，1928年7月第3卷第7號，頁755-779。

鎖，「婚姻」和「戀愛」都應該劃除，建構「自由性交論」：

給性以牠的本來面目不僅要劃除「現今唯一的法認奴隸制」（John Stuart Mill[151]給婚姻下的定義）的結婚制，而且還要將「戀愛」這個帶有性的神秘，性的佔有，性的自私……的「唯一公認的性的奴隸制」鏈除方可。在這上面，我們，尤其是我們Anarkiisto，要努力向上述二者進攻。在牠們的掩瘞了的殘骸之上建築我們合於人類的生理，性的本來，而且和將來社會的政治經濟新原則相合的「自由性交論」。這是我們除了無產男女二者須一致參加超性別的人的解放外而向新男女青年提供的唯一性的解放。[152]

通過「自由性交論」，盧劍波描摩了一幅性與愛脫鉤、性交自由的理想社會圖像：

在將來的預期的理想社會內，性愛的施與是自由的，沒有絕對的貞操，也沒有相對的貞操；貞操是不存在的，然而任何方也不能強迫對手在一定時間內只愛一個或多愛幾個，而且男的或女的也不必要自己能夠多愛幾個才是新，才合乎新性道德。而且性交是自由的，只要合於雙方的同意與生理的要求，同時，為了社會計（因為我們理想的社會，絕對不是純個人主義），也要特別注意於花柳病的異性而拒絕與之交媾。[153]

將性與愛脫鉤的論者認為具有自私、佔有性質的「戀愛」，其實就是一種類似於家庭和婚姻的關係和狀態，「戀愛」的幻想未破，「性」就不得自由，「人」就不得自由，廣義的「人類愛」就不可能實現；甚至它還是資本主義及家庭婚姻的共謀，讓行將就木的它們苟延殘喘或是死灰復燃，所以要實現無政府或共產社會的終極理想，人性自私之愛的最後一道壁壘——戀愛，務必攻破

---

[151] 約翰・斯圖爾特・密爾（John Stuart Mill, 1806-1873），也譯作約翰・斯圖亞特・穆勒，英國著名哲學家和經濟學家，19世紀影響力很大的古典自由主義思想家。

[152] 盧劍波（署名「劍波」）：〈談「性」〉，頁875。

[153] 盧劍波（署名「劍波」）：〈論性愛與其將來的轉變〉，頁1347-1362。

不可。

　　綜觀以上所述，毀家廢婚論者對於育兒、養老、家務、醫療等交由公共管理的議題，幾乎無太大爭議。但對於「性」、「愛」在無婚無家的社會中該解放或節制到什麼程度，是要排斥包括機關、儀式、手續等等的任何干涉，還是要設置公立機關、特殊約定專門管理人民的性愛生活……卻是眾說紛紜，莫衷一是。雖然這眾聲喧嘩的討論不可能取得共識，但在過去諱言性愛的中國，將「性」、「愛」議題搬上檯面，在公開嚴肅的場合熱烈討論，可說是二十世紀前期中國別開生面的一道風景。

第五章

毀家廢婚的
實踐

十九世紀，中國境內曾出現一場大規模的毀家廢婚行動，即太平天國運動在1851年起禁止男女同宿、推行館制的政策，但此舉乃為了軍事管理的考量，且1854年便為了平撫民怨而恢復了舊有的家庭婚姻制度。真正具有近代意義的毀家廢婚的實驗性的行動，是在二十世紀初以降，中國近代毀家廢婚思想逐漸成形之後。實踐的方式，有的組織團體，有的從個人做起，以下分節論述之。

太平天國——因國廢家的實踐

大陸新聞工作者熊培雲曾評論晚清的太平天國運動說：「為建設一個地上天國而廢除家庭，這該算是中國歷史上『因國廢家』的最早實踐了。」[1]1907年，主張毀家廢婚的天義派作家周大鴻（生卒年不詳）曾讚揚洪秀全（1814-1864）的館制「其制甚善」：

> 洪秀全之據東南也，人僅知其有光復之功，然彼兵所到之地，均分設男館女館，區別男女，以禁男女之邪淫，其制甚善，此足破家族之界。[2]

洪秀全於1837年到廣州應試時，收到的基督徒梁發（1789-1855）編的《勸世良言》（1832）一書，1843年落榜後重病一場，痊癒後聲稱自己是上帝的次子、耶穌的弟弟，創立「拜上帝會」，四處傳教。當時廣西地瘠民貧，連年災荒，飢民處處，「拜上帝會」在當地吸納了大批信徒。

在早期宣傳拜上帝會的著作中，洪秀全多次援用基督教義，闡發天下一家、人人皆是兄弟姊妹的思想，如〈原道救世歌〉（1844-1848）中說：「天父上帝人人共，天下一家自古傳」，「普天之下皆兄弟」，「上帝視之皆赤子」[3]；〈原道覺世訓〉（1844-1848）中說：「天下總一家，凡間皆兄弟」[4]；〈原道醒世訓〉（1844-1848）中說：「皇上帝天下凡間大共之父」，「天下凡間，分言之

---

[1] 熊培雲：〈要不要廢除婚姻和家庭？——民國的一場「另類筆戰」〉，頁26；熊培雲：〈民國「另類筆戰」：要不要廢除婚姻和家庭？〉，頁22。

[2] 周大鴻（署名「大鴻」）：〈洪秀全男女平等之制〉，《天義報》，1907年6月第1號，頁37。

[3] 〈原道救世歌〉，收入《太平詔書》（上海：上海古籍出版社，2002年），頁590。

[4] 〈原道覺世訓〉，收入《太平詔書》，頁593。

則有萬國，統言之則實一家。」[5]〈天條書〉（1847年）中說：「天下多男人，盡是兄弟之輩，天下多女子，盡是姊妹之群。何得存此疆彼界之私，何可起爾吞我並之念？」[6]進而號召「天下兄弟姊妹」揭竿而起，以實現「天下一家」的理想。

1851年1月11日，金田起義爆發，各地拜上帝會會員紛紛趕來參加起義，參與的信徒約一萬人。為了維持軍紀，增強戰鬥力，洪秀全制定了〈定營規條十要〉（1852），規定「要別男營女營，不得授受相親」[7]，太平軍中嚴禁男女相聚，嚴禁夫妻同宿，若有違犯，男女皆斬。而且人無私財，所有財產概繳「聖庫」，由領導者平均分配。

男女分營、夫妻隔絕的制度，本來只在太平軍內部實行，後來在逐漸攻克的城鎮中也推行於民間，在占據永安（今廣西蒙山縣）期間，洪秀全特頒詔旨：「令闔城男女分別信館，不准私藏在家……私犯天條……一經查出，立即嚴拿斬首示眾，決不寬赦。」[8]在攻克武昌後，命令全城居民一律「男女分館」，「概令歸館住宿，彼此不相往來」[9]，「以數姓並居一家，亦以二十五人為率」，並採取強硬手段：「延遲者鞭箠促之」[10]，「或有男至女館，女至男館，一經敗露，即時斬首」[11]；東王楊秀清（1821-1856，一說1823-1856）的妻兄鎮國侯盧賢拔（生卒年不詳），因「不知自檢」，夫妻同宿三四次，而被革除爵位；西王蕭朝貴（約1820-1852）的父親在進軍長沙期間「密招朝貴母同臥」，蕭朝貴竟將父母斬首，並說：「父母苟合，是犯天條。不遵天令者，不足為父母也。」[12]

---

[5]　〈原道醒世訓〉，收入《太平詔書》，頁592。

[6]　〈天條書〉，收入鄧之誠、謝興堯等編：《太平天國資料》（台北：文海出版社，1976年），頁79。

[7]　〈定營規條十要〉，收入羅爾綱、韓品崢、李武緯編：《太平天國印書》（南京：江蘇人民出版社，1979年），頁66。

[8]　〈嚴命犯第七天條殺無赦詔〉，收入太平天國歷史博物館：《太平天國文書彙編》（北京：中華書局，1979年），頁36。

[9]　〔清〕蕭盛遠：〈粵匪紀略〉，收入太平天國歷史博物館：《太平天國史料叢編簡輯》（一）（北京：中華書局，1961年），頁30。

[10]　〔清〕陳徽言：〈武昌紀事〉，收入中國史學會：《太平天國》（上海：神州國光社，1952年），頁595-596。

[11]　〔清〕江夏無錐子：〈鄂城記事詩〉，收入中國科學院歷史研究所第三所近代史資料編輯組：《太平天國資料》（北京：科學出版社，1959年），頁37。

[12]　〔清〕張汝南：〈金陵省難紀略〉，收入中國史學會：《太平天國》，頁719；杜文瀾：〈平定粵寇紀略·附記二〉，收入太平天國歷史博物館編：《太平天國資料匯編》（北京：中華書局，1980

1853年3月19日，太平軍攻克南京，改名「天京」後，便在天京及附近大小城鎮如鎮江、揚州等推行「以館代家」，〈天情道理書〉（1854）中說：「但當創業之初，必有國而後有家，先公而後及私。況內外貴避嫌疑，男女均當分別，故必男有男行，女有女行，方昭嚴肅而免混淆。」並明確規定：「即有時省視父母，探看妻子……只宜在門首問答，相離數武之地，聲音務要響亮，不得徑進姊妹營中，男女混雜，斯遵條遵令，方得成為天堂子女也。」「所有不遵天令，夫婦私行團聚者，無不被天父指出，奉行天法，重究在案」[13]，以強制手段廢除了婚姻和家庭制度，實施軍事禁慾主義和均產制度。天王洪秀全、東王楊秀清親自組織男女分館，命令所有民眾攜帶隨身衣物一律離開家庭，按性別編入各營、各機關，晚上各歸其館，過團體生活。每館定員25人，廟宇、倉庫、商店都被用做館舍，非公用的私人房屋一概封閉起來。除諸王外，暫時停止婚娶，雖夫婦不得聚首，違者處以死刑。如1854年太平軍中的梁郭溱（生卒年不詳）「同其妻韋大妹不遵天誡，屢次私行合好，不圖永遠之和諧，只貪暫時之歡樂」就被雙雙處死[14]。

　　這一場在1851-1854年間雷厲風行且相當大規模的毀家廢婚行動，重擊了傳統的家庭婚姻制度，因此向為衛道之士所痛斥，如曾國藩（1811-1872）在〈討粵匪檄〉（1854）中維護名教說「自唐虞三代以來，歷世聖人扶持名教，敦敘人倫。君臣父子，上下尊卑，秩然如冠履之不可倒置。」而太平天國「凡民之父皆兄弟也，凡民之母皆姊妹也……舉中國數千年禮義人倫，詩書典則，一旦

年），頁316。

[13]　〈天情道理書〉，收入中國史學會：《太平天國》，頁389。

[14]　〈天情道理書〉，頁389。相關的討論參見朱謙之：《太平天國革命文化史》（北京：中國圖書館學會高校分會，2007〔1944〕），頁117-118；鄧偉志：《近代中國家庭的變革》，頁17；岳慶平：《家庭變遷》，頁19；李澤厚：《中國近代思想史論》，頁24-28；金貞和：〈太平天國時期的婦女問題〉，收入李又寧、張玉法編：《中國婦女史論文集》（台北：商務印書館，1992〔1981〕年），頁104-114；孫曉：《中國婚姻小史》（北京：光明日報出版社，1988年），頁221-223；李文海、劉仰東：《太平天國社會風情》（台北：雲龍出版社，1991年），頁101-111；孟昭華、王明寰、吳建英編著：《中國婚姻與婚姻管理史》（北京：中國社會出版社，1992年），頁227-229；梁景和：《近代陋俗文化嬗變研究》，頁46-47、53-55；李默編著：《百年家庭變遷》（南京：江蘇美術出版社，2000年），頁14-15；周金萍：〈太平天國家庭制度述論〉，吉林大學中國近現代史碩士論文，2004年，頁7-34；王倩：〈從嚴別男女政策看太平天國婦女的社會地位〉，《中華女子學院山東分院學報》，2007年第1期，頁26-30；曾榮：〈太平天國的權宜謀劃——再析太平天國婚姻家庭政策〉，《魅力中國》，2009年第35期，頁129-130；王慶成：《太平天國的歷史和思想》（北京：中國人民大學出版社，2010年），頁293-315等。

掃地蕩盡。此豈我大清之變，乃開闢以來名教之奇變，我孔子、孟子之所痛哭於九泉」[15]，清朝官吏張德堅（生卒年不詳）批評太平天國中「父子亦稱兄弟，媳亦稱姊妹，無父子；男女分館不准見面，是無夫婦」，且剛從太平天國出來的民眾「於倫常義理及繩趨墨步之言行，詢之皆如隔世」[16]。

不過，洪秀全在太平天國內毀家廢婚、推行館制，是基於軍事管理考量，並非以毀家廢婚的社會為理想的「天國」藍圖，他聲稱「天父排定章程」是在推翻滿清後恢復家庭婚姻制度：「天下一日平定，方許完聚，未娶者方准婚配」[17]，1854年12月為了平撫民怨、籠絡官兵，下令解散男館、女館，「准男女團聚婚配」[18]，不僅恢復家庭婚姻的合法性，而且高官妻妾成群，恢復封建色彩很濃的舊家庭[19]。周大鴻亦批評洪秀全「金陵擁妃妾甚眾，何以使上行而下效乎？故秀全者其立制則近公，其所行則與公理迴背。」[20]

直到二十世紀初以降，中國近代毀家廢婚思想逐漸成形，中國知識分子才開始有真正具有近代意義的毀家廢婚的實驗性的行動。實踐的方式，有的糾合眾志，集會結社；有的從個人做起，試圖以小搏大。

集會結社的毀家廢婚

晚清時期，由於清廷對言論的箝制，毀家廢婚論在國內並不能公開自由地傳播，如：譚嗣同《仁學》僅能在日本東京和上海租界區出版及秘密流傳；蔡元培發表〈新年夢〉時並未署名，其創辦的《警鐘日報》僅出刊一年即遭查禁；康有為則因擔憂《大同書》中的基進言論會造成大亂，所以秘不示人，僅在少數朋友及弟子間流傳。海外留學生相對於國內具有較大的發表基進言論的空間，如1907年發行於日本的《天義報》和巴黎的《新世紀》；他們在宣傳無

---

[15] 曾國藩：〈討粵匪檄〉，收入曾國藩：《曾國藩全集》第十四卷詩文（長沙：岳麓書社，1985-1994年），頁232-233。

[16] 〔清〕張德堅：《賊情匯纂·卷十二雜載》，收入鄧之誠、謝興堯等編：《太平天國資料》第三冊，頁327。

[17] 〔清〕張德堅：《賊情匯纂·卷十二雜載》，頁313。

[18] 郭廷以：《太平天國史事日誌》（台北：商務印書館，1976〔1946〕）年，頁376。

[19] 鄧偉志：《近代中國家庭的變革》，頁19-22；孫曉：《中國婚姻小史》，頁221-223；孟昭華、王明寰、吳建英編著：《中國婚姻與婚姻管理史》，頁227-229等。

[20] 周大鴻（署名「大鴻」）：〈洪秀全男女平等之制〉。

政府主義的同時，屢屢論及毀家廢婚，但這兩份刊物在國內是禁止流傳的。因此民國以前主張毀家廢婚的論者在重重禁制中能夠發言已屬不易，更遑論組織團體、試行新生活；但有少數法國留學生曾加入法國無政府主義者亨利・孚岱（Henry Fortuné, 1869-?）所組織的「鷹山共產村」（Colonie d'Aiglemont），是早期中國青年試行團體新生活的初體驗。

1911年10月10日武昌起義後，滿清政府不再能箝制言論，以往只能在海外出現的社會主義或無政府主義團體，在國內紛紛出現，在1911-1912年間，江亢虎、沙淦、釋太虛、師復等皆組織政黨、社團或創辦刊物，宣揚社會主義或無政府主義，且皆主張廢家族、不婚姻，明白地將毀家廢婚的相關理念或規定列入黨綱或戒約，要求黨員或社員親身實踐無家不婚的生活，但這些團體不久即因袁世凱的專制而遭到打壓。袁政府下台，五四運動爆發後，毀家廢婚論在自由解放的時代氛圍中，得到較寬廣的發表空間，不少在政界、學界具有影響力的知名人士表態支持毀家廢婚，許多青年男女組織新村、工讀互助社或類似團體，試行毀家廢婚的生活。

一、亨利・孚岱的鷹山共產村

1907年10月，《天義報》上刊出了題為「Colonie d'Aiglemont鷹山共產村殖民地」的一張照片，照片中是綠意盎然的山谷中，有幾畦農地、三間農舍，六、七個人正在田裡耕作，呈現出一片共耕而食、自給自足的世外桃源景象[21]。這個位於法國北部鷹山（Charle-Ville）的殖民地是法國無政府主義者亨利・孚岱所組織，有農田百畝，母牛一頭，兩層樓房一棟，集合了不同國籍的無政府主義者，過著半工半讀、各盡其能、各取所需的共產生活。1908年《天義報》編輯之一張繼因參與日本無政府組織的活動而遭到日本政府通緝，從東京前往巴黎避難，蔡元培寫信向當時在巴黎主編《新世紀》的吳稚暉引薦張繼說：「溥泉君來歐，貴報或可引為助手。此公伉直，無城府，且持無政府主義甚早。」[22]，於是張繼便參與《新世紀》的編輯工作，並因地利之便到他久仰的鷹山共產村住了三個月，他身著勞民之衣，每天除在田間耕種外，還跟一俄

---

[21] 見《天義報》，1907年10月第11-12號合刊，卷首插圖。
[22] 蔡元培著、高平叔編：《蔡元培全集》第一卷，頁405。

國人用馬車裝運瓜果到城裏叫賣，吹喇叭招徠顧客[23]。不久《新世紀》編輯之一吳稚暉亦前往鷹山共產村參觀，並為文介紹說：

> 法蘭西之無政府同志亨利孚岱君，于千九百三年，在比法交界一鷹山村旁之荒林，開闢殖民地，實行共產主義。初至僅一人，結草舍而居，嗣後同志或往或來，共同操作，忽忽六年，儼然成一世外之新桃源。[24]

吳稚暉描述鷹山共產村中印刷所印製及傳播無政府主義刊物的盛況道：

> 現在印刷所每星期代印外省黨報一紙，其餘皆印傳達主義之小冊，有撰自孚岱君者，有同志所撰者，自當年用腳踏印架發始，至于今日，已發布小冊三十餘萬冊，山中人之企圖，欲將山中之小冊，在法文通行之城邑，各設傳達所，彼等志願之宏，全恃空空之兩手，大可驚也。[25]

根據吳稚暉所見，鷹山共產村中的人皆共同生產、勞動、飲食，人人「精勤而愉快」[26]。這段中國留法學生在鷹山共產村體驗或參訪的經驗，也是啟發五四時期的新村運動及工讀互助團興起的原因之一。

二、江亢虎的「中國社會黨」

江亢虎在留學日本、遊歷歐州期間，曾撰〈三無主義懸論〉、〈無家庭主義〉、〈自由營業管見〉、〈無家庭主義意見書〉等文，提出了無家庭、自由營業、遺產歸公等主張，1910年底江亢虎為奔父喪回國，1911年3月在南京，指出「個人對家庭而言，單純個人直接構成世界，故不應更有家庭之階段」[27]，擬發起「個人會」，卻因無人響應而作罷[28]。4月復提倡「幼稚教育

23　經盛鴻：〈張繼〉，《民國檔案》，1993年第1期，頁134。
24　吳稚暉（署名「燃」）：〈遊鷹山村殖民記〉，《新世紀》，1908年6月27日第53號，頁6。
25　吳稚暉（署名「燃」）：〈遊鷹山村殖民記〉，頁7。
26　吳稚暉（署名「燃」）：〈遊鷹山村殖民記〉，頁7。
27　江亢虎：〈釋個人〉。
28　江亢虎：〈擬發起個人會意見書〉。

必宜設公共機關」，曾計畫在南京勸業會場「創設模範育嬰堂，附設保姆傳習所，草具章程預算表甚詳」，卒因辛亥革命事起而未能實行[29]。7月在上海張園發起成立「社會主義研究會」，創辦《社會星》雜誌，9月計劃組織「中國社會黨」，草擬了〈中國社會黨宣告〉，文中「認個人為社會之單純分子，認社會為個人之直接團體。凡為保障國家或家族而妨害個人之條件，悉革除之。」並提出他一貫的主張——廢除世襲遺產制度，採取自由營業，以破除家庭制度[30]。辛亥革命勝利不久、上海宣告獨立的第3天，即1911年11月5日，江亢虎於上海成立「中國社會黨」，規章中采定黨綱八條，其中與家庭問題有關的是「破除世襲遺產制度」，及「組織公共機關，普及平民教育」[31]，江亢虎且指導黨員們以溫和理性的態度，從積極和消極兩方面來脫離家庭：

> 本黨認家庭為單位，不承認家庭之存立者也。……至其辦法，則必以設立公共之教養機關為入手。……為今之計，欲脫離家庭關係，斷不可鹵莽滅裂忍心害理，以行破壞之手段。但當一面取積極的方法，群策群力，以謀此機關之落成之普及；一面取消極的方法，未婚嫁者不婚嫁，已婚嫁者不再婚嫁，且不更為所生者謀婚嫁，使舊家庭自然漸滅，新家庭不再發生可耳。公共機關一日未落成，一日未普及，則對於父母，當以仰事為報恩；對於子女，當以俯畜為天職，此過度時代事之不可如何者也。[32]

　　中國社會黨被稱為中國首次以社會主義為旗幟，以社會主義者為成員的政黨[33]，師復曾謂當時「中國言社會主義者有二人焉，孫逸仙與江亢虎是也」[34]。對於孫中山的社會主義，江亢虎認為其「地稅唯一、資本歸公、教育平等」等主張，皆與中國社會黨綱相同，唯一的不同，即是對於家庭的世襲遺

29　江亢虎：〈幼稚教育宜立公共機關說〉，收入江亢虎：《洪水集》，頁4-5。
30　江亢虎：〈中國社會黨宣告〉。
31　江亢虎：〈中國社會黨規章〉。
32　江亢虎：〈社會黨黨員之心得〉，收入江亢虎：《洪水集》，頁89。
33　姚錫長：〈江亢虎的社會主義觀與社會主義在中國的傳播〉，頁4。
34　師復：〈孫逸仙江亢虎之社會主義〉。

產制度，孫中山認為若要廢除，「必俟至若干萬年」，被江亢虎批評為「千慮一失，美猶有憾。不知家庭主義一日不廢，則社會經濟問題，斷無根本解決之理。至其難易遲早，仍視吾人之致力如何，莫問收穫，但問耕耘，事屬未來，疇能逆計。」[35]

　　中國社會黨成立後，其組織發展很快，1912年8月，其所屬支部已有400個，黨員逾20萬；1913年初，其所屬支部有490個，黨員號稱52.3萬[36]，在上海、北京、天津、蘇州、盛澤、南昌、紹興、重慶、張家口、廣州等地都設立了分部或支部，前後創辦了《人道》、《社會世界》等50多種刊物[37]。

　　1913年7月，袁世凱政府強行解散中國社會黨天津分部，逮捕中國社會黨北京分部負責人和北方黨務主持人陳翼龍（1886-1913），並以「勾通俄國虛無黨蹤跡詭密，潛圖叛亂等因」，將陳翼龍於8月4日處決。8月7日袁世凱正式簽署〈大總統解散中國社會黨令〉，指控中國社會黨「勾通外國虛無黨，妨礙國際和平情事，顯係倡亂行動，迴非文明各邦社會黨研究學理者可比，若不從嚴禁止，必致釀成巨禍，破壞大局。」要求「將所有社會黨本部、支部，一律嚴行查禁。此外，一切黨會如有擾害煽亂，與該黨相類似者，也勒令解散，分別懲治，以維秩序，而保公安。」[38]在袁世凱雷厲風行的解散令下，盛極一時的中國社會黨及其所屬組織遂銷聲匿跡。江亢虎在抗日戰爭期間於1940年加入南京汪精衛（1883-1944）政權；抗戰勝利後，因漢奸罪被追捕歸案，1954年死於獄中。

三、師復的「心社」和「無政府共產主義同志社」

　　1912年5月，師復於廣州成立「晦鳴學舍」，被稱為中國內地傳播無政府主義之第一團體，參加者多是他的親屬和好友，大家一起學習、一起勞動，互相協助，過著大鍋飯式的共產主義生活，並積極展開宣傳無政府主義活動。

---

[35] 江亢虎：〈孫中山社會主義講演集并言〉，收入江亢虎：《洪水集》，頁82。
[36] 中國第二歷史檔案館編：《中國無政府主義和中國社會黨》（江蘇：江蘇人民出版社，1981年），頁94。
[37] 周海樂：〈江亢虎和中國社會黨〉，《江西社會科學》，1989年第1期，頁138-146。
[38] 〈大總統解散中國社會黨令〉，收入中國第二歷史檔案館編：《中國無政府主義和中國社會黨》，頁205-206。

同年7月與彼岸、紀彭等人創立「心社」，發表〈心社趣意書〉，訂立「不食肉、不飲酒、不吸煙、不用僕役、不坐轎及人力車、不婚姻、不稱族姓、不作官吏、不作議員、不入政黨、不作海陸軍人、不奉宗教」等十二項戒約[39]。師復主張廢除婚姻和家庭，標榜自由戀愛，而且認為自由戀愛不但不會使性慾氾濫，反而會使性慾減少，對於衛道之士擔憂廢除婚制後「自由戀愛既行，男女之肉慾必益熾，將於衛生有妨害」，師復認為情況將剛好相反：「自由戀愛之理明，男女之肉慾必較輕，而交合之度數亦必較減」，因為「純以男女二人之愛情為根本，其機會豈能多得？又何至習為好淫？」[40]

關於「不婚姻」的戒約，心社規定入社社員不得結婚，「其已結婚者，須以二人之同意解除夫妻名義」[41]。師復與女友丁湘田（生卒年不詳）長期相愛，志同道合，同居而不婚。心社有些成員以前已結了婚，入社後便在報刊上登出〈離婚啟示〉，但仍繼續與原來的配偶同居。他們此舉意在否定婚姻制度，並非真的與原本的配偶分手。

除了「不婚姻」外，師復還主張「不稱族姓」，他本身亦從此廢除劉姓，改名師復，此舉主要為了廢家族主義：「家族者，進化之障礙物也。家族之起源，由於婚姻家族之界域，成於族姓。故廢婚姻，所以去家族之根源；廢族姓，所以泯家族之界域。二者相為表裡者也。」[42]

師復曾計劃心社的「社友稍眾」後發起「公共產育院」、「公共養老院」及「女子習藝院」，以取代家族／庭育幼養老的功能及幫助女子自立。師復等人曾在新安的赤灣（九龍宋王台畔）找到了一塊地方，面臨文天祥歎息過的零丁洋，挨著宋帝陵，枕山面海，風景天然，有田七十畝，荔枝五百株，彼岸提議取名「紅荔山莊」，他們試圖在那裏開闢一小塊無政府主義的實驗基地，推行新村計畫，可惜這些構想終因經費問題而未能如願[43]。

心社的主張，在廣州一些青年學生中獲得了同情，課堂和宿舍中常有人熱烈討論「廢除姓氏」和「取消婚姻」的問題，還掀起了一股小小的廢姓風

---

[39] 師復、彼岸、紀彭：〈心社趣意書〉。
[40] 師復：〈「反對家族主義」書後〉，頁78-79。
[41] 師復、彼岸、紀彭：〈心社趣意書〉。
[42] 師復：〈廢家族主義〉，頁115。
[43] 傅國湧：〈火一樣燃盡自己的師復〉，《西湖》，2006年第9期，頁63。

潮[44]。1913年，師復在廣州創辦《晦鳴錄》雜誌，在發刊詞中列出八大綱要，其中一項是「反對家族主義」[45]。《晦鳴錄》印行二期後，被廣東都督龍濟光（1868-1925）查禁，不得不遷往澳門，改名為《民聲》，出版了第三、第四期，又遭袁世凱慫恿葡人干涉而被禁[46]。1914年師復與「心社」一起遷至上海，同年7月在上海成立「無政府共產主義同志社」，在〈無政府共產主義同志社宣言書〉中，師復宣告他們所追求的理想社會是「無地主，無資本家，無首領，無官吏，無代表，無家長，無軍隊，無監獄，無警察，無宗教，無婚姻制度之社會」[47]，並在〈無政府共產黨之目的與手段〉中提出了「產育者由公共產育院調理之。所生子女，受公共養育院之保養」、「兒童滿六歲以至二十歲或二十五歲，皆入學受教育，無論男女，皆當得最高等之學問」、「無論男女，由學校畢業至四十五或五十歲，從事于勞動。此後休養于公共養老院。凡人有廢疾及患病者，由公共病院調治之」等號召黨員共同努力的具體辦法，以期達到「廢婚姻制度，男女自由結合」[48]的目標。

「無政府共產主義同志社」的成立使無政府主義開始廣泛傳播，帶動了廣州、南京、常熟等地紛紛創立無政府主義社團，使無政府主義開始成為全國性的思潮[49]。師復為宣傳和實踐無政府共產主義傾注了自己的全部精力和財力，積勞成疾，無錢醫治，1915年3月27日，病逝世於杭州，年僅31歲。師復逝世後，其忠實追隨者如黃凌霜（1901-1988）、區聲白（1892-?）、梁冰弦（生卒年不詳）等繼承遺願，繼續為無政府革命奮鬥，使其影響持續相當長的一段時間，在五四時期的廣東政治思想界曾產生了深刻影響[50]。

---

[44] 劉聖宜：〈師復主義及其評價之我見〉，《華南師範大學學報》，1999年第1期，頁97。

[45] 師復：〈《晦鳴錄》發刊詞〉。

[46] 詳見徐善廣：〈評辛亥革命時期劉師復的無政府主義〉，《湖北大學學報》，1981年第3期，頁34-35。

[47] 師復：〈無政府共產主義同志社宣言書〉，原載《民聲》，1914年7月4日第17號，收入高軍、王檜林、楊樹標主編：《無政府主義在中國》第一輯，頁35。

[48] 師復：〈無政府共產黨之目的與手段〉。

[49] 詳見劉中剛：〈師復與中國的無政府主義〉，《炎黃春秋》，1998年第6期，頁64。

[50] 詳見何薇：〈評無政府革命道路的探索者劉師復〉，《廣州社會主義學院學報》，2011年第1期，頁41。

四、沙淦的「社會黨」

江亢虎創立的「中國社會黨」雖號稱黨員數十萬，然而並非是一個有統一思想、嚴密組織、嚴明紀律的社會主義政黨，黨員中既有無政府主義者，又有國家社會主義者；由於成員混雜，政見不一，該黨始終蘊含著分歧。以沙淦為代表的黨內無政府主義者，對江亢虎的社會主義和黨的綱領十分不滿，要求修改黨的綱領；由於分歧很大，難於彌合，1912年10月第二次聯合大會後，沙淦等無政府主義者決定脫離中國社會黨，11月2日另組「社會黨」。社會黨與中國社會黨最主要的分野，在於江亢虎「所主張則以無家庭、無宗教、無國家為度，而未嘗倡言無政治」[51]，沙淦等社會黨人則自稱「極端」，倡言「無政府」，在〈三無主義之研究〉中，社會黨對江亢虎的「三無主義」作了修正，江亢虎的「三無」是「無家庭、無宗教、無國家」，社會黨將「無國家」改為「無政府」[52]。在〈社會黨緣起及約章〉中，社會黨以「純粹社會主義」為宗旨，列出了「鼓吹（雜誌、書籍、講演）、破壞（實行劇除強權、預備世界大革命）、建設（育嬰院、幼稚院、學校、醫院、養老院、農工廠、公園）」等事業，規定了「不作官吏、不作議員、不入政黨、不充軍警、不奉族姓、不婚姻（已婚姻者，以二人同意解除夫婦名義）」六項戒約[53]，制定綱目如下：

> 綱一、消滅階級。
> 　　目：（甲）貧富（實行共產）；（乙）貴賤（尊重個人）；（丙）智愚（教育平等）。
> 綱二、破除界限。
> 　　目：（甲）國（無遠近）；（乙）家（無親疏）；（丙）教（無迷信）。

沙淦等人發起的社會黨剛成立一個月，袁世凱即於1912年11月13日根據偵探團的報告，以該黨主張「實行共產，劇除強權，必致劫掠煽亂。解除夫婦名

---

[51] 江亢虎：〈中國無政府主義之活動及余個人之意見〉。
[52] 社會黨人來稿：〈三無主義之研究〉。
[53] 〈社會黨緣起及約章〉，收入高軍、王檜林、楊樹標主編：《無政府主義在中國》，頁257。

義，必致天倫傷化。至預備世界大革命，則意在破壞現在之秩序，為萬國之公敵」，飭令員警總長分飭地方巡警官吏，按法律嚴行戒禁，「以遏亂萌」[54]。1913年袁世凱欲恢復帝制，孫文發動二次革命，沙淦力助陳其美（1878-1916）討袁，組織敢死隊，進攻上海江南製造局，建立奇功。7月，沙淦在南通被袁軍逮捕，未及訊問，省電忽至，以「潛謀不軌」的罪名於8月11日處決。

五、立誓不嫁的婦女團體

在五四前後，有些知識女性深感家庭婚姻的束縛可畏，寧願選擇獨身，並結合有志一同的女性同胞形成團體，以互相支持，反抗婚姻制度，例如1916年江蘇南京石垻街有富家少女十五人成立「不嫁會」，推舉葉寶蓮女士（生卒年不詳）暫時處理會務，並制定規則，要求入會者「不但以終身不嫁為誓，且禁為種種冶豔之姿態。」[55]1917年江蘇江陰縣某女學校，有八名女學生秘密創立了「立志不嫁會」，以「立志不嫁，終身自由」為目的，該會章程規定：「凡會員均有勸人立志不嫁之義務，且有保守本會不使洩露秘密機關之責任。」「既入會，當不參與人之婚姻事，若私與男子往來，經察覺後，立除其名。」[56]1919年上海八仙橋蔣姓女教師，發起成立「女子不婚俱樂部」，入會年齡資格定20歲起至40歲止，每年公繳部會6元，得全享部中權利，惟當入部之時，須有部員介紹，且於志願書中預先填明誓不婚嫁，如有故違願，甘罰洋600元[57]。1933年署名「丁丁」的作者和三個女伴相約「不論如何不出嫁」，她們說：「我們女人出嫁真沒意思，像我們這樣多麼開心呀！」，並彼此互稱為獨身主義的「同志」[58]。

只是，這些團體仍屬小眾，影響有限，且在以「男婚女嫁」為理所當然的

54　中國第二歷史檔案館編：《中國無政府主義和中國社會黨》，頁202-206。
55　〈南京之不嫁會〉，上海《時報》，1916年12月13日。
56　〈異哉立志不嫁會〉，上海《時報》，1917年2月25日。
57　〈女子不婚俱樂部〉，天津《大公報》，1919年1月9日：「女嫁男婚，古今通例。近有寓居上海八仙橋之女學生蔣某，江蘇南通州人，畢業中校，現執教鞭於滬上之某學堂，前日心花怒放，異想天開，發起『女子不婚俱樂部』，入部年齡資格定章二十歲起至四十歲止，每年公繳部費六元，得全享有部中權利。惟當入部之時，須有部員介紹，且於志願書中預先填明誓不婚嫁，如有故違願，甘罰洋六百元等字樣。聞已組織就緒，將於近日開幕，並請名人演說，宣佈不婚樂趣，屆時八仙橋挽定有多少仙女下凡也。」
58　丁丁：〈為了「獨身主義」〉，《申報》，1933年12月8日，頁1。

社會中，女性群體聲言不婚極易受到打壓，如上述江蘇江陰縣某女學校所創立的「立志不嫁會」，為該校校長知悉後，該會成員遭到校長的嚴厲訓斥：「男大當娶，女大須嫁，此人倫之天職也。若守不嫁主義，則蔑視己身，淪喪人權，不愛國之甚也。」該會即被取消[59]。上述上海女教師成立「女子不婚俱樂部」的消息經媒體披露時，記者先提出「女嫁男婚，古今通例」的金科玉律，繼以「心花怒放，異想天開」等具有嘲弄意味的字眼報導蔣女士的不婚主張，對於此俱樂部即將在八仙橋開幕，且將請名人演說不婚旨趣，記者居然以看戲心態、八卦口吻說道：「屆時八仙橋挽定有多少仙女下凡也」[60]，顯然對其不婚主義毫無興趣，反而對於觀看在公開場合出現的女性群體興致勃勃。

六、新村和工讀互助團的實驗

1910年代，日本著名文學家武者小路篤實（1885-1976）大力宣傳新村主義，試圖實行物質生產、分配公有制，體力勞動與腦力勞動的結合，尋求在現實世界中和平地建立「地上天國」；並於1918年11月在日本九州日向購置土地、興建村舍，正式建立「新村」[61]。

1918年起，周作人撰寫了多篇文章介紹新村主義[62]，王光祈（1890-1936）、王拱璧（1886-1976）等更以行動組織新村，王光祈在縷述建設新村的目的時，提到其中一個原因是「免除家庭的苦惱」：

> 為了避苦行樂，以遂行圓滿的人生，在這種惡劣的社會裡，如果要得到學術上的進步，精神上的快樂，保持高尚的人格，改善不良的生活，免除家庭的苦惱等等目的，只有由少數人去實行新生活的小組織，以勞動所得，自立自助，進而改革社會。[63]

---

[59] 〈異哉立志不嫁會〉；劉正剛、喬素玲：〈近代中國女性的獨身現象〉，《史學月刊》，2001年第3期，頁147-149；賁小麗：〈清末民初江浙地區女性婚姻價值觀研究〉，陝西師範大學碩士學位論文，2006年4月，頁9。

[60] 〈女子不婚俱樂部〉。

[61] 劉立善：《日本白樺派與中國作家》（瀋陽：遼寧大學出版社，1995年），頁207-211；趙泓：《中國人的烏托邦之夢：新村主義在中國的傳播及發展》（台北：秀威資訊，2014年），頁12-20。

[62] 周作人：〈日本的新村〉，《新青年》，1919年3月15日第6卷第3號，頁266-277；周作人：〈新村的精神〉，《新青年》，1920年1月1日第7卷第2號，頁129-134。

[63] 王光祈（署名「若愚」）：〈與左舜生書〉，《少年中國》，1919年8月15日第1卷第2期，頁37。

受新村運動影響，毛澤東1918年夏從湖南省立第一師範學校畢業後，便與蔡和森、張昆弟（1894-1932）、陳書農（1893-1973）、熊子容（1896-1968）、周吾山（1898-1945）等，在省城對岸嶽麓山的湖南大學籌備處——嶽麓書院半學齋，從事半耕半讀，一面自學、一面討論社會改造問題，每天赤腳草鞋，拾柴挑水，用蠶豆伴和著大米煮著吃[64]。對於家庭制度，毛澤東認為不能只「改良其舊」，而要「創造其新」：

> 不可徒言「改良其舊」，必以「創造其新」為志而後有濟也。……勞動者欲求完全之平均分配，非在社會制度改革之後，不能得到。子弟欲求完全之人格獨立，非在家庭制度改革之後，不能得到。社會制度之大端為經濟制度，家庭制度之大端為婚姻制度。如此造端宏大之制度改革，豈區區「改良其舊」云云所能奏效乎？[65]

除了以農務為主的新村，王光祈也提倡在城市中以集體半工半讀的方式，開創「城市中的新生活」[66]，1920年在北京成立「工讀互助團」，在「募款啟事」中批判家庭生活是「父兄養子弟，子弟靠父兄，這種『寄生的生活』，不但做子弟的有精神上的痛苦，在這財政緊急的時代，做父兄的也受不了這種經濟上的重累」[67]，王光祈曾列出五個組織工讀互助團的理由，其中前兩項皆與脫離家庭有關：

> 現在青年男女受家庭種種壓迫，欲脫離家庭另謀獨立生活，但是一個少年人初離家庭，四顧茫茫，社會黑暗又勝過家庭百倍，大有窮途之嘆。我們若先有一種適當的組織，可以維持他們的生活，他們膽子大了，便可踴躍前來，與黑暗勢力奮鬥。這是第一個理由。現在青年男女大概

---

[64] 周世釗：〈毛主席青年時代的幾個故事〉，轉引自高菊村、陳峰、唐振南、田餘糧：《青年毛澤東》（北京：中共黨史資料出版社，1990年），頁85；李銳：《毛澤東早期的革命活動》（長沙：湖南人民出版社，1980年），頁250-251。

[65] 毛澤東：〈學生之工作〉，原載《湖南教育》，1919年12月第1卷第2期，轉引自高菊村、陳峰、唐振南、田餘糧：《青年毛澤東》，頁86。

[66] 王光祈：〈城市中的新生活〉，《晨報》，1919年12月4日。

[67] 〈工讀互助團募款啟事〉，《新青年》，1920年1月1日第7卷第2號。

皆倚賴家庭生活，一方面為家庭之累，一方面養成倚賴習慣，終身不能獨立生活，為社會之蠹。若是有一個適當組織，可以訓練他們的獨立生活。這是第二個理由。[68]

　　雖然工讀互助團批判家庭的罪惡，但十七位發起人[69]對於工讀互助團員除了半工半讀外，是否試驗毀家、廢婚、共產的生活，意見並不一致，胡適強調「提倡工讀主義的人和實行工讀主義的人，都只該研究怎樣才可以做到『靠自己的工作去換一點教育經費』的方法，不必去理會別的問題和別的主義。」[70]團員之一施存統曾回憶道：「發起人對於工讀互助團的主張，本來就不一致。若愚（王光祈）、獨秀（陳獨秀）等是主張試驗新生活的，適之（胡適）、孟和（陶履恭，1887-1960）等是主張實行工讀的。」[71]

　　不但發起人的見解不一致，加入工讀互助團的團員也各有懷抱，有的是認同且工且讀、互相幫助的生活，有的則抱持著脫離資本主義社會、家庭婚姻生活的強烈願望，甚至有著試驗理想社會生活的遠大目標。陳獨秀指出，北京工讀互助團的團員加入的主要原因是「厭惡家庭寄生生活和社會上工銀制度」[72]，戴季陶（1891-1949）描述「他們那些組織工讀互助團的青年，第一步便著手去解決『婚姻問題』、『財產問題』，把『自由戀愛』和『協作共享』拿來做一個理想的標幟。」[73]作家王魯彥（1902-1944）年少時便「承認社會上只有人和人的關係，不承認有這個人做那個人的附屬品的一回事。所以他對於婚姻制度極端反對」[74]，因此當父母替他包辦婚姻時，他斷然拒絕，加入工讀互助

---

[68] 王光祈：〈工讀互助團〉，原載《少年中國》，1920年1月15日第1卷第7期，收入張允侯、殷敘彝、洪清祥、王雲開編：《五四時期的社團（二）》（北京：三聯書店，1999年），頁370。另外三個理由分別是：可使有經濟困難的青年經由互助得以讀書、養成互助勞動的習慣、成為改革社會實際運動的起點。

[69] 〈工讀互助團募款啟事〉署名的發起人有：李大釗、陳溥賢、李辛白、陳獨秀、王星拱、孟壽春、蔡元培、高一涵、徐彥之、胡適、張崧年、羅家倫、周作人、程演生、王光祈、顧兆熊、陶履恭。

[70] 胡適：〈工讀主義試行的觀察〉，原載《新青年》，1920年4月1日第7卷第6號，收入張允侯、殷敘彝、洪清祥、王雲開編：《五四時期的社團（二）》，頁403。

[71] 施存統：〈「工讀互助團」底實驗和教訓〉。

[72] 陳獨秀（署名「獨秀」）：〈工讀互助團失敗底原因在那裡？〉，原載《新青年》，1920年4月1日第7卷第6號，收入張允侯、殷敘彝、洪清祥、王雲開編：《五四時期的社團（二）》，頁416。

[73] 戴季陶（署名「季陶」）：〈工讀互助團與資本家的生產制〉，原載《新青年》，1920年4月1日第7卷第6號，收入張允侯、殷敘彝、洪清祥、王雲開編：《五四時期的社團（二）》，頁406。

[74] 見章鐵民（署名「鐵民」）：〈關係「婚姻問題」的兩封信〉，《民國日報・覺悟》，1920年4月

團，進團後改名「忘我」，勤於「工讀」，一面在北京大學校門口擺飯攤，替北大學生洗衣；一面在北大旁聽及自學世界語，可說是最忠誠的團員之一[75]。

但是工讀互助團剛成立時，有幾位團員並不認同共產及毀家廢婚的理念，施存統後來回憶道：「我們本來共有團員十七個人，因為討論共產問題，主張不合，自願退團者五人；後來討論家庭問題，退團者也有一人，……我們從討論家庭問題以後，退團的還有二人」，當時「團體非常危險，差不多要破滅的樣子」，王光祈原本在青年學子眼中是支持試驗新生活的，面對團體破裂的危機，卻也曾勸告團中「幾個主張激烈點的人」「不要太趨極端」[76]，王光祈後來回憶道：

> 北京工讀互助團對於脫離家庭之青年予以相當後盾，雖為發起動機之一，然亦未嘗積極的勸人脫離家庭。當第一組成立的時候，他們自己會議應如何脫離家庭、廢除姓氏及團員所有私財應如何共產種種徹底之主張，我當時曾勸他們不必如此。我們只要在團中共同生產、共同消費，不必依賴家庭之供給罷了，又何必要做出形式上之脫離家庭，廢除姓氏及團員所有私財均作共產等等花頭！他們那時很有笑我不徹底的樣子。其實中國人的毛病，便是說得很凶，其實做起來，又往往不能言行一致。[77]

但是團員們認為「這是我們團體趨向的根本問題，萬難遷就」，所以對於王光祈的勸告「毫不採取」。經過熱烈的討論，團員們將工讀互助團的目的和手段定調為「改造社會」，並列出六個急待解決的問題，其中前兩項就是主張毀家廢婚：

> 我們對於工讀互助團，一面當作目的，一面也當作手段。用工讀互助團去改造社會，改造社會的結果，就是一個更大的工讀互助團——工讀互

10日中對王魯彥的描述，章鐵民（1899-?）是北京工讀互助團第一組的團員。
[75] 〔日〕清水賢一郎：〈革命與戀愛的烏托邦——胡適的「易卜生主義」和工讀互助團〉，頁136。
[76] 施存統：〈「工讀互助團」底實驗和教訓〉。
[77] 王光祈：〈王光祈致惲代英〉，原載《少年中國‧會員通訊》，1921年5月15日第2卷第11期，收入張允侯、殷敘彝、洪清祥、王雲開編：《五四時期的社團（二）》，頁443-444。

助的社會，我們對於工讀互助團，既有如此極大的願望，所以就有幾個切要的問題，要立刻去解決它。我們解決底問題，共有六個：（一）脫離家庭關係；（二）脫離婚姻關係；（三）脫離學校關係；（四）絕對實行共產；（五）男女共同生活；（六）暫時重工輕讀。[78]

關於家庭和婚姻，除了少數退團的成員外，留下的團員皆一致主張與原本的家庭和配偶脫離關係：

> 家庭問題，這個問題，我們經過極長期間的討論，極傷感情的表示，結果，一致主張和家庭脫離關係。我們底脫離家庭，是脫離家庭裡從家族制度所發生底一切關係，不是脫離家庭裡底人。換句話說，就是脫離家庭裡底名分關係和經濟關係，不是脫離家庭裡什麼人底感情關係。感情關係，是無法脫離的，也不應當去脫離；人和人沒有感情，還成什麼社會！我們脫離家庭後，是以社會的眼光去看家庭，不再以家庭的眼光去看家庭。我們主張脫離家庭的理由：（一）家庭制度，是萬惡之源，非打破不可，脫離是打破之先聲。（二）名分主義，是自由平等底大敵，家庭是名分主義底根據地，我們要打破名分主義，所以先要脫離他底根據地。（三）我們既然實行共產，當然沒有金錢供給家庭，而家庭的供給，我們當然也不能領受，所以經濟上已經無和家庭發生關係底必要。（四）我們底改造社會，並不以家庭為起點，我們終身底努力，都要以社會全體為目標，斷不能專顧一個家庭。我們有這四個理由，所以毅然決然和家庭脫離關係，犯天下的大不韙而不避！
>
> 婚姻問題，是跟著家庭問題而發生的。婚姻是附屬於家庭之中的，家庭一脫離，婚姻已失其根據底所在，勢不得不隨之而脫離。……討論結果，我們全體一致認為無存在的理由，所以對於從前已結婚的或訂約未婚的，一概主張和對方脫離關係，離婚的離婚、解約的解約。[79]

---

[78] 施存統：〈「工讀互助團」底實驗和教訓〉。
[79] 施存統：〈「工讀互助團」底實驗和教訓〉。

當時的團員之一俞秀松（1899-1939）由於不肯依父母之命成婚，父母替他暫時延遲了婚期，俞秀松得知後，寫信給父親的好友駱致襄（生卒年不詳）道：

> ……我現在非但不承認有婚姻的一回事，並且對於自由戀愛四個字也不滿意了。我相信男女同是個人，並沒有什麼各別，所各別的，不過生理上的一小點。男女的交際，也是人和人的交際，並沒有什麼兩樣，所兩樣的，不過有時性態要衝動起來，倆要交媾罷了。但這件交媾的事，也是最平常的沒有了，有什麼希奇？有什麼秘密？我們正想提一個「自由交媾」的問題，你不要看了，笑我們是畜生非人，其實這不算一回事——無意識的。可憐呀！這般夢人，到了這個大天白亮，還是懵懵懂懂地不醒，無怪他們自尋苦惱！
>
> 這裡男女大小十四人，主張都徹底，我實在還算不得什麼……請你告訴我底過去的家庭，叫他們不要替我著想，聽我底自由吧！[80]

施存統回憶，北京工讀互助團決定實行毀家廢婚共產的生活後，「我們那時以為我們理想的無政府、無強權、無法律、無宗教、無家庭、無婚姻的理想社會，在團裡總算實現一部分了，所以精神上非常快樂。」[81]北京工讀互助團成立了第一組、第二組後，決定組成以女子為主的第三組，在招募宣言中，首先批判家庭的黑暗束縛：

> 姊妹們呀！處黑暗的家庭，受種種的束縛，這豈不是最苦痛的事情麼？但是我知道我們女子並非甘心受這種痛苦，沒有奮鬥的精神，實在沒有奮鬥的機會罷了！現在女子工讀互助團已經成立了，就是吾們女子謀幸福的機會到了。[82]

---

80 俞秀松：〈給駱致襄的信〉，1920年4月4日，收入俞秀松：《俞秀松紀念文集》（北京：當代中國出版社，1999年），頁758。

81 施存統：〈「工讀互助團」底實驗和教訓〉。

82 〈吾親愛的姊妹們曷興乎來！〉，原載《晨報》，1920年1月21日，收入張允侯、殷敘彝、洪清祥、王雲開編：《五四時期的社團（二）》，頁388。

1920年，上海務本女中教師陸秋心（生卒年不詳）主編的雜誌《新婦女》出刊，該校學生嚴棣（生卒年不詳）創作的劇作〈心影〉中，「決意拿我一種最努力的奮鬥精神出來，來脫離家庭」，「我這次出來是想自立的，所以我要去進工讀互助團。」[83]署名「傑人」（生卒年不詳）的學生創作〈覺悟！〉中，也有一對兄妹反抗傳統的家庭和婚姻制度，進入工讀互助團[84]。

　　其他地方發起的工讀互助團，往往亦不僅僅提倡字面上的工讀和互助，也表達了對家庭婚姻、現實社會的批判，及試驗新生活的願望，如1920年3月，陳獨秀、王光祈、彭璜（1896-1921）、毛澤東等發起成立了「上海工讀互助團」[85]，自稱其「發起人的唯一宗旨」是「使上海一般有新思想的青年男女，可以解除舊社會、舊家庭的種種經濟上、意志上的束縛，而另外產生一種新生活、新組織出來」[86]，滬濱工讀團的進行計劃中說「工讀團是引人出地獄的引魂童子，不受舊家庭、舊社會的壓制」[87]，其遠程的計劃是「由工讀團達到很大的新村，由新村達到大同的世界」[88]。1920年惲代英在武昌推行與工讀互助團同性質的「共同生活」，所有同志都住在「利群書社」、「利群織布廠」或「工人補習學校」的宿舍中，並規定「工作至少不應少過每日四小時。衣食住完全由團體供給，……居住則在公有的房屋中，只有各別寢室，讀書、作工都規定公共地點。」[89]他主張加入的少年不能僅「以一時血氣之忿，脫離家庭」，要「真能知家庭罪惡」，鼓吹少年們「能力既充之後脫離家庭，或早些為家庭做個最後的安置，以便自己脫身為社會做事」，因為「以多的力量為社會」是比「以少的力量為自己」更有意義[90]。

---

[83] 嚴棣：〈心影〉，《新婦女》，1920年7月1日第3卷第1號，頁19-40。

[84] 傑人：〈覺悟！〉，《新婦女》，1920年8月1日第3卷第3號，頁23-40。許慧琦曾評論《新婦女》中的學生創作道：「這些女學生的實驗之作，藝術價值或許不高，卻頗能反映當時青年女性爭取人格、嚮往自由、並為社會奮鬥的理想主義精神。」許慧琦：〈「娜拉」在中國：新女性形象的塑造及其演變（1900s~1930s）〉，頁124。

[85] 詳見毛澤東：〈致陶毅〉，收入高菊村、陳峰、唐振南、田餘糧：《青年毛澤東》，頁87。

[86] 〈上海工讀互助團募捐啟〉，原載《星期評論》，1920年3月7日，收入張允侯、殷敘彝、洪清祥、王雲開編：《五四時期的社團（二）》，頁452。

[87] 袁篤實：〈滬濱工讀團進行計劃的個人主張〉，原載《時事新報》，1920年7月22-23日，收入張允侯、殷敘彝、洪清祥、王雲開編：《五四時期的社團（二）》，頁462。

[88] 袁篤實：〈滬濱工讀團進行計劃的個人主張〉，頁461。

[89] 惲代英：〈未來之夢〉，惲代英：《惲代英文集》（北京：人民出版社，1984年），頁238。

[90] 惲代英：〈惲代英復王光祈〉，原載《少年中國‧會員通訊》，1921年6月15日第2卷第12期，收入張允侯、殷敘彝、洪清祥、王雲開編：《五四時期的社團（二）》，頁447-448。

新村和工讀互助團的運動，雖盛極一時，但不到一年就因財務困難而紛紛解散了。反對毀家廢婚的胡適認為北京工讀互助團失敗的主要原因，就是武斷地推行毀家廢婚及共產，批評團員們「對於家庭、婚姻、男女、財產等等絕大問題都早已有了武斷的解決，都早已定為成文的戒約」，是「不忠於工讀主義」、「不注意實行半工半讀的方法」[91]；戴季陶反駁胡適的說法，認為工讀互助團的困難並不足以證明毀家廢婚共產是不對的：「現在工讀互助團在進行上發生了困難，……決不是因為那些團員的理想，還是為了『生產能力薄弱』。……不能因此便說他們要解決『婚姻問題』、『財產問題』不對，更不能在他們的理想上面便去加上武斷兩個字。」[92]

綜上所述，集會結社的毀家廢婚實驗，由於較具規模，又有所號召，容易受到當局注意和社會側目，加上團員間的理念未必完全相同，以及財務上難以維持，往往引發種種外部和內部的問題，最後以崩解收場。因此有些對主流家庭婚姻有所不滿的人，便選擇從個人做起，採取以毀家廢婚為理想的生活方式。

從個人做起的毀家廢婚

從個人做起，以毀家廢婚為理想的生活方式，簡言之，就是晚清的《新世紀》作家鞠普所稱毀家最簡單易行的方法——「不婚」，鞠普在1908年發表的〈毀家譚〉中，特別強調毀家並非遙遠的夢想，而是「人人可行」，「皆人力所能到，非高遠難行者」：

> 使世間之為父母者，不強迫其女子結婚，而世之為男女者，復知結婚之
> 自累，不數十年，婚姻一事，已可絕迹于天壤矣。今世政府雖極野蠻，
> 而不婚之事，固不得強為干涉也。故曰：毀家之事，人人可行也。[93]

---

[91]　胡適：〈工讀主義試行的觀察〉。
[92]　戴季陶（署名「季陶」）：〈工讀互助團與資本家的生產制〉，頁407。
[93]　鞠普：〈毀家譚〉。

在二十世紀前期的中國，不願走進家庭婚姻的不婚族，有些透過宗教儀式抗婚出家；有些依循民間習俗，如：廣東女子的「自梳」、「不落夫家」；有些抱持著以禁慾為主的「獨身主義」；有些則與愛侶（異性或同性）同居，卻不舉行結婚儀式，或舉辦另類的儀式，如：拒婚同盟、同性愛的新婚嫁……等，以表示對現行婚姻體制的反對。其中有些毀家廢婚論者不僅個人選擇不婚，也有意識地期盼他們選擇的生活方式能逐漸影響周遭的人，使更多人認識非婚生活的好處，進而使更多人加入不婚的行列，最後和平地達成毀家廢婚的理想世界。

一、抗婚出家

「出家」自古即行於印度，早在吠陀時代（約1200BC）就有捨世出家以求解脫者，而後婆羅門教徒承其風尚，亦入山林閑寂之處專心修行；佛教則以釋迦牟尼（約624-544BC，一說564-484BC）出家為其濫觴。佛教傳入中國不久，就有信徒出家，漢明帝（28-75）出家是最早的記載。但早期的信徒僅是從師出家，剃除鬚髮，照戒律生活，還沒有受戒的制度；到曹魏廢帝時期（250-252），來自中印度的曇柯迦羅（生卒年不詳）在洛陽白馬寺正式建立戒壇傳戒，中國才開始有了守戒的比丘。然而佛教徒「出家」離開家庭生活，修沙門清淨，追求心靈上的解脫，對儒家倫理來說，是拋家棄子，逃避家庭責任，因此佛教甫入中土之際，其離塵思想與出家制度，備受詰責和抵制[94]。如北魏李瑒（生卒年不詳）於延昌末任司徒長兼主簿時，曾針對「民多絕戶而為沙門」的現象上言：「一身親老，棄家絕養，既非人理，尤乖禮情，埋滅大倫，且闕王貫。」[95]

儘管排佛爭議不斷，佛教仍在中國日漸普及，出家的信眾亦有增無減，且中國民間流傳已久的道教也發展出「出家」的儀式。中國自古就有離群索居，出世修道的「異人」[96]，晚清無政府主義者何震和劉師培曾以戰國時代的道家學者陳仲（生卒年不詳）為例，指出「中國自古迄今，多遯世之民，離世特立。

---

[94] 方立天：《中國佛教與傳統文化》（上海：上海人民出版社，1988年），頁259。

[95] 《魏書》卷五十三・列傳第四十一。

[96] 《荀子・非十二子》（約298-238BC）中批評隱居的道家學者陳仲、史鰌說：「忍情性，綦溪利跂，苟以分異人為高，不足以合大眾，明大分，然而其持之有故，其言之成理，足以欺惑愚眾，是陳仲、史鰌也。」

如陳仲之流，無親戚君臣上下」[97]。東漢張道陵（34-156）以符咒之法行世，北魏寇謙之（365-448）奉老子為教祖、張道陵為大宗，設立道觀，宣揚教義，道教始成為一種正式的宗教。道觀是道士離開世俗家庭後，集體生活、修行的場所，原本屬於佛教用語的「出家」，後來也用來指稱道教徒的離家修行。南北朝時代，出家禮佛或修道的信徒日眾，北齊文宣帝高洋（529-559）曾於天保五年（554）指出當時許多人「委親遺累，棄國忘家。館舍（道觀）盈於山藪，伽藍（佛寺）遍於州郡。……乃有緇衣（佛教徒）之眾，參半於平俗；黃服之徒（道教徒），數過於正戶。」[98]當時「出家」的盛況可見一斑。

有研究指出，隋唐以後，佛教與中國文化經過長期的調和，許多僧尼出家後仍盡孝道，並與世俗家庭仍然保持密切的聯繫[99]。不過亦有不少僧尼為求真正的清淨和解脫，出家後就與俗家完全斷絕關係，豪不留戀，如唐代元珪禪師（生卒年不詳）出家以後，「去家五里，竟不再歸」[100]；高僧釋靈一（生卒年不詳）出家之後亦「一跡不入族姓之門」[101]。因此，佛徒出家與中國家庭倫理之間的緊張和對立始終存在，如唐代儒者傅奕（555-639）斥責佛教僧尼「不忠不孝」[102]，「入家破家，入國破國」[103]，韓愈（768-824）著名的〈諫迎佛骨表〉中亦嚴厲地批評佛教「傷風敗俗」，「不知君臣之義、父子之情」。

明清以降，禮教思想變本加厲，家庭對個人的束縛也更加強大[104]。明清小說中有不少以出家抗婚、離開世俗家庭的情節。曹雪芹（1724-1763）《紅樓夢》（1754）揭露了表面和樂的大家庭內部的黑暗，賈寶玉以出家揚棄了傳統的家

---

[97] 何震、劉師培（署名「震、申叔」）：〈論種族革命與無政府革命之得失〉。

[98] 北齊文宣帝：〈問沙汰釋李詔〉，收入〔唐〕釋道宣：《廣弘明集》卷24（台北：新文豐出版公司，1976年），頁348。

[99] 魯統彥：〈從「出家無家」到出家而有「家」——唐代僧尼孝道倫理現象略析〉，《臨沂師範學院學報》，2008年8月第30卷第4期，頁77-81；李曉敏：〈隋唐時期的出家人與家庭〉，《河南社會科學》，2005年3月第13卷第2期，頁118-119；楊梅：〈唐代尼僧與世俗家庭的關係〉，《首都師範大學學報》，2004年第5期，頁20-26。

[100] 李文生：〈讀禪宗大師《珪和尚紀德幢》書後——禪宗史上又一個「六祖」和「七祖」〉，《敦煌研究》，2004年第6期，頁23；魯統彥：〈唐代僧尼理想角色標準略析〉，《首都師範大學學報》，2008年第5期，頁38；鄭霞：〈龍門出土李元珪紀德幢、尼澄璨尊勝幢讀後〉，《敦煌研究》，2010年第2期，頁39。

[101] 贊寧、範祥雍點校：《宋高僧傳》（北京：中華書局，1987年），頁360。

[102] 〔唐〕釋法琳：《破邪論》（台北：新文豐出版公司，1983年），頁477。

[103] 〈上秦王論啟〉，收入〔唐〕釋道宣：《廣弘明集》卷11，頁162。

[104] 參見蔡尚思：《中國禮教思想史》。

庭和婚姻制度。不少紅學研究者曾指出，《紅樓夢》的悲劇結局突破了傳統戲曲小說的「大團圓」模式，賈寶玉的出家大大地違背了中國封建禮教所提倡的宗法關係，是一種與自己家庭和階級決裂的表現[105]。

除了著名的賈寶玉出家外，明清小說中也有不少出家女性以逾越傳統性別角色的正面形象出現，並以堅決的出家抗婚對家庭婚姻制度構成了挑戰[106]。如明代朱鼎臣（生卒年不詳）編《南海觀世音菩薩出身修行傳》（約1666）中妙善不願招婿，宮女勸妙善公主：「俗語云：『世間風流事，無過夫婦情。』何不回宮招娶駙馬，以圖快樂？」「何必苦戀空門，吃此黃虀淡飯？」然而妙善公主在後園修行時，「與明月為朋，與清風為友，逍遙自在，無礙無拘。全忘卻宮中之樂，足以易此之樂」[107]。妙善公主並說：「孩兒身心主意不同，各有所志」，「天下大器，誰人不愛？夫婦快樂，誰人不喜？只是孩兒素性只願修行，任他一切榮華，兒心全似冰炭不入，惟好清心靜養。」[108]後來大公主和二公主到後園勸妙善公主回心轉意，妙善公主卻答以「我與你身同意不同，汝自思天子之富貴，管我則甚？」[109]表現出不盲從世俗價值的強烈的個人意識和主體性。又如清代無垢道人著（生卒年不詳）《八仙得道傳》（約1868）的何仙姑下

[105] 如松菁（即王昆侖、魯太愚）：《紅樓夢人物論》（台北：新興出版社，1955年），頁309-320；王昆侖：《紅樓夢人物論》（台北：里仁出版社，1982年），頁212-239；魯太愚：《紅樓夢人物論》（台南：大孚出版社，2000年），頁252-265；朱樹玲、胡福星：〈論賈寶玉出家的悲劇結局〉，《河南師範大學學報》，1995年第22卷第5期，頁66-69；汪正章：〈賈寶玉離塵出家原因探析〉，《山西師大學報》，1997年7月第24卷第3期，頁63；馬淑君：〈不同文化背景的「相同」選擇——賈寶玉、源氏出家比較論〉，《山東教育學院學報》，2005年第3期，頁67-69；潘忠榮：〈曲徑通幽處——也談寶玉出家〉，《合肥學院學報》，2006年第3期，頁60-63；李希凡、李萌：《傳神文筆足千秋——〈紅樓夢〉人物論》（北京：文化藝術出版社，2006年），頁98-121；曹舒平、李小夢：〈「木石前盟」和「金玉良緣」悲劇的必然性〉，《邵陽學院學報》，2007年第4期，頁111-113等。

[106] Meir Shahar and Robert P. Weller, *Unruly gods: divinity and society in China* (Honolulu: University of Hawaii Press, c1996), p.9. Meir Shahar, *Crazy ji-Chinese Religion and Popular Literature* (Harvard University Asia Center, 1998), p.14. Sangren P. Steven, *Chinese Sociologics: An Anthropological Account of the Role of Alienation in Social Reproduction* (London: The Athlone Press, 2000); Sangren P. Steven, "Myth, Gods, and Family Relations", in Meir Shahar and Robert P. Weller, *Unruly gods: divinity and society in China*, pp.150-183. 〔英〕杜德橋（Glen Dudbridge）著、李文彬等譯：《妙善傳說：觀音菩薩緣起考》（台北：巨流圖書公司，1990年），頁107-108；林美容：《媽祖信仰與台灣社會》（台北：博揚文化，2006年），頁22。

[107] 〔明〕朱鼎臣編輯：《南海觀世音菩薩出身修行傳》（台北：天一出版社，1985年）第六回，頁25。

[108] 〔明〕朱鼎臣編輯：《南海觀世音菩薩出身修行傳》第五回，頁22。

[109] 〔明〕朱鼎臣編輯：《南海觀世音菩薩出身修行傳》第八回，頁36。

凡後，遇到一位老道懷疑地問道：「道友年輕美貌，正該在人世中享受大福的時候，為什麼無端走到這條方外的路子來？」何仙姑反駁道：

> 人各有志，不能相強，照道友高見，難道說年輕有色的女子就註定該去享那人間福份，不能出家修道嗎？只怕天下沒有這個理兒。[110]

以上敘述者藉妙善公主和何仙姑之口，以「人各有志」戳破了單一的價值觀，指出所謂的幸福快樂不只一種，為人類理想的生命形態提出了不同的可能。

抗婚出家既對既有秩序造成相當大的衝擊，自無可避免地要承受強大的打壓，如《南海觀世音菩薩出身修行傳》中的莊王要為妙善公主招婿，妙善不從，莊王就因此罵自己的親生女兒是「妖精」[111]。明代吳還初（生卒年不詳）《天妃娘媽傳》（1602）中林默娘的姑姑勸其成家時，將男婚女嫁的意義無限上綱到超越時代與階級、普世通用的價值，並對違反此價值將造成的後果提出嚴厲的警告：

> 夫三綱五常，禮之大體。三皇不易之而治，五帝惟順之而昌。降而三皇，下迨五伯，此治同也，此禮同也。不寧惟是，即賢而士夫君子，愚而夫夫婦婦，靡不範圍於此禮之中。頃觀侄女之言，是必欲盡去三綱，篾裂五常，而後為快。是何其生於聖人之世，為聖人之氓，而乃不道聖人之教？獨不聞生乎今之世，反古之道者，災必及其身。

林默娘則回答道：

> 道者無名之母，禮為人偽之物。余方欲吸風飲露，御飛龍而遊於六合之外，姑乃以予為此拘拘也？賦有云：舉世皆濁我獨清，眾人皆醉我獨醒。亦安能以身之察察，受物之汶汶者乎！[112]

110　〔清〕無垢道人：《八仙得道傳》（武漢：長江文藝出版社，1993年），第三十五回。
111　〔明〕朱鼎臣編輯：《南海觀世音菩薩出身修行傳》，第五回，頁23；第七回，頁33。
112　〔明〕吳還初編：《天妃娘媽傳》（瀋陽：春風文藝出版社，1994年），第十回，頁60。

以超越世俗的道家理論來說明出家之道。又如清代呂熊（約1640-1722）《女仙外史》（1711）中的唐賽兒從小立志「奉侍父親天年以後，要出家學道」，姚襟丈引用道家經典論證道：

> 《易經》開章兩卦就是乾、坤，其震、離、巽、兌為男女，故曰乾道成男，坤道成女；又曰一陰一陽之謂道；又曰天地絪縕，萬物化醇；男女構精，萬物化生。此天地之常經，古今之通義。

唐賽兒卻說：

> 混沌開闢，陰陽分判，氣化流行，發育萬物，未聞陰嫁於陽，月嫁乎日也。[113]

不僅對男婚女嫁乃天經地義的說法提出了反對的意見，也對女子以男性為中心的傳統提出了質疑。

當代學者胡曉真曾分析清代女性彈詞小說中，也有不少女性選擇放棄家庭婚姻，修道求仙，如邱心如（1820左右-?）《筆生花》（1857）中的謝雪仙有心修道，卻迫於孝道壓力而出嫁，而夫婿卻是女扮男裝的姜德華，德華恢復女兒身後，謝雪仙為了避免再嫁，刻意裝瘋以獨居求仙[114]；鄭澹若（?-1860）《夢影緣》（1843）中的十二花神謫入人間後，有十位自願終身不婚，以追尋仙山[115]；李桂玉（約1821-1850）《榴花夢》（1841）中的桂恆魁雖無法擺脫世俗壓力而成婚，中年後就立志清修，斷絕夫妻情緣，八年後功成果滿[116]。這些女性獨身的生命態度提出了與家族和社會期待完全不同的思考[117]。

---

[113] 〔清〕呂熊：《女仙外史》（長沙：嶽麓書社，1987年），第三回，頁18。

[114] 〔清〕邱心如著、趙景深主編、江巨榮校點：《筆生花》（鄭州：中州古籍出版社，1984年）下冊，第二十三回，頁1041-1043；相關的討論參見胡曉真：〈才女徹夜未眠——清代婦女彈詞小說中的自我呈現〉，《近代中國婦女史研究》，1995年8月第3期，頁67；胡曉真：《才女徹夜未眠——近代中國女性敘事文學的興起》（台北：麥田出版社，2003年），頁201。

[115] 〔清〕鄭澹若（署名「響下生」）：《夢緣緣》（台北：文海出版社，1971年）；胡曉真：《才女徹夜未眠——近代中國女性敘著文學的興起》，頁315-318。

[116] 〔清〕李桂玉：《榴花夢》（北京：中國文聯出版社，1998年）。

[117] 胡曉真：〈酗酒、瘋癲與獨身——清代女性彈詞小說中的極端女性人物〉，《中國文哲研究集

明清小說中的出家抗婚仍有其時代與環境的侷限。小說人物的出家抗婚必須依託於超越性的宗教信仰，如胡曉真在分析《夢影緣》時曾指出的：「宗教導向的思維讓小說可以盡量發展女性人物的獨身選擇」[118]，明清小說中尚無法提出個人在沒有宗教因素的情況下獨身不婚的合理性。小說情節的設計顯示了個人在拒絕婚姻、揚棄家庭後除了「出家」便無容身之處。有論者討論賈寶玉的離家出走時指出，在「普天之下，莫非王土」的宗法制度下，殘酷的社會現實和時代侷限，造成了賈寶玉的遁入空門，是「夢醒後卻無路可走」的人生悲劇[119]。

雖然如此，明清小說中的抗婚出家初步地指出了家庭婚姻並不是普世的、唯一的價值，不是理所當然的，也不是所有人唯一喜聞樂見的出路。胡曉真曾指出由清代女性彈詞小說中的女性獨身想像與實驗可以看出，二十世紀前半期中國主張女子獨身的言論是有跡可尋的[120]，筆者亦認為明清小說中的抗婚出家顯示明清以來對家庭的反思已經萌芽，為二十世紀前期中國的家庭改革及毀家廢婚論提供了思想準備。

除了小說外，民間也流傳著某些女性寧可出家、不願成家的歌謠，如河南衛輝有一首歌謠中，執意出家的女性面對眾人的反對時，用以下這段話表明心志：

> 也不要騾，也不要馬，也不要樓來也不要瓦，也不要綠紗配紅紗，也不要相公配奴家，也不要轎車走娘家。俺一則不受公婆氣；二則不受丈夫打；三則不領孩子叫抓抓；四則不受小姑罵，開開廟門活菩薩。[121]

刊》，2006年3月第28期，頁76。

[118] 胡曉真：〈酗酒、瘋癲與獨身——清代女性彈詞小說中的極端女性人物〉，頁72。

[119] 朱樹玲、胡福星：〈論賈寶玉出家的悲劇結局〉，頁69。

[120] 胡曉真：〈酗酒、瘋癲與獨身——清代女性彈詞小說中的極端女性人物〉，頁76-77：「女性彈詞小說中的人物通過拒婚、扮裝等方式表達對獨身生活的嚮往，事實上其最終的渴望仍是拓展女性自我意識以及社會角色的可能性。如果我們想到女性彈詞小說如何藉由孟麗君、桂魁、謝雪仙、錢淑容、趙湘仙、殉道花神等這些人物表達獨身的想像與實驗，那麼二十世紀女學生魏瑞芝的慷慨陳詞便有跡可尋了。」相關的討論可多見胡曉真：《才女徹夜未眠——近代中國女性敘事文學的興起》，頁213-217。

[121] 劉經菴編：《歌謠與婦女》（上海：商務印書館，1928年），頁216。

河北唐縣和安徽旌德也傳唱著類似的歌謠[122]，游鑑明在論及這些歌謠時曾指出：「為了不受婚姻束縛，這群女性採用各種方式堅持獨身，不是消極對抗就是積極挑戰。採消極對抗的不外是出家或自殺，其中選擇出家的例子最多」[123]。

有些夙持毀家廢婚論的人雖未必以佛法出家為理想的究竟，但在毀家廢婚尚未實現的現世，亦以「出家」來脫離中國社會的家庭制度，如：《天義報》主編、主張廢婚廢家的何震，在民國建立、其夫劉師培病死後，其無政府及毀家廢婚的理想無由實現，而選擇出家為尼，釋名「小器」[124]；主張無家室、無政府乃至無聚落、無人類、無眾生、無世界的章太炎，曾計劃到印度出家，後因旅費不足而未能如願[125]；《新世紀》創辦人之一、主張「無家庭」的張靜江（1877-1950），晚年追隨淨土宗印光法師（1861-1940）皈依[126]；在晚清至民初提倡「無家庭主義」的江亢虎，曾在抗日戰爭勝利後於南京清涼寺剃度為僧[127]；五四時期的朱謙之（1899－1972）受無政府主義及禪宗影響，主張毀家廢婚，曾追隨太虛大師出家，後因無法斬斷七情六慾而還俗，並提倡自由戀愛。此外，五四以後的報章雜誌上，也記載了知識女性對現行婚姻制度有所疑惑和不滿，而選擇出家的新聞，如1920年畢業於上海城東女學校的趙瑛（?-1920），目睹其堂

---

[122] 劉經菴編：《歌謠與婦女》，頁217-218中記載河北唐縣的歌謠：「我也不使騾子不使馬，我也不住高樓瓦屋並大廈，我也不要珍珠瑪瑙點翠花，我也不要針線籮兒炕上拉，我也不要炕上的孩子ㄓㄨㄚㄓㄨㄚㄓㄨㄚ：一心要出家。」安徽旌德的歌謠：「紅娘子，子紅娘，五個大姊遊花園：大姐嫁給開茶館，二姐嫁給開染坊，三姐嫁給做買賣，四姐嫁給個武官；惟有五姐不肯嫁，剃頭剃髮要出家。大姐勸你不要出家，留著烏雲戴紅花。二姐勸你不要出家，冬穿綾羅夏穿紗。三姐勸你不要出家，又戴金釧又戴釵。四姐勸你不要出家，留雙小腳走娘家，惟有五姐一定要出家：一來不受公婆氣，二來不受丈夫敲，三來懷中不抱子，四來散蕩又逍遙。」

[123] 游鑑明：〈千山我獨行：世世紀前半其中國有關女性獨身的言論〉，《近代中國婦女史研究》，2001年8月第9期，頁168。

[124] 柳無忌：〈蘇曼殊及其友人〉，收入蘇曼殊：《曼殊全集》5（上海：北新書局，1929年），頁22：「民國六年，申叔在北京死後，何震曾削髮為尼，釋名小器，後來就不知道她的足跡了。」

[125] 王開林：〈章太炎：佯狂未必不丈夫〉，《書摘》，2002年第2期，頁31；王開林：〈章太炎——政夢難圓的狂書生〉，《青年與社會》，2007年第1期，頁32；王開林：《大變局與狂書生》，頁112；劉人鵬：〈章太炎的「神經病」：作為生存位置與革命知識情感動能〉，《文化研究》，2013年春季第16期，頁88：「佛學之於章太炎，並不是象牙塔的學術，而是面對困頓的資源。他也曾說『余自三十歲後，便懷出世之念，宿障所纏，未得自在。』證諸1907年後諸多記載提到他曾具體想籌錢到印度出家，我們可以想見，極度介入現實卻又被時人視為離開了政治現實的『披起袈裟做個和尚』，在章太炎的生命與思想實踐中，其實很可能都是一線之隔，一念之間。」

[126] 陳南青：〈民國奇人張靜江〉，《上海消防》，2002年第4期，頁70-71；顧艷：〈亦商亦官張靜江〉，《作家》，2002年第3期，頁24-27。

[127] 施國斌：〈江亢虎沉浮記〉，《江淮文史》，1995年第2期，頁162。

姐出閣後婚姻並不幸福，加上平日對佛學有所研究，而決心出家；但其家人不允許，趙瑛因此精神錯亂，跳井自盡[128]。1933年《上海時報》報導，蘇州李曼倩（生卒年不詳）、李曼蘋（生卒年不詳）兩姊妹夙抱獨身主義，其父有意為其姊提親，兩姊妹便離家出走，到杭州落髮為尼[129]。

二、廣東女子的自梳與不落夫家

秦漢時，廣東珠江三角洲（今順德、番禺、中山、南海等縣）為百越之地，到明朝時，已多被漢化，以漢人聚居為多，但仍保留了許多百越民族的古老遺風，如自梳、不落夫家。所謂「自梳」，就是婦女通過一種特定的儀式，自行易辮而髻，以示自己獨身終老的決心，又稱為「梳起」，通過這種儀式獨身不婚的女性被稱為「自梳女」。所謂「不落夫家」，就是婦女婚後不住在夫家。早在唐朝時，廣東珠江三角洲農業就有了桑基魚塘產業，婦女擔當著種桑養蠶的工作，蠶絲收入成為農業收入的重要來源，因此，婦女在家中的經濟地位較高，家庭也可從自梳、不落夫家的婦女勞動中得到經濟補償，這使得自梳、不落夫家風俗得以存留[130]。

有些自梳女為了抗拒出嫁，甚至不惜一死，清初乾隆三十九年（1774年）的《番禺縣誌》卷十七載：「國朝百年來，番禺一邑，其所稱貞女者志不絕書，而其甚者，相約不嫁，連袂而死。」[131]有些自梳女或不落夫家的婦女還通過結

---

128 沈定一（署名「玄廬」）：〈評論：死在社會面前的一個女子趙瑛〉，《民國日報·覺悟》，1920年11月15日，頁1-2。
129 〈獨身主義不願嫁人·姊妹倆出走〉，上海《時報》，1933年10月29日，頁6。
130 相關研究詳見慨士：〈廣東的「不落家」和「自梳」〉，《新女性》，1926年12月第1卷第12號，頁937-942；陳東原：〈關於「廣東的不落家和自梳」〉，《新女性》，1927年1月第2卷第1號，頁203-206；林惠祥：〈論長住娘家風俗的起源及母系制到父系制的過渡〉，《廈門大學學報》，1962年第4期，頁24-44；陳曾：〈自梳女與不落夫家〉，收入廣東省政協文史資料研究委員會：《廣東風情錄》（廣州：廣東人民出版社，1987年），頁23-27；喬健：《惠東人研究》（福州：福建教育出版社，1992年）；劉志文：《廣東民俗大觀》（下卷）（廣州：廣東旅遊出版社，1993年）；王承權：〈中國各民族不落夫家婚俗的比較研究〉，《民族研究》，1993年第6期，頁41-61；馬建釗：《華南婚姻制度與婦女地位》（南寧：廣西民族出版社，1994年）；葉漢明：〈華南家族文化與自梳風習〉，收入李小江、朱虹、董秀玉主編：《主流與邊緣》（北京：三聯書店，1999年），頁88；王麗：〈近代廣東女子的獨身現象：自梳和不落夫家〉，《廣西民族學院學報》，2001年5月第23卷第3期，頁50-54；劉志文、嚴三九：《中國民俗大系——廣東民俗》（蘭州：甘肅人民出版社，2002年），頁227-231；林淑蓉：〈不落夫家與走婚制：另類婚姻的再思考〉，新竹：清華大學性別與社會研究室：《「婚姻文化面面觀」座談會會議手冊》，2004年3月27日，頁15-17；張傑：〈金蘭契研究〉，《中國社會歷史評論》，2005年，頁207-222等。
131 〔清〕任果等修、檀萃等纂：《番禺縣誌》（海口：海南出版社，2001年，清乾隆三十九〔1774〕

拜儀式成為金蘭姊妹，俗稱「契相知」、「女相知」、「織朋友」、「兩雙枝」等。據咸豐三年（1853年）《順德縣誌》卷三載：「昔人所謂婦戀金蘭，歸母家不時返者，窮村僻壤，囿於故習者有之。」「女多矯激之行。鄉中處女每與里女結為姊妹，相為依戀，不肯適人，強之適人，歸寧久羈不肯歸夫家，甚或自縊自溺。」[132]

　　隨著十九世紀下半葉由於廣東繰絲業的蓬勃發展，以及出外幫傭謀生的機會不少，加強了廣東婦女們的經濟能力，使自梳的女子愈益增加，在光緒、宣統年間（1908年前後），番禺南村數千人中，出嫁的女子不過數人，1909年甚至無一人出嫁；即使迫於情勢而出嫁，往往也不肯住在夫家，本身即是廣東番禺人的胡漢民曾數次介紹其家鄉女子「不落家」的風俗道：

> 粵俗女子有嫁夫，既祖而未配，三日歸寧母家，遂終身不與其夫接者，粵語謂之「不落家」。……不落家之風，以順德最盛，凡女子有其群，謂之「姊妹」，相約束以嫁而不嫁為主義，結婚有日，則群之姊妹密綴其衣，為窮袴，結不可解，女至夫家，三日不飲不食，斥其夫不使近，夫亦不能近，其有強欲與合者，女常以死拒，數見不鮮，於是男子之婚者，亦但知為其名而已。……女多以繰絲為業，其所得，以餬口而有餘，故有不歸夫家，而哀其窮，給資男子，使別置室者。其團體既固，親族長老俱不能禁。[133]

> 順德的女子……他一生一世叫做「姑婆」，就是不曾嫁過男人的稱號。他或者受父母的強迫，要他和男子結婚，總是結婚其名，不結婚其實，老遠的不肯「落家」。有時他的名義上的丈夫，嗣續要緊，家裡又沒有什麼錢，就得哀求他給些銀錢，去另外討個妾侍。這個女子，他靠的什麼呢？他大部分是替人家養蠶繰絲，他掙的工錢，狠〔很〕可以自活，還有剩餘。其次一部分的，就出去替人家做傭僕。……有個名號叫做

年刻本），卷之十七〈風俗・壹教〉，頁391。

132 〔清〕郭汝誠修、馮奉初等纂：《順德縣誌》（台北：成文出版社，1974年，據清咸豐三年〔1853〕刊本影印），卷三，頁30、292。

133 胡漢民（署名「老漢」）：〈粵中女子之不嫁者〉，《新世紀》，1908年8月15日第60號，頁9-11。

「女相知」，是同性戀愛的勾當。或者此外尚有其他曖昧的異性戀愛。但他究竟不願入去他「名目的丈夫」家裡。[134]

廣東順德、香山、番禺等處女子，不落家底風氣，因為他們可以做摘桑養蠶底工，可以自食其力，便不想和男子結婚。雖然以一部分人，打不破家族、父母主婚的慣例，鬥不過由家族倫理演出來底亂法，他們卻是嫁而不嫁，情願和一班女友結成相知。[135]

女子不戀異性、不戀夫家而戀同性，對男權社會異性戀婚制是一大挑戰，因此廣東女子自梳與不落家的風氣，自古以來被視為南蠻惡俗，如「非堂堂正正之象」[136]、「風氣壞極」[137]等評語，不一而足，1908年胡漢民曾描述時人對此風俗的抨擊：「他郡邑無是俗者則大為詬厲，於順德所謂搢紳先生者亦自引為恥，屢與地方官吏挾強權而思矯制之，然至今迄不能革。……粵人之論此者，無恕詞，以開通自命、以改良社會自命者，掊擊之尤甚」，胡漢民並記載了時人對此風嚴厲批評的言詞：「粵有惡風，女子嫁而不嫁，為群以嬉，遠其夫如路人，使生其鄉者無復有家庭之幸福，斯可謂野蠻矣！」「且此等女子，有同性相合之事，謂之『女相知』，儼如配偶，其事可醜至甚，而若輩且不自諱，總之為野蠻惡風所演成而已。」[138]

支持毀家廢婚的論者對此則有完全不同的看法，他們不但不認為此風野蠻、可恥、可醜，還認為廣東女子自梳與不落家的實踐，對毀家廢婚說頗有正面示範的作用。某些反對毀家廢婚的人認為，毀家廢婚將使婦女失去生活的依靠，《新世紀》作家鞠普則以廣東自梳女為例，說明女子亦有獨立生活的

---

134 胡漢民：〈女子解放從那裡做起？〉，頁1。
135 胡漢民：〈從經濟底基礎觀察家族制度〉，頁775。
136 〔清〕丁柔克：〈粵東女俗〉，收入丁柔克：《柳弧》（北京：中華書局，2002年），頁171。
137 〔清〕張心泰：《粵遊小誌》（上海：上海著易堂，1891年），頁307：「廣州女子多以拜盟結姊妹，名『金蘭會』，女出嫁後歸寧，恆不反夫家，至有未成夫婦禮，必俟同盟姊妹嫁畢，然後各返夫家，若促之過甚，則眾姊妹相約自盡，此等弊習，為他省所無，近十餘年，風氣又復一變，則竟以姊妹花為連理枝矣，且二女同居，必有一女儼若薰砧[筆者按：即丈夫]者，然此風起自順德村落，後傳染至番禺、沙茭一帶，效之更甚，即省會中亦不能免，又謂之『拜相知』，凡婦女訂交後，情好綢繆，逾於琴瑟，竟可終身不嫁，風氣壞極矣。」
138 胡漢民（署名「老漢」）：〈粵中女子之不嫁者〉，頁9。

能力：「粵省順德、南海等處，女子每多不嫁，以蠶業及傭工自活，同業相助」，鞠普甚至還給了廣東自梳女「道德最美」的讚揚[139]。胡漢民認為廣東此風不是「野蠻惡風」，反而家庭專制、男女不自由配合才是野蠻惡風，而廣東女子選擇自梳或不落家正是「野蠻惡風之反動力」，反映出「男女不自由配合之大逆人道，」[140]、「專制的家庭使人有異常底苦痛，而發生反動」[141]，她們不受家庭與婚姻束縛、經濟獨立的生活，證明了「經濟革命而後男女可以平等」[142]，「女子沒有經濟獨立，不能空言解放和自由」，且「女子之抵抗強權其能力不弱於男子」[143]，因此，胡漢民對這些女子給了「可敬」的肯定[144]。

三、獨身主義

　　晚清章太炎〈五無論〉中，嚮往「無人類」的境界，不以人類的存續為念，此說在破除家庭婚姻觀上有其重要性。古今中外，執政者經常基於國家人口或世界人口的考量，干涉人民在婚姻、家庭和生育上的選擇，如鼓勵結婚、限制或獎勵生育等，有些毀家廢婚論者在構思新的社會秩序時，為了避免人類滅絕，也對人類的性及生育加以設限，如康有為《大同書》擔憂「絕人類之種」，而反對獨身、禁止墮胎[145]；無政府主義者高亞賓也為了人類「生生不已」，而對男女交合及生育定了四項繁瑣的規定[146]。相反的，章太炎「無人類」之說與譚嗣同「人一不生不滅者，有何可絕耶？」[147]的觀念接近，超脫了「人類滅亡」的焦慮和執念，王遠義曾分析道：

> 　　從章氏整個思想上來看，五無論可視為一種觀世法或世界觀，它不僅企圖解釋人類世界的究竟，並且意欲改造這個世界。他的目的和作用，促

---

[139] 鞠普：〈毀家譚〉。

[140] 胡漢民（署名「老漢」）：〈粵中女子之不嫁者〉，頁11。

[141] 胡漢民：〈從經濟底基礎觀察家族制度〉，頁733。

[142] 胡漢民（署名「老漢」）：〈粵中女子之不嫁者〉，頁11。

[143] 胡漢民：〈從經濟底基礎觀察家族制度〉，頁733。

[144] 胡漢民：〈論說——答楊肇彝先生〉，頁838；胡漢民：〈胡展堂先生夫婦制度論〉；胡漢民：〈從經濟底基礎觀察家族制度〉。

[145] 康有為：《大同書》，頁234。

[146] 高亞賓：〈廢鋼篇〉，頁428。

[147] 譚嗣同：《仁學》，頁33。

使人們能斷絕我見我執，見到人類生存、存在之真實根源與結構。然後反襯反托出當下人類社會的不圓滿性，以及當下各種的世界觀皆不足以認識理解人類真實的世界。最後，當下的世界將可因人們此般五無的覺醒與理解，而獲得轉變或超越。[148]

要達到無人類的境界，章太炎主張斷我見、斷淫：「我見斷則生亦斷，安可以男女匹偶為當行哉？」至於斷淫之法，章太炎認為不能以他人之力強制，只能以自度度他的方式度盡眾生：「斷淫者固任人為之，非他人所能強制，惟然，故展轉相熏，其收效至為闊遠。」「惟以同志自立契約，而展轉及于他人，斯有度盡之日。」[149]

1919年1月，傅斯年在〈萬惡之原〉中，縷述家庭對個人個性的桎梏，語重心長地「奉勸沒有掉在網裡的人須理會得獨身主義是最高尚最自由的生活，是最大事業的根本。」[150]五四運動後，自由戀愛之說盛行，呂芳上曾指出：「『戀愛神聖』不只成為五四時期喊得震天價響的口號之一，實際上也被許多人看成是五四新文化運動中具體成就之一。」[151]主張自由戀愛的人士中，有人將「性愛」並列並重，追求性愛合一的境界；也有人將「性」貶抑至無關緊要、最好是不要出現的最低下、最卑微的位置，而將「愛」拔擢到至高無上、凜然不可侵犯的神的境界。畫家俞寄凡（1891-1968）曾說：「把戀愛離開性欲，而把肉的臭味完全奪去，這種戀愛，就是所謂『精神的戀愛』（Platonic love）」[152]，陳德徵在1922年指出當時「有許多人，想把『欲』（Lust）和『愛』（Love）的界限，分得極清晰，而且屏除『欲』而取『愛』。」[153]余華林在討論現代中國的性愛觀念時分析道：「當『戀愛』觀念傳入中國時，人們最初是將其作為一個純精神、純感情交流的概念來理解的。」「20年代初，這種純

---

[148] 王遠義：〈獨立蒼茫：辛亥革命前章太炎的激進思想及其烏托邦與反烏托邦性質〉，收入善同文教基金會編：《章太炎與近代中國學術研討會論文集》，頁234。

[149] 章太炎（署名「太炎」）：〈五無論〉。

[150] 傅斯年（署名「孟真」）：〈萬惡之原〉，頁127。

[151] 呂芳上：〈1920年代中國知識分子有關情愛問題的抉擇與討論〉，收入呂芳上編：《無聲之聲（1）：近代中國的婦女與國家（1600-1950）》（台北：中央研究院近代史研究所，2003年），頁73。

[152] 俞寄凡：〈戀愛與性欲的關係〉，《婦女雜誌》，1921年7月第6號。

[153] 陳德徵：〈性愛的價值〉，《婦女雜誌》，1922年8月第9號。

『靈』化的『精神戀愛說』流行一時」[154]。

1920年在《民國日報・覺悟》一場關於廢婚問題的討論中，署名「以太」的作者聲明他主張的廢除家庭、自由戀愛是「愛情」的自由，而不是「自由滿足性慾」：

> 我極贊成自由戀愛是男女結合的真理。和自由戀愛關聯的廢除家庭、兒童公育、和實行共產的一切主張，我都極表同意的。但是我主張自由戀愛的原則，仍屬於愛情的，不屬於肉慾的；……肉慾不是人類真正快樂的事。愛情純摯，纔是真正快樂；倘使把自由滿足性慾當作自由戀愛，那麼，禽獸底牝牡相逐，要算自由戀愛了。

以太不但崇尚愛情，而且崇尚專一的愛情，他反對夫妻的名義和形式，而非反對一對一的男女關係：

> 愛情專一，就是純摯的表露，斷不可因他專一，就說是生殖機關的交互專利。夫妻名義和形式，我也贊成廢除的；我主張愛情專一，並非這種形式，仍是人類高尚的表現，自由戀愛的真像咧![155]

同一場討論中署名「輩英」的作者不但贊成廢除婚制，還認為性交是可有可無的，甚至對個人、對社會都沒有好處、只有害處，所以應該盡量地減節性慾：

> 許多人把自由戀愛，當作自由性交，以為提倡的都是提倡性慾。……性交是什麼？性交是人對於人類所應盡的許多義務裡面一件「特殊的義務」。是以某種人，如白癡、有隱病的是不該盡；某種人如胡適所舉的科學家、哲學家，可以不必盡。不盡這件特殊的義務的，還有許多應盡的義務可以去盡。……

---

[154] 余華林：〈現代性愛觀念與民國時期的非婚同居問題〉，頁21。
[155] 以太：〈廢除婚制問題的討論〉，《民國日報・覺悟》，1920年5月29日。

而且「中國人口是超乎中國經濟能力以上」，那就在中國今日，性交實在沒有提倡的必要。我們應該設法使一般人減節性慾，同時發展中國經濟的能力。……

性交是愉快，許多人都承認。但倘沒有帶一點義務和必要的性質，我們實在是不願去幹。因為一方面增加婦女妊孕和產生的痛苦，他方面是增加吾人和社會的擔負。……這種性交的愉快，我實在是不願意去幹。[156]

輩英還認為真正的戀愛是「無性交慾」的，而婚姻就是愛情的墳墓，所以主張廢除婚制：

戀愛的定義各有不同，依我，就是「男女間互相愛悅，並無性交慾，也無蔑視對手人格和作偽欺騙的意念參加的一種天真爛縵、最真摯、最高尚的感情」。我們所要求的是這種的戀愛。結婚就是這種戀愛的死底表示。我們的結婚覺著枯澀無味，一半是因為沒有這種精神間的調和。所以沒有的原因，是間接直接受了風俗法律禮教婚姻的恩惠。[157]

有些論者雖然認為廢婚後的理想社會並不是禁慾的，卻認為在社會未根本改造前，主張毀家廢婚的同志應該暫抱獨身主義。主編邵力子自陳他對婚姻的主張是「對於現今就想實行的，我總祇能對他們說『結婚自由離婚自由』的話，有反對婚制的，祇好守獨身主義。對於未來共同進行的，我主張從根本上改造社會組織，到時候婚制也就廢除。」[158]施存統亦說明獨身主義是過渡時期不得已的辦法：

自由戀愛，現在相信的人本來不多；即使有人實行起來，生育問題，就狠〔很〕不容易辦理。要解決生育問題，也許可以用避孕的方法；但是

---

[156] 輩英：〈廢除婚制問題的討論（一）〉。
[157] 輩英：〈廢除婚制問題的討論（一）〉。
[158] 邵力子（署名「力子」）：〈廢除婚制問題的討論（一）〉，《民國日報・覺悟》，1920年5月23日。

我總贊成暫時抱獨身主義。性慾，本是人生的正當慾望，不當抑止他；不過我們因為要改造社會，也不得不暫時犧牲！如果私產制度廢除、兒童可以公育，我們自然可以自由自在地試驗自由戀愛了！[159]

獨身主義，是一個不得已的辦法，決不是一種真理。……我所說的獨身主義，是指男女不發生性慾的關係而說的。……我底主張暫時抱獨身主義，並不是性慾有什麼不對；只是現在的社會，要實行我們底主張，不得不抱獨身主義。獨身主義，是社會逼我們抱的，不是我們所願意抱的。[160]

李綽更詳細說明在社會未改造、兒童未公育前，滿足性慾可能使毀家廢婚論者仍舊落入家庭婚姻的窠臼：

婚姻廢了，兒童還沒有公育，男女因自由滿足性慾而生出孩子，不得已由男女共同組織一個團體，這就是一個家庭。這時男女底關係，實際上就是夫婦底關係；名為打破婚姻制度，而婚姻底實質仍舊存在。……

自由戀愛，不是現在就可以做得到的事情；因為現在還沒有兒童公育底機關。在這個時候，如果因性交而生出孩子，仍舊歸自己養育，試問和夫婦有什麼差異？[161]

所以，李綽再三地告誡毀家廢婚的同志們禁慾：

在公育未成立以前，我們決不能有戀愛底衝動，只可聯合同志，極力提倡，以期由討論進到事實。等到進到事實後，公育何愁不成立。……

---

[159] 施存統（署名「存統」）：〈青年所應受的兩重苦痛〉，《民國日報・覺悟》，1920年5月22日，文中認為家庭制度和婚姻制度未推翻前，覺悟的青年不得不受的兩重苦痛是：「一、我們覺得舊的罪惡，一時又在罪惡中過生活，處處受著罪惡的壓迫。二、我們覺得新的幸福，一時又不能去實現他，時時作幸福的空想。」
[160] 施存統（署名「存統」）：〈廢除婚制問題的討論（五）〉。
[161] 李綽：〈廢除婚制問題的辯論〉，《民國日報・覺悟》，1920年5月26日。

在公育未成為事實以前，只能提倡戀愛自由；不可實行他們底最終慾望。
……

處現今社會經濟制度未改造以先，只能一方謀經濟上之改造，一方面提倡自由戀愛和兒童公育。婚姻制呢，在我們已經覺悟的，當然要先打破、要先廢止。但是第一樣要注意的事，就暫時不要發生兩性性慾底關係。否則恐怕生了兒童，無處安排，家庭形式，勢不得不無形中死灰復燃；婚姻底實質，仍舊存在。[162]

1921年朱謙之出版的《革命哲學》中，與章太炎〈五無論〉近似的是亦以「無人類」為理想境界，與章太炎不同的是「無人類」之法，章太炎主張「同志自立契約」以斷淫、禁欲，朱謙之卻反而提倡自由戀愛，他舉出五點證明自由戀愛將減少人類的性行為，「實是人類滅亡的武器」：

1. 從前的婚姻其實是經濟關係，所以有錢的人，可以用金錢來買戀愛。自由戀愛後，純以戀愛而結合，故男女之間，假使不得互相合意的人，實無結合的機會可言，就是有結合機會的人，也一定很少。因此自由戀愛的結果，人口自然少（筆者按：這一點，朱謙之與師復的想法若合符節）[163]。
2. 在婚姻制度底下，女子以生育為唯一責務，所以並不顧惜自己，拚命的生殖。到了自由戀愛的時候，女子便覺生育「卑鄙、沒趣、而且很痛苦」，而不情願孕妊，生殖率便自然減少了。朱謙之並以當時法國男女「因求自由的緣故，而力避孕妊之苦」來佐證其說。
3. 男女們為了避免社會因養育兒童的緣故而增加勞動時間，將不願生育。
4. 男女共同生產、共同消費，不必靠子孫養老祭祖，沒有必要多生育增加負擔。
5. 無政府時候的人們，有餘力從事思想工作，腦力發達，生殖力自然減少，亦是促使人類滅亡的原因之一。[164]

[162] 李綽：〈廢除婚制問題的辯論〉，《民國日報·覺悟》，1920年5月26日。
[163] 師復：〈「反對家族主義」書後〉。
[164] 朱謙之：〈宇宙革命的預言〉，收入葛懋春、蔣俊、李興芝編：《無政府主義思想資料選》上冊，頁477-488。

有趣的是，從朱謙之列出的毀家廢婚（自由戀愛）促使人類滅亡的五點原因中，卻無法逆推地看到家庭婚姻對人類存續的貢獻，反而揭示了家庭婚姻為人類帶來的痛苦和阻礙，如：不合意的結合、生兒育女之苦、無暇於思想工作……等，而不以人類存續為念，毀棄了家庭婚姻制度，反而得以超脫和自由。朱謙之的女友楊沒累，也抱持同樣的性愛觀和人生觀，據朱謙之所述，楊沒累「初入小學時，感著家中的刺激，便是她獨身主義的開始。因此對於高人逸士的生活，非常夢想」，1921年由周海女學轉入嶽雲中學，「那時她講獨身主義很熱烈，同時主張人類絕滅，並謂造物主是玩弄人們的罪魁。」[165]朱謙之曾回憶與楊沒累剛認識時「她是堅持獨身主義，而我又是個Misogamist（厭惡婚姻者）」[166]。

　　五四以降，不少知識女性都不滿於現下的家庭婚姻制度，而抱持獨身主義。張若名（1902-1958）認為，「按現在中國的情形，打算做『女子解放』急先鋒的人，最合式的還是抱獨身主義的」，她在〈「急先鋒」的女子〉中徵求為女子解放當「急先鋒」的同志，並列出三種資格：一、真有提攜女子心意的，二、有犧牲精神的，三、抱獨身主義的。之所以必須抱持獨身主義，一方面是因為家庭婚姻的束縛將使女子無暇於女子解放的事業，一方面是基於對現行婚制的懷疑，她說：「舉眼看現在青年男子所謂時髦的自由結婚，他們真足為社會模範麼？我實在不敢信他。」[167]鄧穎超（1904-1992）回憶自己年輕時「對婚姻抱著一種悲觀厭惡的想法：在那個年代，一個婦女結了婚，一生就完了。所以我上學的時候，路上遇到結婚的花轎，覺得這個婦女完了，當時就沒有考慮結婚的問題。」[168]

　　1922年刊物《星期》中記載了一位知識女性，為了在傳統社會中尋得女性獨身的一席之地，不得不藉傳統禮教所讚揚的「守節」之名，行她所響往的「獨身」之實；她是廣東香山的何順姑（生卒年不詳），畢業於師範學校，自幼和唐聯輝（生卒年不詳）訂有婚約，其後唐聯輝出洋失蹤，何順姑執意過門守

[165] 朱謙之：〈《沒累文存》編者引言〉，收入楊沒累著、朱謙之編：《沒累文存》，頁1。
[166] 朱謙之：〈世界觀的轉變〉，收入朱謙之著、黃夏年編：《朱謙之選集》（長春：吉林人民出版社，2005年），頁422。
[167] 張若名（署名「三六」）：〈「急先鋒」的女子〉，《覺悟》，1920年1月，頁4-8。
[168] 鄧穎超：〈從西花廳海棠花憶起〉，《人民日報》，1997年3月5日。

節，但五年後唐聯輝平安歸來，何順姑卻拒絕成婚，並寫信表明自己是獨身主義者：「我到你家過門守節並非束縛於舊禮教，乃是借此實行我的主義，這五年以來，我覺得非常安適，我以為這便是我的幸福。」[169]

1923年，浙江女子師範的學生魏瑞芝（生卒年不詳），洋洋灑灑寫了一篇兩千多字的文章，闡述她的「獨身主義觀」，文中分析中國舊式婚姻帶給女性的各種精神和肉體上的痛苦，指出「現今潮流趨新，兒女漸知自動，由自由戀愛而進到自由結婚」，然而根據她對同儕女子的觀察，女性在新家庭中仍要負擔繁重的家務，且往往因一時感情衝動而遇人不淑，或因與夫家不和而婚姻不幸，「某氏婦為夫毆打，某氏婦被姑斥罵，某氏婦遭虐待，某氏婦受折磨，某姊憤而自殺，某嫂抑鬱病死，層見疊出，指不勝屈」，她認為經由自由戀愛所組織的小家庭也未能帶給女性幸福，所以「既反對舊式婚姻，更不敢贊成自由戀愛」，並聲明道：

> 吾願犧牲一般所謂幸福快樂，以避此等苦痛。不自由，毋寧死，不得志，毋寧死，此則吾之所不肯屈撓者也。

魏瑞芝不僅從女性立場設想，亦從男子的立場出發，指出家室之累對男子造成的生活壓力和人格扭曲，「爭奪權利，計量報酬，惟利是圖，甚至假公濟私，損人利己，廉恥喪盡，無惡不為……貧者妻子啼飢號寒，不得不盡力以圖一家之溫飽，富者貪得無厭，為子孫計長久，強食弱肉，良心泯沒，此社會道德之所以腐敗也」，她慨嘆道：

> 宇宙間多少聰明青年，有為學子，只以訂婚誤，結婚誤，家庭誤，妻子誤，不惟不能兼善天下，或且不能獨善其身；不惟不能為社會造幸福，或且不能保安全於一家；不惟不能謀人類之進化，或且遺害於其子孫。

因此，她批評家庭「不惟於社會，於人類，不能稍有貢獻，且專為社會人

---

[169] 天笑：〈獨身主義者〉，《星期》，1922年6月第14號，頁1-8。

類之消耗物」。對於結婚成家則「老年得子孫孝養，死後有埋葬祭祀之人」的世俗之見，她的反駁亦鞭辟入理，擲地有聲：

> 然而嫁人者未必有子，有子者亦未必皆能孝養，碌碌數十年寒暑，舍小謀大；而有子者，或夭殤，或不肖，徒增悲傷忿怒已耳，生前如此，死後可知。天下之事，安能預定，遙望歧路，不如止步。至於吾死之後，或委諸山野，或投之水火，或供醫院之解剖，均無不可，亦安用埋葬祭祀為哉？

她頗具氣魄的指出，即使不組織一夫一妻的小家庭，亦可以地球、以社會、以個人立足之地為家庭：

> 大而言之，人類皆吾同胞，地球即吾家庭。小而言之，生吾者有父母，愛吾者有兄弟朋友，凡吾所托足之地，皆吾之家庭也。捨親趨疏，棄廣就狹，勉強服從習慣風俗，組織所謂新家庭，以消磨其一生有限之光陰，珍貴之精力，吾不能不笑世人之愚也。……

> 社會即吾家庭也，種種問題之供吾研究及待吾解決者，即吾夫也。……

> 吾當善養吾氣，善修吾志，以地球之大，何患無吾托足之地，以事業之多，何患無吾立身之處。吾之貢獻苟有補於人，吾之言行倘有用於世，則不愧為人類之一份子，而吾之幸福與快樂亦在於此矣。

魏瑞芝不僅自己主張獨身，還希望能藉由發表言論及親身實踐，為有心脫離婚姻家庭的青年男女提供另一種選擇，她舉出目前已有人對她的獨身主義表示贊同佩服的兩個例子，說明「吾之意見發表後，有志求進及願脫離苦惱之青年男女，感於吾言，與吾同志者，又安得謂必無其人哉？」[170]

---

[170] 魏瑞芝：〈吾之獨身主義觀〉，《婦女雜誌》，1923年2月第9卷第2號，頁25-28。相關的討論可參見胡曉真：〈酗酒，瘋癲與獨身——清代女性彈詞小說中的極端女性人物〉，頁76-77；胡曉真：

縱觀魏瑞芝〈我之獨身主義觀〉一文，處處以社會、甚至全世界人類為念，以有志青年──包括男女──為號召，亦指出在現行的家庭婚姻制度中，男人也是身不由己的受害者，絕不是一篇以女性仇恨出發、以男性為仇敵的文章，然而在同期《婦女雜誌》發表〈現代的男女爭鬩〉的作者紫瑚（生卒年不詳），在評論魏瑞芝這篇文章時，卻認為女子獨身的主張是「把男子當作仇敵，不願意和他接合，組織家庭」，而「這種男女爭的現象……是家庭的破裂，是社會病態的呈露，是人類自滅的預兆」[171]，獨身主義對家庭制度產生威脅，引起一般擁護家庭論者的焦慮和非難，由此可見一斑。

　　1928年鄒韜奮（1895-1944）曾描述當時獨身的女書記官史良（1900-1985）：「身上穿了一套灰色中山裝，頭上披著短髮，初看上去似乎是一個男賓，聽了她清脆的聲音，纔知道『他』是『她』，不是『他』。我聽她高談闊論，口若懸河，就知道她不是一位平凡的女子。……她自在學校裡起，向來就不願講戀愛，要終身從事於法律的事業。」鄒韜奮自陳對女性不婚採取的是既不反對、也不提倡的態度：「嫁不嫁是個人自由的事情，一個女子自動的不嫁，用不著旁人反對；不過我以為『嫁』是『常道也』，『不嫁』不足為訓，所以我們對於『不嫁』主義也不願意提倡。」並特別強調「這位女性有了專門的學識，有了獨立的經濟能力，便不難有她的自由」[172]，意謂女性有了經濟獨立的能力後，不踏入家庭婚姻的獨身生活成了她們人生的另一個選項。

　　1929年李秋女士（生卒年不詳）發表〈我們寧可做老處女〉一文，敘述她和幾位昔日同窗的好友去拜訪一位已婚女友，發現這位昔日活潑聰明能幹的女子，結了婚後卻在「事業家庭兩頭燒」的情況下，異常苦惱，她們感慨道：「女子一出了嫁，便把自己的前途送掉了，……我們寧可做老處女，來得逍遙

《才女徹夜未眠──近代中國女性敘事文學的興起》，頁213-217。游鑑明曾對二十世紀前半期中國對獨身的言論進行詳盡的分析，並整理成表，見游鑑明：〈千山我獨行──廿世紀前半期中國有關女性獨身的言論〉。

[171] 紫瑚：〈現代的男女爭鬩〉，《婦女雜誌》，1923年2月第9卷第2號，頁3；另頁5中批評魏瑞芝「她好像對於人類一切性的生活即繁殖，結婚，戀愛，兒童的產生等，都表示一種絕望的厭世的心理狀態，要想勸誘世間所有的女子，共同實行所謂獨身主義。這是何等深刻的苦悶啊！苦悶的結果，對於人的行為上，往往發生兩種的影響：一種是破壞的，一種是頹廢的。青年男女，本來是社會的中堅分子；如果青年男女都陷於性的苦悶，群趨於破壞或頹廢的途上，不但是國民的不經濟，也是社會發生糾紛的重大原因。」

[172] 鄒韜奮（署名「韜奮」）：〈一位不嫁的女書記官〉，《生活》，1928年11月25日第4卷第10期，頁11。

快樂，總不願像她這樣鑽進那牢獄似的家庭，去天天受苦。」「我們想倘一個女子出嫁了，便把她活動的範圍縮小在家庭內，我們認為最痛苦的一回事！」她們並分析，已婚婦女若放棄事業，「在家照顧兒女，把兒女照顧得很好，克盡為母者保育的責任」，雖可免除事業家庭難以兼顧的窘境，卻是一種人力的浪費：「同一照顧，照顧少數人，何如照顧多數人呢？倘這位賢淑的女子，能在某學校內教導一班兒童，那末這班兒童不是受益匪淺嗎？所以女子為了要盡量發展她固有的特長，實在還是不出嫁的好！」[173]終身從事教育而未婚的曾寶蓀（1893-1978）也曾發表相同的見解，她說：「一個人結婚，頂多只能教育三、五個子女。……如果獻身教育，卻可以教育千千百百人。」[174]對於李秋女士「寧可做老處女」的宣告，當時《生活》編輯回應道：「不但女子說出了嫁不自由，我有許多男朋友，也有的叫苦連天說娶了妻不自由。」但他認為對小家庭的適應不良，是個人的問題而不是結構的問題：「這不能怪小家庭的不好，是沒有力量維持小家庭而強有小家庭的不好」[175]，反應了擁護家庭的論者對毀家廢婚論常採取的一種批評態度。

四、從「自由戀愛」到「拒婚同盟」（非婚同居）

五四時期「自由戀愛」成為多數新知識分子的共識，如李人傑主張真正的男女解放應是使男女的結合「脫離經濟結合，進到愛情的結合」[176]；祝志安心目中的「極樂園」是「沒有夫婦的名目，都拿著至性至情相交」[177]；華林鼓吹「廢除家庭」「廢除婚姻」，認為改造後的社會中男女關係將是「人人服務社會，尊重各個自由，男女集合，純為『愛情』關係，既無嫁娶，即無婚姻」，「愛情同意即留，不合即去，誰也不能牽制誰，各得其所，自然相

---

[173] 李秋女士：〈我們寧可做老處女〉，《生活》，1929年1月20日第4卷第10期，頁101-102。
[174] 李又寧：《近代中華婦女自敘詩文選》第1輯（台北：聯經出版事業公司，1980年），頁630。
[175] 李秋女士：〈我們寧可做老處女〉，文末編輯附誌。
[176] 李人傑：〈男女解放〉。
[177] 祝志安：〈「廢除婚姻制度」的討論〉：「若說婚姻制度一廢，不又成了太古野蠻時代了嗎？我要問：拿法律來束縛人的愛情，這就叫『文明』，那麼，越文明不是死人越多了嗎？況且社會平等，男女地位一樣，學問道德相同，人格自然高尚。沒有夫婦的名目，都拿著至性至情相交，那真是極樂園，較現在的淫慾世界高出萬倍！怎能說野蠻呢？況婚姻制度廢除，人都是社會的人了，可以有幾種好結果。一、男女相交如朋友，合則交深，不合交絕，宗族制度斷難存在。二、兒童公育有組織的必要，自然產出。三、男女都要自謀生活，免去多數害生蟲。且多了研究學識的人、工作的人，科學、思想，進步必快，生產額必要加增。」

安。」[178]

有些毀家廢婚論者主張自由戀愛的同時，亦直言自由性交，《民國日報》「覺悟」欄的主編邵力子，曾分析當時的自由戀愛論述說：「現在一般講自由戀愛底，大概有兩種，一種人是仍舊承認婚姻制的；他們所講的自由，不過在擇婚以前，不許別人干涉或強制；必須自己和對手很自由地發生戀愛，然後結婚。一種人是極端反對婚姻制的：他們所講的自由，範圍自然很廣，有的竟主張『交媾自由』。」[179]這段分析中的「交媾自由」，是必須先講「自由戀愛」的。

1923年在《革命哲學》主張節制性慾的朱謙之，早期也曾主張解放性慾，在1920年發表的〈自由戀愛主義〉中說：「自由戀愛是解放性欲」，「本來愛情與性欲的滿足，是最有密切關係」，他反對柏拉圖式的戀愛將性愛分割，認為解放性欲能夠創造「有活力的人」，促進「新社會的建設」[180]。同年孫祖基在〈自由戀愛是什麼？〉中說明「自由戀愛的根本原理，是在去束縛而取自由」，經由戀愛而發生的性慾應純任自由：

> 好像有男女兩人，互相愛悅，拿純粹的愛情自由結合。他們倆的裡面，絕對沒有強權金錢騙術等關係，這就是合理的戀愛。也不必問他們倆的戀愛是不是專一、是不是久暫，愛情既出於自由，還有什麼限制強迫。……男女兩性間的戀愛，合則留、不合則去，對於人生有什麼搖動；對於人的理性有什麼關礙的地方？[181]

中國現代性教育的先驅，有「性博士」之稱的張競生，1923年在《晨報副刊》一場關於「愛情定則」的討論中，雖承認世上也有毫無愛情基礎、僅憑「自然的衝動」的性交，但他賦予有愛情的性交較高的評價：「一些較高尚和較理性的人類，必要先有相當愛情的條件，然後才能生出性交的關

---

[178] 華林：〈社會百話（十一）廢除家庭〉。
[179] 邵力子：〈「自由戀愛」底誤解〉，《民國日報‧覺悟》，1920年5月3日。
[180] 朱謙之：〈自由戀愛主義〉，原載《奮鬥》，1920年3月10日第3號，轉引自梁景和：〈五四時期的廢婚主義〉。
[181] 孫祖基：〈自由戀愛是什麼？——讀金枝君底「非自由戀愛」〉。

係。」[182]1925年5月將自己撰寫的上課講義出版為《美的人生觀》，書中多次強調「靈肉並重」、「靈肉一致」：

> 我所主張的性欲不是「天」也不是「人」，乃是在「天人」之間！我于一切美的觀念都是看靈肉並重的，凡偏重靈或肉一端的，就不免與我意見上有些參差。[183]

> 就美的觀念看起來，靈肉不但是一致，並且是互相而至的因果。無肉即無靈，有靈也有肉。鄙視肉而重靈的固是夢囈，重肉而輕視靈的也屬滑稽。[184]

> 男女交媾的使命，不在生小孩，而在其產出了無窮盡的精神快樂……應當看做男女的二個肉體與二個靈魂并合成為一整個的妙用，切不可效那登徒子純為肉欲的消遣，及效那專為祖宗求多子孫的中國人無意識的行為。[185]

1926年張競生編撰了在當時驚世駭俗的《性史》，在序中說他所提倡的交媾是「靈肉一致」，「於肉欲中得到心靈的愉快，於心靈中又得到了肉體的滿足。」[186]1927年在他主編的《新文化》發表〈新淫義與真科學〉說：「我們所謂淫不淫就是男女間有情與無情。若有情的，不管誰對誰皆不是淫，若無情的，屬夫婦，也謂之淫。」[187]在此，判斷「淫」或「不淫」的標準不在於是否有婚，而在於是否有「情」；彭小妍曾分析張競生這段話「正是聲明，婚姻

---

[182] 張競生：〈答覆「愛情定則的討論」（下篇）〉，《晨報副刊》，1923年6月22日。另見張競生：〈美的性欲〉，收入張競生著、張培忠輯：《浮生漫談──張競生隨筆選》（北京：三聯書店，2010〔2008〕年），頁271：「只有肉感而無情感和靈感，也不過與禽獸一樣，使性欲淪落成為一種本能，雖則是極為重要的本能，到了人類──尤其是有文化高級的人們，就把性欲『昇華』了，變質了。他們以肉感為起點，但須經過情感與靈感而後才完成。」
[183] 張競生：〈《美的人生觀》序〉，張競生：《美的人生觀》，頁5。
[184] 張競生：《美的人生觀》，頁14。
[185] 張競生：《美的人生觀》，頁60。
[186] 張競生：〈《性史》序〉，張競生：《性史1926》，頁33。
[187] 張競生：〈新淫義與真科學〉，《新文化》，1927年1月第1期，頁104-108。

與性是兩回事」，但愛情與性則最好是一回事：「只要有愛情，婚外的性也是正常的；沒有愛情的婚姻關係下，性無異於賣淫。」[188]

五四以降，性愛合一不但被視為一種理想，還被賦予道德意義。1925年，沈雁冰、章錫琛、周建人等人在《婦女雜誌》發表文章，提倡「新性道德」；沈雁冰批評「舊的性道德之中堅的『一夫一婦形式主義』」說：

> 一夫一婦主義是基督教所主張的，本意未始不善；可是實際上這個主義又成為兩性間悲劇的源泉。這個莊嚴的制度下面實伏有無限的醜惡。因為片面貞操觀念之流行，男子可以于妻之外，與別的女子發生性的關係，所以西洋的一夫一妻制僅僅是一個形式，然而這個形式卻被社會上視為神聖不可侵犯。不論夫婦間感情惡劣到如何地步，夫婦的形式是必須維持的。

沈雁冰認為舊性道德並不合理，主張「反對片面貞操觀和夫妻形式主義」的「新性道德」，「以『戀愛神聖』代替貞操觀念」：

> 戀愛神聖的意義即謂戀愛是神聖不可侵犯的，為了戀愛的緣故，無論什麼皆當犧牲：只有為了戀愛而犧牲別的，沒有為了別的而犧牲戀愛。從這意義上，戀愛神聖也就是「戀愛自由」的意思：戀愛應該極端自由，不受任何外界的牽制。[189]

章錫琛說明「新性道德」的道德判斷標準不在於結婚與否：

> 舊來的性道德觀，最奇怪的，莫過於規定了性的行為只有在經過結婚形式的男女兩人間方可發生。他們對於結婚形式，好像看做具有無上的神通，能夠使一切的不道德都變成道德似的。已經成年而具有責任能力的男女，因了自己雙方的合意，互相結合，這是無論從那一方看來不會有

---

[188] 彭小妍：〈五四的「新性道德」——女性情慾論述與建構民族國家〉，頁87。
[189] 沈雁冰（署名「雁冰」）：〈新性道德的唯物史觀〉，《婦女雜誌》，1925年11月第1號。

害于社會及個人的，然而一般社會卻常常看做不道德。照新道德上看，男女間的性的行為，只要他們的結果不害于社會，我們只能當作私人的關係，決不能稱之為不道德的。[190]

　　章錫琛且認為要鞏固兩性關係，與其「結婚」，不如僅以「戀愛」結合，他生動地描述「結婚」是如何成為「戀愛的墳墓」：

> 人們都有一種好逸惡勞的懶惰本能，而戀愛的感情，則不僅靠一時的激發，乃是靠配偶間永遠繼續的努力的。然關於婚姻的制度法律，祇有保障所有權的能力，決沒有保障戀愛的能力，不但沒有，他並且對那配偶的各方說，「我已經把彼方定為你的禁臠，作為你以前對彼方下戀愛的努力的報酬，他人不復得而染指，你從此可安心休息了。」在這雙方都休息的當兒，便給予了第三者侵入的間隙。……這時倘使我們排除一切保障所有權的法律制度，專以戀愛為男女結合的連鎖，則戀愛決不會被埋葬在結婚的墳墓裡面，永遠是新鮮，活動而有生命的東西，像第三者侵入的事情便可因而杜絕，——即使不能杜絕，也一定可以比從前減少，——所有男女的關係都成為光明磊落的事情，不會再有所謂虛偽和黑暗了。[191]

　　署名「君萍」（生卒年不詳）的作者曾為文響應章錫琛、周建人提倡的「新性道德」，對「靈肉合抱的愛」表示認同：

> 章周兩先生的思想，雖然離著現實世界還不知有多少遠，並且也不過是在現實世界裡做個遊天國的大夢，但在思想上總值得夢一次。因為一夫一妻制在現實世界裡，的確露了破綻，而人們又不定能於各對愛人間自己努力創造，不斷的創造他們的靈肉合抱的愛，則與其以法律和輿論掩蓋著虛偽和黑暗，何若把性道德的目標稍稍放寬，使一切虛偽黑暗的兩

---

[190] 章錫琛：〈新性道德是什麼〉。
[191] 章錫琛：〈與陳百年教授談夢〉，原載《莽原》，1925年6月第7期，收入章錫琛編：《新性道德討論集》，頁124-125。

性關係，都變作光明磊落的事情。[192]

有些性愛合一論者主張婚姻可以廢除，但戀愛期間仍必須以一對一的形式，對彼此忠實，如署名「錫斌」(生卒年不詳)的作者說：

> 凡是阻礙人類自然發展到適宜的地步的東西，都是不當要的。本來男女的關係是很奇妙的，愛有時不能使之無，愛無時也絕不能使之有。如用一種婚制來束縛著，不徒無益，而又害之。……總之我主張戀愛要自由，在戀愛期間男女當有操守，當忠實。婚制可以無有，有愛同居，無愛分離。[193]

有些性愛合一論者則認為，既然「性」只要有「愛」連結便是道德，只要經過彼此的許可，三人以上同時戀愛、交好也是可以的。追溯至晚清康有為在《實理公法全書》中，便曾主張以短期的「交好之約」代替終身婚約，三人以上也可以立「數人之約」[194]。1925年提出「新性道德」的章錫琛和周建人也認為戀愛多人是沒有道德問題的：

> 如果經過兩配偶者的許可，有了一種帶著一夫二妻或二夫一妻性質的不貞操形式，只要不損害於社會及其他個人，也不能認為不道德的。(章錫琛)[195]

> 同時不妨戀愛二人以上的見解，以為只要是本人自己的意志如此而不損害他人時，決不發生道德問題的(女子戀愛多人也是如此)。(周建人)[196]

---

[192] 君萍：〈新性道德與一夫多妻〉，原載《婦女週刊》，1925年6月10日第26號，收入章錫琛編：《新性道德討論集》，頁176。
[193] 錫斌：〈我也談談戀愛與貞操〉，頁55-56。
[194] 康有為：《實理公法全書》，頁10。
[195] 章錫琛：〈新性道德是什麼〉。
[196] 周建人(署名「建人」)：〈性道德之科學的標準〉。

我覺得超一男一女以上的戀愛關係，社會必須認為不道德總是一種壓迫。（周建人）[197]

　　章錫琛等人所提倡的「新性道德」，是以「戀愛」為前提的，如顧均正（1902-1980）及許言午（生卒年不詳）所分析的：「章先生的原意，所謂一夫二妻或二夫一妻的不貞操形式，是指當事人中有真真的以人格抱合的戀愛而言。」[198]「要知道周章二先生所說的都須由於戀愛的狀態。」[199]翌年陳威伯（生卒年不詳）亦在《新女性》發表類似言論，認為戀愛與性交都應該自由，因為「嚴守一夫一婦永續的形式，是舊式婚姻的一種束縛，這種束縛早已發現他的破綻了，……一夫一婦永續形式已無嚴守的必要，所以不能禁止一個人既與某某發生性交以後，便不能再與第二者發生性交了。」[200]

　　有些認同毀家廢婚的人有了戀愛對象，希望共同生活，卻不願進入現行的家庭婚姻體制，便選擇同居而不婚。同居以後，亦未必不與第三者發生戀情。1919年秋，向警予與蔡和森同船赴法勤工儉學，萌發情愫。他們二人反對婚姻制度，主張新式愛情和理想的「同盟」。1920年6月，向警予和蔡和森在法國蒙達尼沒有舉行結婚儀式，逕行同居生活，其紀念照為二人同讀一本打開的《資本論》。他們將戀愛過程中互贈的詩作收集出版，題為《向上同盟》，隨後人們把他們二人的結合稱為「向蔡同盟」[201]。1921年向警予加入中國共產黨，1925年向警予與時任中共宣傳部長的彭述之（1895-1983）發生了戀情，她坦

---

[197] 周建人（署名「建人」）：〈戀愛自由與一夫多妻〉，原載《現代評論》，1925年5月第1卷第22期，收入章錫琛編：《新性道德討論集》，頁53。

[198] 顧均正：〈讀《一夫多妻的新護符》〉，原載《婦女週報》，1925年3月第78號，收入章錫琛編：《新性道德討論集》，頁150。

[199] 許言午：〈新性道德的討論——讀陳百年先生的《一夫多妻的新護符》〉，原載《京報·副刊》，1925年4月16日，收入章錫琛編：《新性道德討論集》，頁157。

[200] 陳威伯：〈戀愛與性交〉，《新女性》，1926年8月第1卷第8號，頁573。

[201] 劉昂：〈回憶敬愛的向警予同志〉，收入人民出版社編：《紀念向警予同志英勇就義五十週年》（北京：人民出版社，1978年），頁8；許文堂：〈向警予與中共早期婦女運動〉，《近代中國婦女史研究》，1994年6月第2期，頁70。

率地向黨中央報告此事[202]，並勇敢地在1926年與蔡和森分手[203]，自始自終表現出忠於自己真實的情感、不受限於家庭婚姻的態度。

毛澤東在1920年11月26日寫給朋友的一封信中，表示支持向警予和蔡和森的「向蔡同盟」，反對婚姻制度，並提出了「拒婚同盟」的構想：

> 以資本主義做基礎的婚姻制度，是一件絕對要不得的事。在理論上，是以保護最不合理的強奸，而禁止最合理的自由戀愛；在事實上，天下無數男女的怨聲，乃均發現於這種婚姻制度下面。我想現在反對婚姻制度已經有好多人說了，就只沒有人實行。所以不實行，就只是怕。我聽得「向蔡同盟」的事，為之一喜，向蔡已經打破了「怕」，實行不要婚姻，我們正好奉向蔡做首領，組成一個「拒婚同盟」。已有婚姻的，解除婚約（我反對人道主義）。沒有婚姻的，實行不要婚姻。
>
> 同盟組成了，同盟的各員立刻組成同盟軍。開初只取消極的態度，對外「防禦」反對我們的敵人，對內好生處理內部的秩序，務使同盟內的各員，都踐實「廢婚姻」這條盟約。稍後，就可取積極的態度，開始向世界「宣傳」，開始攻擊反對我們的人，務使全人類對於婚姻制度都得解放，都納入同盟做同盟的一員。我這些話好像是笑話，實則兄所痛憾的那些「家庭之苦」，非用這種好笑的辦法，無可避免。假如沒有人贊成我的辦法，我一個人的同盟是已經結起了的。我覺得凡在婚姻制度底下的男女，只是一個「強奸團」，我是早已宣言不願意加入這個強奸團的。[204]

當時毛澤東的女友、就讀於教會學校的楊開慧（1901-1930），也是個反對結婚儀式的獨身主義者。1982年和1990年有關部門修繕楊開慧故居時，在牆壁的

---

[202] 張國燾：《我的回憶》（北京：東方出版社，1998年）：「在會議上，蔡和森的太太向警予首先報告在其丈夫蔡和森離滬期間，她與彭述之發生了戀愛，其經過情形已在和森返滬的當天，就向他坦率說明了。她表明她陷於痛苦的境地，因為她與和森共患難多年，彼此互相敬愛，現在仍然愛他，不願使和森受到創傷；但同時對彭述之也發生了不能抑制的感情，因為他的風趣確是動人的。她要求中央准她離滬，派她到莫斯科去進修。」另見許文堂：〈向警予與中共早期婦女運動〉，頁77。

[203] 詳見黃易宇：〈向警予：我黨第一女委員〉，《北京青年報》，2001年4月28日。

[204] 毛澤東：〈致羅學瓚（1920年11月26日）〉，收入毛澤東：《毛澤東早期文稿》。

夾層裡發現了她被國民黨逮捕前藏的八篇手稿，其中有一段寫於1929年6月20日的文字中說到：「大約是十七八歲的時候，我對於結婚也已有了我自己的見解，我反對一切用儀式的結婚。……我早已決定獨身一世的。」[205]1920年底，楊開慧就讀教會學校長沙福湘女中期間，與毛澤東與因自由戀愛而同居生活，他們效法「向蔡同盟」，沒有任何正式登記，也沒有舉行結婚儀式，楊開慧因此被學校開除[206]。

　　1923年，朱謙之和楊沒累相戀，同樣也因雙方皆反對世俗的婚姻，所以沒有辦理結婚儀式便逕行同居。他們的同居生活不僅拒絕了婚姻，也拒絕了性。直到1928年楊沒累死於肺病，其間五年，始終沒有發生性關係[207]。朱謙之曾向楊沒累提出戀愛結婚和性的要求，但楊沒累的覆信卻只接受戀愛，拒絕了婚姻和性：

> 謙之，我們還要想想我們如果願望我倆的「愛」的長生，就當永遠努力避開那些「戀愛的葬禮」，和那種「戀愛之墳墓」。性欲的婚媾，這件事於男子方面害處還少，于女子簡直是一種殺人之利劍了！所以要維持我倆的「愛」的長生，便當永遠免除那性欲的婚媾！我們當白天裡（除了上課）必在一塊，晚上睡眠時候，必定要分室而寢的。[208]

---

[205] 歐金林：〈留取丹心照汗青──館藏新發現的楊開慧手稿試讀〉，《湖南省博物館館刊》，2006年12月第三期，頁459。

[206] 楊開智：《憶楊開慧烈士》（南昌：江西人民出版社，1978年）。

[207] 朱謙之：〈回憶〉，收入朱謙之著、黃夏年編：《朱謙之文集》第1卷，頁57：「我們為著我倆的『愛』的長生，努力避開那些戀愛墳墓，──性欲的婚媾，已經四年多了！我們倆在這四年中，傾心陶醉，同宿同飛，說不出難以形容的滋味，而仍無礙於Pure love。我倆的戀愛，在人間經驗之中，許是狂妄的，甚至於可笑的。卻是我倆從神秘的情感看起來，只有我倆的戀愛觀，才是神聖的、單一的、永續的啊！」朱謙之：〈世界觀的轉變──七十自述〉，收入朱謙之著、黃夏年編：《朱謙之文集》第1卷，頁130：「我的戀愛至上主義，要求從俗眾的性生活逃脫，而妄求那神聖、單一、永續的具有詩美的純潔的愛，於是乎這『戀愛之宮』，竟變成了我倆的『象牙之塔』，逃避現實，逃避社會，這是從資產階級世界觀所產生的唯美主義，實際決定了我們未來悲劇的運命。」海青：〈從朱謙之的「自殺」看其自我哲學的演進〉，頁51：「同宿同飛、愛而無性才是一種理想之愛，這種觀念的形成對朱謙之來說經歷了一番並不輕鬆的掙扎。從朱楊的戀愛通信中，可以發現，至少在兩人戀愛之初，朱謙之放棄了學生時代非戀愛的想法，改為戀愛結婚，其中也包括性的要求，朱曾在信中向楊求婚：我們既願意相依相助，偕老百年，那麼『自由戀愛的自由結婚』，就是我們倆結合的唯一願望了！……請允許我這是人類心中發出最深和最懇切的請求罷！因為我只承認自由戀愛的婚姻，是真正婚姻，而真正婚姻以外的一切性的結合，便是罪惡。」

[208] 朱謙之、楊沒累：《荷心》（福州：福建教育出版社，2002年），頁40-42。

1984年，昔年楊沒累的同學和室友丁玲（1904-1986），在與徐霞村（1907-1986）的通信中，提到楊沒累病逝之前的情形：

> 一九二八年，我在杭州西湖時，我住在葛嶺山上十四號，他們住山下十四號，我常去看他們。他們還是像一對初戀的人那麼住著，有時很好，有時吵吵，沒累常對我發牢騷。他們雖然有時很好，但我也看出沒累的理想沒實現。她這時病了，病人的心情有時也會發生一些變化，幾個月後，她逝世了，我們都很難過。有天，朱謙之激動地對我說：「沒累太怪了，我們同居四五年，到現在我們都還只是朋友、戀人，卻從來沒有過夫妻關係。我們之間不發生關係是反乎人性的，可是沒累就這樣堅持，就這樣怪。」[209]

1926年，梁道祥（生卒年不詳）在〈革命青年的戀愛觀〉中批評「結婚云者，是資本社會中長期間的賣身契約」，主張兩性戀愛不必經過結婚儀式，即可實行性交、同居：

> 凡兩性間心靈澈底地得到共鳴的時候；由友情的關係，漸漸地變為兩性的戀愛了！他們的熱度漸漸地高，達到戀愛之焦點的時候；兩性間一定發生一種性慾的要求，等到非性交不可的時候，也不必經過結婚的儀式，也就可以實行性交，實行同居的生活了！同居的生活，一天也好，二天也好，一年也好，一生也好，時間久暫問題，視乎戀愛之能否繼續下去而定。因為戀愛是感情的東西，不能永遠不變的。如果兩性間已經失掉了戀愛，或是兩人間任何一方對於對方失掉了戀愛的時候，已沒有經過結婚的儀式也就不必經過離婚的手續就可以自由離婚了。這樣的戀

---

[209] 徐小玉：〈憶丁玲三章〉，《新文學史料》，1996年第4期：「對此丁玲有自己的看法：『因為那個時代的女性太講究精神戀愛了，對愛情太理想了。我遇見一些女性，幾乎大半或多或少都有這樣的情形。看樣子極需戀愛，但又不滿意一般的戀愛。即使很幸福，也還感到空虛。感染到某些十九世紀末的感傷，而又有二十世紀，特別是中國「五四」以後奮發圖強的勁頭，幻想很多，不切實際。』當年丁玲交往的圈子中有人認為丁玲創作的莎菲女士原型就是楊沒累，有一種病態的神經質的性格；對此丁玲說『也許有楊沒累，但又不只是楊沒累』，她是將當時所見各種知識女性的精神狀態投入到所創作的人物身上。」

愛，才是真正的戀愛。[210]

作家鄧天矞在1927年發表的〈我們的結合〉中，自述自己在學期間，由於「同Mr. L（筆者按：即盧劍波）的結合，是未經過正式的結婚儀式」，而遭到同學們的排擠，但她不為所動，仍堅持「反對儀式上的契約式的結婚」[211]。同年張富康（生卒年不詳）與修松冰（生卒年不詳）也發表〈同居紀念〉，聲明不行婚禮而同居，其文如下：

> 同居紀念：
>   我倆深深感覺，現代流行那種結婚儀式，是虛偽，假善；尤其對於主婚，證婚，更不敢苟同：原來同居是私人底事，用不了第三者來主證，我倆為了自己不騙自己，絕不幹「行結婚禮」那種勾當；認為什麼時候有同居之必要，便乾脆地同居——這就是我倆一九二七一月四號，於長沙同居底紀念。
>   附件

姓　名	年　齡	籍　貫
修松冰	二十二歲	湖南辰州
張富康	二十五歲	四川大竹[212]

署名鴻儒（生卒年不詳）的作者對張、修二人的同居之舉大為讚賞，他說：「我們人類的性愛，受了種種虛偽和殘酷的制度來束縛，反不如兩隻異性的狗和春心發動的貓的性愛自由，不受任何拘束力去發洩牠們的性慾——只要感覺到必要就可以的啊！那是多麼天真的一回事啊！」並期望張、修同居可以對二十世紀的青年們起示範作用：「介紹給廿世紀的青年們，做個好榜樣，都來大膽地勇敢地不顧任何毀譽的做我們應該做的事情吧！」[213]翌年有位化名「F」的女青年與「W君」相愛，而未經過結婚的儀式和手續便同居了，遭到眾人議

---

210 梁道祥：〈革命青年的戀愛觀〉，廣州《民國日報・新時代》，1926年5月14日第15版。
211 鄧天矞（署名「天矞」）：〈我們的結合〉，頁125-126；鄧天矞：〈一個女友〉，頁56-58。
212 鴻儒：〈同居紀念〉，《幻洲》，1927年3月16日第10期，頁488。
213 鴻儒：〈同居紀念〉，頁487。

論，有人勸她：為避免麻煩起見，不妨舉辦一個儀式，她卻回答道：「那不太無聊？兩人間接吻，抱腰，以致於更深的關係，何必去幹那掩人耳目的交易式的結婚儀式呢！」[214]據1930年對北平114位學生所進行的一項調查，有9.31%的人主張不要結婚儀式[215]，另一項對129位燕京大學學生所做的婚姻態度調查中，有25.58%以上的人贊成取消結婚儀式[216]。

五、同性愛的新婚嫁

> 很少問題能像同性戀那樣，激發原始的情緒。……原因很簡單：其他問
> 題很少會激烈地挑戰下列的假定：自然容許的作為、道德秩序的邊界，
> 最後是中產階級家庭生活的理想。
>
> ——詹姆士·戴維森·韓特《文化戰爭》[217]

　　1926年張競生主編的《性史》中，好幾位作者都描述到學生時代曾耳聞目睹或親身經歷過「同性交」、「同性戀愛」。如白蘋（生卒年不詳）自述「上學後得同學們的指教傳播，性的知識又更進一步，又尤其是關於『同性交』的知識」[218]；蘋子（生卒年不詳）自陳小學時期在住宿學校曾與同性同學發生性交[219]；SW生（生卒年不詳）回憶「進了中學以後……同學間不少有互尋配偶，發生同性戀愛的笑話」[220]；乃誠（生卒年不詳）自述中學時期的戀愛對象是同性同

---

[214] 長劍：〈儀式〉，《新女性》，1928年3月第3卷第3號。

[215] 樓兆旭：〈婚姻調查〉，原載李文海主編：《民國時期社會調查叢編·婚姻家庭卷》（福州：福建教育出版社，2005年），頁79-80；轉引自余華林：〈現代性愛觀念與民國時期的非婚同居問題〉，頁27。

[216] 萬家棟：〈燕大學生對於婚姻態度之調查〉，原載《社會學界》，1930年第4卷；轉引自余華林：〈現代性愛觀念與民國時期的非婚同居問題〉，頁27。

[217] 〔美〕詹姆士·戴維森·韓特著，王佳煌、陸景文譯：《文化戰爭——為美國下定義的一場奮鬥》，頁316。

[218] 白蘋：〈我的性史前幾段〉，張競生編：《性史1926》，頁90。

[219] 蘋子：〈我的性史〉，張競生編：《性史1926》，頁116-117：「比我低兩級的一位同學，他的年紀比我小，……有一天，他忽然叫我伴他睡，我礙於同學的面子不好拒絕他，只好允許他。晚上熄燈睡了，我們咭咭咭地談起閒說來了，忽然他脫了褲子把屁股往我，我倒奇怪起來，但是那東西被弄大起來了，實在忍不住，也就將她往他屁股裡送。」

[220] SW生：〈我之性生活〉，張競生編：《性史1926》，頁161。

學[221]，褚問鵑（1896-1994）也回憶中學時曾看到不少同學之間產生了同性愛[222]。主義相同的革命同志間也不乏發生同性愛者，郭化若（1904-1955）曾說：「我對於同志間常有同性愛發現，這是因為主義相同，努力相埒的關係」[223]。楊沒累見解獨特的指出女性由於在家庭中地位有如家畜貨物，為求生存而有競爭、相拒的情形，而女性不夠團結卻是「女權永遠不能伸張的總原因」，因此號召女性同胞們重視同性情誼：

> 要知近〔道〕男性的所以處處佔便宜，處處較優勝，就在他們同性間的團結精神。他們對於同性，不但毫不相拒，那同性間的精神戀愛，簡直是虛偽的奴性的婦女們，夢想不著的。男子有了這等同性愛的團結精神，實在助長他們幹成不少偉大事業。我們婦女真要養成這同性的同情！[224]

五四時期的小說中，呈現了不少女同性愛同居的身影。葉聖陶（1894-1988）〈被忘卻的〉（1922）中的女主角田女士是一位老師，雖然已婚，但她的丈夫外遇經年不歸，她和另一位單身女教師童女士，由學校安排同住一個房間，並產生了「超於朋友」的親密關係[225]。凌叔華（1900-1990）〈說有這麼一回事〉（1926）中的雲羅和影曼發生了愛情，影曼對雲羅說：「世上事就在人為，我們怎不能永遠在一塊呢？你看小學堂的教習陳婉真同Miss Chu不是住在一塊兒五、六年了嗎？」[226]丁玲（1904-1986）〈暑假中〉（1928）描寫六位單身女教

---

[221] 乃誠：〈我的性史〉，張競生編：《性史1926》，頁130：「那個中學是純男性，所以我的對象亦只是男的了，有幾個低年級的有趣的同學（有趣，在我的標準不一定是美，活潑、幽默是不可少的）便做我施情的敵體。我對他們體貼入微，照顧周到，只是我沒有粗鄙的欲望，每每在觀念上錯誤了，看成他們是女伴，所以在他們一顰一笑裡，發生自己的喜樂和悲哀，最荒唐的是在假期分手時，灑了許多離別之淚。在假期，更不消說情往來，春樹暮雲，日長如年，幾不可自持矣。」

[222] 褚問鵑（署名「一軔女士」）：〈我的性經歷〉，張競生編：《性史1926》，頁39-40中回憶「同學裡面，有很多人一對對地配了『好朋友』，行也雙雙，坐也兩兩，我我卿卿大有一刻不見如三秋分之慨。」「比我們低一班中，有三個很標緻的小生，一個輕如飛燕淡似西施的，與我們班出名的『獅子頭』某甲，結了同性愛。」文中描述晚上行同性愛的女伴們在宿舍裡「紛紛併床」，「有時看見它們的床，動搖的特別利害」。「一日某某的好朋友，忽然刺破指尖，大寫其血書，還要自殺。……因為對手方又新交了一位好朋友，妒情激惱，竟至厭世。」

[223] 郭化若（署名「炮兵」）：〈駁祖儉君的革命與戀愛〉，《廣州民國日報》，1926年5月12日。

[224] 楊沒累：〈婦女革命宣言〉，收入楊沒累：《沒累文存》，頁333-334。

[225] 葉聖陶：〈被忘卻的〉，葉至善、葉至誠、葉至美編：《葉聖陶集》（江蘇：江蘇教育出版社，1987年），頁294。

[226] 凌叔華：〈說有這麼一回事〉，凌叔華：《凌叔華小說集1》（台北：洪範書店，1984年），頁97。

師：承淑、嘉瑛、德珍、春芝、玉子、娟娟，共同任教同住一處，往往「摟抱住女友，互相給予一些含情的不正經的眼光，呷昵的聲音，做得來是沒有一絲不同於一對新婚夫婦所做的。」[227]盧隱（1898-1934）〈飄泊的女兒〉（1932）中的星若和畏如「發生了愛情，已經共同生活了五六年」。小說一開始便是兩個女人在清晨初醒的被窩裡情話綿綿、如膠似漆的情狀，「星若溫柔的撫弄著畏如的絲髮」、「畏如對頭俯在星若的胸前」、「畏如摟住星若的腰」[228]……等親暱細膩的動作，非常生動地描寫出女同性愛間的肉體情慾。

在1925年的《婦女雜誌》中，刊載了同性愛者不願進入以異性戀為主流的家庭婚姻制度，而希望與同性伴侶共同生活的實例，有一位女學生王卓（生卒年不詳）投書描述自己所想要的理想伴侶，是「不要家庭的組織，因為我是要把家庭化在大自然中的」，並表示「男子有這樣理想的人沒有？假如找不著異性的，可否找一個同性的？」「我相信真愛，是不分同性異性的，並且我也有過同性愛。」[229]還有兩位任職於中華女子儲蓄銀行的女性：陳劍晨（生卒年不詳）和黃亞中（生卒年不詳），「年性相近，旨趣相投」，而且「均是以社會事業為終身事務，所以對於婚姻問題是極消極的。良以結婚後必致以家務，生育……等妨礙我們的事業」，所以相約永遠不婚，「當本互助的精神，以營謀共同生活，藉使學識，經濟……均能得到互助的利益」，她們將相識的經過以「同性愛的新婚嫁」為題登在報上，並希望報章替她們「廣為宣傳此種主義」[230]。

以上所述之毀家廢婚的實踐者，他們在二十世紀前期的中國，便試圖將無

---

[227] 丁玲：〈暑假中〉，丁玲：《在黑暗中》（上海：中國文聯出版公司，1995年），頁94-136。

[228] 盧隱：〈飄泊的女兒〉，盧隱：《東京小品》（台北：九思出版社，1978年），頁123-125。

[229] 王卓（讀者投書），《婦女雜誌》，1925年十週年紀念號，頁290-291。關於五四時期「手帕盟、同性連結、同性情誼」等女子之間的交際方式，可參見蔡玫姿：〈發現女學生：五四時期通行文本女學生角色之呈現〉，國立清華大學中文研究所碩士論文，1998年，頁127-132；陳慧文：〈盧隱的女同性愛文本〉，國立清華大學中文研究所碩士論文，2002年，頁17-59。

[230] 慨士：〈同性愛和婚姻問題〉，《婦女雜誌》，1925年5月第11卷第5號，頁727-729。〔英〕卡本特著、秋原譯：〈同性戀愛論〉，《新女性》，1929年第4卷第5期，闡述同性戀愛在人類歷史及世界各民族中存在的情形，及現代科學對此的研究，最後頁619的結論，對未來世界同性戀愛的地位給與樂觀的前景：「同性戀愛，因一向被人誤解，自更易喪失其最高尚的品性，而變成一種瞬即消亡或腐爛邪惡的東西。然而，如我們已經知道的，……同性愛在古代和較早期的各社會中，它曾有它的地位，好像一個大家認許而保護周至的慣常法則；那麼，在將來的社會中，它將回復它的同樣的地位，也總是十分可能的罷。」

家無婚的理想化為真實，儘管方式、規模、程度各不相同，但都是在現實生活中棄絕了一夫一妻家庭及終身婚制，使毀家廢婚不再只是趨勢預言家或科幻小說家筆下千百年後的圖景，而是在現時現世可能或多或少實現的。其實，在二十世紀以前的中國，不婚團體、不婚族、非婚同居、同性婚嫁等，也未始不存在於社會的某些角落，但是以自信、張揚甚至鼓吹的姿態出現，卻是中國歷史上少見的，他們不僅不滿於中國舊式大家族制，也不認同西式的一夫一妻家庭及終身婚制，而試圖另闢蹊徑，這一點是值得注意的。

第六章

結論

在1900s-1930s年間，不分黨派、信仰（主義或宗教）、階級、性別，都有毀家廢婚者、也有擁家護婚者。國民黨員或右翼不必然反對毀家廢婚，共產黨員或左翼未盡然支持毀家廢婚。五四時期以後，關於家庭婚姻及其相關的性愛問題的討論，愈加開放而多元，不但可說是「眾聲喧嘩」，甚至可說是「百無禁忌」。但是，在1937-1945年中日戰爭爆發後，國難當頭；1946年國共分裂後，內亂不已；值此亂世，婚、家、性、愛的議題不再為主流媒體所關注。1949年中國共產黨在北京成立中華人民共和國，中華民國政府遷至台灣。兩岸分裂的局勢形成後，兩岸政權都極為重視家庭婚姻問題，要改革還是維護，儼然成為左右派意識形態之爭的場域，苦勞網記者王顥中曾分析道：

> 冷戰兩岸分斷之下，國共相繼宣稱自己繼承「五四」精神與要義，國民黨認為自己雖偏居一小島，但其實才是繼承了正統中華的傳承、尊儒紀孔，頌揚傳統美德與婦女德行，戰後女性身體的完整性的打造就在於愛家愛國操持婦德。這個構造的形成，當然是為了冷戰需要，必須跟共產黨劃清界線，而國共分治的兩岸家庭敘事也有明顯分疏，後者更曾在文革時期對婚家展開徹底清掃批判，提出「親不親，階級分」。[1]

中華人民共和國成立後公佈的第一部法律，就是為了調整家庭、夫妻關係，而在1950年頒行的《婚姻法》，內容規定男女平權、夫妻平權，「夫妻為共同生活的伴侶，在家庭中地位平等。夫妻有互愛互敬、互相幫忙、互相扶養、和睦團結、勞動生產、撫育子女，為家庭幸福和新社會建設而共同奮鬥的義務。」[2]《婚姻法》雖未提倡毀家廢婚，但由於允許「先天不足」的包辦婚姻、童養媳婚姻、盲婚等訴請離婚，造成一股離婚潮，對既有的家庭婚姻造成不小的衝擊，五〇年代的台灣言論普遍批評《婚姻法》是破壞家庭、違反人性的法律，如：

> 中國的儒教從來都說「修齊治平是一貫大道」，又說「聖王以孝治天

---

[1]　王顥中：〈婚姻／家庭：解放或者改良〉，《華人性權研究》，2014年3月1日總第6期，頁25。
[2]　《婚姻法》第三章第七、八條。

下」，「求忠臣必於孝子之門」，這就是說明應當擴大家庭愛為國家民族愛，擴大治家術為治國術的道理；中共匪徒，盡力破壞我國舊家庭制度，實行他們的「婚改」、「新婚姻法」、「一杯水主義」等等，這是想把中國傳統的文化劇除，想把人民的情感消滅，使他變成工具，變成動物園的牲畜，以便利他們操縱運用的緣故。他們不要家庭，所以也不要國族，所以可以大批屠殺、清算自己的同胞，也可以認蘇聯為祖國，向他一面倒；這在他們那還算得什麼一回事呢？[3]

共匪實行偽婚姻法，只是鼓勵人從別人的痛苦上追求自己的利益。這是不可能的，並且是反人性的。男女共同生活的幸福，決不是鬥爭破壞所能求得的。男女共同生活的約束，如果不能保全，社會安全亦將隨之瓦解，在偽婚姻法下的大陸社會，便是這種情形。[4]

錢伯起（生卒年不詳）1952年發表的短篇小說〈婚姻之上下古今談〉中，敘述原籍大陸的青年鍾君亮，在中國曾接觸馬克思恩格斯的家庭婚姻觀，1949年因應時局遷來台灣後，與吳梅君相識、相戀，但君亮對婚姻始終躊躇，他覺得「人類真太奇怪了，為什麼不能只是永遠相愛呢？為什麼一定要有一個什麼儀式？為什麼一定要法律來保障？……婚姻是一種財產關係，如果我們是前進的，我們就該有膽量廢除這種婚姻制度。」後來，君亮和梅君在一個偶然的機會遇見一位講授婚姻制度的鄭教授，君亮便謙恭地請教道：「有人說婚姻是一種財產關係，人類有了私有財產之後才有婚姻制度，這話有沒有一點道理？」鄭教授的回答不僅把馬克思恩格斯的家庭婚姻觀徹底推翻，還猛烈抨擊了「共匪」的暴政：

把婚姻制度看作私有財產關係，是馬克斯主義的看法。……你大約讀過了恩格斯的《家族與私有財產之起源》這本書吧？恩格斯的書，是根

3　丘念台：〈《我們的家庭》序〉，中央日報編：《我們的家庭》（台北：中央日報社，1952年），頁7。
4　錢伯起：〈婚姻之上下古今談〉，中央日報編：《我們的家庭》，頁14-26。

據莫爾干《古代社會》一書的學說寫成的。他們相信，原始社會只有雜交，沒有婚姻制度，後來有了私有財產制度，才有婚姻與家族制度的創立。因此，共產黨相信，將來的人類社會，必將和原始的社會相同，根本沒有婚姻和家族制度。俄國在一九一七年以後的幾年中，接受愛倫凱的學說，鼓勵雜交，與共匪在大陸上實行他們的偽婚姻法，來破壞中國的家庭倫理，都是從恩格斯的學說一脈相承的。其實，莫爾干以後的民族學者，大都認定最早的原始社會即已流行了一夫一妻制。魏斯脫馬干在其巨著《人類婚姻史》中，就根據原始、半原始社會的資料，指出一夫一妻制起源甚早；反之，現在的原始或半原始民族，還是受了現代文明的影響，才破壞它們原有的婚姻制度——一夫一妻制。所以，莫爾干、恩格斯的原始社會雜交論，在民族學上是沒有價值的！⋯⋯

共匪反宗教，但馬克斯主義就是共匪的宗教。如果中國的家族制度不被打破，中國人就不會崇敬俄國人，就不會服服貼貼地崇拜史達林，因為我們中國人是不會把俄國人當作自己的祖宗來拜的。當佛教初傳入中國時，中國人便是以中國人只拜自己的祖宗而不拜印度人的祖宗來反對佛教的。現在共匪要中國人都拜史達林為祖宗，當然它非打倒中國的家族制度不可了。[5]

　　小說中安排鄭教授以權威的姿態，對抱持毀家廢婚論的青年君亮講課說教，而君亮對鄭教授的議論毫無質疑，唯唯稱是，結局是君亮接受了鄭教授所謂的「最正確的婚姻觀」，言下之意和女友梅君結婚成家的日期也不遠了[6]。這篇政治正確的小說呈現出：四、五〇年代台灣的政治環境中，毀家廢婚論已與對岸的共產主義劃上等號，質疑家庭婚姻就是隔海唱和，高唱家庭倫理及婚姻價值才是對黨國效忠。部分對毀家廢婚論還記憶猶新的知識分子，在這強大意識形態的主導、及緊張的政治氛圍中，也不得不被說服，或將其理念姑且擱置。

5　錢伯起：〈婚姻之上下古今談〉，頁14-26。
6　錢伯起：〈婚姻之上下古今談〉，頁26。

1958年5月中共八大二次會議正式通過社會主義建設總路線，掀起「大躍進」的高潮；8月，中共中央政治局在北戴河舉行擴大會議，決定在農村普遍建立人民公社，推動「家務勞動化」，成立托兒所、公共食堂、縫紉組、洗衣組，及照顧老人的幸福院等等集體服務事業，鼓勵婦女參加社會勞動和政治活動，頗有大舉毀家廢婚之勢；1958年6月14日，劉少奇在同全國婦聯黨組的談話中說：「毛澤東講過兩次，家庭是要消滅的。他提到康有為的《大同書》。」[7]當時台灣言論在批判共產制度的同時，特別強調其對家庭的破壞是多麼可怕：

　　「人民公社」的組成，原在消滅家庭，是要將個體變成群體，消滅每個人原有的人性尊嚴，意識形態，以及生活方式、舉凡衣、食、住、行、起、居、作、息，一切都得接受「公社」的控制，這明明是史無前例的新奴工社會，與夫人類最落後的奴役制度，共匪不僅要與大陸六億五千萬人民為敵，而且是向整個人類文化挑戰！[8]

　　共匪「人民公社」所標榜的實行「生活集體化、行動戰鬥化、組織軍事化」，即其榨取人民勞動力最毒辣的手段，而受其毒害最深者，是拆散家庭制度，破壞家庭生活。……共匪隨著「人民公社運動」，倒行逆施，激底否定家庭的價值，妄圖拆散大陸同胞的家庭制度，其原因約有三點：一、共匪認為家庭為「私有財產」的基礎；二、家庭是「唯心主義」的根源；三、家庭為「個體主義」的溫床。再者，共匪又認為家庭在在妨害婦女勞動，拆散家庭以後，共匪即可將大陸婦女納入「公社」勞動組織，對於擴大壓榨婦女勞動力，產生極大的效用。[9]

---

[7]　楊繼繩：《中國改革開放二十年》上卷（北京：中央編譯出版社，1998年），頁39。
[8]　吳自甦：〈論「人民公社」暴政及其沒落〉，寫作於1958年10月，收入吳自甦：《中國家庭制度》（台北：臺灣商務印書館，1973〔1968〕年），頁81。
[9]　吳自甦：〈論「人民公社」暴政及其沒落〉，收入吳自甦：《中國家庭制度》，頁79-82中賦詩批評共產政權對家庭的破壞：「八月十五月光明，大陸人民受苦辛，『生產躍進』難保命，『人民公社』又來臨，侵備戰爭無休止，組訓『民兵』亂使勁，共產黨來真可恨，剝皮吸血還抽筋。天上月圓人未圓，家庭拆散苦無邊，『還鄉』『下放』搞生產，參加『公社』將鋼鍊，吃飯沒鍋難飽肚，睡覺無窩不成眠，夢想不再做奴隸，除非推翻偽政權。」

我們可以從事集體生產，但無法從「人民公社」裡，集體生產出家庭的溫暖與天倫之愛。到了家庭不存在的時候，則我們的文化、學術、詩歌、文藝，一切美麗的東西，都將隨人性人情之毀滅而同歸於盡。所以我認為共匪消滅家庭觀念與家庭制度，是在和歷史文化與人道挑戰。[10]

中共人民公社家務勞動化的措施，僅維持了兩、三年就逐漸取消了。成露茜（1939-2010）曾歸納學者對於人民公社家務勞動化無法堅持下去的原因的三種看法：（一）大躍進開始得太早，當時中國大陸還沒有公社化的條件。（二）中共對婦女解放沒有誠意。（三）中共不願意得罪反對婦女解放的封建落後勢力；並指出「根深柢固的家庭觀念視家務社會化為破壞家庭的種子」也是原因之一。成露茜認為這場家務勞動化、社會化的實驗雖未能持久，但其意義並非僅是失敗或負面的：

> 雖然家務社會化很快就壽終正寢了；但由於對它的討論，使得這個問題留在人們的意識裡，而且短暫的實驗，儘管有許多弊病，卻也提供了一些可能的發展方向。在今天幾乎中外都公認人民公社是一個失敗的教訓，但在某一個意義上，已向婦女解放和家庭改造的長程目標邁出了一大步。[11]

1966年，中共發起「文化大革命」，鼓勵「造反」，強調階級鬥爭，要求家庭成員彼此劃清政治界限，灌輸夫妻、父母和子女之間只有政治關係，否定親情存在，給家庭帶來了尖銳的矛盾。同時為了適應思想改造，尤其是改造輕視體力勞動、貶低農民的觀念，於是動員城市知識分子下鄉。這個動員不是以家庭為單位而是以個人為單位。夫妻、父母和子女、兄弟姊妹，往往被分派到不同的農村去。短則幾個月半年，長則七八年甚至更久，家庭關係普遍受到影

---

[10] 陳致平：〈論家庭觀念與家庭制度〉，寫作於1958年10月，收入吳自甦：《中國家庭制度》，頁77。

[11] 成露茜：〈中國大陸的家庭變遷〉，收入鮑家麟：《中國婦女史論集》（台北：稻鄉出版社，1993年），頁269-270。

響[12]。但是，歷經十年的文化大革命，終究未能毀家廢婚，甚至在某方面更加鞏固了中國人的家庭倫理觀念，更加使中國人將毀家廢婚視為一場浩劫，成露茜曾分析道：

> 文革對家庭雖然具普遍的破壞性，但在某些條件下，又有一定的鞏固性。當夫妻認為對方所受的迫害是無理的時候，常有強烈的反應，支持對方到底。同樣，子女也有因為袒護父母遭到批評排擠。「犯過錯」的一方，也有因不願連累家庭而堅持離婚的。因此，即使家庭拆散了，成員間的關係仍然保存著，伺機復原。[13]

不過，有些共產主義者仍相信未來的共產主義社會中，家庭和婚姻將會消失，1982年大陸著名民族學家楊堃（1901-1997）在〈家族、婚姻發展史略說〉一文中，根據恩格斯《家庭、私有制和國家的起源》，以及中國境內各民族特殊婚俗的研究，闡述人類家族和婚姻的發展史，最後下結論道：

> 如果說，人類的歷史約有三百萬年，母系氏族的歷史，約有四、五萬年。而家庭和婚姻的歷史，卻不到一萬年。……真正的家庭制度與婚姻制度，以及各種有關的禮俗儀式、道德和禁忌等等，大約僅有數千年的歷史。……不難看出，家庭與婚姻的發展史，僅佔人類社會發展史中一個極小的階段。但至今還有人相信，自有人類以來，便有人類的家庭和婚姻，那是沒有科學根據的。
>
> 將來全世界進入共產主義社會，國家、政黨、階級、民族全消滅了，家庭和婚姻自然也會消失。[14]

隨著社會的變遷、觀念的改變，有不少學者提出了家庭婚姻即將消失的

---

12 成露茜：〈中國大陸的家庭變遷〉，頁270。
13 成露茜：〈中國大陸的家庭變遷〉，頁271。
14 楊堃：〈家族、婚姻發展史略說〉，《北師大學報》，1982年第10期，頁43。潘允康：《家庭社會學》（重慶：重慶出版社，1986年），頁309、314以及邵伏先：《中國的婚姻與家庭》，頁285-287中提及楊堃的理論，並提出反對的意見。

理論。七〇年代以來不少美國學者認為家庭已瀕臨滅亡[15]，香港性學家吳敏倫在1990年出版的《性論》中認為，現代婚姻制度並不適合所有的人[16]，而且，在現代社會中，「婚姻制度正漸漸喪失它原本對個人的種種功用或意義」[17]。鄧偉志、徐榕在2001年出版的《家庭社會學》中主張「家庭應該繼續存在」，但也論及「許多人斷言家庭的末日已經來到，家庭的未來是家庭的消亡。尤其是近幾十年來，關於家庭解體的討論相當普遍」，並分析家庭解體論的主要依據有：（一）社會文化價值的變化，如婦女的解放、性的解放；（二）科學和技術的進步，如代理孕母、試管嬰兒等；（三）目前人口狀況對家庭的消極影響，如生育率下降、人口老化、結婚人數減少等；（四）新的經濟秩序和全球格局使家庭的存在越來越困難[18]。

---

[15] 如經濟和歷史學家倫特堡（Ferdinand Lundberg, 1905-1995）指出：家庭「正瀕於滅亡的邊緣」，轉引自Alvin Toffler, *Future Shock* (NY: Bantam Books, 1990〔1970〕), p.238: "The family is 'near the point of complete extinction,' says Ferdinand Lundberg. "〔美〕艾文‧托佛勒（Alvin Toffler）著、蔡伸章譯：《未來的衝擊》，頁202。有些學者預測未來家庭和婚姻將發生極大的改變，如艾文‧托佛勒在《未來的衝擊》（*Future Shock*），pp.238-259中認為，未來的婚姻將是「暫時性的婚姻」（temporary merriage），未來的家庭形式將更多元，如「流線型家庭」（無子家庭）、「共同家庭」、「老人家庭公社」、「未婚收養家庭」、「同性戀家庭」、「多配偶家庭」、「群居家庭」等。艾文‧托佛勒在十年後出版《第三波》（*The Third Wave*, NY: Bantam Books, 1989〔1980〕），pp.208-225中重申未來家庭是多元化的；〔美〕艾文‧托佛勒（Alvin Toffler）著、黃明堅譯：《第三波》（台北：時報文化，1994年），頁195-213。多元家庭論者還有約翰‧奈斯特（John Naisbitt），他在John Naisbitt, *Megatrends: ten new directions transforming our lives*(Huang Chia Book Co. 1982), pp.232-234；〔美〕耐思比德（John Naisbitt）著、潘祖銘譯：《大趨勢：未來世界的十大新趨勢》（台北：志文出版社，1984年），頁227中指出：目前已經沒有所謂的「典型的美國核心家庭」（typical nuclear American family）了，美國人口只有7%符合傳統家庭的描述。未來家庭要重新定義，未來人絕大多數將生活在不同的新型家庭中，如單親家庭、獨身家庭、家庭公社等。

[16] 吳敏倫：〈愛情觀念的態度〉，收入吳敏倫編：《性論》（香港：商務印書館，1990年），頁68：「一夫一妻婚姻制度，和其他任何制度一樣，會不合乎一部份人的性格。譬如，它不能顧及一些愛新鮮和多花樣的人，亦不能顧及人的需要會由於各種因素而變化的這個可能性。」

[17] 吳敏倫：〈婚姻制度的前景〉，收入吳敏倫編：《性論》，頁155-157：「對於年青一代來說，生兒育女傳宗接代已不若以前那麼必要，即使有兒女，大部份的撫育責任已不必要由父母肩負，而由學校、托兒所，或各種科技發明，如電視、電腦等去分擔，人甚至可以完全沒有父母而由社會福利去哺養。男女平等，各自獨立工作，又減去了從婚姻上尋求依賴或經濟安全的意義。在性生活方面，男女交往自由，接觸機會增多，加上色情事業蓬勃，對性的開放，婚姻以外的性伴侶並不難求。至於老年孤獨和沒有保障的恐懼，可以改善保險制度和增加老人福利加以消除。各類娛樂和嗜好的增多，亦使人不必只靠婚姻制度去解決這方面的需要。現時，唯一足以使一般男女去結婚和組織家庭的理由，似乎就只有『愛情』，為了一種共同的鼓勵和理想，但即使如此，亦有人會說，既然相愛，又何必一定要一紙婚書，然則，婚姻制度，就連這個最基本的功用也沒有了。」吳敏倫的研究和觀察指出，基於上述種種原因，「越來越多男女企圖在一夫一妻式的婚姻制度之外長期相處或發生性關係，如同居，未婚性行為，濫交等等；此外很多人寧願終身獨身，也不墮入這個制度內，甚至結了婚的人，亦越來越多人要鬧離婚。」

[18] 鄧偉志、徐榕：《家庭社會學》（北京：中國社會科學出版社，2001年），頁214-217。

在二十世紀末的台灣，節節上升的離婚率，使現行的婚姻制度是否還符合社會需求受到質疑，有「離婚教主」之稱的施寄青（1947-2015）於1989年出版《走過婚姻》，描述自己的婚變過程，她分析人類「是一種喜新厭舊的動物，一夫一妻的婚姻制度是絕對無法隨著我們的彈性想法改變」，她質疑「誰說一定要結婚」，並指出「目前的婚姻制度已經在解構中」[19]。1991年傅大為評論本書道：「傳統婚姻的道德觀，是一種『全體式』（totalistic）的道德觀，除了堅持一個家庭內的『秩序』之外，它還照顧到整個國家社會的許多角落，批評這個不對、那個有錯等等。」而外遇者、離婚者、第三者則「可能經歷了與古老灰姑娘故事完全不同的經驗與幻滅，而有可能脫離傳統婚姻的權力網絡。」[20]1993年施寄青出版《婚姻終結者》，指出「婚姻制度也像人類所建立的任何制度，它是人類演進的一個階段，它不是真理，也不具有永恆性，一旦不符合社會的需求，自然會遭到淘汰，這與道德無關，更不是衛道人士所謂的『世風日下，人心不古。』」[21]1995年性權理論家甯應斌發表〈誰來終結婚姻〉，指出「同性戀、第三者、不婚者、外遇者、家人戀……等」都是「現行的婚姻終結者」，而透過論述肯定這些人的實踐，可以「使婚姻制度的矛盾加速爆發」[22]；這個觀點在甯應斌1998年發表的〈同性戀／性工作的生命共同體——理論的與現實的連帶〉中，討論公娼與同性戀的結婚權時，亦指出要達到「廢除婚姻制度」這個運動目標，「將有賴於我們如何支援那些已經在現實中被這個婚姻制度打壓的主體。」[23]

2004年3月27日，清華大學性別與社會研究室舉辦「婚姻文化面面觀」座談會，討論「性與婚姻的人類自然史」、「解構婚姻體制」及「同志婚姻」，對單一化的婚姻價值觀提出批判與反省，期望「讓參與者能夠因此進入一個

[19] 施寄青：《走過婚姻》（台北：皇冠出版社，1989年），頁58、49。

[20] 傅大為：〈走過三十二版的婚姻〉，原載《自立早報》，1991年3月23日，收入傅大為：《知識、權力與女人》（台北：自立晚報，1993年），頁29、32。

[21] 施寄青：《婚姻終結者》（台北：皇冠出版社，1993年），頁73。

[22] 甯應斌（署名「悲筆」）：〈誰來終結婚姻〉，《島嶼邊緣》，1995年第14期，頁65。

[23] 甯應斌（署名「卡維波」）：〈同性戀／性工作的生命共同體——理論的與現實的連帶〉，《性／別研究》，1998年第1、2期合刊《性工作：妓權觀點》專號，頁269。關於二十世紀末台灣的一波終結婚姻的論述，相關的討論詳見丁乃非、劉人鵬：〈導論：親密色差——置疑婚姻家庭連續體〉，收入丁乃非、劉人鵬編：《置疑婚姻家庭連續體》，頁14-17。

更寬廣的思考及論述空間，來讓婚姻文化長出更多樣的面貌」[24]。2009年12月11-12日台聯大文化研究跨校學程、清華大學亞太／文化研究室等舉辦「置疑『婚姻家庭連續體』國際工作坊」，在會議說明中指出「現今我們又處在一個歷史時刻，家庭與婚姻普遍被再現為面臨危機，遭受各種新舊勢力挑戰，同時也有各種力量從過去至今斷續轉譯家庭、自在結婚或不結婚。」[25]希望「能夠初步釐清婚姻與家庭過去和現在不同層次的，連續或斷裂的各式壓迫，以開啟如何思考過去和當下，近似或迥異於既有形式的各種未來可能。」討論主題有「想像『家庭』」、「婚姻家庭及其不滿」、「拉拉論壇」、「從一夫多妻到毀家廢婚」、「多元關係」、「非（成）人觀點虛擬家庭／人」等[26]。

　　2012年8月11日，台灣伴侶權益推動聯盟（簡稱「伴侶盟」）[27]完成多元成家民法修正草案，包括三個草案：婚姻平權（含同性婚姻）草案、伴侶制度草案、家屬制度草案，內容涉及同性婚姻，以及法律上婚姻與家的定義，引起了支持者與反對者雙方的激辯與對立，「毀家廢婚」四字或正面或負面地出現在運動人士的聲明、民間團體的發言、各個媒體的報導中，成為社會大眾熱議的話題。伴侶盟執行長許秀雯，在2012年12月28日世新大學主辦的「多元性／別之實踐與挑戰」研討會上，引介了同性婚姻與多元家庭的立法雛形後，聲稱如此修法走向將會導致「毀家廢婚」[28]，在另一篇文章中，亦不諱言多元成家是某種意義上的毀家廢婚：

---

[24]　清華大學性別與社會研究室：《「婚姻文化面面觀」座談會會議手冊》，頁2-3。
[25]　〈附錄：2009年「置疑婚姻家庭連續體」國際工作坊會議說明暨議程〉，收入丁乃非、劉人鵬編：《置疑婚姻家庭連續體》，頁335。
[26]　〈附錄：2009年「置疑婚姻家庭連續體」國際工作坊會議說明暨議程〉，頁336。
[27]　台灣伴侶權益推動聯盟由數個倡議性別與性傾向平等的團體，以及許多支持平權的運動者於2009年底成立，並已於2012年8月正式登記立案為獨立的社團法人組織。詳見台灣伴侶權益推動聯盟網站http://tapcpr.wordpress.com。
[28]　許秀雯：〈多元成家，草根立法〉，台灣伴侶權益推動聯盟網站，2013年2月21日，http://tapcpr.wordpress.com/2013/02/21，文前註明「本文依據作者於世新大學2012/12/28（五）舉辦之『性／別多元之實踐與挑戰』研討會發言內容潤飾改寫而成。」洪凌：〈置疑同志生生不息永續體：閱讀「新正常」政治與在地酷兒戰略初探〉，苦勞網，2013年10月23日，http://www.coolloud.org.tw/node/75980：「去年12月28日，在世新大學主辦的『多元性／別之實踐與挑戰』研討會上，伴侶盟發言人許秀雯在引介了同性婚姻與多元家庭的立法雛形後，結論突兀地聲稱，如此修法走向將會導致（性解放派系所願景的）『毀家廢婚』。」

在某個意義上，我認為同性婚姻與多元成家草案確實旨在挑戰父權的（性別二分且性別不平等的）以及異性戀中心的成家制度與價值觀，我們認為這種成家制度與相應的價值觀必須被挑戰，因為它明顯不公平，並且製造諸多不義、系統性地為壓迫背書。是在這個意義上，我們的成家運動在擴展幸福的同時，如果有所毀廢，那麼毀的是不義父權、不公平的性別階層秩序，廢的是異性戀霸權與異性戀婚姻特權，並藉此等毀廢，完成婚姻與家庭制度的民主化進程。這是一種我們認為可取與可欲的某種「毀家廢婚」。[29]

支持多元成家法案的「好性會覺音青年性別工作室」主持人王皓安，也將「毀家廢婚」和「多元成家」、「伴侶制度」連結起來談，他說：

> 「毀家廢婚」並不會讓「國破家亡」。毀「家」是要毀掉「只有一種家庭才是幸福」的觀點，廢「婚」要廢的是「只有一男一女才可以結婚」的這種扭曲法規。藉婚姻制度，並不能保證雙方相愛不出軌，也不能保證關係長久永恆，但婚姻制度的確被某些人所需要，無論雙方是什麼性別的伴侶。允許同性結婚，這些同性夫夫、同性妻妻，或跨性配偶，就得遵守原有婚姻制度的遊戲規則，負性忠誠以及其他必要的法律義務，相對地也享受法律提供的權利。只要「結婚」，自然就要遵守一整套婚姻規則。……
>
> 毀家廢婚，不但不會讓原有的任何家庭、婚姻受到影響，反而讓原本被社會排斥、忽視的家庭，能被正視、承認，不再被傷害。毀家廢婚，就是停止傷害，真正珍視多元的開始。毀家廢婚，沒有什麼好令人害怕的。[30]

---

[29] 許秀雯：〈每日一報——「毀家廢婚」究竟是什麼意思？〉，台灣伴侶權益推動聯盟網站，2013年9月22日，http://tapcpr.wordpress.com/2013/09/22。

[30] 王皓安：〈性別大補帖：什麼是毀家廢婚？〉，《台灣立報》，2013年11月20日。

不過，也有多元成家的支持者與「毀家廢婚」做區隔，如將婚姻平權（含同性婚姻）草案提到立法院的立法委員之一鄭麗君表示：「同志婚姻合法化的修法並不是要『毀家廢婚』，而是擴大婚姻範圍，從一男一女才能結婚，擴大到多元性別都可以結婚。」[31]而毀家廢婚論者亦未盡然支持多元成家，2013年6、7月間，苦勞網發表了苦勞網記者王顥中〈平等的幻象〉、美國紐約市立大學社會心理系博士生劉文〈婚權無法解決的同志困境——為何我反對婚權平等運動？〉兩篇以毀家廢婚立場反對婚權平等運動的論文[32]，引發毀家廢婚論與多元成家論的對辯，台灣同志家庭權益促進會秘書長吳紹文撰寫〈毀家廢婚？保家廢婚？保家保婚？〉投稿苦勞網，自稱其目標是「針對毀家廢婚論述與運動路線的某種左派觀點提出反駁」[33]，不久洪凌、王顥中、吳靜如皆以不同於多元成家論的「不成家」立場撰文回應[34]，其後洪凌接受苦勞網記者採訪時表示：「『毀家廢婚』政治實踐絕非僅只於『反對同志成家』，而是反對這些無論異／同的『擁婚主體』，輕易將家庭視為外於權力宰制結構的淨土，而放任現行的社會福利結構殘缺，並透過婚姻機制，只讓那些有條件踏入婚姻門檻的人受到保障。……這些批判是著眼於現代化核心家庭與國家機構的緊密共謀，要根本看見『家庭』本身就是個壓迫性且充滿剝削關係的小單位，……換句話說，『毀家廢婚』確實就是我們的目的。」[35]

由基督教、佛教及統一教等宗教團體組織的「台灣宗教團體愛護家庭大聯盟」，2013年9月7日下午在台大校友會館舉行「避免毀家廢婚守護婚姻與家庭記者會」，呼籲信徒，凡支持「毀家廢婚」的立法委員應以選票唾棄之，

---

[31] 曾盈瑜：〈不再當陌生人 同志籲婚姻合法〉，《中時電子報》，2013年11月17日，http://www.chinatimes.com/realtimenews/20131117002171-260405。

[32] 王顥中：〈平等的幻象〉，苦勞網，2013年6月29日，http://www.coolloud.org.tw/node/74787；劉文：〈婚權無法解決的同志困境——為何我反對婚權平等運動？〉，苦勞網，2013年7月3日，http://www.coolloud.org.tw/node/74833。

[33] 吳紹文：〈毀家廢婚？保家廢婚？保家保婚？〉，苦勞網，2013年8月29日，http://www.coolloud.org.tw/node/75445。

[34] 洪凌：〈與幻象對話：論反社會酷兒與台灣同志訴求〉，苦勞網，2013年8月31日，http://www.coolloud.org.tw/node/75463；王顥中：〈回應台灣同志家庭權益促進會 兼論婚／家革命不是辦桌吃飯〉，苦勞網，2013年9月6日，http://www.coolloud.org.tw/node/75471；吳靜如：〈祝你幸福：不成家作為一種選擇與擴大連結的起點〉，苦勞網，2013年9月11日，http://www.coolloud.org.tw/node/75573。

[35] 陳逸婷：〈捍衛異性戀單偶家庭 各派宗教聯手出擊〉，苦勞網，2013年9月18日，http://www.coolloud.org.tw/node/75664。

以捍衛家庭功能與價值，避免台灣出現「毀家廢婚」的危機而向下沉淪[36]。
11月，「台灣宗教團體愛護家庭大聯盟」發言人、統一教副協會長張全鋒批
評，多元成家民法修正草案會造成現有家庭制度崩潰瓦解、損害倫理道德，
「這是毀家廢婚的法案。」[37]同年11月19日，由鄭麗君、尤美女、蕭美琴、
林淑芬、段宜康、陳其邁等立法委員主辦，台灣伴侶權益推動聯盟（簡稱「伴侶
盟」）、台灣宗教團體愛護家庭大聯盟（簡稱「護家盟」）等與會，在立法院召開
了「婚姻平權之民法親屬編、繼承編修正公聽會」。會中說明伴侶盟基於人
權，推出了包含「婚姻平權」、「伴侶制度」、「多人家屬」等制度在內的民
法修正案，由鄭麗君等22位立法委員針對「婚姻平權」部分，提出「民法親屬
編與繼承編部分條文修正草案」[38]。公聽會上，伴侶盟和護家盟嚴詞交鋒，
前者認為多元成家、同性婚姻合法化是基本人權，後者認為多元成家將導致
毀家廢婚[39]。11月30日，支持和反對多元成家的個人和團體都走上凱達格蘭大

36　唐鎮宇：〈宗教團體反對同志婚姻合法化〉，《蘋果日報》，2013年9月7日；尹箴：〈避免毀家廢
　　婚　跨宗教團體聯合發聲〉，《國度復興報》，2013年9月10日，http://www.krtnews.com.tw/church/
　　item/6744；蔡明憲：〈跨宗教愛護家庭聯盟　籲勿修法毀家廢婚〉，《基督教論壇報》，2013年9
　　月11日，http://www.ct.org.tw/news/detail/2013-02435。

37　何定照：〈護家盟：草案三法案　毀家廢婚擴大淫亂〉，《聯合報》，2013年11月11日；〈傳統家
　　庭是正道，多元成家非正統〉，《臺灣時報》，2013年11月18日：「華人傳統倫理中所重視的父
　　慈、子孝，夫義、婦順的『家庭』觀念，在今年九月八日由台灣伴侶權益推動聯盟（伴侶盟）提出
　　的『多元成家草案』受到挑戰，這個法案包含了『同性婚姻、伴侶制度、多人家屬』等制度的民法
　　修正案，希望未來國人可以依據自己的需求選擇結婚、登記為伴侶或多人家屬，建立家庭並追求幸
　　福。這項提案受到知名歌手、資深媒體人、作家等在內的許多人支持。目前婚姻平權草案已在立法
　　院一讀通過。本案也引發社會上正反兩面極大的爭論，尤其台灣守護家庭聯盟（護家盟）及許多宗
　　教團體更直指這是毀家廢婚行為，將使社會付出巨大代價。」

38　鄭麗君：〈台灣人權之路與同（跨）性婚姻入法〉，立法院全球資訊網，http://www.ly.gov.tw/03_
　　leg/0301_main/dispatch/dispatchView.action?id=50123&lgno=00100&stage=8「民法親屬編與繼承編部
　　分條文修正草案」修正重點為：（1）為使民法中的婚姻主體更明確納入多元性別者，因此將民法
　　原條文「婚約應由男女當事人自行訂定。」修改為「婚約應由不分性別、性傾向、性別認同之雙方
　　當事人自行訂定。」（2）為因應婚姻平權，將原本婚姻、家庭制度中有關性別二分的用語改為性
　　別中立用語，男、女改為當事人，夫、妻改為配偶，父、母改為雙親。（3）將男女訂婚與結婚年
　　齡拉高到一致，滿17歲可訂婚，滿18歲可結婚。（4）修訂收養規定，賦予多元性別配偶擁有平等
　　收養子女的權利。此外，為了強調法院裁定收養時，不應以收養人之性傾向、性別認同、性別氣質
　　作為准駁標準，因此於第1079條之一增訂第二項反歧視條款。

39　謝文華：〈同性婚姻　平權、毀家兩派激辯〉，《自由時報》，2013年11月19日；簡至潔：〈台灣
　　人權之路與同（跨）性婚姻入法公聽會〉，台灣伴侶權益推動聯盟，2013年11月19日，http://tapcpr.
　　wordpress.com/2013/11/22/201311192013/11/19；許秀雯：〈台灣人權之路與同（跨）性婚姻入法公
　　聽會〉，台灣伴侶權益推動聯盟，2013年11月19日，http://tapcpr.wordpress.com/2013/11/22/2013111
　　92013/11/19；林修卉：〈同性婚　護家盟憂「人獸交」遭批歧視〉，蘋果即時，2013年11月19日，
　　http://www.appledaily.com.tw/realtimenews/article/politics/20131119/295409。

道，表達自己的立場[40]。

　　同年12月21日，「想像不家庭」專題作者群、性別人權協會、中央大學性／別研究室、苦勞網聯合舉辦「想像不家庭」座談會，以毀家廢婚的立場在會議前後總共發表了十六篇論文[41]。苦勞網記者王顥中在〈導言：毀廢再申論〉中引用恩格斯《家庭、私有制和國家的起源》說明家庭與資本主義的共構關係，認為「以『婚／家』（包括同志、LGBT、多元性別的婚姻權等）為目標的性別主體平權運動，……並未根本地挑戰資產階級法權所亟欲鞏固的現代家庭功能（勞動力再生產、私有產權的承繼）。」因此「試圖全面以婚／家為批判對象，重新開闢一條論述戰線。」[42]洪凌〈置疑同志生生不息永續體：閱讀「新正常」政治與在地酷兒戰略初探〉中分析「現行的同婚意識形態設定」並沒有脫離「『不可能不需要家庭』的想像」，然而「的確有不被需要／慾望的家庭（結構），也絕對有無論本質、養成、先天、後天、煉化等任何形塑成因，就是不需要（甚至厭惡恐懼）常態性家庭成員為居住模式的主體性與個人。」[43]與會者不乏認為毀家廢婚已在生活周遭付諸實踐者，如東華大學華文文學系學生情僧自稱「是以不完全信任不完全忠誠的短暫親密關係作為情感養分來源者，俗稱的

40　嚴思祺：〈台灣多元成家修法　正反雙方上街拚場〉，BBC中文網，2013年11月30日，http://www.bbc.co.uk/zhongwen/trad/china/2013/11/131130_taiwan_gay_marriage.shtml。

41　「想像不家庭專題」，苦勞網，2013年10月23日，主持人：何春蕤，導言、王顥中：〈毀廢再申論〉，http://www.coolloud.org.tw/node/75991；系列一、洪凌：〈置疑同志生生不息永續體：閱讀「新正常」政治與在地酷兒戰略初探〉，http://www.coolloud.org.tw/node/75980；系列二、連柏翰：〈不婚不家六問六答〉，http://www.coolloud.org.tw/node/76101；系列三、高旭寬：〈幸福與保障，不必只能在伴侶關係內〉，http://www.coolloud.org.tw/node/76211；系列四、芮筆宸：〈階序「性」空間〉，http://www.coolloud.org.tw/node/76297；導言、陳逸婷：〈酷兒毀家，從位置出發〉，http://www.coolloud.org.tw/node/76368；系列五、情僧：〈給我一個談愛做愛都不穩的未來〉，http://www.coolloud.org.tw/node/76367；系列六、賴麗芳：〈農村＋貧窮＋酷兒＝我不配〉，http://www.coolloud.org.tw/node/76488；系列七、郭彥伯：〈「毀家廢婚」作為一種實踐、立場與運動資源的重新佈署〉，http://www.coolloud.org.tw/node/76577；系列八、平非：〈逆行婚姻路──不做家／國代理人〉，http://www.coolloud.org.tw/node/76658，《華人性權研究》，2014年3月1日總第6期，頁26-28；王顥中：〈婚姻／家庭：解放或者改良〉，頁21-26；洪凌：〈站在魔鬼（不）寫實的視角與世界搏鬥：不婚家，不（新）正常，不同化〉，《華人性權研究》，2014年3月1日總第6期，頁28-30；賴麗芳：〈非「禮」勿談性，師生／失聲禁言〉，《華人性權研究》，2014年3月1日總第6期，頁30-31；情僧：〈非「禮」勿談性：下體解放婚家路〉，《華人性權研究》，2014年3月1日總第6期，頁31-32；郭彥伯：〈「○○○○」作為一種實踐或立場〉，《華人性權研究》，2014年3月1日總第6期，頁33-34；甯應斌（署名「卡維波」）：〈後1130的同婚政治〉，《華人性權研究》，2014年3月1日總第6期，頁34-40。

42　王顥中：〈導言：毀廢再申論〉，苦勞網，2013年10月23日，http://www.coolloud.org.tw/node/75991。

43　洪凌：〈置疑同志生生不息永續體：閱讀「新正常」政治與在地酷兒戰略初探〉。

『性愛機器』或『雜、濫交者』」[44]，「在繁複不斷的實踐著情慾時去『體』驗／現出一條毀家廢婚之路。」[45]交通大學社會與文化研究所碩士生郭彥伯聲稱「以『毀家廢婚』為基礎的眾多行動早已展開」：

> 抗議以婚姻家庭為基礎的購屋優惠或貸款；訴求通姦除罪化以削弱婚姻對多樣親密關係的箝制；華光社區抗爭過程中批判國家提供的中繼住宅皆是以核心家庭為居住格局想像；推動公共化、社會化的長照制度以減輕家庭對照顧資源的壟斷……種種論述與行動都蘊含了強大的「毀家廢婚」能量。而支持居住權的落實、改善人們的勞動處境、推動更理想的照顧制度，使人們的老年、傷殘、疾病或其它照護需求不僅能由婚姻家庭來承擔，這些都已經是持毀家廢婚立場的運動者們可能且「已經」結盟、聲援、推進的行動了。眼下要繼續做的，就是號召更多的人們直接就婚家制度所造成的各種壓迫排擠現狀，回到各個主體需求去進行論述、批判與抗爭，並在一個對婚姻家庭連續體的批判性思考下彼此連線、相互結盟。[46]

2014年10月24日，台灣國際女性影展邀請香港大學鄧芝珊教授舉辦「多元（不）成家論壇」，在「多元成家」中加個「（不）」字，將「不成家」的「單身及不婚伴侶」納入關於「家」的「想像」的「多元」視野[47]，似乎是調和毀家廢婚論和多元成家論──或者說是將毀家廢婚論包括進多元成家論──的一個嘗試。2015年4月，《應用倫理評論》以「同志婚姻面面觀」為專題，發表了七篇論文，對於同婚爭議提供了多面向──粗略可分為保守派、同婚派、毀廢派，實際的論辯則更複雜──的思考與意見[48]。

---

[44] 情僧：〈給我一個談愛做愛都不穩的未來〉。
[45] 情僧：〈非「禮」勿言性：下體解放婚家路〉，頁32。
[46] 郭彥伯：〈「毀家廢婚」作為一種實踐、立場與運動資源的重新佈署〉。
[47] 〈「多元（不）成家」單元介紹〉，2014年8月28日，http://wmwff.pixnet.net/blog/post/58421164；〈2014女影選片指南「多元（不）成家」〉，2014年8月28日，http://wmwff.pixnet.net/blog/post/58660519。
[48] 《應用倫理評論》，「同志婚姻面面觀」專題，2015年4月第58期；甯應斌：〈同性婚姻面面觀──專題導言〉，頁1-12；關啟文：〈「婚姻平權」的反思〉，頁13-56；卡維波：〈為何同性戀平權不是同婚的有效理由？──兼論剩餘認可〉，頁57-68；何思瑩：〈只破不立，無以為繼──談毀家廢婚派的幾點問題〉，頁69-99；劉文：〈酷兒左翼「超英趕美」？「同性戀正典化」的偏執及臺

二十世紀前期中國關於毀家廢婚的論述有其特定的歷史框架、回應的時代問題，與二十一世紀初台灣的毀家廢婚論有明顯不同，但都是相對於以一夫一妻家庭及終身婚制為理想範式的主流論述，提供了不同的視野和另類的想像。現今學者應如何看待二十世紀前期中國的毀家廢婚論，「置疑『婚姻家庭連續體』國際工作坊」的會議說明提供了一個很好的研究觀點：「以此時此地關鍵時機的切身關懷為基點，回顧整理婚姻家庭連續體抑或意象群的批判論述，從這些論述中汲取創造性的養分，同時也深切理解，孕育這些批判論述的社會歷史條件與視野，都處於不同的時空。」[49]

　　今日重讀二十世紀前期中國的毀家廢婚論，對於當代新興台灣的毀家廢婚論，除了「吾道不孤」的欣喜外，筆者以為至少可以提供兩面借鏡。第一面借鏡是：關於一夫一妻婚家的不合情理，二十世紀前期的中國毀家廢婚論著墨極多，包括違反平等自由人權、阻礙女性的發展、妨害社會公益、家庭生活苦多樂少、資本主義的流弊、婚姻的恆久性質違反人性、人為制度是虛幻妄想、結婚儀式毫無意義……等，初步估計這部分至少占二十世紀前期的中國毀家廢婚論的一半以上。相形之下，在二十一世紀初講究多元、尊重的時代氛圍下，對於一夫一妻制的批判較集中在它對其他非主流婚家或親密關係的排擠效應，極少直接攻擊一夫一妻婚家本身、內部的黑暗。其實每天打開報紙的社會版，都有血淋淋的悲劇甚至慘案發生在原本在外人眼中「幸福美滿」、「正常」的一夫一妻家庭與婚姻之中。這對於「家庭與婚姻是普世價值、適用於所有人」的想像，是極大的諷刺。美國學者詹姆士・戴維森・韓特在《文化戰爭》中曾說：「除了正面的道德說服之外，獲取正當性的鬥爭還需要另闢蹊徑，這就需要有一個可資對抗的敵人了。這就是道德衝突的負面：刻意地、有系統地貶低對手。」[50]筆者認為毀家廢婚論若要擴大影響力，負面的批判與揭露有其必要性，否則很難破除一夫一妻婚家的優越迷思，使身處一夫一妻婚家而有所不

灣同志運動的修復詮釋〉，頁101-128；邱子安：〈以信任機制探討伴侶契約對同志親密關係的平等保障〉，頁129-158；郭彥伯：〈從伴侶制重新思考共同生活的可能〉，頁159-174；洪凌：〈排除與補殘：從晚近同婚倡議探究臺灣性別政治鬥爭〉，頁175-205。

49　〈附錄：2009年「置疑婚姻家庭連續體」國際工作坊會議說明暨議程〉，收入丁乃非、劉人鵬編：《置疑婚姻家庭連續體》，頁336。

50　〔美〕詹姆士・戴維森・韓特著，王佳煌、陸景文譯：《文化戰爭──為美國下定義的一場奮鬥》，頁223。

滿的人，被認為或自認為「身在福中不知福」而無法發聲，如甯應斌曾指出：「如果社會壓制悲慘的婚姻故事，那麼人們將很難理解發生在自己身上的一切，以為自己是個特例醜聞，而活在沒有必要的罪惡感中。」[51]

第二面借鏡是：在二十世紀前期中國，家事育兒、養生送死乃至性愛的管理是毀家廢婚後迫切需要解決的問題，因此提出毀家廢婚的論者，經常刻劃毀家廢婚後的社會藍圖，詳見本書第四章。而二十一世紀初台灣，由於各種可以減輕家事負擔的機器和店舖已非常普及，養老育兒的家庭功能已有各種公私立機關可以取代，性愛觀念的開放也使得現代人得以在婚家之外解決性愛需求，因此當代的毀家廢婚論者，似乎並不熱衷於全盤規畫社會新秩序，甚至也尚未形成較清晰的毀家廢婚後的社會圖景。目前可見依稀有其輪廓的如：王皓安說「毀家廢婚，就是停止傷害，真正珍視多元的開始」[52]，想像的似乎是一個多元家庭的未來；洪凌說：「『毀家廢婚』政治實踐絕非僅只於『反對同志成家』，而是反對這些無論異／同的『擁婚主體』，輕易將家庭視為外於權力宰制結構的淨土，而放任現行的社會福利結構殘缺，並透過婚姻機制，只讓那些有條件踏入婚家門檻的人受到保障。……換句話說，『毀家廢婚』確實就是我們的目的。」[53]其目標似乎是一個不特別優待某一族群（如踏入婚家門檻的人），福利結構更健全、對「非擁婚主體」更友善的社會；「在繁複不斷的實踐著情慾時去『體』驗／現出一條毀家廢婚之路」[54]的情僧，疾呼「給我一個談愛做愛都不穩的未來」[55]，期許的似乎是一個對於愛情和性都不講求忠誠固定的社會。以上是筆者窺察的一些蛛絲馬跡，其圖像與二十世紀前期毀家廢婚論所描摩的相較，仍舊模糊，使得毀家廢婚論遭到「只破不立」的批評[56]，且很難走出學院，為一般社會大眾了解接受。筆者以為即便無意天真地規劃藍圖，

---

51 甯應斌：〈婚姻文化座談會引言——主流婚姻的另類觀察〉，新竹：清華大學性別與社會研究室：《「婚姻文化面面觀」座談會會議手冊》，頁13-14。
52 王皓安：〈性別大補帖：什麼是毀家廢婚？〉。
53 陳逸婷：〈捍衛異性戀單偶家庭　各派宗教聯手出擊〉。
54 情僧：〈非「禮」勿言性：下體解放婚家路〉，頁32。
55 情僧：〈給我一個談愛做愛都不穩的未來〉。
56 何思瑩：〈只破不立，無以為繼——談毀家廢婚派的幾點問題〉，頁90-91：「毀家廢婚派將家庭與婚姻視為這一切萬惡的根源，因而推論必須全面取消婚姻與家庭，才是一種真正完全徹底的從婚姻中『解放』。然而這也是毀廢派最大的問題所在，他們從來沒有真正回答的問題是：『取消／解放婚姻與家庭，然後呢？』這種『只破不立』的邏輯無助於解決種種不平等的本質。」

描繪其願景仍是可行的。期待當代或今後台灣新興的毀家廢婚論,能呈現更具體、更可愛、更吸引人的毀家廢婚後的社會圖像。由中央大學性/別研究室主辦的「『當代台灣性/別政治軌跡』性別科技人才培育營」於2015年9月7日到11日舉辦,其中由丁乃非、洪凌、林文玲、郭彥伯負責的「家國婚姻作為技術」工作坊,從晚清民初知識分子關於毀家廢婚的設想與實踐談起,並帶領工作坊成員們開拓想像,「提出一種新的社會型態構想,並說明以下這些要素,如何在這種社會型態中重新擺置:(1)國家、法律、公民……(2)經濟生產、交換、財產……(3)居住、養育、照護、教育……(4)性、性身分、生殖……」[57],在鮮少想像社會新秩序的當代台灣,這個工作坊展開的討論是頗具意義的嘗試。

筆者於2006年開始撰寫博士論文時,毀家廢婚論在台灣仍是相當小眾的議題,而走筆至今,毀家廢婚論不僅已為大眾所知,且有論者以「毀家廢婚論者」自居,倡言實踐、規劃藍圖。筆者不才,唯有上窮碧落下黃泉,蒐集考古的一股熱誠,期望這點小小的成績,能為現今新興的毀家廢婚論盡一點棉薄之力,敲一點邊鼓,相信不久的將來,愈來愈多的新毀家廢婚論者即將形成一股勢力,徹底改變人類習以為常的思維和生活方式,期待著。

---

[57] 〈「『當代台灣性/別政治軌跡』性別科技人才培育營」主題五、家國婚姻作為技術〉,中央大學性/別研究室主辦,2015年9月7-11日,http://sex.ncu.edu.tw/conference/others/2015/gasc/schedule.html。

人類就是這樣永遠被動於他們的本能，而不能擺脫。如像一個環境，假定是圓的，你一入其中，雖是方的，也變成圓了，若人家讚你像圓，你便更十分努力去做得像圓。因之對於圓以外的長或扁，都不值注意，牢牢地堅守著己意，以為所有的一切都非得如此不可！所以有這種現象，就是因為他們安居在一室裡，沒有打開窗子去看一看屋外情形，不能為別的一切設身處地想一想的緣故。

——陳學昭〈「現代女子苦悶」的尾聲〉[*]

[*] 陳學昭：〈「現代女子苦悶」的尾聲〉，《新女性》，1927年3月第2卷第3號，頁353。

後記

十六年前，我以「五四時期女性作家作品中的反家庭論述」為研究計劃應試數間大學研究所博士班，可謂到處碰壁，口試委員們首先問我「反家庭」是否反對的是中國舊式家族，在聽聞是對「一夫一妻制家庭」的批判後，往往詢問「為何要批判」，當時我才疏學淺，詞不達意，唯有清華大學中文研究所的劉人鵬教授認為我的研究計劃雖然粗陋，但「反家庭」方面值得進一步鑽研，鼓勵我不要局限於五四的女作家作品，而要廣泛閱讀爬梳晚清以降的相關論著，並以文獻中相關論者的用詞取代「反家庭」一詞，以更貼近歷史脈絡。在劉人鵬教授的費心指導下，筆者以1900到1930年代間相關論者的用詞「毀家」、「廢婚」為題，相關論著為範圍，歷時九年完成博士論文。

在2013-2015年之間，「毀家廢婚」在台灣曾興起一番討論，因此我在論文最後以期待的語氣寫道：「期望這點小小的成績，能為現今新興的毀家廢婚論盡一點棉薄之力」，不過也許因為「毀家廢婚」這四字太容易引起誤解、太需要解釋，現今論者已很少用「毀家廢婚」來表述「反婚家」或「置疑婚家」了。

在2023年的今天再看毀家廢婚，並不是（也不可能是）邪教式、或納粹式的，不是要文化大革命和人民公社（儘管現代史上出現過），不是唱衰婚家幸福者、也不是嗆聲擁家護婚者，更無意翻天覆地、硬性規定、當下立刻地把所有家庭拆除、婚約撕掉。甚至可以不要用「毀家廢婚」這四個字（就當作是放在心裡吧！），只是用較宏觀、遠觀、達觀、樂觀的態度，看待大廈將傾——而不一定要忙著抓漏補漏。

感謝恩師劉人鵬教授的教導，和秀威出版社編輯群的青睞，令敝作得以面世，但願本書在留下歷史遺痕之餘，也能對現在及未來在婚家之內或之外、快樂或不快樂的人們，給予一些不同的觀點，或是支持的力量。

陳慧文

附錄

相關人物簡介（依姓名筆畫順序排列）

Alexandra Kollontai（亞厲山德拉‧柯倫泰，1872-1952）

俄國女革命家及性道德理論家，1898年加入俄國社會民主工黨，進行革命宣傳。1914年加入布爾什維克黨。1916年旅美，發表演說，反對美國參加第一次世界大戰。1917年十月革命後，任布爾什維克政府公共福利人民委員。自1923年起擔任蘇聯外交官，1926年她被指派做蘇聯的駐墨西哥大使，成為最早的女大使之一。

August Ferdinand Bebel（奧古斯特‧倍倍爾，1840-1913）

德國社會主義者、馬克思主義者，社會民主黨創始人之一。

Bertrand Russell（伯特蘭‧羅素，1872-1970）

英國哲學家、數學家和邏輯學家，同時也是活躍的政治活動家。在倫理學和道德方面，羅素持的是開放態度，認為過多的道德束縛是人類不幸的根源，提倡試婚、離婚自由和節育等，認為婚前性行為並非是不道德的行為，這些觀點使他在美國遭到激烈抗議，最終還導致他失去了紐約城市大學的教授職務。1920年10月，羅素應梁啟超之邀來華講學，一時成為中國知識界注目的焦點，被中國知識分子譽為「新時代的大哲」、「世界哲學泰斗」。與羅素隨行的女友勃拉克女士，也相當受到矚目。

Charles Fourier（夏爾‧傅立葉，1772-1837）

法國著名哲學家、經濟學家、空想社會主義者。

Charlotte Perkins Gilman（夏綠蒂・柏金斯・紀爾曼，1860-1935）

美國女性主義者、社會學家。

Dora W. Black（朵拉・勃拉克，1894-1986）

英國女性主義者、社會主義者，1921年與羅素結婚，育有一子一女，1927年與羅素共同建立了一所教育實驗學校「皮肯・希爾學校」（Beacon Hill School）。1935年與羅素離婚。

Edward Bellamy（愛德華・貝拉米，1850-1898）

美國作家、社會主義者，其代表作為小說《回顧》（或譯《回頭看》、《百年一覺》等，*Looking Backward*, 1888）。

Edward Carpenter（愛德華・加本特，或譯為「卡賓特」，1844-1929）

十九世紀末英國著名的社會主義思想家和社會改革活動家。他坦然接受自己的同性戀傾向，積極支持婦女的平等權利，並將這種思想推廣到同性戀者權益方面。《戀愛論》（或譯《愛的成長》、《愛的成年》等，*Love's Coming of Age*, 1906）是他的代表作。

Ellen Key（愛倫凱，1849-1926）

瑞典女作家、教育家，婦女解放論者、婦女運動者，提倡婦女解放，關心兒童的權利及教育問題。

Emma Goldman
（愛瑪·高德曼，另譯艾瑪·高路曼、艾瑪·古德曼、埃瑪·戈爾德曼，1869-1940）

美國無政府主義者，1906年創辦無政府主義刊物《大地之母》。

Friedrich Engels（弗里德里希·恩格斯，1820-1895）

德國哲學家，馬克思的摯友，為馬克思提供了大量的經濟支持，是馬克思主義的創始人之一。

Henrik Ibsen（亨利克·易卜生，1828-1906）

挪威劇作家、劇場導演、詩人，被譽為「現實主義之父」。

Henry Fortune（亨利·孚岱，或譯亨利·福岱，1869-?）

法國無政府黨人，1903年在法國西北部沙列威耳附近與比利時接壞處試辦「鷹山共產村」。

Karl Heinrich Marx（卡爾·海因里希·馬克思，1818-1883）

猶太裔德國人，是記者、歷史學者、政治學家、哲學家、經濟學家、社會學家、革命理論家、革命社會主義者。馬克思主義創始人。

Mikhail Alexandrovich Bakunin（米哈伊爾·亞歷山德羅維奇·巴枯寧，1814-1876）

俄國思想家、革命家、無政府主義者，有「近代無政府主義之父」之稱。

Plato（柏拉圖，約427-347BC）

雅典人，著名的古希臘哲學家，著作大多以對話錄形式紀錄。

Pyotr Alexeyevich Kropotkin（彼得‧阿列克謝耶維奇‧克魯泡特金，1842-1921）

俄國革命家和地理學家，無政府主義的重要代表人物之一，「無政府共產主義」的創始人。

丁玲（1904-1986）

本名蔣偉，字冰之，又名蔣煒、蔣瑋、丁冰之，筆名彬芷、從喧等，湖南臨澧人。現代女作家、散文家。

丁湘田（生卒年不詳）

又名扆離，廣東人。曾加入南社社員、支那暗殺團團員、心社社員。

毛一波（1901-1996）

名綸明，字穎若，一字尹若，四川自貢人。著名作家、編輯，1947年來台後曾任《和平日報》總編輯、台灣省文獻委員會編纂委員、文化學院台灣研究員、淡江學院台灣史教授等職。

毛澤東（1893-1976）

字潤之，筆名子任，湖南長沙人。中國共產黨、中國人民解放軍和中華人民共和國的主要締造者和領袖，毛澤東思想的創立者。

王光祈（1890-1936）

字潤璵，一字若愚，四川溫江人。1918年創立「少年中國學會」，發行《少年中國》、《少年世界》，1920年赴德留學，主修音樂理論，1934年獲波恩大學博士，1936年因胃病逝世。

王拱璧（1886-1976）

筆名公璧、白丁、大同、一庄、拱北、工碧、公辟等，河南西華人。早期中國同盟會會員，五四運動時是中華留日學生總會的學生領袖人物。

王魯彥（1902-1944）

原名王衡，筆名魯彥，字返我，浙江鎮海人。現代作家、翻譯家。16歲離家往上海當學徒。「五四」運動後，到北京加入「工讀互助團」。不久，入北京大學文學系當旁聽生，曾旁聽魯迅講課。1923年開始文學創作，在11月號的《東方雜誌》發表處女作《秋夜》。1926年出版第一本短篇小說集《柚子》。曾在上海、福建、陝西西安、廣西桂林等地任編輯、任教，並創作了大量文學作品，代表作有《童年的悲哀》和長篇小說《野火》等。1944年8月20日病逝於廣西桂林醫院。

史良（1900-1985）

字存初，江蘇常州人。中國著名律師、法律家、政治家、社會運動家。1942年加入「中國民主政團同盟」（1944年改為中國民主同盟，簡稱「民盟」），後歷任民盟第一屆中央常委、副主席，第二、三屆中央副主席、中華人民共和國司法部首任部長。1979年10月，當選為民盟第四屆中央主席。在擔任民盟第五屆中央主席期間，於1985年9月6日在北京逝世，享年85歲。

列子（生卒年不詳）

名禦寇，可能為春秋末至戰國初鄭國人。道家思想代表人物，其學本於黃帝老子，主張清靜無為。後漢班固《藝文志》「道家」部分錄有《列子》八卷。

江亢虎（1883-1954）

原名紹銓，江西弋陽人。1901年東渡日本留學，半年後奉調回國，不到一年，又辭職再度赴日。1904年因病輟學回國，1907年第三次赴日。1908年由日本轉赴歐洲，遊歷英、法、義等國，深受歐州社會主義與無政府主義思想的影響。在此期間，江亢虎曾撰寫〈無家庭主義〉、〈自由營業管見〉兩篇文章刊登於《新世紀》。但為了避免文字之禍，他投稿時不但匿名，還虛構一已故友人「徐安誠」，自稱是受亡友臨終所託，將其遺墨公諸於世。直到民國成立後的1914年他才自承曾投稿於《新世紀》[1]。1910年江亢虎遊學來到比利時，比利時首都布魯塞爾，是當時世界社會主義者集居地，第二國際總部就設於此，江亢虎在此接觸了各國的社會主義者，包括不少無政府主義者。同年7月江亢虎撰寫了〈無家庭主義意見書〉，在繼承原有三無主義的基礎上，以破除家庭作為三無主義的中心[2]。1910年底為奔父喪回國，1911年7月在上海張園發起成立「社會主義研究會」，創辦《社會星》雜誌，同年9月他計劃組織「中國社會黨」，草擬了〈中國社會黨宣告〉。辛亥革命勝利不久、上海宣告獨立的第3天，即1911年11月5日，江亢虎於上海成立「中國社會黨」。1913年7月，袁世凱政府強行解散中國社會黨天津分部，逮捕中國社會黨北京分部負責人和北方黨務主持人陳翼龍，8月4日處決。8月7日袁世凱正式簽署〈大總統解散中國社會黨令〉，在袁世凱雷厲風行的解散令下，盛極一時的中國社會黨及其所屬組織遂銷聲匿跡。江亢虎在抗日戰爭期間於1940年加入南京汪精衛政權；抗戰勝利後，因漢奸罪被追捕歸案，1954年死於獄中。

---

[1] 江亢虎：〈中國無政府主義之活動及余個人之意見〉。
[2] 參見汪佩偉、李炤曾：〈早期江亢虎的「三無主義」研究〉，《華中理工大學學報》，1996年第1期，頁6。

帆足理一郎（1881-1963）

日本哲學家、評論家。

朱執信（1885-1920）

原名大符，字執信，廣東番禺人。中國近代革命家，理論家。1904年朱執信官費留學日本，並結識了孫中山，1905年加入同盟會，任評議部評議員兼書記。1911年參加廣州黃花崗起義，加入「選鋒」（敢死隊），隨黃興攻打督署，失敗後逃往香港。辛亥革命復後，任廣東軍政府總參議，後任廣東軍務督辦和廣東核計院院長。1913年參加「二次革命」，失敗後逃往日本，加入孫中山的中華革命黨。1917年爆發護法運動，任廣州大元帥府軍事聯絡，並掌管機要文書，成為孫中山的主要助手，協助孫中山撰寫《建國方略》一書。1920年9月1日，冒死前往虎門調停桂軍與東莞民軍衝突，不幸被亂槍擊中身亡。

朱謙之（1899-1972）

字牽情，福建福州人。1916年入北京大學哲學系就讀，接觸到無政府主義。1920年自殺未果。1923年任廈門大學之聘任講師。1924年至1928年居杭州西湖，專心著述。1929年赴日本研究哲學。1932年出任廣州中山大學教授。1933年至1951年，歷任中山大學哲學系主任、歷史系主任、文學院院長、文學研究院院長。1952年任北京大學哲學系教授，1964年任中國科學院哲學社會科學部研究員。1972年因腦溢血逝世。

向培良 （1905-1961）

　　筆名漱美、漱年、姜良，黔陽縣人。1923-1925年間，先後在北京私立中國大學、北京世界語專門學校攻讀，是「狂飆社」主要成員，後又參加魯迅主辦的「莽原社」。1926年5月，與呂蘊儒、高歌赴鄭州創辦《豫報》副刊。北伐軍占領武漢後，離豫南下，任武漢政府機關報《革命軍日報》副刊編輯。1949年後，先後在洪江、黔陽等地中學任教，兩次當選為縣人民代表，並被選為模範教師。1958年被劃為右派分子，1979年平反。

向警予 （1895-1928）

　　原名向俊賢，湖南漵浦人。1918年加入新民學會，成為該會最早的女會員。在那裏她結識了毛澤東、蔡和森等志同道合的革命青年，從此踏上了革命的生涯。1919年秋與蔡和森同船赴法勤工儉學。1921年加入中國共產黨，1925年與時任中共宣傳部長的彭述之發生了戀情，她坦率地向黨中央報告此事。1926年與蔡和森分手，1927起致力於共產黨的宣傳工作，1928年被國民黨逮捕處決。

成露茜 （1939-2010）

　　美國夏威夷大學社會學博士，《台灣立報》發行人、世新大學講座教授。在美國攻讀博士學位期間，接觸到馬克思主義，閱讀了大量中國大陸的書籍，是一位思想左傾的學者。

李大釗 (1889-1927)

字守常，河北樂亭人。1913年曾加入江亢虎的中國社會黨。其後中國社會黨被查禁，李大釗避難赴日留學，研讀社會主義，1916年回國後，曾任《晨鐘報》、《甲寅月刊》編輯，1918年參與編輯《新青年》，並與陳獨秀創辦《每周評論》，推動共產主義。1920年，和陳獨秀醞釀組建中國共產黨，發起組織馬克思學說研究會。1925年李大釗因「假借共產學說，嘯聚群眾，屢肇事端」而被北洋政府下令通緝，1927年被張作霖逮捕，以「和蘇俄裡通外國」為罪名絞刑處決。

李人傑 (1890-1927)

原名李書詩，筆名漢俊、鏡湖、廠晶、漱石、汗、均、海鏡、海晶、先進等，湖北潛江人。1902年赴日本留學，畢業於東京帝國大學。1918年底回滬，在中學任教，從事馬克思主義書刊的翻譯。1919年起參與《星期評論》的編撰工作，並常在《民國日報‧覺悟》發表文章或譯文。1920年與陳獨秀發起組織馬克思主義研究會和上海共產黨，並與陳獨秀一起發起創辦通俗工人週刊《勞動界》，並擔任改組後的《新青年》的主要撰稿人，曾前往武漢幫助籌建武漢共產主義小組。1921年7月，出席中國共產黨第一次代表大會，並一度代理《新青年》主編，堅持宣傳馬克思主義。1922年中國共產黨第二次代表大會上當選為候補中央委員，擔任湖北全省工團聯合會教育主任委員。後因故脫離中國共產黨。1926年春回滬，在上海大學擔任教授。後至武漢的武昌高師歷史系執教，並為《武漢星期評論》撰稿，幫助高師歷史社會學研究會在上海《民國日報》上編輯副刊《社會科學特刊》。1927年初加入國民黨，任國民黨湖北省黨部執行委員、省政府委員兼教育廳長。1927年12月17日在武漢被桂系軍閥逮捕，當晚慘遭殺害。有「馬克思主義的播火者」之稱。

李石岑（1892-1934）

原名邦藩，湖南醴陵人。中國現代哲學家，曾任上海多所大學哲學、心理學教授。

李石曾（1881-1973）

名瀛，號擴武，河北高陽縣人。1902年赴法學農，接觸到無政府主義，1913年李石曾與蔡元培、吳稚暉等發起留法勤工儉學運動，1921年成立里昂中法大學，1926年曾因「假借共產黨說，嘯聚群眾」的罪名，遭北京臨時政府段祺瑞通緝。1927年6月，北伐成功，國民政府任命李石曾為國立北平大學校長，師範大學校長及國立北平研究院院長等職務。1949年隨國民政府播遷來台，1973年病逝於台北。

李璜（1895-1991）

別名幼椿，號學鈍，又號八千，四川成都人。中國青年黨創始人。

汪公權（生卒年不詳）

何震的表弟，1907年與劉師培、何震夫婦一起東渡日本，1909年因出賣張恭被王金發處死。

沙淦（1885-1913）

字寶琛，號憤憤，筆名憤俠，通州興仁鎮人。1905年東渡日本留學，加入同盟會。1911年回國，著書辦報，宣傳革命，曾于江寧對清軍策反，險遭捕殺。武昌起義時於漢陽參加救護工作。上海光復後前往上海，加入江亢虎成立的中國社會黨。1912年10月第二次聯合大會後，沙淦等無政府主義者脫離中國社會黨，11月2日另組「社會黨」，社會黨剛成立一個月，袁世凱即於1912年11月13日飭令員警總長分飭地方巡警官吏，按法律嚴行戒禁。1913年袁世凱欲恢復帝制，孫文發動二次革命，沙淦力助陳其美討袁，組織敢死隊，進攻上海江南製造局，建立奇功。7月，沙淦在南通被袁軍逮捕，未及訊問，省電忽至，以「潛謀不軌」的罪名於8月11日處決。

沈雁冰（1896-1981）

原名沈德鴻，字雁冰，筆名茅盾、玄珠、方璧、止敬、蒲牢、形天等，浙江嘉興桐鄉人。中國現代著名作家、文學評論家、文化活動家以及社會活動家。

沈瑞先（1900-1995）

原名沈乃熙，筆名夏衍，祖籍河南開封，生於浙江省餘杭縣。是中國新文化運動的先驅者之一，中國著名文學、電影、戲劇作家、文藝評論家、翻譯家、社會活動家。代表作品有《賽金花》、《秋瑾傳》、《包身工》、《上海屋簷下》等。

沈兼士（1887-1947）

名堅，一名堅士、堅士，筆名兼士，浙江吳興（今湖州）人。中國語言文字學家，明清檔案專家。早年遊學日本，與魯迅等人從章炳麟問學。回國後歷任清華大學教授、輔仁大學教授、北京大學文學院院長、北大研究所國學門主任等職。曾參與故宮博物院維持會，1925年出任北平故宮博物院圖書館副館長、主持文獻部工作，並被推舉為故宮博物院理事。1929年任文獻館副館長，1934年任館長至1947年病逝。

吳奚如（1906-1985）

原名吳席儒，筆名吳善珍，湖北京山城關人。1925年入黃埔軍官學校（第四期），同年加入中國共產黨。1926年秋軍校畢業後參加北伐戰爭，任國民革命軍第四軍獨立團連黨代表。出版有小說集《小巫集》（1935）、《葉伯》（1935）、《卑賤者的靈魂》（1936）、《陽明堡的戰火》（1937）、《懺悔》（1936）、《汾河上》（1937）等。

吳稚暉（1884-1946）

原名敬恆，一名朓，字稚暉，筆名燃、燃料等，江蘇武進人。曾參與康有為的「公車上書」，1903年在上海與蔡元培、章太炎等組織愛國學社，在《蘇報》撰文抨擊清廷，《蘇報》案發後經香港避難至倫敦，1905年參加同盟會，1906年在巴黎參與組織世界社，1907年刊行《新世紀》及《世界畫刊》，鼓吹無政府主義。1913年任教育部讀音統一會議長，提倡國語注音與國語運動，同年6月參與創辦《公論》日刊。1921年創辦里昂中法大學並發起留法勤工儉學運動。1946年，國民政府宣佈結束訓政階段，在南京召開的制憲國民大會確立了《中華民國憲法》，吳稚暉擔任制憲代表主席。1948年任中央研究院院士，1953年病逝。

吳覺農（1897-1989）

原名榮堂，浙江上虞人。早年畢業於浙江省中等農業技術學校，後留學日本。1929年任浙江省建設廳合作事業管理室主任。1936年，擔任中國茶葉公司總技師，後組建復旦大學農學院茶葉系、上海興華製茶公司等。任中央人民政府農業部副部長兼中國茶業公司總經理。

何海鳴（1884-1944）

原名時俊，字一雁，筆名衡陽一雁、求幸福齋主，湖南衡陽人。鴛鴦蝴蝶派作家。

何震（生卒年不詳）

　　原名班，字志劍，江蘇儀徵人。「幼年在家，秉承閨訓甚嚴，不見生人」，1903年與劉師培結婚後「忽然思想大為解放」[3]。1904年與劉師培前往上海，入蔡元培等創辦的上海愛國女學校就讀，接觸到初步的無政府主義和革命思想[4]。在上海期間，何震與劉師培「經常雙雙出入上海文化界中間」，「從此『劉光漢偕何震』云云就成了一道風景，一段佳話，一種談資和詩料。此等舉動，應屬于開風氣之先者」[5]，「被上海黨人比做普魯東和蘇菲亞」[6]。1907年何震與劉師培赴日留學，在東京成立「女子復權會」，創辦《天義報》，在1907-1908年間發表了一系列標舉女權的文章，並與其夫劉師培及張繼等人發起「社會主義講習會」，在東京文化界與劉師培被譽為「羅蘭和瑪利」[7]。1908年《天義報》被迫停刊，何震和劉師培歸國，1910年到山西的閻錫山處做家庭教師[8]。1919年劉師培去世後，傳說何震發了瘋[9]，也有人說她出家為尼，釋名「小器」，後來不知所終[10]。

---

[3]　梅鶴孫著、梅英超整理：《青溪舊屋儀徵劉氏五世小記》（上海：古籍出版社，2004年），頁36。梅鶴孫為劉師培之外甥。

[4]　黃世暉：〈蔡子民〉，收入新潮社編：《蔡子民先生言行錄》（上海：上海書店，1990年），頁17中謂蔡元培主持上海愛國女學校「以暗殺於女子更為相宜」，辦學意在「造成虛無黨一派之女子……為高材生講授法國革命史、俄國虛無黨歷史……講授理化，學分特多，為煉製炸彈的預備」。

[5]　趙慎修：《劉師培評傳》（北京：中國文史出版社，1998年），頁18。

[6]　王開林：《大變局與狂書生》，頁119。蘇菲亞（Sophie Perovskaia）是刺殺沙皇亞歷山大二世的俄國虛無黨女傑。

[7]　柳亞子：〈海上題南社雅集寫真〉，寫於1908年，收入王晶堯、王學莊、孫彩霞：《柳亞子選集》下冊（北京：人民出版社，1989年），頁675：「別有懷人千里外，羅蘭、瑪利海東頭。謂申叔、志劍夫婦。」羅蘭夫人（Mme Roland）是法國大革命時期著名的政治家，吉倫特黨領導人之一。何震（署名「儀徵何震」）：〈贈侯官林宗素女士〉，《警鐘日報》，1904年7月26日，詩中自謂：「獻身甘作蘇菲亞，愛國群推瑪利儂。」

[8]　夏曉虹：〈何震的無政府主義「女界革命」論〉，《中華文史論叢》，2006年第3期，頁314。

[9]　陳萬雄：《五四新文化的源流》（北京：三聯書局，1992年），頁52-53中轉引臺靜農的說法：「申叔死後，他的太太何震發了神經病，時到北大門前喊叫，找蔡元培，找陳獨秀，後來由陳獨秀安排請申叔的弟子劉叔雅將她送回揚州。」

[10]　柳無忌：〈蘇曼殊及其友人〉，收入蘇曼殊：《曼殊全集》5，頁22。

邵力子（1882-1967）

初名景奎，又名聞泰，字仲輝，浙江紹興人。近代教育家、政治家。清末舉人，早年加入同盟會，並與柳亞子發起組織南社，提倡革新文學。1921年加入上海共產主義小組，同年加入中國共產黨。1926年退出中國共產黨，但主張國共合作。1949年國民黨政府拒絕簽定和平協定後，脫離國民黨政府。中華人民共和國成立後任多屆全國人大常委、政協常委、民革常委。

周怒濤（生卒年不詳）

曾就讀愛國女學，在校期間秘密加入同盟會。其後赴日本學習音樂，是《天義報》發起人之一[11]。

周作人（1885-1967）

原名櫆壽，後改為奎綬，浙江紹興人。中國現代著名散文家、文學理論家、評論家、詩人、翻譯家、思想家，中國民俗學開拓人，新文化運動代表人物之一。周作人於1906年赴東京留學，在日本接觸到無政府主義，1907年6月《天義報》出刊後，周作人成為該報的讀者，在關於婦女、家庭、婚姻等問題的思考上深受天義派作家的影響，在1907年7月至11月間，以「獨應」的筆名多次向《天義報》投稿。

---

[11]　根據劉慧英：〈從女權主義到無政府主義──何震的隱現與《天義》的變遷〉，《中國現代文學研究叢刊》，2006年第2期，頁211中的考證：「發表於1907年七月《復報》第十期的〈《天義報》啟〉所署的發起人分別為陸恢權、何殷震、徐亞尊、周怒濤、張旭。──轉引自張枬、王忍之編：《辛亥革命前十年間時論選集》第二卷下冊（北京：三聯書店，1963年），頁820。在正式出版的《天義報》雜誌上，周怒濤的名字被『周大鴻』取代，周大鴻與周怒濤是否為同一人，筆者尚無得到證據確認，因此暫時存疑。……據記載，周怒濤曾與何震同時或先後為愛國女學學生，在校期間秘密加入同盟會。──引自羅蘇文：《女性與近代中國社會》（上海：上海人民出版社，1996年），頁126。另據蔡元培與周峻的女兒蔡睟盎口述，周怒濤為周峻（曾一度名為周怒清）的胞姐，20世紀初，周氏姊妹均為愛國女校學生，周怒濤曾赴日本學習音樂。」

周吾山 (1898-1945)

　　字庭藩，號六麟，別號相生，湖南茶陵人。1918年畢業後與毛澤東、蔡和森、張昆弟、陳書農、周吾山等新民學會會員，在長沙對岸的岳麓山設立「工讀同志會」，從事半耕半讀的新村生活。1923年在湘軍總部當書記，後調入譚道源部任團參謀。1925年任吉安縣長。後歷任上饒縣長、上校參謀、秘書處長、步兵上校等職。抗日期間曾任第十集團軍少將高級參謀。1941年任宜章縣田糧處長。1945年病逝。

周建人 (1888-1984)

　　字松壽，又自喬峰，浙江紹興人。魯迅與周作人的胞弟。現代生物學家。

武者小路篤實 (1885-1976)

　　日本小說家、詩人、劇作家，白樺派的代表作家之一，新村主義的倡導者。為實現新村的理想，在宮崎縣兒湯郡木城村（今兒湯郡木城町）建設了「新村」（新しき村）。但該村由於水壩建設有大半被淹沒，故又於1939年（昭和14年）在埼玉縣入間郡毛呂山町建設了新的「新村」。

易家鉞 (1899-1972)

　　字君左，號意園，又號敬齋，湖南漢壽人。1920年與郭夢良、朱謙之、陳顧遠等共同編輯出版《奮鬥》。1921年9月，易家鉞與羅敦偉在北京組織了專門研究家庭的學術團體「家庭研究社」，創辦《家庭研究》月刊。1949年移居香港，1967年移居台灣，1972年於台北病逝。其散文作品〈可愛的詩境〉曾編入國中國文教科書[12]。

---

[12] 詳見李達軒：〈現代散文家易君左〉，《中國現代文學研究叢刊》，1998年第2期，頁245-251；陳雪嶺：〈《閒話揚州》與作者易君左其人〉，《民國春秋》，1998年第4期，頁44-48；周光曙：

彼岸（1879-1975）

本姓鄭，又名岸父，號伯瑜，湖南汝城人。1908年創辦《香山旬報》，以文章聲討清朝。1912年1月民國成立，廣東都督府委任他為香山縣第一任縣長，但他婉言辭卻，無意仕途。1946年主持編修中山縣誌，並任中山文獻委員會主委，後任中山紀念圖書館館長和省文史研究館副館長，1975年病逝。

林雲陔（1881-1948）

舊名公競，字毅公，廣東信宜人。中國民主革命家，中華民國政治家、銀行家。

林獬（1874-1926）

又名萬里，號宣樊、退室學者，筆名白水，福建閩侯人。民國初年政治家，獨立報人。以筆鋒犀利而著稱，曾在民國初年的北京多家報刊發表過時事評論。1926年因在文中譏諷軍閥而遭到處決。

〈報界名士易君左的毀譽人生〉，《新聞天地》，2004年第1期，頁41-43；范泓：〈易君左其行其狀〉。

幸德秋水（1871-1911）

原名傳次郎。1898年入《萬朝報》社，1901年和片山潛（1859-1933）等人創建日本第一個社會主義政黨——社會民主黨。1903年，因反對《萬朝報》社長黑岩淚香鼓吹對俄開戰，同堺利彥等人創辦《平民新聞》週刊，宣傳反戰和社會主義思想。1904年發表他與堺利彥共譯的《共產黨宣言》。1905年《平民新聞》被迫停刊，幸德秋水被捕，坐牢五個月。他在獄中讀書，受了無政府主義的影響。出獄後，去美國訪問約半年，在與一些國家的無政府主義者接觸過程中，其無政府主義思想有所發展。1906年2月，與片山潛、堺利彥等人成立日本社會黨，次年2月該黨被取締。1907年《平民新聞》復刊，發表〈我的思想變化〉一文，主張與片山潛等所採取的議會主義合法鬥爭相對立的「直接行動」。1910年，日本反動政府為了一網打盡社會主義者和無政府主義者，炮製了一個所謂圖謀暗殺天皇的「大逆事件」，他被捕入獄，1911年被處死，年僅40歲。

姚方仁（1891-1969）

後改名姚杉尊，筆名蓬子、丁愛、小莹、姚夢生、慕容梓等，浙江諸暨人。1926年7月起在《語絲》、《莽原》等刊物上發表詩作。抗日戰爭期間曾編輯《抗戰文藝》等刊物。

查光佛（1885-1932）

名能，字競生，湖北蘄春人。清光緒年間加入中國同盟會，常為《商務報》投稿鼓吹革命，並在武昌蛇山組織「蘄春社」，以聯絡革命黨人。武昌起義後，任湖北軍政府秘書。1912年民國成立後，歷任稽勳委員、同盟會湖北支部交際處長、湖北總司令部秘書長、中央黨史編纂委員會編纂兼秘書等職，1932年病逝。

施存統（1899-1970）

又名施復亮，化名方國昌，筆名光亮、亮、伏量、子充、子由、半解等，浙江金華人。1917年入浙江省立第一師範學校，1919年五四運動前後，發起成立研究新文化的「新生學社」，並參與創辦《浙江新潮》，在第2期上發表反對封建家庭制度的《非孝》一文，引發「一師風潮」。1920年1月加入「北京工讀互助團」，3月，該團解散，施存統到上海，經俞秀松介紹，認識《新青年》的主編陳獨秀，從此拋棄無政府主義，轉向馬克思主義，加入上海共產主義小組，參與成立馬克思主義研究會，成為中國共產黨最早的黨員之一。1970年11月29日病逝於北京。

俞寄凡（1891-1968）

又名義範，江蘇吳縣人。現代畫家、美術教育家。

紀彭（1885-1972）

本姓莫，字宇非，曾用名莫俠仁，東莞高埗人。17歲入東莞師範學堂，曾創辦《東莞旬刊》，宣傳革命，為縣令所查禁。1909年加入同盟會。1911年3月29日黃花崗之役，莫紀彭擔任選鋒隊第三隊隊長，親率隊員攻打兩廣總督衙門。民國建立後，任海軍秘書、省長公署秘書等職，抗戰時期任國民黨中央黨史史料編纂委員會編修。1949年隨國民政府遷至台灣後，致力於撰寫回憶之作，1972年病逝。

馬君武（1881-1940）

名和，字君武，廣西桂林人。1901年入上海震旦學院，同年冬赴日本京都大學讀化學。1905年8月第一批加入同盟會，和黃興、陳天華等人共同起草同盟會章程，並為《民報》撰稿。1905年底回國，任上海南洋公學教習。1907年赴德國，入柏林工業大學學冶金。是中國教育家、翻譯家、學者、社會活動家，上海大夏大學首任校長，廣西大學的創建人。

洪秀全（1814-1864）

原名洪仁坤，小名火秀，廣東花縣人。1837年到廣州應試時收到基督徒梁發編的《勸世良言》（1832）一書，1843年落榜後重病一場，痊癒後聲稱自己是上帝的次子、耶穌的弟弟，創立「拜上帝會」，四處傳教。1851年1月11日，率領金田起義，1853年3月19日，太平軍攻克南京，改名「天京」，建立太平天國，1964年被清軍圍攻，洪秀全病逝南京。

俞秀松（1899-1939）

又名壽松，字伯青，化名王壽成，浙江諸暨人。1920年加入北京工讀互助團，與陳獨秀等發起成立上海共產主義小組成員，是中國共產黨成立發起人之一。曾任中國社會主義青年團第一任書記、旅莫斯科支部支委、新疆反帝聯合會秘書長。1937年12月10日在新疆被當時親蘇的盛世才逮捕，翌年6月被押送蘇聯監獄，1939年2月21日被槍決於莫斯科。

施寄青（1947-2015）

陝西華縣人。3歲隨父母遷居台灣。北一女、國立政治大學中文系畢業。曾任台北市建國高中國文教師、台北市晚晴婦女協會創辦人，是著名作家與女權運動人士，去世前居住於台灣苗栗縣南庄。

胡適（1891-1962）

原名嗣穈，學名洪騂，字希疆，後改名胡適，字適之，筆名天風、藏暉等，安徽績溪人。提倡文學革命，新文化運動的領袖之一，曾擔任國立北京大學校長、中央研究院院長等職。

胡漢民（1879-1936）

原名衍鴻，字展堂，廣東番禺人。1905年加入同盟會，對三民主義多有闡發，是孫中山的得力助手之一。孫中山去世後，與蔣介石合作反共，出任國民政府主席等職。1931年因「約法之爭」導致胡漢民被蔣介石軟禁於南京湯山，九一八事變後獲釋，不久赴廣州，後居香港。其後，胡漢民便一直在香港領導西南反對蔣介石與南京政府，1936年病逝於廣州。

袁振英（1894-1979）

字震瀛，號黃龍道人，廣東東莞人。中國近代戲劇理論研究的拓荒者，中國共產黨、中國社會主義青年團的創建人之一。

孫伏園（1894-1966）

原名福源，筆名伏廬、伯生、松年等，浙江紹興人。著名學者、作家、散文家、副刊編輯，在新聞學上有民國「副刊大王」之稱。

孫祖基（1903-1957）

字道始，江蘇無錫人。曾任無錫縣縣長，抗日戰爭爆發後，從1942年起任官於汪偽組織。1949年後來台，常在《台灣風物》雜誌上發文，1957年逝世。

師復（1884-1915）

　　本姓劉[13]，名紹彬，廣東香山（今中山縣）人。1904年赴日留學時改名劉思復，次年加入中國同盟會。1906年回國，1907年密謀暗殺廣東水師提督李准（1871-1936）而被捕入獄。1909年獲營救出獄赴香港，潛心研究《新世紀》鼓吹的無政府主義。1910年春在香港組織「支那暗殺團」，直到清廷宣告退位才解散。1912年5月於廣州成立「晦鳴學舍」，7月與彼岸、紀彭等人創立「心社」。1913年在廣州創辦《晦鳴錄》雜誌，印行二期後被廣東都督龍濟光查禁，遷往澳門改名為《民聲》，出版了第三、第四期，又遭袁世凱慫恿葡人干涉而被禁。1914年師復與「心社」一起遷至上海，同年7月在上海成立「無政府共產主義同志社」，1915年病逝於杭州。

戚維翰（?-1947）

　　字墨緣，浙江建德人。1927年就讀北京師大國文系期間，曾與台灣新文學運動奠基者——張我軍（1902-1955）組織「新野社」，以無產階級革命文學為旨趣，1930年出版《新野月刊》[14]。1947年死於車禍，1948年遺著《李白研究》由上海中華書局出版。

---

[13] 詳見黎潔華：〈師復的姓〉，《學術研究》，1981年第4期，頁22；張煥：〈師復——「劉師復」——劉師培〉，《讀書》，1993年第2期，頁146：「師復固然也曾姓劉，當信仰了無政府主義，廢了姓……現在的一些書裡，替他恢復了舊姓，稱他『劉師復』，是違反他的心願的，也是不符合歷史實際的。」
[14] 何標：〈張我軍與「新野社」〉，《台聲》，1994年2月。

高長虹（1898-1954）

本名高仰愈，山西孟縣人。1924年在太原組織「貧民藝術團」，出版《狂飆》月刊，不久高長虹赴北京開展狂飆運動，創辦《狂飆》周刊，組織「狂飆社」。1926年狂飆社逐漸轉到上海，並且擴大活動範圍，五年多來編輯出版刊物近二十種，叢書六七種、五六十冊，成立了「狂飆演劇部」，在上海、南京等地演出進步劇作；成員有作家、演員、哲學家、翻譯工作者等，總數在七十人左右，是五四以來第二大文學社團。1925年高長虹加入魯迅組織的「莽原社」，任《莽原》周刊編輯，1926年與魯迅交惡。1928年10月到1929年6月高長虹出版了個人刊物《長虹週刊》。1929年冬，持續了近六年的「狂飆運動」開始衰落，幾位骨幹不是轉向右派，反對革命；就是加入中共，走向左派。高長虹感覺無力回天，於是決定出國。七七事變後，回國從事抗日宣傳工作，1954年因腦溢血逝世於瀋陽。

高銛（生卒年不詳）

生平不詳，五四時期曾在《學藝雜誌》、《科學》、《新青年》等刊物發表文章。

高爾松（1900-1986）

字繼郇，筆名高希聖，江蘇青浦（今屬上海市）人。1923年加入中國國民黨。同年10月經楊賢江、沈雁冰介紹，加入中國共產黨。1927年遭到通緝而流亡日本，1929年回國，在上海從事文化出版事業，1986年病逝。

郭化若（1904-1995）

　　原名郭可彬，曾用名郭俊英、郭化玉、郭化羽等，福建福州人。1923年加入桂系軍隊，1924年加入中國國民黨，1925年以第一名成績考入黃埔軍校四期學習，同年加入中國共產黨，畢業後留校任炮兵教官。1944年參與創辦八路軍炮兵學校並擔任校長。文化大革命中一度受迫害，1973年復出，任中國人民解放軍軍事科學院副院長，1985年退休。

康有為（1858-1927）

　　又名祖詒，字廣廈，號長素，又號明夷、更甡、西樵山人、游存叟、天游化人，人稱康南海，廣東南海人。1894-1895年中日甲午戰爭，中國戰敗，康有為、梁啟超等聯合舉人上萬言書，史稱「公車上書」。1898年6月，康有為等推動「戊戌變法」，但8月即發生「戊戌政變」，康有為流亡海外，從事勤王立憲活動。1911年辛亥革命成功，1913年康有為回國，在上海創辦《不忍》雜誌，1927年病逝於青島。

章太炎（1869-1935）

　　原名學乘，字枚叔，後易名為炳麟，嗣因反清意識濃厚，慕顧炎武的為人行事而改名為絳，號太炎，浙江餘杭人。1894年中日甲午戰爭之後，章太炎曾為強學會捐款，與康、梁通信。戊戌政變後，章太炎遭通緝，避居台灣，任《臺灣日日新報》記者。1903年在上海愛國學社任教，結識鄒容、章士釗等，章太炎為鄒容《革命軍》撰序，其後發生「蘇報案」，章太炎與鄒容皆入獄。1906年6月出獄，孫中山自東京派人迎至日本，加入同盟會，主辦《民報》。1907年4月，與張繼、劉師培等在日本東京成立「亞洲和親會」，主張「反對帝國主義而自保其邦族」。1913年民國成立後回國，因反袁而被囚禁。1927年南京國民政府成立後，章太炎採取不合作態度，曾遭國民黨上海黨部通緝。1935年因鼻竇癌病逝於蘇州。

章錫琛（1889-1969）

別名雪村，浙江紹興人。1912-1925年任上海商務印書館《東方雜誌》編輯、《婦女雜誌》主編、國文部編輯，編輯上海《時事新報》、《民國日報》副刊。1926年離開商務印書館組織《新女性》雜誌社，1926年8月創辦開明書店，1949年任出版總署處長、專員，1954年擔任古籍出版社副總編輯，1956年任中華書局任副總編輯。1958年被劃為右派，1960年在文革中被迫害，1969年含冤而死。

梁冰弦（?-1960左右）

無政府主義者、師復的忠實追隨者，曾創辦《民風》、《勞動》、《閩星》等無政府主義刊物。

梁啟超（1873-1929）

字卓如、任甫，號任公，別號飲冰室主人，廣東新會人。清朝末年、民國初年的中國近代思想家、政治家、教育家、史學家及文學家。

梁發（1789-1855）

原名恭，字濟南，小名「阿發」，廣東高明人。是中國基督教重要人物，也是第一位華人牧師。

徐霞村（1907-1986）

本名徐元度，曾用筆名方原，上海人。著名作家、翻譯家。

陸秋心（生卒年不詳）

1920年代上海務本女中教師，《新婦女》主編。

陶履恭（1887-1960）

字孟和，天津人。社會學家。

陳宣昭（1902-1999）

浙江新昌人。1923年赴日留學，1925年回國，擔任江蘇滸墅關女子蠶業學校教員，創辦「商業繅絲傳習所」，同年12月與相戀八年、後來被譽為「茶聖」的著名農學家吳覺農結婚。

陳原（1918-2004）

廣東新會人。中國語言學家、世界語專家、編輯出版家。

陳書農（1893-1973）

本名廷典，又名鼎勳，字書農，簡州鄒家大溝(今四川簡陽)人。保定陸軍軍官學堂畢業，1921年任鄧錫侯（1889-1964）部團長，次年升旅長。1924年北京政府授予陸軍中將，12月1日升3師師長。占有防地合川、武勝、銅梁等地達七年。抗戰發生後，跟隨鄧錫侯出川抗日。1949年後居香港，1956年回中國，定居上海。

陳喬年（1902-1928）

安徽安慶人。陳獨秀的次子，1919年赴法勤工儉學，1922年加入中國共產黨，1923年根據黨組織的決定，陳喬年離開法國，到莫斯科東方勞動者共產主義大學學習。1924年遵照中共中央的指示，離開莫斯科回國，擔任中共北京地方執行委員會組織部長，1928年被國民黨逮捕殺害。

陳碧蘭（1902-1987）

筆名陳碧雲，湖北黃陂人。中共早期著名女革命家，是中共四大第二號領袖彭述之的妻子。1929年陳碧蘭和彭述之、陳獨秀等人成立中共反對派組織「托派」，1949年赴香港，1950年初流亡越南，不久移居歐洲。1968年移居日本，1973年移居美國。其回憶錄《我的回憶———一個中國革命者的回顧》於1994年由香港十月書屋出版，2010年2月香港天地圖書再版其回憶錄，書名改為《早期中共與托派——我的革命生涯回憶》。

陳獨秀（1879-1942）

本名慶同，官名乾生，字仲甫，號實庵，安徽懷寧人。中國新文化運動的發起人之一，中國共產黨創始人之一及早期最高領導人。

陳學昭（1906-1991）

筆名野渠，浙江海寧人。曾參加淺草社、語絲社等文學團體，1921年開始發表作品，1927年赴法國留學，兼任天津《大公報》駐歐特派記者，上海《生活周報》特約撰稿人，1935年獲法國克萊蒙大學文學博士學位。回國後歷任延安《解放日報》副刊編輯、《東北日報》副刊編輯、浙江大學教授、浙江省文聯副主席、中國作家協會浙江分會名譽主席、專業作家，中國文聯第一、二、三、四屆委員，中國作家協會一、二、三屆理事，全國政協委員。1991年10月18日在杭州逝世，年85歲。

陳醉雲（1895-1982）

浙江上虞人。現代小說家、詩人，曾任國立中央大學教授，著有《玫瑰》、《遊子的夢》等書。其散文作品〈蟬與螢〉曾收入國中國文教科書。

陳德徵（?-1951）

字待秋，浙江浦江人。1923年與胡山源、錢春江創辦「彌灑社」並出版《彌灑》月刊。1926年任上海《民國日報》的總編輯。1927後任國民黨上海市黨部主任委員、上海市教育局長等職。後因《民國日報》「選舉中國的偉人」事件離職[15]。其後陳德徵淡出政治舞台，1951年被共黨逮捕，瘦斃獄中。

---

[15] 詳見張功臣：《民國報人：新聞史上的隱秘一頁》（山東：山東畫報出版社，2010年）。1930年陳德徵在《民國日報》上辦了一次民意測驗，選舉中國的偉人。揭曉時，第一名是陳德徵，第二名是蔣介石。蔣介石一怒之下，將陳德徵押到南京，關了幾個月，並下令「永遠不得敘用」。還有一種說法是，選舉結果顯示，陳德徵得票低於孫中山而高於蔣介石，蔣介石盛怒之下關了他三年之久而不是幾個月。

陳翼龍（1886-1913）

亦名意農，湖北羅田人。中國社會黨領袖。1913年遭袁世凱政府逮捕槍決。

張昆弟（1894-1932）

湖南長沙人。1918年和毛澤東、蔡和森等建立新民學會，1919年赴法國勤工儉學，1922年加入中國共產黨，1932年遭到中國共產黨領導人王明政治迫害，被王明手下殺害。

張若名（1902-1958）

河北清苑人。早年參加「五四運動」，是覺悟社成員，中國婦女運動的先驅，周恩來的初戀女友。1927年考取里昂大學，是中國第一位法國女博士，1930年與楊堃結婚，歸國後先後執教北平中法大學和雲南大學。1957年「反右」運動中，她橫遭無端批判，1958年投水自盡，在周恩來、鄧穎超的親自過問下，雲南大學黨委對張若名的錯誤批判，向家屬賠禮道歉，並於1980年為其徹底平反[16]。

張崧年（1893-1986）

又名申府，字申甫，河北獻縣人。1917年北京大學數學系畢業後，留校任數學助教，其後對哲學發生興趣並潛心研究，1949年後擔任北京圖書館研究員，從事文獻翻譯和中外文圖書採訪等工作。

---

[16] 詳見楊在道：〈中國第一位法國女博士──張若名〉，《中國比較文學通訊》，1991年2月第15期；黃嫣梨：〈張若名與五四時期的天津婦運〉，《近代中國婦女史研究》，1993年6月第1期，頁19-34。

張庶華（1886-1968）

字春藻，湖南攸縣人。中國教育家、冶金學家。

張慰慈（1890-1976）

字祖訓，江蘇吳江人。早年留學美國，哲學博士。曾任北京大學、法政大學、上海東吳大學法律學院、中國公學政治學教授，安徽大學圖書館長等職，中國政治學的開拓者，北京大學最早的政治學教授。後任南京中國政治學會幹事。

張競生（1888-1970）

字公室，廣東饒平人。1912年前往法國留學，1916年獲巴黎大學文學學士，1919年獲里昂大學哲學博士。1926年在上海任開明書店總編輯，創辦「美的書店」，後遭查封。1926年出版《性史》第一集，社會譁然，使他身敗名裂，被稱為「賣春博士」，被北大解聘。1929年到杭州講學，又以「性宣傳罪」被拘留，其後再次赴歐研究，並從事譯著。文化大革命期間，遭迫害和批鬥，1970年貧病交迫而死。

張履謙（生卒年不詳）

1925年在上海與巴金等共十六名無政府主義同志，發起「民眾社」，出版《民眾》半月刊。1926年與盧劍波、胡邁、鄧天矞、毛一波等組織「中國民鋒社聯盟」，在上海編輯出版《民鋒》，共出三卷，1928年被國民黨查禁[17]。

---

[17] 詳見蔣俊：〈盧劍波先生早年的無政府主義宣傳活動紀實〉，收入葛懋春、蔣俊、李興芝編：《無政府主義思想資料選》，頁1009-1022；紀申：〈憶四哥巴金〉，《巴金研究》，2007年第2期，頁6-10。

張默君（1884-1965）

原名昭漢，字漱芳，湖南湘鄉人。中國民主革命家、婦女運動先驅、教育家。

張靜江（1877-1950）

名增澄，字靜江、人傑，別號飲光、臥禪，浙江湖州人。1902年與好友李石曾一同前往巴黎，李石曾入大學深造，張靜江則熱衷於貿易，1903年開設通運公司，據他的帳房李力經先生所說「獲利之巨，無法估計」。1905年吳稚暉前往巴黎，拜訪了張靜江，從此張靜江接受了無政府主義，和吳稚暉、李石曾被稱為旅法華人中的「三劍客」。1906年底，他們三人和蔡元培在巴黎創建了「世界社」，1907年又出版《新世紀》周刊和《世界畫報》，所有這些活動的經費，均由張靜江提供。自1907年起，張靜江多次在經濟上資助孫中山及同盟會的行動，對革命運動的慷慨解囊，使他有「毀家憂國一奇人」之稱。民國成立後，曾任中國國民黨中央執行委員會主席、中央監察委員等職。在蔣介石建立南京國民政府後，主持建設委員會工作。1936年8月拜訪淨土宗印光法師後皈依佛教，從此熱衷於念經打坐，吃素修行，並在上海成立佛教協會，在莫干山建立佛堂。1950年因心臟衰竭病逝於美國紐約[18]。

---

[18] 詳見李力經：〈漫談張靜江〉，收入上海市政協文史資料委員會編：《上海文史資料存稿彙編》第二冊（上海：上海古籍出版社，2001年）；張素貞：《毀家憂國一奇人：張人傑傳》（台北：近代中國出版社，1981年）；劉義生：〈張靜江評析〉，《史學月刊》，1992年第6期，頁103-110；陳國強：〈評大革命時期的張靜江〉，《江海學刊》，1994年第6期，頁139-145；蘇殿遠：〈民國奇人張靜江〉，《縱橫》，1999年第11期，頁34-36；陳南青：〈民國奇人張靜江〉；馬文會：〈「民國奇人」張靜江〉，《文史春秋》，2005年第2期，頁51-52；張南琛、宋路霞：〈被孫中山稱為「奇人」的張靜江〉，《山西老年》，2007年第12期，頁12-13；譚備戰：〈孫中山和蔣介石心目中的張靜江〉，《黨史文苑》，2007年第19期，頁40-44等。

張繼（1882-1947）

原名溥，字溥泉，筆名自然生，河北滄州人。1899年留學日本，受日本無政府主義影響，宣傳無政府主義。辛亥革命後，張繼於1913年擔任中華民國首任參議院院長，此後歷任立法院長、國史館長等，1947年因病逝世。

惲代英（1895-1931）

又名蓮軒，字了毅，筆名但一、代英、待英、天逸、稚宜、F‧M等，湖北武昌人。1919年五四運動時，發起成立「武漢學生聯合會」，出版《學生周刊》，同年加入「少年中國學會」，為《新青年》、《少年中國》、《端風》、《東方雜誌》撰寫大量文章。惲代英少年時期即有家庭必須改革的想法，1920年2月受無政府主義的新村運動及工讀互助運動影響，在武昌創辦「利群書社」、「利群織布廠」和「工人補習學校」，出版內部刊物《我們的》、《互助》。從1920到1921年間，惲代英的思想產生了轉變，開始由無政府主義轉向馬克思主義。1921年加入中國共產黨，是該黨第一批黨員之一，1930年被國民黨逮捕，蔣介石派人勸降未果後，將其槍決於南京軍人監獄。

堺利彥（1870-1933）

號枯川。1899年入《萬朝報》社，與幸德秋水等結交，開始瞭解並接受社會主義思想。1904年因在《平民新聞》該刊發表〈嗚呼！增稅〉一文，被監禁兩個月。1908年6月22日，參加社會主義者歡迎出獄同志大會時被捕，後判刑兩年[19]。1910年與大杉榮（1885-1923）等人創立賣文社。幸德秋水因「大逆事件」被處死後，他繼續堅持活動，並逐漸傾向馬克思主義。1920年創立日本社會主義同盟，宣傳馬克思主義。1933年逝世。

---

[19] 詳見吳稚暉（署名「夷參」）譯《朝日》及《二六兩》新聞：〈日本無政府黨之開場鑼鼓〉，《新世紀》，1908年7月25日第57號，頁5-9；吳稚暉（署名「夷」）：〈日本無政府黨紅旗案之結束〉，《新世紀》，1908年10月24日第70號，頁7-10。

華林（1893-1973）

原名挺生，富陽大青人。五四運動中在杭州參加罷工、罷市，1920年在上海加入社會主義青年團，1923年加中國共產黨。1931年任職於上海開明書店，1947年任富陽縣立初中教員，1950年任富陽各界人民代表會議代表等職，1956年調上海電機製造學校，1969年因病退休，後在上海病逝。

傅秉常（1896-1965）

字裝裳，廣東南海人。中華民國政治家、外交官。

傅斯年（1896-1950）

字孟真，山東聊城人。歷史學家、學術領導人、五四運動學生領袖之一、中央研究院歷史語言研究所的創辦者，曾任國立北京大學代理校長、國立臺灣大學校長。

黃凌霜（1898-1988）

又名文山，廣東台山人。曾就讀北京大學，是無政府主義者。

曾琦（1892-1951）

原名昭琮，字慕韓，四川隆昌人。民國時期政治人物，中國青年黨領導人和創始人。也是中國「第三勢力」民主運動的領導人物。

區聲白（1892-?）

廣東南海人。曾就讀於廣東高等師範學校及北京大學。五四運動期間，在北大學生中宣傳無政府主義。1920年畢業後到嶺南大學講授中國文學史，並利用《民聲》等雜誌，進行無政府主義和世界語的宣傳。1921年赴法國里昂大學留學，加入國際性世界語組織「全世界無民族協會」。1925年畢業回國，致力於世界語的推廣。抗日戰爭期間曾為漢奸，抗戰勝利後移居澳門，病逝於澳門。

無能子（生卒年不詳）

姓名、籍貫、生平皆不詳，只有「無能子」別號流傳在世。唐朝末年思想家。

褚民誼（1884-1946）

原名明遺，號重行，筆名民、靡君，浙江吳興人。1903年赴日留學，後又赴法，1907年參與編輯《新世紀》。辛亥革命後，曾任里昂中法大學副校長。1932年，任國民黨行政院秘書長。然而在對日抗戰初，隨汪精衛投降日寇，充任汪偽行政院副院長兼外交部長、駐日大使，抗戰勝利後在1946年以漢奸罪被判處死刑。

褚問鵑（1896-1994）

後改名松雪，筆名一軒女士，浙江嘉興人。出身官宦之家，祖父曾任道台。讀過師範，教過書，丈夫是小官僚。1923年見《愛情定則》討論，棄家到北京與張競生同居，一起生活了兩三年。曾任上海婦女部長，在國共第一次合作時期是以個人身份加入國民黨並任婦女部長的三名風雲人物之一（另兩位是譚平山、毛澤東）。抗戰時她在國軍編抗日刊物，是第一位女上校，曾任羅卓英的秘書。1940年代末到江西參加反共游擊隊，不久游擊隊被共軍殲滅，她易裝隻身脫逃至上海，偷渡至香港，因證件盡失滯留經年，至查得檔案始赴台與子團聚。著有自傳體散文集《花落春猶在》三卷等，享壽九十餘得善終[20]。

楊沒累（1898-1929）

湖南長沙人。大學時代與丁玲同窗，據說是丁玲名著〈莎菲女士的日記〉的原型之一。1923年與朱謙之相戀而非婚同居，1927年與朱謙之的愛情書信集《荷心》出版，1928年病逝後，朱謙之整理其遺作編為《沒累文存》於1929年出版。

楊效春（1895-1938）

又名興春，義烏柳村人。現代著名的教育學家。

---

[20] 詳見黃嘉：〈故褚問鵑女史行誼〉，http://blog.tianya.cn/blogger/post_read.asp?BlogID=174799&PostID=18268059；黃士安：〈她（褚問鵑）生於1896年（屬猴）〉，http://blog.tianya.cn/blogger/post_read.asp?BlogID=174799&PostID=18324221。

楊堃（1901-1997）

又名赤民，筆名張好禮、楊念基等，河北大名人。著名民族學家、民俗學家。1921年留學法國里昂的中法大學。1923年加入共產主義青年團，1930年獲得里昂大學文科博士學位，同年與張若名結婚，1931年回國致力於民族學，文革期間被抄家批鬥、關牛棚。打倒「四人幫」後，楊堃調到中國社科院民族研究所工作，兼在北師大、中央民院授課，講《民族學概論》。1997年在北京逝世。

楊開慧（1895-1931）

湖南長沙人。1920年進入長沙福湘女中後，加入毛澤東領導的湖南學生聯合會、文化書社、中國社會主義青年團。1921年加入中國共產黨，1923年至1927年隨毛澤東在上海、韶山、武漢等地開展工人運動、農民運動和婦女運動，1928年後在長沙板倉一帶從事地下活動。1930年10月被國民黨逮捕，同年11月在長沙被處決。

楊賢江（1895-1931）

字英甫，筆名李浩吾、李膺揚、柳島生等，浙江餘姚人。中國共產黨早期黨員之一，馬克思主義理論家、教育家。

楊鐘鍵（1897-1979）

字克強，陝西華縣人。1922年畢業於北京大學地質系，後留學德國，獲博士學位。著名古生物學家、地質學家、教育家，中國古脊椎動物和古人類學的奠基人。

鄒韜奮（1895-1944）

原名恩潤，筆名「韜奮」取意「韜光養晦」和「奮鬥」，中國記者、出版家。中國新聞界獎項「韜奮獎」以他命名，以此獎勵新聞出版行業的優秀編輯人士。

熊子容（1896-1968）

湖南湘陰人。曾與毛澤東一起就讀湖南第一師範，1918年畢業後與毛澤東、蔡和森、張昆弟、陳書農、周吾山等新民學會會員，在長沙對岸的岳麓山設立「工讀同志會」，從事半耕半讀的新村生活。曾任復旦大學學教育學系主任、教授，南京中央大學教育學系主任、教授。

葉靈鳳（1905-1975）

原名葉蘊璞，曾用筆名葉林豐、佐木華、秋生、霜崖、秦靜聞、秋郎、亞靈、臨風、雨品巫、曇華、L.F.、柿堂、南村、任訶、鳳軒、燕樓等，香港人。1925年加入創造社，開始文學創作，是創造社後期的重要成員。1926年與潘漢年主編《幻洲》半月刊，1937年抗日戰爭爆發，1938年香港淪陷前夕，大批進步文化人紛紛離港，葉靈鳳原也想離港，但負責情報工作的潘漢年要他留港，保持超然態度，秘密進行敵後地下工作。不久，葉靈鳳以「抗日分子」罪名，遭日軍關押三個多月，被營救出獄後，不得不在日偽文化機構大同公司掛職，編輯《大同》、《亞細亞》雜誌。抗戰結束後葉靈鳳仍定居於香港，直到1975年病逝。由於抗日戰爭期間曾為情報工作而在日偽文化機構任職，被批評為「漢奸文人」，近年才獲平反，其舊著也重新被刊行和重視[21]。

---

21 詳見劉以鬯編：《香港文學作家傳略》（香港：市政局公共圖書館，1996年）；曹培紅：〈葉靈鳳年譜簡編〉，收入葉靈鳳：《永久的女性》（廣州：花城出版社，1999年）；柯文溥：〈葉靈鳳浮沉錄──現代文壇的一樁公案〉，《湄洲日報》，2002年11月18日。

蔡元培（1868-1940）

字鶴卿，又字仲申、民友、子民，浙江紹興人。1894年任翰林院編修，1898年任紹興中西學堂監督，提倡新學。1902年，在上海與章太炎等發起成立中國教育學會，並擔任會長，同年創立愛國學社和愛國女學校。1904年2月17日在上海租界創辦《俄事警聞》，3月改名為《警鐘日報》，同年在上海成立光復會。1905年任愛國女學校校長。1912年任中華民國首任教育總長，1916年至1927年任北京大學校長，1920年至1930年兼任中法大學校長，1928年至1940年任中央研究院院長，1940年病逝。

鄧天矞（?-1986）

四川人。1926年與盧劍波、胡邁、毛一波等組織「中國民鋒社聯盟」，後改為「中國少年無政府主義者聯盟」，與盧劍波合著《新婦女的解放》。20年代在上海學習世界語，30年代曾加入成都世界語協會，曾在潼川、中壩、樂山等地積極參加盧劍波領導的世界語運動。曾任成都錦江中學校長，曾以世界語翻譯過兩部著作：《莎恭達娜》和《越橘花冠》。

鄧穎超（1904-1992）

曾用名鄧玉愛、鄧文淑，河南光山人。1925年加入中國共產黨，是中華人民共和國首任總理周恩來的妻子，鄧小平主政時期的「中共八大元老」之一。

蔚克水（生卒年不詳）

生平不詳，1918年在山西成立無政府主義「平社」。

魯迅（1881-1936）

原名周樹人，字豫才，浙江紹興人。中國現代文學家、思想家、革命家。

劉大白（1880-1932）

原名金慶棪，字柏楨，號清齋，筆名漢胄、靖裔，浙江紹興人。五四時期白話詩倡導者之一，1921年至1922年間，在《民國日報‧覺悟》上發表了許多新詩和隨感，1924年加入以柳亞子為首的新南社及文學研究會上海分會，著有新詩集《舊夢》、《郵吻》、《再造》、《丁寧》等。

劉半農（1891-1934）

名復，字半農，江蘇江陰人。近現代中國著名文學家、語言學家、教育家。

劉師培（1884-1919）

　　劉師培，字申叔，改名光漢，號左盦，江蘇儀徵人。1904年經蔡元培介紹加入光復會，參與《俄事警聞》（後改名《警鐘日報》）和《國粹學報》的編輯工作。1905年秋劉師培化名金少甫，在安徽公學及皖江中學堂任歷史和倫理學教員時，編撰了《倫理教科書》。1907年劉師培應章太炎等邀請，與妻何震東渡日本，加入中國同盟會，6月受日本無政府主義思潮的影響，與何震發起成立「女子復權會」和「社會主義講習會」，創辦《天義報》。同年與何震雙雙歸國，投奔兩江總督端方幕府，1908於《神州日報》公佈所謂章太炎上端方書，誣章太炎叛變革命，致使同盟會分裂。劉師培在端方幕府中繼續鑽研經史，並為《國粹學報》投稿，1911年任參議官，隨端方領兵入川，途中端方為亂軍所戕，遂逃往成都，講學於四川國學院。1913年至山西太原閻錫山幕府，任高級顧問，1915年至北京，為袁世凱利用，與楊度、孫毓筠、嚴復、李燮和、胡瑛等六人組織籌安會，撰寫文章鼓吹帝制。1917年應北京大學校長蔡元培之聘，任北京大學文科教授，1919年在北大主導發起《國故學刊》，同年11月逝世。

樓桐孫（1896-1992）

　　字佩蘭，浙江永康人。中國法學家、翻譯家。1928年11月任國民政府立法院第一屆立法委員，1950年11月赴台灣，繼續擔任立法委員，1992年過世。

潘光旦（1899-1967）

　　原名光亶，後署名光旦，又名保同，字仲昂，江蘇太倉人。近代中國社會學家和優生學家。

潘漢年（1906-1977）

江蘇宜興人。1925年加入中國共產黨，1935年起從事情報工作，1955年被疑為「內奸」（另說：因「知道得太多」）遭毛澤東逮捕判刑，1977年含冤病逝，1982年中共中央宣佈為其恢復名譽，是中共黨史上的傳奇人物[22]。

蔣夢麟（1886-1964）

本名夢熊，字兆賢，別號孟鄰，浙江餘姚人。曾任國民政府教育部部長，國立北京大學校長。

黎濛（1914-1978）

又名黎作梁，廣西興業人。1929年到法國就讀巴黎大學哲學系，回國後成為李宗仁的心腹、喉舌，1936年到香港，先後創辦了《珠江日報》和《新生晚報》兩家報紙。1978年病逝於香港[23]。

盧劍波（1904-1991）

原名盧廷傑，筆名劍波、左馨、田申雨、幼葭、黑囚、江一等，四川合江人。1928年上海國民大學畢業，曾在上海、四川教中學。曾編《時與潮》、《民鋒》等刊。1944年入四川大學任教，後為歷史系教授，並任四川省歷史學會理事、省語言學會理事、中華全國世界語協會理事等職。

---

[22] 詳見尹騏：《潘漢年的情報生涯》（北京：人民出版社，1996年），頁161；秦福銓：《博古和毛澤東及中華蘇維埃共和國的領袖們》（香港：大風出版社，2009年），頁148-150。

[23] 詳見何每：〈李宗仁的心腹「喉舌」黎濛〉，《文史春秋》，2006年第5期，頁42-45。李宗仁，1891-1969，字德鄰，廣西臨桂人。中國國民革命軍陸軍一級上將，中國國民黨內「桂系」首領，曾任中華民國首任副總統、代總統。

戴季陶（1891-1949）

　　原名良弼，字選堂，號天仇，後改名傳賢、字季陶，四川廣漢人。1911年加入同盟會，1912年擔任孫中山的秘書。1913年留學日本時與護士重松金子生下一子，並過繼給蔣介石為養子，即蔣緯國。1916年返國，在上海創辦《星期評論》周刊。五四運動後曾大力推廣社會主義。1920年5月，參加上海「馬克思主義研究會」，起草「中國共產黨綱領」，是中國共產黨最早的一批黨員，後來因孫中山反對而退出共產黨。1926年任國立中山大學校長，1928-1948年任考試院院長，是中華民國國旗歌的歌詞作者。

鞠普（生卒年不詳）

　　生平不詳，1908年3月匿名從荷蘭投稿了〈禮運大同釋義〉及〈人類原始說〉兩篇至《新世紀》，當時的主編吳稚暉於文末附注，推崇此兩篇「其擇義之精，見解之超，在我輩中國甚幼稚之進化學界中，洵可為翹然楚子，同人自愧無似」[24]，蔡元培曾在〈復吳敬恆函〉（1908年）中問：「近日《新世紀》所載荷蘭來稿，未知何人所為，其引證雖多刺謬（先生所駁，弟皆表同情），而其篤信社會主義，殊為難得也。」[25]，同年4月《新世紀》登出署名鞠普的〈大同釋疑〉，吳稚暉在文前註明「鞠普即前月為脩學旅行于荷蘭時曾寄大同釋義等稿之某君也」，此後鞠普便署名投稿，短短三個月間在《新世紀》發表了八篇文章。7月有讀者來函，批評鞠普〈男女雜交說〉「不合社會主義之談，是實舉世所詬斥，自然主義之極端之言也」，吳稚暉撰文回覆，謂此篇雖有可商榷之處，但是否「極端」，則見仁見智，且稱鞠普「固潔白之男子，為主張男女平等之熱心家」[26]，但不知何故，從此就未再在《新世紀》看到鞠普發表的文章。1917年1月5日，錢玄同（1887-1939）在北京遇見鞠普，當時認同無政府主義的錢玄同形容鞠普「舉止言語無異囊昔，且謂大同主義之主張，今尤昔也」，並感到「可喜可慰」[27]。

---

[24] 鞠普：〈人類原始說〉文末吳稚暉（署名「燃」）附注，《新世紀》，1908年3月21日第39號。
[25] 蔡元培著、高平叔編：《蔡元培全集》第一卷，頁405。
[26] 吳稚暉（署名「燃」）：〈答某君〉。
[27] 錢玄同：《錢玄同日記》第3卷（福州：福建教育出版社，2002年），頁1489-1490。

藍公武（1887-1957）

字志先，江蘇吳江人。早年留學日、德，回國後在報界任職，後任北京大學教授。

羅家倫（1897-1969）

字志希，江西進賢人。教育家、歷史學家、「五四運動」的命名者。

羅敦偉（1897-1964）

字韶卿，湖南長沙人。1920年10月在北京批評社編輯並創刊《批評》半月刊，宣傳新村主義。1933年後致力於中國統制經濟的研究[28]。

譚嗣同（1865-1898）

字復生，號壯飛，湖南長沙瀏陽人。1895年中日《馬關條約》簽訂，譚嗣同非常不滿，即努力提倡新學，呼號變法，1896年2月入京，結交梁啟超、翁同龢等人，1896年底至南京，寫成《仁學》一書。1898年譚嗣同參與戊戌變法，戊戌政變後被捕，慷慨就義。

---

[28] 詳見羅敦偉：《五十年回憶錄》；羅志傑：〈我的父親——羅敦偉〉，《46園地》，2009年5月；曹聚仁：〈悼羅敦偉先生〉，收入曹聚仁：《天一閣人物譚》（上海：上海人民出版社，2000年），頁197-199。

譚熙鴻（1891-1956）

　　號仲逵，江蘇吳縣人。曾任北京大學生物學系首任系主任、浙江大學農學院首任院長、浙江理工大學校長。1917年與陳緯君結婚，1922年陳緯君逝世後不久，陳緯君同父異母的妹妹陳淑君與譚熙鴻結婚。1923年陳淑君的前男友沈某向《晨報》投訴，斥「譚熙鴻無行，陳淑君無義」，張競生在《晨報・副刊》發表〈愛情定則與陳淑君女士事的研究〉一文，引起社會關注和關於「愛情定則」的討論。

廬隱（1898-1934）

　　本名黃淑儀，又名黃英，福建閩侯人。五四時期著名作家。

釋太虛 (1890-1947)

　　俗姓呂，名淦森，又名樂無，浙江桐鄉人。1904年剃度出家，法名「唯心」，後立表字「太虛」。1908年在華山法師 (1870-1918) 的影響下，接觸到當時的新思想，包括康有為的《大同書》、譚嗣同《仁學》，自謂「光緒間，余讀公《大同書》，迄今猶覺不能不推為清季開救國風氣之一偉大思想家」[29]，「於譚嗣同《仁學》尤愛不忍釋手，陡然激發以佛學入世救世的弘願熱心」[30]，此外，太虛大師還閱讀了梁啟超〈新民說〉、章太炎〈告佛弟子書〉、〈五無論〉、〈俱分進化論〉等，同年夏，結識了革命僧人棲雲 (生卒年不詳)[31]，開始與革命黨人來往，更接觸到《新世紀》及巴枯寧、克魯泡特金、馬克思、幸德秋水等的譯作[32]。此時太虛大師非常積極地吸收新思想，如其自傳中說：「由君憲而國民革命而社會主義而無政府主義」[33]。民國成立以後，太虛大師往來於南京、上海、紹興、杭州、寧波一帶，起初與江亢虎的中國社會黨相呼應，其後與沙淦等社會黨人過從甚密，1913年7月，沙淦被逮捕後，社會黨人呂大任 (筆名「重憂」，生卒年不詳)，在上海創辦《良心》月刊，邀請太虛大師擔任《良心》主編，宣揚無政府主義，太虛大師因此被稱為「政治和尚」，成為褒貶不一、極具爭議的人物。1913年8月，沙淦被處決，《良心》亦隨之停刊，前後僅出了兩期。太虛大師於1914-1916年間，在浙江普陀山閉關，1916年出關後，赴日本、台灣和東南亞考察當地佛教，回國後成立覺社，創辦《覺社書》雜誌，後改名《海潮音》月刊，致力於佛教運動。1927-1932年間任廈門南普陀寺第二、三任方丈。1946年國民政府授予太虛大師宗教領袖勝利勳章。1947年3月17日，因腦溢血圓寂於上海玉佛寺[34]。

---

[29] 釋太虛：〈人物誌憶〉，收入釋太虛：《太虛大師全書·雜藏第19編六文叢》（台北：太虛大師全書影印委員會，1970年），頁1317。

[30] 釋太虛：〈太虛自傳〉，頁191。

[31] 釋棲雲，俗姓李，湖南人。弱冠出家，曾到日本留學，加入同盟會。光緒末年，與徐錫麟、秋瑾等回國潛圖革命。

[32] 詳見釋太虛：〈致吳稚暉先生書〉，釋太虛：《太虛大書全書·雜藏第17編一酬對》，頁187；釋太虛：〈人物誌憶〉，頁1306；釋太虛：〈我的佛教改進運動略史〉，釋太虛：《太虛大師全書·雜藏第19編一文叢》，頁69；釋太虛：〈太虛自傳〉，頁190-195。

[33] 釋太虛：〈太虛自傳〉，頁194。

[34] 參見鄧子美、陳衛華：《太虛大師傳》（西寧：青海人民出版社，1999年）、印順法師：《太虛法師年譜》（北京：宗教文化出版社，1995年）等。近人對太虛大師的研究，多集中於他在宗教運動

顧均正（1902-1980）

浙江嘉興人。現代科普作家、出版家、文學翻譯家。1923年擔任商務印書館理化部編輯。1926年應上海大學文學系主任陳望道之邀，在該校講授世界童話。1929年任開明書店編輯，與趙景深、徐調孚等人翻譯丹麥童話家安徒生的作品，編輯《世界少年文學叢刊》。1949年，隨開明書店遷往北京，主持開明編務。1952年，轉入中國青年出版社任副社長兼副總編輯。歷任民進中央委員會委員、常委、民進北京市委副主任委員、全國政協歷屆委員和第五屆副主席。

和理論上的貢獻，很少有人注意到他早期在《良心》中曾發表的毀家廢婚論，甚至未收入1970年出版的《太虛大師全書》中。目前僅見蔣俊：〈太虛法師與「佛教社會主義」〉，《山東大學學報》，1991年第2期，頁79-85曾對太虛大師早期在《良心》中發表的言論加以研究，提供了不少珍貴的史料及析論，對後學極具參考價值，不過關於毀家廢婚的討論著墨不多。

相關事件年表

約西元前1200年	・印度有出家之行。
約西元前536年	・釋迦牟尼出家。
約西元前360年	・希臘哲學家柏拉圖著《理想國》。
約西元前300年	・《列子・湯問篇》描述「終北國」中「男女雜遊，不媒不聘」。
約西元前209-202年	・秦漢之際，〈禮運大同篇〉成篇。 ・廣東珠江三角洲（今順德、番禺、中山、南海等縣）為百越之地，有自梳、不落夫家等習俗。
約西元前200年	・《莊子外篇・馬蹄第九》描述「至德之世」是「同與禽獸居，族與萬物並」。
71年	・漢明帝出家。
250-252年	・曹魏廢帝時期，來自中印度的曇柯迦羅在洛陽白馬寺正式建立戒壇傳戒，中國開始有了守戒的比丘。
424年	・北魏寇謙之設立道觀，道教徒離家修行。
877年	・唐末思想家無能子《無能子》中批評婚嫁人倫違反自然。
1602年	・明代吳還初《天妃娘媽傳》中林默娘抗婚出家。
約1666年	・明代朱鼎臣編《南海觀世音菩薩出身修行傳》中妙善公主抗婚出家。
1711年	・清代呂熊《女仙外史》中唐賽兒抗婚出家。
1754年	・清代曹雪芹《紅樓夢》中賈寶玉出家。
1829年	・法國社會主義者傅立葉《新世界》（法文）出版。
1841年	・清代李桂玉《榴花夢》中的桂恆魁雖無法擺脫世俗壓力而成婚，中年後就立志清修，斷絕夫妻情緣，八年後功成果滿。
1843年	・洪秀全創立「拜上帝會」。 ・清代鄭澹若《夢影緣》中的十二花神謫入人間後，有十位自願終身不婚，以追尋仙山。
1844-1848年	・洪秀全著〈原道救世歌〉、〈原道覺世訓〉、〈原道醒世訓〉、〈天條書〉等，闡發天下一家、人人皆是兄弟姊妹的思想。
1848年	・德國社會主義者馬克思、恩格斯發表《共產黨宣言》（德文）。
1851年	・洪秀全率領金田起義。

1852年	・洪秀全制定〈定營規條十要〉，規定男女分營、夫妻隔絕。 ・東王楊秀清妻兄鎮國侯盧賢拔，因「不知自檢」，夫妻同宿三四次，而被革除爵位；西王蕭朝貴的父親在進軍長沙期間「密招朝貴母同臥」，蕭朝貴竟將父母斬首。
1853年	・太平軍攻克南京，改名「天京」，建立太平天國。在天京及附近大小城鎮如鎮江、揚州等推行「以館代家」。 ・太平軍中的梁郭溱與其妻同宿而被雙雙處死。
1854年	・12月太平天國為了平撫民怨、籠絡官兵，下令解散男館、女館，「准男女團聚婚配」。
1857年	・清代邱心如《筆生花》中謝雪仙有心修道，刻意裝瘋以獨居求仙。
1864年	・太平天國被清軍圍攻，洪秀全病逝南京。
1868年	・清代無垢道人《八仙得道傳》中何仙姑抗婚出家。 ・10月俄國無政府主義者巴枯寧在瑞士建立「社會主義民主同盟」，發表〈社會主義民主同盟綱領〉。
1879年	・德國社會民主黨領袖倍倍爾《婦女與社會主義》（德文）出版。 ・挪威劇作家易卜生《娜拉》問世。
1884年	・德國哲學家恩格斯《家庭、私有制與國家的起源》（德文）出版。
1885年	・康有為開始寫作《人類公理》。
1887年	・康有為寫作《公理書》。
1888年	・馬克思、恩格斯《共產黨宣言》英文版問世。 ・美國作家貝拉米《回顧》（英文）出版。
1891年	・康有為在廣州設立萬木草堂，收徒講學，開始對學生講「大同說」，弟子有梁啓超、陳千秋等人。
1891-1892年	・李提摩太將[美]貝拉米《回顧》略譯，以〈《回頭看》紀略〉為題在《萬國公報》連載。
1894年	・[美]貝拉米著、李提摩太譯〈《回頭看》紀略〉由廣學會出版單行本，改名為《百年一覺》。
1894-1895年	・中日甲午戰爭，中國戰敗。
1896年	・譚嗣同寫成《仁學》。 ・俄國克魯泡特金《無政府主義》（俄文）出版。
1897年	・俄國托爾斯泰留書計畫離家出走。
1898年	・6月康有為等推動「戊戌變法」，8月即發生「戊戌政變」，康有為流亡海外，梁啓超流亡日本，譚嗣同殉難。

1898年	·美國紀爾曼《婦女與經濟》（英文）出版。
1899-1900年	·梁啓超將《仁學》連載於《清議報》及上海租界區的《亞東時報》。
1901年	·東京「國民報社出洋學生編輯所」出版《仁學》單行本。
1901-1902年	·康有為流亡印度期間寫作《大同書》。
1902年	·[德]恩格斯《家庭、私有制和國家的起源》英文版問世。 ·俄國克魯泡特金《互助論》（俄文）出版。
1903年	·馬君武（署名「獨立之箇人」）翻譯英人克喀伯《社會主義史》第九章〈無政府主義〉，題為《俄羅斯大風潮》出版。 ·瑞典教育家、女性主義者愛倫凱《愛情與結婚》出版（瑞典語）。 ·張繼《無政府主義》出版，燕客作序。 ·江亢虎撰寫〈三無主義懸論〉。
1904年	·1月張繼〈無政府主義及無政府黨之精神〉發表於《中國白話報》。 ·2月蔡元培創辦《俄事警聞》（後改名《警鐘日報》），發表〈新年夢〉。 ·4月劉師培發表〈論中國家族壓制之原因〉。 ·劉師培與林獬合作《中國民約精義》出版。 ·日本早期社會主義者幸德秋水與堺利彥合譯馬克思、恩格斯《共產黨宣言》的部分章節刊於《平民新聞》。
1905年	·3月《警鐘日報》停刊。蔡元培轉任愛國女學校校長。 ·7-9月劉師培編撰《倫理教科書》。
1906年	·俄國克魯泡特金《麵包掠奪》（俄文）出版。 ·英國思想家加本特《戀愛論》（英文）出版。 ·日本幸德秋水與堺利彥創辦《社會主義研究》雜誌，並在創刊號上全文刊載了《共產黨宣言》的日譯本。
1907年	·6月劉師培與何震於東京發起成立「女子復權會」和「社會主義講習會」，創辦《天義報》。何震〈女子宣布書〉、周大鴻〈洪秀全男女平等之制〉、[日]幸德秋水〈幸德秋水來函〉發表於《天義報》。張繼、吳稚暉、李石曾、褚民誼等於巴黎創辦《新世紀》。李石曾〈祖宗革命〉、一人來稿〈西人之結婚及成婚〉發表於《新世紀》。 ·7月劉師培〈人類均力說〉、汪公權譯〈社會主義民主同盟綱領〉、汪公權〈苦魯巴特金之特色〉、漢一〈毀家論〉發表於《天義報》。褚民誼〈申論民族民權社會三主義之異同再答來書論新世紀發刊之趣意〉發表於《新世紀》。 ·7-9月劉師培〈無政府主義之平等觀〉發表於《天義報》。 ·8月李石曾譯〈國家及其過去之任務〉、〈巴枯寧學說〉，著〈男女之革命〉、〈三綱革命〉發表於《新世紀》。

1907年	・9月〈社會主義講習會第一次會記〉發表於《天義報》。李石曾譯〈克若泡特金學說〉、來稿〈與人書〉發表於《新世紀》。章太炎〈五無論〉發表於《民報》。 ・9-10月李石曾譯〈克若泡特金學說〉發表於《新世紀》。 ・10月高亞賓〈廢綱篇〉、何震〈女子解放問題〉、李石曾譯〈革命原理〉中的〈第三編之三　家庭與教育〉、題為「Colonie d'Aiglemont鷹山共產村殖民地」的照片刊登於《天義報》。 ・11月[俄]苦魯巴金著劉師培譯〈未來社會生產之方法與手段〉、周作人〈防淫奇策〉發表於《天義報》。褚民誼〈普及革命〉、[法]革新之一人著李石曾譯〈革命原理〉發表於《新世紀》。 ・11-12月劉師培〈苦魯巴特金學術述略〉發表於《天義報》。 ・12月何震摘譯《共產黨宣言》第二章「無產者與共產黨人」中的一段，附錄在〈經濟革命與女子革命〉文後發表於《天義報》。李石曾〈書騷客對於遊學蕩子之慨言後〉發表於《新世紀》。
1908年	・2月褚民誼〈絕婚配以解私團體〉、〈無政府說〉發表於《新世紀》。 ・3月民鳴譯〈共產黨宣言〉、志達譯〈因格爾斯學說〉發表於《天義報》。 ・4月張繼〈國粹之處分〉、鞠普〈禮運大同釋義〉、〈大同釋疑〉、〈男女雜交說〉發表於《新世紀》。張繼前往法國鷹山共產村住了三個月。 ・5月鞠普〈毀家譚〉發表於《新世紀》。 ・6月吳稚暉參觀鷹山共產村。鞠普〈論習慣之礙進化〉發表於《新世紀》。 ・7月吳稚暉〈答某君〉發表於《新世紀》。 ・8月[俄]克魯泡特金著李石曾譯〈國家及其過去之任務〉、胡漢民〈粵中女子之不嫁者〉發表於《新世紀》。此年廣東番禺南村數千人中，出嫁的女子不過數人。 ・12月馬利斯述、四無譯〈無政府黨係如何一種人乎〉發表於《新世紀》。
1909年	・4月江亢虎〈無家庭主義〉發表於《新世紀》。 ・5月江亢虎〈自由營業管見〉發表於《新世紀》。 ・此年廣東番禺南村無一人出嫁。
1910年	・美國高德曼《無政府主義及其他論文》出版（英文）。 ・7月江亢虎撰寫〈無家庭主義意見書〉。 ・11月10日俄國文豪托爾斯泰離家出走，11月20日病逝。
1911年	・3月江亢虎發表〈擬發起個人會意見書〉、〈釋個人〉，擬發起「個人會」，卻因無人響應而作罷。

1911年	・7月江亢虎成立「社會主義研究會」，創辦《社會星》，發表〈個人〉、〈社會主義商榷案〉。 ・9月江亢虎計劃組織「中國社會黨」，草擬〈中國社會黨宣告〉，發表〈中國社會黨規章〉。 ・11月辛亥革命勝利，江亢虎於上海成立「中國社會黨」。
1912年	・5月師復於廣州成立「晦鳴學舍」，發表〈廢婚姻主義〉、〈廢家族主義〉、〈「反對家族主義」書後〉。 ・7月師復、彼岸、紀彭等人創立「心社」。 ・10月中國社會黨第二次聯合大會後，沙淦等無政府主義者決定脫離中國社會黨。 ・11月2日沙淦等另組「社會黨」，發表〈社會黨緣起及約章〉。師復、彼岸、紀彭發表〈心社趣意書〉、社會黨人發表〈三無主義之研究〉。
1913年	・2月康有為在上海創辦《不忍》雜誌，2-10月發表了《大同書》甲、乙兩部。 ・7月，袁世凱政府強行解散中國社會黨天津分部，逮捕中國社會黨北京分部負責人和北方黨務主持人陳翼龍。另逮捕社會黨人沙淦。社會黨人呂大任在上海創辦《良心》月刊，太虛大師擔任《良心》主編。迦身〈無政府之研究〉發表於《良心》第一期。 ・8月釋太虛〈世界之三大罪惡〉發表於《良心》第二期。4日袁世凱政府處決陳翼龍。7日袁世凱正式簽署〈大總統解散中國社會黨令〉。11日袁世凱政府處決沙淦，《良心》亦隨之停刊。20日師復在廣州創辦《晦鳴錄》，發表〈《晦鳴錄》發刊詞〉、〈無政府淺說〉等，印行二期後被廣東都督龍濟光禁，遷往澳門改名《民聲》，出版了第三、第四期又遭袁世凱慫恿葡人干涉而被禁。 ・9月江亢虎《洪水集》出版。
1914年	・年初春柳社演出易卜生《娜拉》。 ・7月師復在上海成立「無政府共產主義同志社」，發表〈無政府共產黨之目的與手段〉。
1915年	・汝非發表〈托爾斯泰之逃亡〉。
1916年	・江蘇南京石壩街有富家少女15人成立「不嫁會」。
1917年	・2月吳虞發表〈家庭制度為專制主義之根據論〉。25日報載江蘇江陰縣某女學校，有8名女學生創立「立志不嫁會」。 ・6月黃凌霜發表〈托爾斯泰之平生及其著作〉。 ・7月[美]高曼女士著、袁振英譯〈結婚與戀愛〉發表。 ・11月7日（儒略曆10月25日），俄國發生「十月革命」。 ・11月惲代英發起組織「互助社」。 ・傳說此年何震出家為尼，釋名「小器」。

1918年	・2月劉半農發表〈南歸雜感〉提出聯合家庭的構想。
	・6月《新青年》推出了「易卜生專號」，發表了羅家倫與胡適合譯《娜拉》劇本、胡適〈易卜生主義〉、袁振英〈易卜生傳〉。
	・7月胡適發表〈貞操問題〉。毛澤東、蔡和森、張昆弟、陳書農、熊子容、周吾山等，在省城對岸嶽麓山的湖南大學籌備處——嶽麓書院半學齋，從事半耕半讀。
	・11月日本著名文學家武者小路篤實在九州建立「新村」。
	・11月16日俄國柯倫泰在莫斯科演講〈家庭與共產政府〉。
	・此年蔚克水在山西成立無政府主義社團「平社」。
1919年	・1月傅斯年發表〈萬惡之原〉。9日報載上海八仙橋蔣姓女教師，發起成立「女子不婚俱樂部」。
	・3月張崧年發表〈男女問題〉。
	・5月蔚克水發表〈巴枯甯傳略〉。
	・7月《星期評論》以「女子解放從那裡做起？」為題徵搞，並刊出六篇回應的文章。華林發表〈社會百話（十一）廢除家庭〉、李大釗發表〈萬惡之源〉。
	・8月張慰慈發表〈女子解放與家庭改組〉。
	・9月梁冰弦發表〈家族的處分〉。
	・11月查光佛發表〈女子解放當從男子解放做起〉主張「解除夫妻制度改造家庭組織」。沈兼士發表〈兒童公育：徹底的婦人問題解決法處分新世界一切問題之鎖鑰〉。
	・12月1日毛澤東發表〈學生之工作〉構想「新村」，25日惲代英日記中主張「婚姻應該廢除」。
1920年	・1月李大釗發表〈由經濟上解釋中國近代思想變動的原因〉，李人傑發表〈男女解放〉，易家鉞、郭夢良、朱謙之、陳顧遠等共同編輯出版《奮鬥》，易家鉞發表〈奮鬥主義〉、〈破壞論〉，張若名發表〈「急先鋒」的女子〉。王光祈、李大釗、胡適、陳獨秀、周作人等17人在北京成立「工讀互助團」，成立了第一組、第二組後，21日開始招募以女子為主的第三組。
	・2月胡漢民發表〈從經濟底基礎觀察家族制度〉、林雲陔發表〈近代社會主義之思潮〉。惲代英在武昌推行「共同生活」，創辦「利群書社」。
	・3月[瑞典]愛倫凱著、四珍譯〈愛情與結婚〉發表，朱謙之發表〈自由戀愛主義〉，陳獨秀、王光祈、彭璜、毛澤東等發起成立「上海工讀互助團」。
	・4月張崧年發表〈羅素與人口問題〉。
	・4-6月惲代英與楊效春三次辯論兒童公育及家庭存廢問題。

1920年	·5月1日施存統發表〈「工讀互助團」底實驗和教訓〉、胡漢民發表〈從經濟的基礎觀察家族制度〉。10日[俄]柯倫泰著、沈雁冰譯〈未來社會之家庭〉發表。24日金枝發表〈非「自由戀愛」〉、26日向警予發表〈女子解放與改造的商榷〉、孫祖基發表〈自由戀愛是什麼?──讀金枝君底「非自由戀愛」〉。 ·5-6月《民國日報‧覺悟》展開「廢除婚制」的討論,參與討論的有邵力子、施存統、李綽、哲民、可久、祝志安、輩英、柯慶施等。 ·6月向警予和蔡和森在法國未婚同居,出版《向上同盟》,人稱「向蔡同盟」。 ·7月李三無發表〈自由離婚論〉。袁篤實等發起成立「滬濱工讀團」。 ·8月李三無發表〈廢娼運動管見〉。 ·9月[德]倍倍爾著、李漢俊譯〈女子將來的地位〉發表。 ·10月[美]紀爾曼夫人著、P.生譯〈家庭生活與男女社交的自由〉發表。8日英國羅素與勃拉克女士應梁啓超之邀來華講學。10日[德]恩格斯著、惲代英譯〈英哲爾士論家庭的起原〉發表。17日高長虹發表〈論雜交說〉。 ·11月1日[英]羅素著、李懋猷譯〈能夠造成的世界〉發表於《新青年》。15日報載趙瑛抗婚欲出家而不被允許,因此跳井自盡。26日毛澤東寫給羅學瓚的信中主張「廢婚姻」,提出「拒婚同盟」的構想。 ·12月毛澤東與楊開慧未婚同居。
1921年	·1月沈雁冰發表〈家庭改制的研究〉、陳獨秀發表〈婦女問題與社會主義〉。易家鉞、羅敦偉成立「家庭研究社」、出版《家庭研究》。 ·2月《家庭研究》發行「羅素婚姻研究號」。 ·5月陳德徵發表〈家族制度的破產觀〉。 ·7月[日]帆足理一郎著、楊賢江譯〈新時代之貞操論〉發表於《婦女雜誌》。6日羅素在教育部會場演講時,直指中國要免除亡國危機,必須將「愛家心」轉移為「愛國心」。 ·9月羅敦偉〈家庭生活的民主化──社會的home〉、易家鉞〈家庭制度滅亡論的一個引子〉發表於《家庭研究》。易家鉞與羅敦偉《中國家庭問題》、朱謙之《革命哲學》出版。
1922年	·6月[瑞典]愛倫凱著、吳覺農譯〈愛倫凱的自由離婚論〉發表。 ·7月劉大白發表〈《民鐘》宣言〉。 ·易家鉞《西洋家族制度》出版。 ·俄國柯倫泰發表論文〈新婦人〉(俄文)。
1923年	·2月魏瑞芝發表〈吾之獨身主義觀〉。 ·8月吳稚暉發表〈一個新信仰的宇宙觀與人生觀〉。 ·9月周建人發表〈家庭改造的途徑〉。 ·10月子榮發表〈結婚儀式的問題〉。

1923年	・11月向警予發表〈中國知識婦女的三派〉。 ・12月26日魯迅在北京女子高等師範學校演講〈娜拉走後怎樣〉。
1924年	・3月張若名發表〈現代女子認怎樣的解放為滿意？〉。 ・12月《婦女雜誌》以「結婚是否必需相當的儀式？」為題徵稿，最後選刊的八篇來稿中，只有一篇認為結婚儀式是必要的，餘皆認為結婚儀式根本不必存在。
1925年	・1月《婦女雜誌》推出「新性道德專號」，章錫琛發表〈新性道德是什麼〉、周建人發表〈性道德之科學的標準〉。 ・3月顧均正發表〈讀《一夫多妻的新護符》〉。 ・4月許言午發表〈新性道德的討論——讀陳百年先生的《一夫多妻的新護符》〉。 ・5月張競生《美的人生觀》出版。周建人發表〈戀愛自由與一夫多妻〉。兩位任職於中華女子儲蓄銀行的女性：陳劍晨和黃亞中共同生活，以「同性愛的新婚嫁」為題登在報上。 ・6月章錫琛發表〈與陳百年教授談夢〉、君萍發表〈新性道德與一夫多妻〉。 ・9月張競生《美的社會組織法》出版。 ・11月沈雁冰發表〈新性道德的唯物史觀〉。 ・俄國柯倫泰發表小說《三代的戀愛》（俄文）。 ・陳喬年在中共旅莫斯科支部執行委員與共青團負責人座談會上，發表「革命家沒有結婚，也沒有戀愛，只有性交」的言論。 ・年底章錫琛編《新性道德討論集》出版。
1926年	・3月張競生出版《性史》。 ・5月12日到6月16日間，廣州《民國日報》的「新時代」副刊有一場關於「戀愛與革命」的論戰。 ・8月陳威伯發表〈戀愛與性交〉。 ・10月高長虹發表〈論雜交說〉、向培良發表〈關於性慾及幾部關於性慾的書籍〉。 ・11月張履謙〈我所認為新女子者〉發表於《新女性》，潘漢年〈性愛漫談〉、唐運劍〈性愛問題的澈底解決——就是廢除夫婦制度〉、葉靈鳳〈新流氓主義（四）我們的性愛觀念〉發表於《幻洲》。 ・12月陳學昭發表〈給男性〉。
1927年	・1月俄國公布新婚姻法。《新女性》以「現代女子的苦悶問題」為題徵稿，發表了20篇文章，其中陳宣昭和顧頡剛都主張廢除現有家制婚制。[美]高德曼盧劍波譯〈結婚與戀愛〉、鄧天矞〈我們的結合〉發表於《新女性》。鮑煥彬〈心的空漠〉發表於《漢口民國日報》。 ・5月章錫琛發表〈我的戀愛貞操觀〉、張履謙發表〈戀愛貞操新論〉。

1927年	・3月戚維翰〈離經叛道〉、王應培〈一夫一妻制〉、松元〈夫妻的關係應是這樣的〉發表於《幻洲》。張富康與修松冰未婚同居並發表〈同居紀念〉。 ・9月向培良發表〈戀愛破滅論〉。 ・盧劍波編《戀愛破滅論》、[英]加本特著樊仲雲譯《戀愛論》、[德]倍倍爾著沈端先譯《婦人與社會主義》出版。
1928年	・2月鄧天矞發表〈婦女與家事〉。 ・3月長劍〈儀式〉中提及化名「F」的女青年與「W君」未婚同居。 ・5月張履謙發表〈非戀愛與戀愛〉。 ・8月張履謙發表〈「尾巴」的尾巴〉、盧劍波發表〈談「性」〉。 ・9月[俄]柯倫泰著、沈瑞先譯〈三代的戀愛〉發表。 ・11月張履謙發表〈非戀愛與其他〉、〈近代的兩性結合〉，洪鈞發表〈混戰聲中〉，毛一波發表〈再論性愛與友誼〉。 ・12月盧劍波〈論性愛與其將來的轉變〉、姚方仁〈關於「三代戀愛」的分析觀察〉、靜遠〈戀愛至上感的抹殺〉、陳醉雲〈個性本位的戀愛〉、毛一波〈讀「新戀愛道」後〉、波弟〈讀三代的戀愛後〉、弋靈〈新戀愛問題——關於柯倫泰夫人的戀愛觀〉、孫伏園〈我們將有自己的三代的戀愛〉、蒲察〈對於新戀愛問題的解答〉發表於《新女性》。鄧天矞、盧劍波著《新婦女的解放》出版。
1929年	・1月[俄]柯倫泰著沈瑞先譯〈新婦人〉發表。顧均正發表〈結婚與戀愛事件〉。李秋女士發表〈我們寧可做老處女〉。 ・4月毛一波發表〈非戀愛的又一聲〉。 ・6月熙素發表〈兒童公育〉。 ・[德]恩格斯著楊賢江譯《家族私有財產及國家之起源》、[俄]柯倫泰著沈端先與汪馥泉譯《戀愛與新道德》、張履謙《婦女與社會》、黎濛《家庭問題》、高希聖《家庭制度ABC》、楊沒累《沒累文存》出版。
1930年	・對北平114位學生所進行的一項調查，有9.31%的人主張不要結婚儀式；對129位燕京大學學生所做的婚姻態度調查中，有25.58%以上的人贊成取消結婚儀式。 ・4月立法院舉辦「第二屆全國教育會議」，公開討論姓氏、家庭、婚姻問題。 ・12月26日南京國民政府公布《民法親屬編》。
1931年	・樓桐孫發表〈中國家制的過去與未來〉。 ・羅敦偉《中國之婚姻問題》、《社會主義史》出版。
1932年	・陳學昭《時代婦女》出版。
1933年	・丁丁〈為了「獨身主義」〉、夏紋〈家庭制度的變遷與婦女解放〉、陳碧蘭〈家庭的破滅與婦女解放〉發表。

1933年	·生活書店編輯所編《戀愛與貞操》出版。 ·蘇州李曼倩、李曼蘋兩姊妹夙抱獨身主義，其父有意為其姊提親，兩姊妹便離家出走，到杭州落髮為尼。
1935年	·康有為《大同書》全本由弟子錢定安整理出版。 ·聽濤發表〈廢除家庭制度與解放婦女的途徑〉。
1936年	·陳碧蘭發表〈現代家庭制度的各派主張之檢討〉、〈評羅素的婚姻觀〉。
1937年	·抗日戰爭爆發。
1944年	·高達觀《中國家族社會之演變》出版。
1949年	·國民黨政府來台。共產黨在大陸建立中華人民共和國。
1950年	·中共頒行《婚姻法》。
1958年	·5月中共八大二次會議正式通過社會主義建設總路線，掀起「大躍進」的高潮。 ·6月14日劉少奇在同全國婦聯黨組的談話中說：「毛澤東講過兩次，家庭是要消滅的。他提到康有為的《大同書》。」 ·8月中共中央政治局在北戴河舉行擴大會議，決定在農村普遍建立人民公社，推動「家務勞動化」。
1966年	·中共發起「文化大革命」。
1976年	·美國漢學家馬丁·伯納爾《1907年以前中國的社會主義思潮》（英文）出版。
1982年	·楊堃發表〈家族、婚姻發展史略說〉。
1989年	·施寄青《走過婚姻》出版。
1990年	·香港性學家吳敏倫《性論》出版。
1991年	·美國漢學家阿里夫·德里克《中國革命中的無政府主義》（英文）出版。
1993年	·施寄青《婚姻終結者》出版。
1995年	·甯應斌發表〈誰來終結婚姻〉。
1998年	·甯應斌發表〈同性戀／性工作的生命共同體——理論的與現實的連帶〉。梁景和《近代中國陋俗文化嬗變研究》出版。
1999年	·梁景和發表〈五四時期的「廢婚主義」〉。
2002年	·2月梁景和發表〈民國初期「家庭改制」的理論形態〉。 ·8月洪喜美發表〈近代中國廢婚主義的討論〉。

2003年	・洪喜美發表〈五四前後廢除家族制與廢姓的討論〉。
2004年	・3月27日國立清華大學性別與社會研究室舉辦「婚姻文化面面觀」座談會。
2005年	・3月余華林發表〈近20年來中國近代家庭史研究評析〉。 ・12月鐘世娟發表〈論中國近代無政府主義之家族觀〉。
2008年	・1月劉人鵬發表〈從二十世紀初中國「毀家」、「廢婚」論談起〉。 ・6月李平生、張秋菊發表〈論中國早期無政府主義家庭觀〉。
2009年	・1月余華林發表〈現代性愛觀念與民國時期的非婚同居問題〉。 ・8月余華林《女性的「重塑」：民國城市婦女婚姻問題研究》出版。 ・12月清華大學、亞太／文化研究室等主辦「置疑『婚姻家庭連續體』國際工作坊」，劉人鵬發表〈二十世紀初中國之毀家廢婚論〉。
2010年	・3月熊培雲發表〈要不要廢除婚姻和家庭？——民國的一場「另類筆戰」〉。 ・9月梁景和《五四時期社會文化嬗變研究》出版。
2011年	・丁乃非、劉人鵬編《置疑婚姻家庭連續體》出版。
2012年	・8月11日台灣伴侶權益推動聯盟完成多元成家民法修正草案。 ・12月28日台灣伴侶權益推動聯盟執行長許秀雯在世新大學主辦的「多元性／別之實踐與挑戰」研討會上，引介了同性婚姻與多元家庭的立法雛形後，聲稱如此修法走向將會導致「毀家廢婚」。

2013年	・6月29日王顥中發表〈平等的幻象〉。
	・7月3日劉文發表〈婚權無法解決的同志困境──為何我反對婚權平等運動？〉。
	・8月29日吳紹文發表〈毀家廢婚？保家廢婚？保家保婚？〉，31日洪凌發表〈與幻象對話：論反社會酷兒與台灣同婚訴求〉。
	・9月7日「台灣宗教團體愛護家庭大聯盟」舉行「避免毀家廢婚守護婚姻與家庭記者會」，9月22日許秀雯發表〈每日一報──「毀家廢婚」究竟是什麼意思？〉。
	・11月17日將婚姻平權（含同性婚姻）草案提到立法院的立法委員之一鄭麗君表示：「同志婚姻合法化的修法並不是要『毀家廢婚』。」19日立法院召開婚姻平權草案公聽會，台灣伴侶權益推動聯盟（簡稱「伴侶盟」）和台灣宗教團體愛護家庭大聯盟（簡稱「護家盟」），對於「同性婚姻合法化是基本人權？還是會因此毀家滅婚？」這個問題，雙方嚴詞交鋒。20日「好性會覺音青年性別工作室」主持人王皓安發表〈性別大補帖：什麼是毀家廢婚？〉。30日支持和反對多元成家的個人和團體走上凱達格蘭大道，表達自己的立場。
	・12月21日「想像不家庭」專題作者群、性別人權協會、中央大學性／別研究室、苦勞網聯合舉辦「想像不家庭」座談會，以毀家廢婚的立場在會議前後總共發表了十六篇論文。
2014年	・10月24日，台灣國際女性影展邀請香港大學鄧芝珊教授舉辦「多元（不）成家論壇」。
2015年	・4月，《應用倫理評論》以「同志婚姻面面觀」為專題，發表了七篇論文。
	・9月7-11日中央大學性／別研究室主辦「『當代台灣性／別政治軌跡』性別科技人才培育營」，其中「家國婚姻作為技術」工作坊帶領成員們開拓想像，「提出一種新的社會型態構想，並說明以下這些要素，如何在這種社會型態中重新擺置：(1)國家、法律、公民……(2)經濟生產、交換、財產……(3)居住、養育、照護、教育……(4)性、性身分、生殖……」。

參考書目

〔日〕山川菊榮著、祁森煥譯：《婦人和社會主義》，北京：商務印書館，1923年。

〔日〕白水紀子著、顧忠國譯、劉初霞校：〈沈雁冰在「五四」時期的社會思想〉，《湖州師範學院學報》，1991年第3期，頁41。

〔日〕帆足理一郎著、楊賢江譯：〈新時代之貞操論〉，《婦女雜誌》，1921年第7卷第7號。

〔日〕幸德秋水：〈幸德秋水來函〉，《天義報》，1907年6月第1號，頁45-46。

〔日〕幸德秋水：《幸德秋水集》，東京：改造社，1929年。

〔日〕堺利彥：《婦人問題》，東京：日本圖書中心，1988 [1907]年。

〔日〕森戶辰男著、樹德譯：〈克魯泡特金社會思想之研究〉，《建設》，1920年第2卷第3號，頁387-433。

〔日〕新靖子（Yasuko Shin），*The Family and Freedom: Anarchist discourse about Love, Marriage, and the Family in Japan and China,1900s-1930s.* The Degree of Doctor of Philosophy in the Australian National University Canberra ACT Australia, November 2003.

〔希臘〕柏拉圖（Plato）著、王曉朝譯：《柏拉圖國家篇（理想國）》，台北：左岸文化，2007年。

〔明〕朱鼎臣編輯：《南海觀世音菩薩出身修行傳》，台北：天一出版社，1985年。

〔明〕吳還初編：《天妃娘媽傳》，瀋陽：春風文藝出版社，1994年。

〔俄〕克若泡特金著、李石曾（署名「真」）譯：〈互助〉，《新世紀》，1908年1月25日第31號-1908年6月13日第51號。

〔俄〕克若泡特金著、李石曾（署名「真」）譯：〈俄羅斯之兇惡〉，1909年8月14日第108號-1909年9月18日第113號。

〔俄〕克若泡特金著、李石曾（署名「真」）譯：〈國家及其過去之任務〉，《新世紀》，1908年8月1日第58號-1909年2月6日第83號。

〔俄〕克若泡特金著、李石曾（署名「真」）譯：〈獄中與逃獄〉，《新世紀》，1909年6月19日第102號-1909年8月14日第108號。

〔俄〕克若泡特金著、張繼（署名「反」）譯：〈萬民安樂〉（《麵包略取》之第二章），《新世紀》，1908年8月1日第58號-1908年8月29日第62號。

〔俄〕克若泡特金著、無（生卒年不詳）譯：〈強權與法律〉，《新世紀》，1908年3

月28日第40號-1908年5月23日第48號。

〔俄〕克魯泡特金著、天均等譯：《無政府主義》，台北：帕米爾書店，1977年。

〔俄〕阿・魯・約安尼相著、汪裕蓀譯：《傅立葉傳》，北京：商務印書館，1992年。

〔俄〕柯倫泰著，沈端先、汪馥泉譯：《戀愛與新道德》，上海：北新書局，1929年。

〔俄〕柯倫泰著、沈端先譯：〈新婦人〉，《新女性》，1929年1月第4卷第1號，頁1-51。

〔俄〕柯倫泰著、芝威譯：〈三代的戀愛〉，《新女性》，1928年9月第3卷第9號，頁987-1031。

〔俄〕柯倫泰著、沈雁冰（署名「燕賓」）譯：〈未來社會之家庭〉，《東方雜誌》，1920年5月10日第17卷第9號，頁61-74。

〔俄〕苦魯巴金著、劉師培（署名「申叔」）譯：〈未來社會生產之方法與手段〉，《天義報》，1907年11月第15號，頁475-480。

〔俄〕苦魯巴金著、齊民社同人譯：〈無政府主義之哲理同理想〉，《天義報》，1908年1月第16-19號合刊，頁53-62。

〔俄〕苦魯巴金著、劉師培（署名「申叔」）譯：〈麵包掠奪〉，《天義報》，1908年1月第16-19號合刊，頁37-51。

〔美〕Emma Goldman女士著、盧劍波（署名「劍波」）譯：〈結婚與戀愛〉，《新女性》，1927年1月第2卷第1號，頁81-92。

〔美〕艾文・托佛勒（Alvin Toffler）著、蔡伸章譯：《未來的衝擊》，台北：時報文化，1994年，頁202。

〔美〕艾文・托佛勒著、黃明堅譯：《第三波》，台北：時報文化，1994年。

〔美〕伯納爾著，丘權政、符致興譯：《1907年以前中國的社會主義思潮》，福州：福建人民出版社，1985年。

〔美〕周策縱：《「五四」運動：現代中國的思想革命》，南京：江蘇人民出版社：1999年。

〔美〕居住在俄國的一婦人著、趙景雲譯：〈俄國婚姻制度之廢除（一）〉，《晨報副鐫》，1927年3月27日第66期，頁13-14。

〔美〕阿里夫・德里克著、孫宜學譯：《中國革命中的無政府主義》，桂林：廣西師範大學出版社，2006年。

〔美〕耐思比德（John Naisbitt）著、潘祖銘譯：《大趨勢：未來世界的十大新趨勢》，台北：志文出版社，1984年。

〔美〕馬克·赫特爾著,宋踐、李茹譯:《變動中的家庭——跨文化的透視》,杭州:浙江人民出版社,1988年。

〔美〕夏海(Shakhar Rahav):〈從教條到實踐:西方學者對於惲代英研究的簡介及我對於互助社的來源與實踐的看法〉,收入何祥林、李良明主編:《紀念惲代英誕辰110周年學術討論會論文集》,武漢:華中師範大學出版社,2006年,頁67。

〔美〕高曼女士著、袁振英(署名「震瀛」)譯:〈近代戲劇論〉,《新青年》,1919年2月15日第6卷第2號,頁179-195。

〔美〕高曼女士著、袁振英(署名「震瀛」)譯:〈結婚與戀愛〉,《新青年》,1917年7月1日第3卷第5號,頁1-9。

〔美〕高德曼女士著、盧劍波譯:《自由的女性》,上海:開明書店,1928 [1927]年。

〔美〕勒文森(Joseph R. Levenson)著:《梁啟超與中國近代思想》,台北:谷風出版社,1987年。

〔美〕畢拉宓著、李提摩太譯:〈《回頭看》紀略〉,《萬國公報》,1891年12月-1892年4月。

〔美〕喬·奧·赫茨勒(Hertzler, Joyce Oramel)著、張兆麟等譯:《烏托邦思想史》,北京:商務印書館,1990年。

〔美〕愛德格·斯諾(Edgar Snow)著、董樂山譯:《西行漫記》,北京:三聯書店,1979年。

〔美〕詹姆士·戴維森·韓特(James Davison Hunter)著,王佳煌、陸景文譯:《文化戰爭——為美國下定義的一場奮鬥》(*Culture Wars: the Struggle to Define America*),台北:正中書局,1995年。

〔美〕維拉·施瓦支(舒衡哲)著、李國英等譯:《中國的啟蒙運動——知識份子與五四遺產》,太原:山西人民出版社,1989年。

〔美〕蕭公權著、汪榮祖譯:《近代中國與新世界:康有為變法與大同思想研究》,江蘇:江蘇人民出版社,1997年。

〔美〕蕭公權等著:《近代中國思想人物論——社會主義》(台北:時報出版公司,1988年。

〔英〕G·D·H·柯爾著、何瑞豐譯:《社會主義思想史》,北京:商務印書館,1977年。

〔英〕卡本特著、秋原譯:〈同性戀愛論(續)〉,《新女性》,1929年5月第4卷第5號,頁605-619。

〔英〕卡本特著、秋原譯:〈同性戀愛論〉,《新女性》,1929年4月第4卷第4號,頁

513-533。

〔英〕伯特蘭・羅素著、李國山譯：《自由之路》，北京：西苑出版社，2003年。

〔英〕伯特蘭・羅素著、張師竹譯：《社會改造原理》，上海：上海人民出版社，
    2001年。

〔英〕克喀伯著、馬君武（署名「獨立之箇人」）譯：《俄羅斯大風潮》，上海：廣
    智書局，1902年。

〔英〕杜德橋（Glen Dudbridge）著、李文彬等譯：《妙善傳說：觀音菩薩緣起考》，
    台北：巨流圖書公司，1990年。

〔英〕帕密拉・亞伯特、克勞兒・威勒斯著，俞智敏、陳光達、陳素梅、張君玫譯：
    《女性主義觀點的社會學》，台北：巨流圖書公司，1995年。

〔英〕勃拉克女士（Dora W. Black）著、伯西譯：〈婚姻問題〉，《婦女雜誌》，
    1921年第7卷第5號，頁11-14。

〔英〕黑爾（R.M.Hare）著、李日章譯：《柏拉圖》，台北：聯經出版社，1983年。

〔英〕羅素著、李懋猷（署名「李季」）譯：〈能夠造成的世界〉，《新青年》，
    1920年11月1日第8卷第3號，頁1-15。

〔唐〕釋法琳：《破邪論》，台北：新文豐出版公司，1983年。

〔唐〕釋道宣：《廣弘明集》，台北：新文豐出版公司，1976年。

〔挪威〕易卜生著，羅家倫、胡適合譯：《娜拉》，《新青年》，1918年6月15日第4
    卷第6號，頁508-572。

〔清〕丁柔克：《柳弧》，北京：中華書局，2002年。

〔清〕任果等修、檀萃等纂：《番禺縣誌》，海口：海南出版社，2001年，清乾隆三
    十九（1774）年刻本。

〔清〕呂熊：《女仙外史》，長沙：嶽麓書社，1987年。

〔清〕李桂玉：《榴花夢》，北京：中國文聯出版社，1998年。

〔清〕邱心如著、趙景深主編、江巨榮校點：《筆生花》，鄭州：中州古籍出版社，
    1984年。

〔清〕張心泰：《粵遊小誌》，上海：上海著易堂，1891年。

〔清〕郭汝誠修、馮奉初等纂：《順德縣誌》，台北：成文出版社，1974年，據清咸
    豐三（1853）年刊本影印。

〔清〕無垢道人：《八仙得道傳》，武漢：長江文藝出版社，1993年。

〔清〕鄭澹若（署名「爨下生」）：《夢影緣》，台北：文海出版社，1971年。

〔瑞典〕馬悅然：〈康有為的「大同」社會〉，《聯合副刊》，2002年1月11日。

〔瑞典〕馬悅然：〈從《大同書》看中西烏托邦的差異〉，《二十一世紀》雙月刊，

1991年6月第5期，頁11-15。

〔瑞典〕愛倫凱（Ellen Key）著、四珍譯：〈愛情與結婚〉，《婦女雜誌》，1920年3月第6卷第3號，頁1-12。

〔德〕因格爾斯著、民鳴譯：〈《共產黨宣言》1888年英文版序〉，《天義報》，1907年11月第15號，頁461-468。

〔德〕李博：《漢語中的馬克思主義術語的起源與作用》，北京：中國社會科學出版社，2003年。

〔德〕倍倍爾著、沈端先譯：《婦人與社會主義》，上海：開明書店，1927年。

〔德〕倍倍爾著、沈端先譯：《婦女與社會主義》，北京：三聯書店，1955年。

〔德〕恩格斯著、楊賢江（署名「李膺揚」）譯：《家族私有財產及國家之起源》，上海：新生命書局，1929年。

〔德〕馬克思、恩格斯著，中共中央馬克思恩格斯列寧史達林著作編譯局譯：《馬克思恩格斯全集》，北京：人民出版社，1995年。

〔德〕馬克思、恩格斯著，管中琪、黃俊龍譯：《共產黨宣言》，台北：左岸文化，2004年。

〔德〕馬爾克斯、因格爾斯合著，民鳴譯：〈共產黨宣言〉，《天義報》，1908年第16-19號合刊，頁1-19。

〔德〕奧古斯特・倍倍爾著，朱霞、葛斯譯：《婦女與社會主義》，北京：中央編譯出版社，1995年。

〔德〕衛禮賢（Richard Wilhelm, 1873-1930）著，王宇潔、羅敏、朱晉平譯，顏玉強主編：《中國心靈》，北京：國際文化，1998 [1926]年。

〔韓〕千聖林：〈中國 '社會主義女性解放論' 의선구자，何震〉（中國「社會主義女性解放論」的先驅：何震），《중국근현대사학회》（當代中國社會學術研究），2001年，http://www.jisikworld.com/paper/view.html?no=1245239&link=newview。

〔韓〕曹世鉉：〈在國粹與無政府之間──劉師培文化思想管窺〉，《東方論壇》，2000年第2期，頁23-29。

〈「『當代台灣性／別政治軌跡』性別科技人才培育營」主題五、家國婚姻作為技術〉，中央大學性／別研究室主辦，2015年9月7-11日，http://sex.ncu.edu.tw/conference/ others/2015/gasc/schedule.html。

〈「多元（不）成家」單元介紹〉，2014年8月28日，http://wmwff.pixnet.net/blog/post/58421164。

〈2014女影選片指南「多元（不）成家」〉，2014年8月28日，http://wmwff.pixnet.net/blog/post/58660519。

〈女子不婚俱樂部〉，天津《大公報》，1919年1月9日。

〈工讀互助團募款啟事〉，《新青年》，1920年1月1日第7卷第2號。

〈什麼話！〉，《新青年》，1921年第9卷第1號，頁1。

〈本館與羅素博士來往之函件〉，《申報》，1920年10月16日。

〈社會主義講習會第一次會記〉，《天義報》，1907年8月第6號，頁152-155。

〈社會主義講習會第二次開會記略〉，《天義報》，1907年第8-10號合刊，頁78-80。

〈社會黨綱目說明書〉，原載《良心》，1913年7月20日第1期，收入葛懋春、蔣俊、
　　李興芝編：《無政府主義思想資料選》上冊，北京：北京大學出版社，1984年，
　　頁252。

〈近世無政府黨傳略〉，《民聲》，1921年7月15日第33號，頁430。

〈南京之不嫁會〉，上海《時報》，1916年12月13日。

〈昨午立法院之盛宴——解決姓、婚姻、家庭問題〉，《申報》，1930年4月19日。

〈革命界之新報〉，《新世紀》，1907年10月12日第17號第1版。

〈革命原理〉，《天義報》，1907年10月第11-12號合刊，頁428-430。

〈書報介紹〉，《天義報》，1907年第15號，頁50。

〈異哉立志不嫁會〉，上海《時報》，1917年2月25日。

〈蒲魯東〉，《新世紀》，1907年8月3日第7號，頁3。

〈獨身主義不願嫁人·姊妹倆出走〉，上海《時報》，1933年10月29日，頁6。

《太平詔書》，上海：上海古籍出版社，2002年。

《民國秘史》編委會編：《民國秘史》，北京：大眾文藝出版社，2010年。

《婦女雜誌》通訊，1924年第10卷第1號，頁284。

Abbott, Pamela & Wallace, Claire. *An Introduction to Sociology: Feminist Perspectives*. NY:
　　Routledge, 1996.

Adams, Jason. *Non-Western Anarchisms Rethinking the Global Context*.
　　http://raforum.info/spip.php?article3218。

Bernal, Martin. *Chinese Socialism to 1907*. NY: Cornell University, 1976.

Bernal, Martin. "Chinese Socialism Before 1913", in Jack Gray ed., *Modern China's Search
　　for a Political Forum* .Oxford University Press, 1969, pp.66-95.

Carey, John ed. *The Faber Book of Utopias*. London: Faber and Faber, 1999.

Carpenter, Edward. *Love's Coming of Age*. London: Swan Sonnenschein & Co. LTD, 1906.

Dirlik, Arif. *Anarchism in the Chinese revolution*. University of California Press, 1991.

Engels, Frederick. *The Origin of the Family, Private Property, and the State*. Translated by
　　Ernest Untermann. Chicago: Charles H. Herr & Company, 1902.

Engels, Frederick. *The Origin of the Family, Private Property, and the State*. Translated by Alec West. NY: International Publishers, 1972.

F.A.Bebel著、李漢俊（署名「漢俊」）譯：〈女子將來的地位〉，《新青年》，1920年9月1日第8卷第1號。

Gilman, Charlotte Perkins. *Women and Economics: A Study of the Economic Relation between Men and Women as a Factor in Social Evolution.* Boston: Small, Maynard & Co., 1898.

Goldman, Emma. *Anarchism and Other Essays.* New York & London: Mother Earth Publishing Association, 1911.

Gray, Jack ed. *Modern China's Search for a Political Forum.* Oxford University Press, 1969.

Hippolyte Havel著、盧劍波（署名「劍波」）譯：〈愛瑪高德曼（續）〉，《新女性》，1927年4月第2卷第4號，頁429-446。

Hippolyte Havel著、盧劍波（署名「劍波」）譯：〈愛瑪高德曼〉，《新女性》，1927年3月第2卷第3號，頁269-284。

Hutter, Mark. *The changing family: comparative perspectives*. NY: Wiley, 1981.

Key, Ellen. *Love and Marriage*. Translated by Arthur G. Chater. NY: Putnam, 1911.

Kollontai, Alexandra. "Communism and the Family", in *Selected Writings of Alexandra Kollontai*. Translated by Alix Holt. Allison & Busby, 1977.

Kirkup, Thomas. *A History of Socialism*. London: Adam and Charles Black, 1892.

Kreb, Edward Skinner. *Liu Ssu-fu and Chinese anarchism, 1905-1915.* Thesis (PH.D.) University of Washington, 1982 [1977].

Kropotkin, Peter. *The Conquest of Bread.* New York & London: G.P. Putnam's Sons, 1906.

Kropotkin, Peter. *Anarchism: its philosophy and idea.* Translated by Harry Lyman Koopman. San Francisco: Free Society, 1898.

Kropotkin, Peter. *The State: Its Historic Role.* Translated by Vernon Richard. London: Freedom Press, 1946.

Marsh, Margaret S. *Anarchist Women.* Philadelphia: Temple University Press, 1981.

Marx, Karl & Engels, Friedrich. *The Communist Manifesto.* Oxford. NY: Oxford University, 1992.

Moran, Jessica. "*The Firebrand* and the Forging of a New Anarchism:Anarchist Communism and Free Love", 2004,
http://userwww.sfsu.edu/~jmmoran/firebrand_freelove.htm。

Moran, Jessica. "Oppositional Culture and Community Creation: American Anarchism and *The Firebrand*, 1895-1897", 2005, http://userwww.sfsu.edu/~jmmoran/firebrand_communism.htm。

Naisbitt, John. *Megatrends: ten new directions transforming our lives.* Huang Chia Book Co. ,1982.

Rubin, Gayle. "Thinking Sex: Notes for a Radical Theory of the Politics of Sexuality", in Abelove, Barale, Halperin, et al, (Eds), *The Lesbian and Gay Studies Reader*, Psychology Press, 1992.

Russell, Bertrand. *Principle of Social Reconstruction.* London: G. Allen & Unwin, 1920 [1916].

Russell, Bertrand. *Roads to freedom.* NY: Routledge, 1977 [1918].

Shahar, Meir. *Crazy ji-Chinese Religion and Popular Literature.* Harvard University Asia Center, 1998.

Shahar, Meir and Weller, Robert P. *Unruly gods: divinity and society in China.* Honolulu: University of Hawaii Press, 1996.

Steven, Sangren P. *Chinese Sociologics: An Anthropological Account of the Role of Alienation in Social Reproduction.* London: The Athlone Press, 2000.

Toffler, Alvin. *Future Shock*. NY: Bantam Books, 1990 [1970].

Toffler, Alvin. *The Third Wave*. NY: Bantam Books, 1989 [1980].

Zarrow, Peter. "He Zhen and Anarcho-Feminism in China". Journal of Asian Studies, 47:4 (1988: Nov.), pp.796-813.

一人來稿：〈西人之結婚及成婚〉，《新世紀》，1907年6月29日第2號，頁4。

丁丁：〈為了「獨身主義」〉，《申報》，1933年12月8日，頁1。

丁守和、殷敘彝、張伯昭：《十月革命對中國革命的影響》，北京：人民出版社，1957年。

丁守和編：《辛亥革命時期期刊介紹》，北京：人民出版社，1983年。

丁玲：《在黑暗中》，上海：中國文聯出版公司，1995年。

人民出版社編：《紀念向警予同志英勇就義五十周年》，北京：人民出版社，1978年。

山西省孟縣政協高長虹文集編委會編：《高長虹文集》，北京：中國社會科學出版社，1989年。

上海市政協文史資料委員會編：《上海文史資料存稿彙編》，上海：上海古籍出版社，2001年。

上海外國語學院列寧著作翻譯研究室譯：《回憶列寧》，北京：人民出版社，1982年。

上海社會科學院家庭研究中心編：《中國家庭研究》第1卷，上海：上海社會科學院出版社，2006年。

子榮：〈結婚儀式的問題〉，《婦女週報》，1923年10月17日第9號。

弋靈：〈新戀愛問題──關於柯倫泰夫人的戀愛觀〉，《新女性》，1928年12月第3卷第12號，頁1414-1419。

中央日報編：《我們的家庭》，台北：中央日報社，1952年。

中共中央文獻研究室編：《毛澤東早期文稿》，長沙：湖南出版社，1999年。

中共中央黨史研究室第一研究部譯：《共產國際、聯共（布）與中國革命文獻資料選輯（1917-1925）》第2卷，北京：北京圖書館，1997年。

中國人民政治協商會議全國委員會文史資料研究委員會編：《辛亥革命回憶錄》，北京：文史資料出版社，1981年。

中國史學會：《太平天國》，上海：神州國光社，1952年。

中國社會科學院編：《國外中國近代史研究》，北京：中國社會科學出版社，1993年。

中國科學院歷史研究所第三所近代史資料編輯組：《太平天國資料》，北京：科學出版社，1959年。

中國基督教女青年會編：《家庭問題討論集》，上海：中國基督教女青年會全國協會編輯部，1927年。

中國第二歷史檔案館編：《中國無政府主義和中國社會黨》，江蘇：江蘇人民出版社，1981年。

中華全國婦女聯合會婦女運動歷史研究室編：《五四時期婦女問題文選》，北京，三聯書店，1981年。

天宇女士：〈改造社會與現代女子的苦悶問題〉，《新女性》，1927年7月第2卷第7號，頁723-725。

太平天國歷史博物館：《太平天國文書彙編》，北京：中華書局，1979年。

太平天國歷史博物館：《太平天國史料叢編簡輯》，北京：中華書局，1961年。

太平天國歷史博物館編：《太平天國資料匯編》，北京：中華書局，1980年。

孔令來：〈柏拉圖《理想國》的男女平等觀〉，《理論界》，2008年第3期，頁119-121。

尹傳紅：〈「烏托邦」迷夢──貝拉米與《回顧：西元2000-1887》〉，《中國科技月報》，2001年第5期。

尹箴：〈避免毀家廢婚　跨宗教團體聯合發聲〉，《國度復興報》，2013年9月10日，http://www.krtnews.com.tw/church/item/6744。

尹騏：《潘漢年的情報生涯》，北京：人民出版社，1996年。

文宙：〈俄國新婚姻法的宣佈〉，《東方雜誌》，1927年第24卷第9號，頁34-36。

方立天：《中國佛教與傳統文化》，上海：上海人民出版社，1988年。

毛一波（署名「一波」）：〈再論性愛與友誼〉，《新女性》，1928年11月第3卷第11號，頁1248-1258。

毛一波（署名「一波」）：〈非戀愛的又一聲〉，《新女性》，1929年4月第4卷第3號，頁329-337。

毛一波（署名「毛尹若」）：〈讀「新戀愛道」後〉，《新女性》，1928年12月第3卷第12號，頁1413-1414。

王文東：〈蘇聯道德教育的歷史經驗與教訓〉，《思想理論教育導刊》，2010年第7期，頁105-109。

王永康：《簡明中國近代思想史》，長沙：湖南人民出版社，1987年。

王玉華：《多元視野與傳統的合理化——章太炎思想的闡釋》，北京：中國社會科學出版社，2004年。

王光祈：〈城市中的新生活〉，《晨報》，1919年12月4日。

王光祈（署名「若愚」）：〈與左舜生書〉，《少年中國》，1919年8月15日第1卷第2期，頁37。

王汎森：〈劉師培與清末的無政府主義運動〉，《大陸雜誌》，1994年10月第90卷第6期，頁1-9。

王汎森：《中國近代思想與學術的系譜》，台北：聯經出版社，2003年。

王汎森：《章太炎的思想（1868-1919）及其對儒學傳統的衝擊》，台北：時報文化，1985年。

王卓（讀者投書），《婦女雜誌》，1925年十週年紀念號，頁290-291。

王秀國：〈去苦求樂的人道觀，至公至平的大同路——康有為《大同書》再解讀〉，《佛山科學技術學院學報》，2007年11月第25卷第6期，頁84-89。

王秀國：〈試析康有為《大同書》對《回顧》的吸納及改造〉，《佛山科學技術學院學報》，2005年3月第23卷第2期，頁41-45。

王承權：〈中國各民族不落夫家婚俗的比較研究〉，《民族研究》，1993年第6期，頁41-61。

王昆侖：《紅樓夢人物論》，台北：里仁出版社，1982年。

王長元：《蘇曼殊全傳：沉淪的菩提》，長春：長春出版社，1995年。

王倩：〈從嚴別男女政策看太平天國婦女的社會地位〉，《中華女子學院山東分院學報》，2007年第1期，頁26-30。

王森芳：〈反主張革命時期而可能戀愛者〉，廣州《民國日報・新時代》，1926年6月16日第39期。

王晶堯、王學莊、孫彩霞編：《柳亞子選集》，北京：人民出版社，1989年。

王皓安：〈性別大補帖：什麼是毀家廢婚？〉，《台灣立報》，2013年11月20日。

王開林：〈章太炎：佯狂未必不丈夫〉，《書摘》，2002年第2期，頁29-32。

王開林：〈章太炎——政夢難圓的狂書生〉，《青年與社會》，2007年第1期，頁31-
　　35。

王開林：〈劉師培：越墮落越快樂〉，《讀書文摘》，2007年第9期，頁57-62。

王開林：《大變局與狂書生》，北京：中華書局，2006年。

王煉鋼：〈傅立葉的和諧思想〉，《沙洋師範高等專科學校學報》，2006年第1期，頁
　　19-22。

王爾敏：《中國近代思想史論續集》，北京：社會科學文獻出版社，2005年。

王歌雅：《中國婚姻倫理嬗變研究》，北京：中國社會科學出版社，2008年。

王德威：《如何現代，怎樣文學》，台北：麥田出版社，1998年。

王德威：《被壓抑的現代性：晚清小說新論》，北京：北京大學出版社，2005年。

王德威：《想像中國的方法：歷史・小說・敘事》，北京：三聯書店，1998年。

王慶成：《太平天國的歷史和思想》，北京：中國人民大學出版社，2010年。

王曉明、周展安編：《中國現代思想文選（上）》，上海：上海書店出版社，2013年。

王樹：《毛澤東書信賞析》，青島：山東人民出版社，1997年。

王樾：《譚嗣同變法思想研究》，台北：台灣學生書局，1990年。

王應培：〈一夫一妻制〉，《幻洲》，1927年3月16日第10期，頁466-469。

王麗：〈近代廣東女子的獨身現象：自梳和不落夫家〉，《廣西民族學院學報》，
　　2001年5月第23卷第3期，頁50-54。

王繼平、鄭赤建、肖軍芳：《中國社會主義思想通史簡編》，長沙：湖南人民出版
　　社，2007年。

王蘭垣、謝炎久、金愈慶主編：《中國社會主義思想史》，天津：天津人民出版社，
　　1991年。

王顯中：〈平等的幻象〉，苦勞網，2013年6月29日，http://www.coolloud.org.tw/node/
　　74787。

王顯中：〈回應台灣同志家庭權益促進會　兼論婚／家革命不是辦桌吃飯〉，苦勞
　　網，2013年9月6日，http://www.coolloud.org.tw/node/75471。

王顯中：〈婚姻／家庭：解放或者改良〉，《華人性權研究》，2014年3月1日總第6
　　期，頁21-26。

王顯中：〈導言：毀廢再申論〉，苦勞網，2013年10月23日，http://www.coolloud.org.
　　tw/node/75991。

可九：〈廢除婚制問題的辯論（三）〉，《民國日報・覺悟》，1920年5月22日。

世界知識手冊編輯委員會：《孫中山選集》，北京：人民出版社，1956年。

付立波：〈近代日文書籍的引進及其影響〉，《晉圖學刊》，2006年6月第3期，頁72-

75。

付建舟：〈蔡元培與無政府主義思想〉，《蘭州學刊》，2006年第9期，頁40-43。

仝華、康沛竹主編：《馬克思主義婦女理論發展史》，北京：北京大學出版社，2004年。

包淳亮：〈以國代家〉，包老師的教學網站，2009年7月12日，http://solpao.spaces.live.com/Blog/cns!AE223E14C76B3418!1521.entry?wa=wsignin1.0&sa=648060406。

台灣伴侶權益推動聯盟：〈關鍵的十年，關鍵的1/4同性婚姻民調結果發佈記者會新聞稿〉，台灣伴侶權益推動聯盟網站，2013年8月7日，http://tapcpr.wordpress.com/2013/08/07。

史少博：〈空想社會主義者傅立葉探「情欲引力」與「和諧社會」〉，《學術論壇》，2010年第2期，頁59-62。

平沙：〈社評（一）〉，《婦女週報》，1923年10月24日第10號。

平非：〈逆行婚姻路——不做家／國代理人〉，《華人性權研究》，2014年3月1日總第6期，頁26-28。

平非：〈逆行婚姻路——不做家／國代理人〉，苦勞網，2013年10月23日，http://www.coolloud.org.tw/node/76658。

生活書店編輯所編：《戀愛與貞操》，上海：生活書店，1933年。

白本：〈托爾斯泰晚年出亡的原因〉，《東方雜誌》，1925年第22卷第20號，頁107-110。

皮明庥：《近代中國社會主義思潮覓蹤》，長春：吉林文史出版社，1991年。

任白濤譯：《近代戀愛名論》，上海：亞東圖書館，1927年。

全根先：〈《無能子》的思想及其資料來源〉，《中國道教》，1991年第1期，頁38-43。

印順法師：《太虛法師年譜》，北京：宗教文化出版社，1995年。

向培良（署名「培良」）：〈關於性慾及幾部關於性慾的書籍〉，《狂飆》，1926年10月17日第2期，頁502-507。

向警予：〈中國知識婦女的三派〉，《婦女週報》，1923年11月28日第15號。

向警予：《向警予文集》，長沙：湖南人民出版社，1980年。

安啟念編：《馬克思主義哲學中國化研究》，北京：中國人民大學出版社，2006年。

安廣祿：〈北伐時期武漢裸女遊行風波〉，《文史天地》，2008年第4期，頁37-39。

朱仲岳：〈康有為《大同書》成書年代的新發現〉，《文物》，1999年第3期，頁92-93。

朱執信：〈男子解放就是女子解放〉，《星期評論》，1919年11月9日第23號。

朱傳譽主編：《李石曾傳記資料》（三），台北：天一出版社，1985年。

朱榮貴：《前輩談人權——中國人權文獻選輯》，新莊：輔大出版社，2001年。

朱樹玲、胡福星：〈論賈寶玉出家的悲劇結局〉，《河南師範大學學報》，1995年第22卷第5期，頁66-69。

朱謙之：《太平天國革命文化史》，北京：中國圖書館學會高校分會，2007 [1944]。

朱謙之：《自傳兩種》，台北：龍文出版社，1993年。

朱謙之：《革命哲學》，上海：泰東圖書局，1921年。

朱謙之、楊沒累：《荷心》，福州：福建教育出版社，2002年。

朱謙之著、黃夏年編：《朱謙之文集》，福州：福建教育出版社，2002年。

朱謙之著、黃夏年編：《朱謙之選集》，長春：吉林人民出版社，2005年。

汝非：〈托爾斯泰之逃亡〉，《新青年》，1915年第1卷第2號，頁1-8。

江亢虎（署名「某君」）：〈無家庭主義〉，《新世紀》，1909年4月17日第93號。

江亢虎：《洪水集》，上海：社會星出版社，1913年。

何每：〈李宗仁的心腹「喉舌」黎濛〉，《文史春秋》，2006年第5期，頁42-45。

何定照：〈護家盟：草案三法案　毀家廢婚擴大淫亂〉，《聯合報》，2013年11月11日。

何金彝：〈傅立葉《新世界》與康有為《大同書》之比較〉，《東方論壇》，1997年第1期，頁17-21。

何思瑩：〈只破不立，無以為繼——談毀家廢婚派的幾點問題〉，《應用倫理評論》，2015年4月第58期，頁69-99。

何哲：〈《大同書》的成書年代及其思想實質〉，《近代史研究》，1980年第3期，頁257-263。

何海鳴（署名「求幸福齋主」）：〈兒童公育〉，《星期》，1922年第26期，頁1-12。

何祥林、李良明主編：《紀念惲代英誕辰110周年學術討論會論文集》，武漢：華中師範大學出版社，2006年。

何標：〈張我軍與「新野社」〉，《台聲》，1994年2月。

何震（署名「儀徵何震」）：〈贈侯官林宗素女士〉，《警鐘日報》，1904年7月26日。

何震（署名「震述」）：〈女子宣布書〉，《天義報》，1907年6月第1號，頁1-7。

何震（署名「震述」）：〈女子解放問題〉，《天義報》，1907年9月第7號，頁5-14、1907年第8號，頁1-6、1907年第8-10號合刊，頁8-9。

何震（署名「震述」）：〈經濟革命與女子革命〉，《天義報》，1907年12月第13-14號合刊，頁9-22。

何震、劉師培（署名「震、申叔」）：〈論種族革命與無政府革命之得失〉，《天義報》，1907年9月1日第6號、1907年9月15日第7號。

何薇：〈評無政府革命道路的探索者劉師複〉，《廣州社會主義學院學報》，2011年第1期，頁39-42。

余華林：〈中國現代家庭文化嬗變研究〉，北京：首都師範大學歷史學院碩士學位論文，2002年。

余華林：〈近20年來中國近代家庭史研究評析〉，《中州學刊》，2005年3月第2期，頁163-167。

余華林：〈現代性愛觀念與民國時期的非婚同居問題〉，《首都師範大學學報》，2009年第1期，頁20-32。

余華林：《女性的「重塑」：民國城市婦女婚姻問題研究》，北京：商務印書館，2009年。

吳自甦：《中國家庭制度》，台北：商務印書館，1968年。

吳奚如（署名「吳善珍」）：〈革命與戀愛〉，廣州《民國日報・新時代》，1926年5月14日第15期。

吳浪波：〈互助論在近代中國的傳播與影響〉，湖南師範大學中國近現代史碩士論文，2005年。

吳紹文：〈毀家廢婚？保家廢婚？保家保婚？〉，苦勞網，2013年8月29日，http://www.coolloud.org.tw/node/75445。

吳貫因：〈改良家族制度論〉，《大中華》，1915年第1卷第3期，頁1-11。

吳敏倫編：《性論》，香港：商務印書館，1990年。

吳雁南：〈劉師培的無政府主義〉，《貴州社會科學》，1981年第5期，頁51-58。

吳稚暉（署名「夷」）：〈日本無政府黨紅旗案之結束〉，《新世紀》，1908年10月24日第70號，頁7-10。

吳稚暉（署名「夷」）：〈書自由營業管見後〉，《新世紀》，1909年5月22日第98號。

吳稚暉（署名「夷參」）譯《朝日》及《二六兩》新聞：〈日本無政府黨之開場鑼鼓〉，《新世紀》，1908年7月25日第57號，頁5-9。

吳稚暉（署名「燃」）：〈答某君〉，《新世紀》，1908年7月18日第56號。

吳稚暉（署名「燃」）：〈遊鷹山村殖民地記〉，《新世紀》，1908年6月27日第53號，頁6-11。

吳稚暉：〈一個新信仰的宇宙觀與人生觀〉，收入吳稚暉：《吳敬恆選集（哲學）》，台北：文星書店，1967年，頁69-70。

吳稚暉：《吳敬恆選集（哲學）》，台北：文星書店，1967年。

吳虞：〈家庭制度為專制主義之根據論〉，《新青年》，1917年2月第2卷第6號。

吳熙釗、鄧中好校點：《南海康先生口說》，廣州：中山大學出版社，1985年。

吳靜如：〈祝你幸福：不成家作為一種選擇與擴大連結的起點〉，苦勞網，2013年9月11日，http://www.coolloud.org.tw/node/75573。

吳覺農：〈愛倫凱的自由離婚論〉，《婦女雜誌》，1922年6月第8卷第4號。

吳豔玲、高士臣：〈劉師培無政府主義思想評析〉，《齊齊哈爾大學學報》，2000年3月第2期，頁90-92。

呂明灼：〈五四運動的領袖是誰〉，《北京日報》，2010年6月28日。

呂芳上：〈法理與私情：五四時期羅素、勃拉克相偕來華引發婚姻問題的討論（1920-1921）〉，《近代中國婦女史研究》，2001年8月第9期，頁35-55。

呂芳上：〈1920年代中國知識分子有關情愛問題的抉擇與討論〉，收入呂芳上主編：《無聲之聲（1）：近代中國的婦女與國家（1600-1950）》，台北：中央研究院近代史研究所，2003年，頁73-102。

呂美頤：〈二十世紀初中國資產階級的婚姻家庭觀〉，《史學月刊》，1987年第6期，頁54-60。

宋德華：〈犬養毅題記與《大同書》手稿寫作年代辨析〉，《華南師範大學學報》，1992年第3期，頁101-104。

志達：〈因格爾斯學說〉，《天義報》，1908年第16-19號合刊，頁135-138。

李人傑：〈男女解放〉，《星期評論》，1920年1月3日第31號。

李力經：〈漫談張靜江〉，收入上海市政協文史資料委員會編：《上海文史資料存稿彙編》第二冊，上海：上海古籍出版社，2001年。

李又寧、張玉法編：《中國婦女史論文集》，台北：商務印書館，1992 [1981]年。

李三無：〈自由離婚論〉，《婦女雜誌》，1920年7月第6卷第7號，頁1-8。

李三無：〈廢娼運動管見〉，《婦女雜誌》，1920年8月第6卷第8號，頁14。

李大釗：〈由經濟上解釋中國近代思想變動的原因〉，《新青年》，1920年1月第7卷第2號，頁47-53。

李小江、朱虹、董秀玉主編：《主流與邊緣》，北京：三聯書店，1999年。

李小江、朱虹、董秀玉主編：《性別與中國》，北京：三聯書店，1994年。

李丹：〈倍倍爾與婦女問題〉，《綏化學院學報》，2010年第6期，頁57-59。

李文生：〈讀禪宗大師《珪和尚紀德幢》書後──禪宗史上又一個「六祖」和「七祖」〉，《敦煌研究》，2004年第6期，頁22-26。

李文海、劉仰東：《太平天國社會風情》，台北：雲龍出版社，1991年。

李平生、張秋菊：〈論中國早期無政府主義家庭觀〉，《東嶽論叢》，2008年第6期，
　　頁148-153。

李石曾（署名「真」）：〈三綱革命〉，《新世紀》，1907年8月31日第11號。

李石曾（署名「真」）：〈男女之革命〉，《新世紀》，1907年8月3日第7號。

李石曾（署名「真」）：〈書騷客對於遊學蕩子之慨言後〉，《新世紀》，1907年12
　　月21日第27號。

李石曾（署名「真」）：〈祖宗革命〉，《新世紀》，1907年6月29日第2號，頁3-4、
　　1907年7月6日第3號，頁4。

李石曾（署名「真」）：〈答旁觀子〉，《新世紀》，1907年8月3日第7號。

李石曾（署名「真」）：〈續男女革命〉，《新世紀》，1907年8月10日第8號。

李石曾（署名「真」）譯：〈克若泡特金學說〉，《新世紀》，1907年9月7日第12
　　號-1907年10月12日第17號。

李石曾：（署名「真」）譯：〈巴枯寧學說〉，《新世紀》，1907年8月17日第9號，
　　頁1-2。

李兆民：《中國過渡時代的家庭》，上海：廣學會，1925年。

李存光編：《無政府主義批判：克魯泡特金在中國》，南昌：江西高校出版社，
　　2009年。

李兵、張曉平：〈康有為《大同書》中的「去家界」〉，《西南民族大學學報》，
　　2010年第5期，頁82-86。

李妙根：〈劉師培生卒年考訂〉，《安徽史學》，1991年第3期，頁78-79。

李希凡、李萌：《傳神文筆足千秋——〈紅樓夢〉人物論》，北京：文化藝術出版
　　社，2006年。

李良玉：〈江亢虎早期政治思想研究〉，《社會科學研究》，1989年第1期，頁96-
　　102、95。

李卓：《中日家族制度比較研究》，北京：人民出版社，2004年。

李季：〈社會主義與中國〉，《新青年》，1921年4月1日第8卷第6號。

李怡：《近代中國無政府主義思潮與中國傳統文化》，武漢：華中師範大學出版社，
　　2001年。

李長林：〈恩格斯的《家庭、私有制和國家的起源》在中國的傳播〉，《社會科學戰
　　線》，1984年第4期，頁217-219。

李俊：〈五四時期施存統對馬克思主義的介紹和研究〉，《黨史研究與教學》，2004
　　年第3期，頁28-32。

李俊、周軍：〈試論五四時期施存統的馬克思主義觀〉，《洛陽師範學院學報》，

2004年第4期，頁27-29。

李俊恒：〈《無能子》及其在唐末思想史上的地位〉，《許昌學院學報》，1987年第1期，頁38-45。

李洪岩：〈劉師培背叛革命公案述說〉，《文史知識》，2000年第11期，頁104。

李桂梅：〈略論近代中國家庭倫理的嬗變及其啟示〉，《倫理學研究》，2003年1月第1期，頁63-68。

李淳：〈從廬山會議透視毛澤東的思想〉，《湘潭大學學報》，2008年9月第32卷第5期，頁132-135。

李華興：《中國近代思想史》，杭州：浙江人民出版社，1988年。

李新：〈釋「大同」〉，《民國檔案》，1996年4月，頁73。

李達軒：〈現代散文家易君左〉，《中國現代文學研究叢刊》，1998年第2期，頁245-251。

李瑗、胡長水：〈從無政府主義者到資產階級政客的吳稚暉〉，《求是學刊》，1982年第2期，頁73-80、91。

李漢武：〈中國古代社會的家庭結構及其對社會政治思想的影響〉，《史學理論研究》，1997年第2期，頁21-25。

李漢俊編譯：《婦女之過去與將來》，上海：商務印書館，1927 [1921]年。

李綽：〈廢除婚制問題的辯論〉，《民國日報‧覺悟》，1920年5月26日。

李綽：〈婚姻何以當廢〉，《民國日報‧覺悟》，1920年5月22日。

李赫亞：〈兩種未來社會理論的誕生——傅立葉康有為社會烏托邦思想形成之比較〉，《遼寧師範大學學報》，2003年7月第26卷第4期，頁105-108。

李赫亞：〈傅立葉、康有為理想社會政治模式之比較〉，《北方論叢》，2004年第6期，頁87-89。

李赫亞：〈傅立葉、康有為理想社會婚姻家庭觀比較〉，《寧夏社會科學》，2003年7月第4期，頁80-83。

李歐梵：《現代性的追求》，北京：三聯書店，2000年。

李銳：《毛澤東早期的革命活動》，長沙：湖南人民出版社，1980年。

李曉敏：〈隋唐時期的出家人與家庭〉，《河南社會科學》，2005年3月第13卷第2期，頁118-119。

李澤厚：〈論康有為的《大同書》〉，《文史哲》，1955年第2期，頁10-15。

李澤厚：《中國近代思想史論》，北京：三聯書店，2008年。

李璜：《學鈍室回憶》，台北：傳記文學，1973年。

李默編著：《百年家庭變遷》，南京：江蘇美術出版社，2000年。

李顯榮：〈評巴枯寧的絕對自由觀和反權威論〉，《世界歷史》，1981年第4期，頁22-28。

杜恩龍：〈康有為《大同書》手稿發現及出版經過〉，《文史精華》，2002年第5期，頁60-63。

杜耀西、黎家芳：〈試談原始社會早期的分期〉，《中國歷史文物》，1980年，頁23-25。

汪公權（署名「公權」）：〈巴枯甯民主社會黨同盟會綱領〉，《天義報》，1907年7月第4號，頁37-38。

汪公權（署名「公權」）：〈巴枯寧學術要旨〉，《天義報》，1907年6月第1號，頁28-30。

汪公權（署名「公權」）：〈苦魯巴特金之特色〉，《天義報》，1907年7月第3號，頁43-47。

汪正章：〈賈寶玉離塵出家原因探析〉，《山西師大學報》，1997年7月第24卷第3期，頁59-63。

汪玢玲：《中國婚姻史》，上海：上海人民出版社，2001年。

汪佩偉、李炤曾：〈早期江亢虎的「三無主義」研究〉，《華中理工大學學報》，1996年第1期，頁5-9、40。

汪毓真：〈論婚姻自由的關係〉，《女子世界》，1904年第4卷，頁15-16。

沈中德：〈戀愛與革命〉，廣州《民國日報‧新時代》，1926年5月12日第13期。

沈定一（署名「玄廬」）：〈評論：死在社會面前的一個女子趙瑛〉，《民國日報‧覺悟》，1920年11月15日，頁1-2。

沈兼士：〈兒童公育：徹底的婦人問題解決法處分新世界一切問題之鎖鑰〉，《北京大學日刊》，1919年11月第474-477期。

沈兼士：〈兒童公育：徹底的婦人問題解決法處分新世界一切問題之鎖鑰〉，《新青年》，1919年11月第6卷第6號，頁563-567。

沈紹根、楊三平：〈五四時期新式知識份子的家庭變革思潮〉，《求索》，1999年第2期，頁113-117。

沈雁冰：〈家庭改制的研究〉，《民鐸》，1920年第2卷第4號，頁1-14。

沈雁冰：《家庭與婚姻》，上海：商務印書館，1923年。

沈雁冰（署名「雁冰」）：〈評兒童公育問題——兼質惲楊二君〉，收入梅生編：《中國婦女問題討論集》，上海：上海書店，1989年，頁58-67。

沈雁冰（署名「雁冰」）：〈新性道德的唯物史觀〉，《婦女雜誌》，1925年11月第1號。

沈新林：〈《無能子》芻議〉，《中國典籍與文化》，2002年第1期，頁36-42。

車冬梅：〈《大同書》成書時間考〉，《江海學刊》，1999年第5期，頁178。

來稿：〈與人書〉，《新世紀》，1907年9月14日第13號，頁3-4。

周大鴻（署名「大鴻」）：〈洪秀全男女平等之制〉，《天義報》，1907年6月第1號，頁37。

周光曙：〈報界名士易君左的毀譽人生〉，《新聞天地》，2004年第1期，頁41-43。

周作人（署名「獨應」）：〈防淫奇策〉，《天義報》，1907年11月11月第11-12號合刊。

周作人：〈日本的新村〉，《新青年》，1919年3月15日第6卷第3號，頁266-277。

周作人：〈新村的精神〉，《新青年》，1920年1月1日第7卷第2號，頁129-134。

周作人：《知堂回想錄》，台北：龍文出版社，1989年。

周金萍：〈太平天國家庭制度述論〉，吉林大學中國近現代史碩士論文，2004年。

周建人（署名「克士」）：〈生育節制打胎和兒童公育〉，《東方雜誌》，1934年第31卷第21號，頁73-75。

周建人（署名「建人」）：〈性道德之科學的標準〉，《婦女雜誌》，1925年1月第11卷第1號。

周建人：〈家庭改造的途徑〉，《婦女雜誌》，1923年第9卷第9號。

周為號、鍾聲：〈吳稚暉無政府主義思想剖析〉，《江蘇社會科學》，1991年第1期，頁51-56。

周海樂：〈江亢虎和中國社會黨〉，《江西社會科學》，1989年第1期，頁138-146。

周慧玲：〈女演員、寫實主義、「新女性」論述——晚清到五四時期中國現代劇場中的性別表演〉，《近代中國婦女史研究》，1996年8月第4期。

孟昭華、王明寰、吳建英編著：《中國婚姻與婚姻管理史》，北京：中國社會出版社，1992年。

孟慶澍：〈從女子革命到克魯泡特金——《天義》時期的周作人與無政府主義〉，《汕頭大學學報》，2005年1月第21卷第1期，頁34-38。

孟慶澍：《無政府主義與五四新文化：圍繞〈新青年〉同人所作的考察》，開封：河南大學出版社，2006年。

孟憲範：〈家庭：百年來的三次衝擊及我們的選擇〉，《清華大學學報》，2008年第3期，頁133-145。

尚碎嶽等編：《空想社會主義學說史》，杭州：浙江人民出版社，1984年。

岳慶平：〈近代婚姻家庭的變遷〉，《文史知識》，1994年第5期，頁18-24。

岳慶平：《家庭變遷》，北京：民主與建設出版社，1997年。

房德鄰：〈《大同書》起稿時間考——兼論康有為早期大同思想〉，《歷史研究》，

1995年第3期，頁94-103。

易家鉞、羅敦偉：《中國家庭問題》，北京：北京家庭研究社，1921年。

易家鉞：〈家庭制度滅亡論的一個引子〉，《家庭研究》，1921年第1卷第4號。

易家鉞：《西洋家族制度》，上海：商務印書館，1922 [1926]年。

松元：〈夫妻的關係應是這樣的〉，《幻洲》，1927年3月16日第10期，頁470-473。

松菁：《紅樓夢人物論》，台北：新興出版社，1955年。

林天鬥等譯：《回顧》，北京：商務印書館，1963年。

林代昭、潘國華：《社會主義在中國的傳播與實踐》，北京：北京大學出版社，
　　1991年。

林克光：〈《大同書》的寫作過程初探——《〈大同書〉手稿及其成書年代》質
　　疑〉，《福建師範大學學報》，1981年第4期，頁129-135。

林美容：《媽祖信仰與台灣社會》，台北：博揚文化，2006年。

林修卉：〈同性婚　護家盟憂「人獸交」遭批歧視〉，蘋果即時，2013年11月19日，
　　http://www.appledaily.com.tw/realtimenews/article/politics/20131119/295409。

林淑蓉：〈不落夫家與走婚制：另類婚姻的再思考〉，《「婚姻文化面面觀」座談會
　　會議手冊》，新竹：清華大學性別與社會研究室，2004年3月27日，頁15-17。

林惠祥：〈論長住娘家風俗的起源及母系制到父系制的過渡〉，《廈門大學學報》，
　　1962年第4期，頁24-44。

林雲陔：〈近代社會主義之思潮〉，《建設》，1920年第2卷第3號，頁435-447。

波弟：〈讀三代的戀愛後〉，《新女性》，1928年12月第3卷第12號，頁1419-1422。

社會黨人來稿：〈三無主義之研究〉，《社會世界》，1912年第5期，頁7-12。

芮筆弍：〈階序「性」空間〉，苦勞網，2013年10月23日，http://www.coolloud.org.tw/
　　node/76297。

邱子安：〈以信任機制探討伴侶契約對同志親密關係的平等保障〉，《應用倫理評
　　論》，2015年4月第58期，頁129-158。

邵力子（署名「力子」）：〈廢除婚姻問題的討論〉，《民國日報・覺悟》，1920年5
　　月11日。

邵力子（署名「力子」）：〈「廢除婚姻制度」底討論〉，《民國日報・覺悟》，
　　1920年5月8日。

邵伏先：《中國的婚姻與家庭》，北京：人民出版社，1989年。

邵鵬：〈烏托邦社會主義與毛澤東的思想和實踐〉，《青島大學師範學院學報》，
　　2008年9月第25卷第1期，頁10-14。

金枝：〈非「自由戀愛」〉，《民國日報・覺悟》，1920年5月24日。

金觀濤、劉青峰：〈從「天下」、「萬國」到「世界」——晚清民族主義形成的中間環節〉，《二十一世紀》，2006年4月94期。

金觀濤：〈中國文化的烏托邦精神〉，《二十一世紀》雙月刊，1990年12月第2期，頁17-32。

長劍：〈儀式〉，《新女性》，1928年3月第3卷第3號。

侯外廬主編：《中國近代哲學史》，北京：人民出版社，1978年。

侯敏：〈蔡元培與清末政治小說〉，《明清小說研究》，2004年第4期，頁121-125。

祝志安：〈「廢除婚姻制度」的討論〉，《民國日報·覺悟》，1920年6月12日。

俞秀松：《俞秀松紀念文集》，北京：當代中國出版社，1999年。

俞良早：〈評巴枯寧的絕對自由觀〉，《湖北大學學報》，1983年第5期，頁112-116。

俞忠烈：〈民國初年的無政府主義運動：劉師復與「民聲」〉，國立政治大學歷史研究所碩士論文，1986年。

南方大學出版部編著：《江亢虎博士演講錄》，上海：南方大學出版部，1923年。

姚方仁：〈關於「三代戀愛」的分析觀察〉，《新女性》，1928年12月第3卷第12號，頁1363-1370。

姚錫長：〈江亢虎的社會主義觀與社會主義在中國的傳播〉，《新鄉師範高等專科學校學報》，2004年7月第18卷第4期，頁4-7。

紀申：〈憶四哥巴金〉，《巴金研究》，2007年第2期，頁6-10。

祖儉：〈我也來談一談戀愛與革命〉，廣州《民國日報·新時代》，1926年5月9日第10期。

姜還麟：〈結婚是否必需相當的儀式〉，《婦女雜誌》，1924年第10卷第12號，頁1880-1881。

姜繼為編：《哲學盛宴——羅素在華十大講演》，合肥：安徽教育出版社，2007年。

後覺：〈結婚是否必需相當的儀式〉，《婦女雜誌》，1924年第10卷第12號，頁1875-1876。

施存統：〈「工讀互助團」底實驗和教訓〉，《星期評論》，1920年5月1日，頁7。

施存統（署名「存統」）：〈「廢除婚制」討論中的憤語〉，《民國日報·覺悟》，1920年5月12日。

施存統（署名「存統」）：〈改造家和愛情〉，《民國日報·覺悟》，1920年5月27日。

施存統（署名「存統」）：〈經濟組織與自由平等〉，《民國日報·覺悟》，1921年5月10日。

施存統（署名「存統」）：〈廢除婚制問題的討論（五）〉，《民國日報·覺悟》，1920年5月23日。

施存統（署名「存統」）：〈廢除婚制問題底討論（一）〉，《民國日報・覺悟》，1920年5月12日、1920年5月20日。

施存統（署名「存統」）：〈廢除婚制問題底辯論〉，《民國日報・覺悟》，1920年5月25日。

施存統（署名「存統」）：〈辯論的態度和廢除婚制〉，《民國日報・覺悟》，1920年5月21日。

施國斌：〈江亢虎沉浮記〉，《江淮文史》，1995年第2期，頁156-162。

施寄青：《走過婚姻》，台北：皇冠出版社，1989年。

施寄青：《婚姻終結者》，台北：皇冠出版社，1993年。

查光佛：〈女子解放當從男子解放做起（二）〉，《星期評論》，1919年11月9日第23號，頁2。

查光佛：〈女子解放當從男子解放做起〉，《星期評論》，1919年11月2日第22號，頁3。

柯文溥：〈葉靈鳳浮沉錄——現代文壇的一樁公案〉，《湄洲日報》，2002年11月18日。

柯惠鈴：〈性別與政治：近代中國革命運動中的婦女（1900s-1920s）〉，國立政治大學歷史研究所博士論文，2004年。

柯惠鈴：〈政治與社會：1920年代廣東國民革命與婦女解放〉，《中華軍史學會會刊》，2007年第12期，頁137-175。

柯惠鈴：〈軼事與敘事：左派婦女回憶錄中的革命展演與生活流動（1920s-1950s）〉，《近代中國婦女史研究》，2007年12月第15期，頁141-161。

柯慶施：〈廢除婚制問題的討論（三）〉，《民國日報・覺悟》，1920年5月23日。

柳亞子：《南社紀略》，上海：人民出版社，1983年。

俞寄凡：〈戀愛與性欲的關係〉，《婦女雜誌》，1921年7月第6號。

洪凌：〈站在魔鬼（不）寫實的視角與世界搏鬥：不婚家，不（新）正常，不同化〉，《華人性權研究》，2014年3月1日總第6期，頁28-30。

洪凌：〈排除與補殘：從晚近同婚倡議探究臺灣性別政治鬥爭〉，《應用倫理評論》，2015年4月第58期，頁175-205。

洪凌：〈置疑同志生生不息永續體：閱讀「新正常」政治與在地酷兒戰略初探〉，苦勞網，2013年10月23日，http://www.coolloud.org.tw/node/75980。

洪凌：〈與幻象對話：論反社會酷兒與台灣同婚訴求〉，苦勞網，2013年8月31日，http://www.coolloud.org.tw/node/75463。

洪喜美：〈五四前後廢除家族制與廢姓的討論〉，《國史館學術集刊》，2003年9月第

3期，頁1-30。

洪喜美：〈近代中國廢婚主義的討論〉，《近代中國》，2002年8月第150期，頁63-87。

洪鈞：〈混戰聲中〉，《新女性》，1928年11月第3卷第11號，頁1262-1269。

洪德先：〈民國初期的無政府主義運動1912-1931〉，國立臺灣師範大學歷史研究所博士論文，1997年。

洪德先：〈辛亥革命時期的無政府主義運動〉，國立臺灣師範大學歷史研究所碩士論文，1984年。

洪德先：〈劉師復與中國無政府運動〉，《新世紀、新思維國際學術研討會通識教育組論文集》，台北：銘傳大學，2001年3月17日，頁23-43。

胡迪生：〈小家庭〉，《群言》，1924年第4卷第1期，頁87-89。

胡漢民（署名「老漢」）：〈粵中女子之不嫁者〉，《新世紀》，1908年8月15日第60號，頁9-11。

胡漢民：〈女子解放從那裡做起？〉，《星期評論》，1919年7月27日第8號，頁1-2。

胡漢民：〈胡展堂先生夫婦制度論〉，《民國日報‧覺悟》，1919年11月13日。

胡漢民：〈從經濟底基礎觀察家族制度〉，《建設》，1920年第2卷第4號，頁731-777。

胡漢民：〈論說──答楊肇彝先生〉，《建設》，1919年11月第1卷第4號，頁836-838。

胡漢民：《胡漢民自傳》，台北：傳記文學出版社，1969年。

胡慶雲：《中國無政府主義思想史》，北京：國防大學出版社，1994年。

胡適：〈中國古代政治思想史的一個看法〉，《自由中國》，1954年4月1日第10卷第7期，頁6-10。

胡適：〈多研究些問題，少談些主義〉，《每週評論》，1919年7月20日第31號，第1版。

胡適：〈易卜生主義〉，《新青年》，1918年6月15日第4卷第6號，頁489-507。

胡適：〈胡適答藍志先書〉，《新青年》，1919年4月15日第6卷第4號，頁417-426。

胡適：〈貞操問題〉，《新青年》，1918年7月14日第5卷第1號，頁5-14。

胡曉真：〈酗酒、瘋癲與獨身──清代女性彈詞小說中的極端女性人物〉，《中國文哲研究集刊》，2006年3月第28期，頁51-80。

胡曉真：〈才女徹夜未眠──清代婦女彈詞小說中的自我呈現〉，《近代中國婦女史研究》，1995年8月第3期。

胡曉真：《才女徹夜未眠──近代中國女性敘舊文學的興起》，台北：麥田出版社，2003年。

范宜芳：〈托爾斯泰逝世二十五周紀念──談他的悲劇的死〉，《文化建設》，1936

年第2卷第2期，頁124-127。

范泓：〈易君左其行其狀〉，收入褚鈺泉主編：《悅讀MOOK》第16卷，南昌：二十一世紀出版社，2010年4月，頁102。

革新之一人著、李石曾（署名「真」）譯：〈革命原理〉，《新世紀》，1907年11月16日第22號-1908年1月18日第30號。

風城蓉君女史：〈婚姻自由論〉，《清議報全編》，1901年第1集第3卷，頁98-100。

哲民：〈「廢除婚制」討論中的兩封信〉，《民國日報·覺悟》，1920年5月14日。

哲民：〈「廢除婚姻制度」底討論〉，《民國日報·覺悟》，1920年5月8日。

哲民：〈主張廢除婚制的說明〉，《民國日報·覺悟》，1920年5月13日。

哲民：〈廢除婚姻制度的討論（一）〉，《民國日報·覺悟》，1920年5月11日。

哲民：〈廢除婚制問題底討論〉，《民國日報·覺悟》，1920年5月20日。

唐振常：〈蔡元培研究的幾點辨正〉，《百年潮》，1999年第5期，頁48-54。

唐運劍：〈性愛問題的澈底解決——就是廢除夫婦制度〉，《幻洲》，1926年11月16日第4期，頁177-181。

唐鎮宇：〈宗教團體反對同志婚姻合法化〉，《蘋果日報》，2013年9月7日。

夏紋：〈家庭制度的變遷與婦女解放〉，《女青年月刊》，1933年第12卷第9期，頁13-21。

夏曉虹：〈何震的無政府主義「女界革命」論〉，《中華文史論叢》，2006年第3期，頁311-350。

孫伏園（署名「伏園」）：〈我們將有自己的三代的戀愛〉，《新女性》，1928年12月第3卷第12號，頁1399-1400。

孫祖基：〈自由戀愛是什麼？——評金枝君底「非自由戀愛」〉，《民國日報·覺悟》，1920年5月26日。

孫堯奎：〈從「激烈派第一人」到革命叛徒——劉師培叛變革命原因探析〉，《青海社會科學》，2007年9月第5期，頁127-130。

孫曉：《中國婚姻小史》，北京：光明日報出版社，1988年。

耿雲志編：《胡適研究叢刊》第二輯，北京：中國青年出版社，1996年。

師復：《師復文存》，廣州：革新書局，1928年。

師復：《劉師復文集》，台北：帕米爾書店，1980年。

徐小玉：〈憶丁玲三章〉，《新文學史料》，1996年第4期。

徐永志：〈晚清婚姻與家庭觀念的演變〉，《河北師範大學學報》，1999年4月第22卷第2期，頁127-131。

徐行：〈試論社會主義思潮在華傳播的起始〉，《南開學報》，1999年第2期，頁90-

96。

徐建生：〈近代中國婚姻家庭變革思潮述論〉，《近代史研究》，1991年第3期，頁139-167。

徐善廣、柳劍平：《中國無政府主義史》，武漢：湖北人民出版社，1989年。

徐善廣：〈評辛亥革命時期劉師復的無政府主義〉，《湖北大學學報》，1981年第3期，頁33-40。

徐揚杰：《中國家族制度史》，北京：人民出版社，1992年。

徐新：〈鄧偉志教授的婦女學和家庭社會學思想〉，鄧偉志網頁，2007年，http://www.dengweizhi.com/index.php?id=968。

徐寶山：〈結婚是否必需相當的儀式〉，《婦女雜誌》，1924年第10卷第12號，頁1878-1879。

袁振英：〈易卜生傳〉，《新青年》，1918年6月15日第4卷第6號，頁606-619。

馬文會：〈「民國奇人」張靜江〉，《文史春秋》，2005年第2期，頁51-52。

馬克峰：《中國近代十大怪傑》，武漢：湖北人民出版社，1996年。

馬利斯（J.H. Morris）述、四無譯：〈無政府黨係如何一種人乎〉，《新世紀》，1908年12月12日第77號，頁8-13。

馬建釗：《華南婚姻制度與婦女地位》，南寧：廣西民族出版社，1994年。

馬洪林：〈關于康有為著《大同書》「倒填年月」的商榷〉，《韶關學院學報》，2004年第10期，頁1-5。

馬悅然：〈從《大同書》看中西烏托邦的差異〉，《二十一世紀》雙月刊，1991年6月第5期，頁11-15。

馬淑君：〈不同文化背景的「相同」選擇——賈寶玉、源氏出家比較論〉，《山東教育學院學報》，2005年第3期，頁67-69。

高乃同：《蔡子民先生傳略》，上海：上海書店，1990 [1920]年。

高旭寬：〈幸福與保障，不必只能在伴侶關係內〉，苦勞網，2013年10月23日，http://www.coolloud.org.tw/node/76211。

高希聖：《家庭制度ABC》，上海：ABC叢書社，1929年。

高亞賓：〈廢綱篇〉，《天義報》，1907年10月第11-12號合刊，頁425-428。

高放、黃達強主編：《社會主義思想史》，北京：中華人民大學出版社，1987年。

高長虹：〈論雜交說〉，《狂飆》，1926年10月17日第2期，頁46-54。

高軍、王檜林、楊樹標主編：《無政府主義在中國》，長沙：湖南人民出版社，1984年。

高娟：〈從《大同書》看康有為的社會福利思想〉，《唐山師範學院學報》，2007年5

月第29卷第3期，頁73-75。

高菊村、陳峰、唐振南、田余糧：《青年毛澤東》，北京：中共黨史資料出版社，1990年。

高瑞泉編：《中國近代社會思潮》，上海：華東師範大學出版社，1997年。

高銛：〈戀愛獨立〉，《學藝雜誌》，1921年第3卷第4期，頁1-16。

凌叔華：《凌叔華小說集1》，台北：洪範書店，1984年。

浪漫：〈結婚是否必需相當的儀式〉，《婦女雜誌》，1924年第10卷第12號，頁1877-1878。

秦福銓：《博古和毛澤東及中華蘇維埃共和國的領袖們》，香港：大風出版社，2009年。

賁小麗：〈清末民初江浙地區女性婚姻價值觀研究〉，陝西師範大學碩士學位論文，2006年4月。

區健強：〈傅立葉的「救世妙方」——情欲引力學說〉，《華南師範大學學報》，1986年第4期，頁109-115。

國風：〈無能則無為——奇書《無能子》〉，《中華文化畫報》，2008年第1期，頁28-29。

康有為：《大同書》，北京：華夏出版社，2002年。

康有為：《大同書》，台北：龍田出版社，1979年。

康有為：《康南海自編年譜》，北京：中華書局，1992年。

康有為著、朱維錚編校：《康有為大同論二種》，北京：三聯書店，1998年。

張九海：《執著的烏托邦追求》，北京：新華書店，2011年。

張允侯、殷敘彝、洪清祥、王雲開編：《五四時期的社團》，北京：三聯書店，1999年。

張功臣：《民國報人：新聞史上的隱秘一頁》，山東：山東畫報出版社，2010年。

張杰：〈金蘭契研究〉，《中國社會歷史評論》，2005年，頁207-222。

張武、張豔國、喻承久：《社會主義思潮史話》，北京：社會科學文獻出版社，2000年。

張南琛、宋路霞：〈被孫中山稱為「奇人」的張靜江〉，《山西老年》，2007年第12期，頁12-13。

張枬、王忍之編：《辛亥革命前十年間時論選集》，北京：三聯書店，1963年。

張若名（署名「一峯」）：〈現代女子認怎樣的解放為滿意？〉，《婦女日報》，1924年3月16-18日。

張若名（署名「三六」）：〈「急先鋒」的女子〉，《覺悟》，1920年1月，頁1-10。

張素貞：《毀家憂國一奇人：張人傑傳》，台北：近代中國出版社，1981年。

張耆孫：〈羅素婚姻論述評〉，《東方雜誌》，1935年第32卷第17號，頁94-98。

張國棟、李秀領：《中國婚姻家庭的嬗變》，台北：南天書局，1996年。

張國燾：《我的回憶》，北京：東方出版社，1998年。

張崧年：〈男女問題〉，《新青年》，1919年3月15日第6卷第3號，頁320-324。

張崧年：〈羅素與人口問題〉，《新青年》，1920年4月1日第7卷第4號，頁7-8。

張煥：〈師復——「劉師復」——劉師培〉，《讀書》，1993年第2期，頁146-147。

張寧、申松梅：〈無政府主義與周作人留日期間的創作〉，《現代語文》，2010年第5期，頁76-78。

張鳴：《歷史的底稿：晚近中國的另類觀察II》，北京：中國檔案出版社，2006年。

張慰慈（署名「慰慈」）：〈女子解放與家庭改組〉，《每周評論》，1919年8月10日第34號。

張履謙（署名「謙弟」）：〈「尾巴」的尾巴〉，《新女性》，1928年8月第3卷第8號，頁877-888。

張履謙（署名「謙弟」）：〈非戀愛與其他〉，《新女性》，1928年11月第3卷第11號，頁1237-1248。

張履謙（署名「謙弟」）：〈非戀愛與戀愛〉，《新女性》，1928年5月第3卷第5號。

張履謙（署名「謙弟」）：〈我所認為新女子者〉，《新女性》，1926年11月第1卷第11號，頁804-812。

張履謙（署名「謙弟」）：〈近代已婚婦人解放論〉，《新女性》，1927年2月第2卷第2號，頁159-164。

張履謙（署名「謙弟」）：〈近代的兩性結合〉，《新女性》，1928年11月第3卷第11號，頁1258-1262。

張履謙（署名「謙弟」）：〈通信〉，《新女性》，1927年8月第2卷第8號，頁915。

張履謙（署名「謙弟」）：〈戀愛貞操新論〉，《新女性》，1927年5月第2卷第5號，頁525-531。

張履謙（署名「謙弟」）：《婦女與社會》，上海：光明書局，1929年。

張錫勤：《中國近代思想史》，哈爾濱：黑龍江人民出版社，1988年。

張寶明：〈陳獨秀與劉師培：秀才們演繹的傳奇人生〉，《中華讀書報》，2002年9月18日第5版。

張競生：〈一個寒假的最好消遣法〉，《京報副刊》，1926年第403期。

張競生：〈情愛與美趣的社會〉，《京報副刊》，1925年第259期。

張競生：〈答覆「愛情定則的討論」（下篇）〉，《晨報副刊》，1923年6月22日。

張競生：〈新淫義與真科學〉，《新文化》，1927年1月第1期，頁104-108。

張競生：〈徵求性史的討論──張競生答金滿成〉，《京報副刊》，1926年第418期。

張競生：《性史1926》，台北：大辣出版社，2005年。

張競生著、張培忠輯：《美的人生觀：張競生美學文選》，北京：三聯書店，2009年。

張競生著、張培忠輯：《浮生漫談──張競生隨筆選》，北京：三聯書店，2010 [2008]年。

張繼（署名「反」）：〈國粹之處分〉，《新世紀》，1908年4月25日第44號。

張灝：〈轉型時代中國烏托邦主義的興起〉，《新史學》，2003年6月第14卷第2期，頁1-42。

張灝：《危機中的知識份子：尋求秩序與意義》，北京：新星出版社，2006年。

張灝等著：《晚清思想》，台北：時報文化，1980年。

情僧：〈非「禮」勿言性：下體解放婚家路〉，《華人性權研究》，2014年3月1日總第6期，頁31-32。

情僧：〈給我一個談愛做愛都不穩的未來〉，苦勞網，2013年10月23日，http://www.coolloud.org.tw/node/76367。

戚維翰：〈結婚是否必需相當的儀式〉，《婦女雜誌》，1924年第10卷第12號，頁1881-1882。

戚維翰：〈離經叛道〉，《幻洲》，1927年3月16日第10期，頁461-465。

曹舒平、李小夢：〈「木石前盟」和「金玉良緣」悲劇的必然性〉，《邵陽學院學報》，2007年第4期，頁111-113。

曹聚仁：《天一閣人物譚》，上海：上海人民出版社，2000年。

梁啟超：《清代學術概論》，台中：文聽閣圖書，2010年。

梁啟超：《飲冰室合集・文集》，北京：中華書局，1989年。

梁啟超：《新民說》，台北：中華書局，1978年。

梁啟超輯：《中西學門徑書七種》，廣州；廣州出版社，2015年。

梁景和：〈五四時期的「廢婚主義」〉，《二十一世紀》，1999年6月總第53期，頁56-62。

梁景和：〈五四時期社會文化嬗變論綱──以婚姻、家庭、女性、性倫為中心〉，《人文雜誌》，2009年第4期，頁142-148。

梁景和：〈民國初期「家庭改制」的理論形態〉，《江海學刊》，2002年第2期，頁156-161。

梁景和：〈論五四時期的家庭改制觀〉，《遼寧師範大學學報》，1991年第4期，頁70-74。

梁景和：〈論清末的「家庭革命」〉，《史學月刊》，1990年第1期，頁45-50、27。

梁景和：《五四時期社會文化嬗變研究》，北京：人民出版社，2010年。

梁景和：《近代陋俗文化嬗變研究》，北京：首都師範大學出版社，1998年。

梁景時：〈論民初至五四時期的「家庭革命」〉，《晉陽學刊》，1994年第6期，頁99-106。

梁道祥：〈革命青年的戀愛觀〉，廣州《民國日報‧新時代》，1926年5月14日第15期。

梅生編：《中國婦女問題討論集》，上海：上海書店，1989年。

梅鶴孫著、梅英超整理：《青溪舊屋儀徵劉氏五世小記》，上海：古籍出版社，2004年。

清華大學亞太／文化研究室等：《「置疑『婚姻家庭連續體』國際工作坊」會議論文集》，2009年12月11-12日。

清華大學性別與社會研究室：《「婚姻文化面面觀」座談會會議手冊》，2004年3月27日。

章太炎（署名「太炎」）：〈五無論〉，《民報》，1907年9月25日第16號，頁1-22。

章太炎（署名「太炎」）：〈國家論〉，《民報》，1907年10月25日第17號，頁1-14。

章太炎（署名「太炎」）：〈駁神我憲政說〉，《民報》，1908年6月10日第21號，頁37-47。

章炳麟：《訄書》，北京：華夏出版社，2002年。

章錫琛：〈我的戀愛貞操觀〉，《新女性》，1927年5月第2卷第5號，頁533-536。

章錫琛：〈駁陳百年教授「一夫多妻的新護符」〉，《莽原》，1925年5月第4期，頁8-13。

章錫琛：〈新性道德是什麼〉，《婦女雜誌》，1925年1月第11卷第1號。

章錫琛編：《新性道德討論集》，上海：開明書店，1925年。

章鐵民（署名「鐵民」）：〈關係「婚姻問題」的兩封信〉，《民國日報‧覺悟》，1920年4月10日。

許文堂：〈向警予與中共早期婦女運動〉，《近代中國婦女史研究》，1994年6月第2期。

許文驪：〈康有為大同說對毛澤東的影響〉，《電子科技大學學報》，2000年第1期，頁82-84。

許秀雯：〈台灣人權之路與同（跨）性婚姻入法公聽會〉，台灣伴侶權益推動聯盟，2013年11月19日，http://tapcpr.wordpress.com/2013/11/22/20131119。

許秀雯：〈多元成家，草根立法〉，台灣伴侶權益推動聯盟網站，2013年2月21日，http://tapcpr.wordpress.com/2013/02/21。

許秀雯：〈每日一報——「毀家廢婚」究竟是什麼意思？〉，台灣伴侶權益推動聯盟網站，2013年9月22日，http://tapcpr.wordpress.com/2013/09/22。

許風霜：〈近代中國「兒童公育」思想的發展與影響〉，《幼兒教育》（教育科學版），2007年第7、8期，頁90-93。

許慧琦：〈「娜拉」在中國：新女性形象的塑造及其演變（1900s~1930s）〉，國立政治大學歷史研究所博士論文，2001年。

許慧琦：〈《婦女雜誌》所反映的自由離婚思想及其實踐——從性別差異談起〉，《近代中國婦女史研究》，2004年12月第12期。

許慧琦：〈低潮中的另闢蹊徑？——從Emma Goldman在中國的譯介談北伐前後無政府主義者的性愛論述〉，發表於「第八屆國際青年學者漢學會議——近現代報刊與文化研究學術研討會」，國立政治大學中文系，2009年3月14日。

許慧琦：〈愛瑪・高德曼（Emma Goldman）及其《大地之母》（Mother Earth）月刊的行動宣傳：以其跨國網絡與性別論述為例〉，《中國近代婦女史研究》，2012年12月，頁107-166。

連柏翰：〈不婚不家六問六答〉，苦勞網，2013年10月23日，http://www.coolloud.org.tw/node/76101。

郭化若（署名「炮兵」）：〈駁祖儉君的革命與戀愛〉，《廣州民國日報》，1926年5月12日。

郭正昭、王樹槐、林載爵、呂芳上：《嚴復・康有為・譚嗣同・吳敬恆》，台北：臺灣商務印書館，1999年。

郭冰茹：〈「新家庭」想像與女性的性別認同——關於現代女性寫作的一種考察〉，http://www.zwwhgx.com/content.asp?id=2883。

郭廷以：《太平天國史事日誌》，台北：商務印書館，1976〔1946〕。

郭彥伯：〈「○○○○」作為一種實踐或立場〉，《華人性權研究》，2014年3月1日總第6期，頁33-34。

郭彥伯：〈「毀家廢婚」作為一種實踐、立場與運動資源的重新佈署〉，苦勞網，2013年10月23日，http://www.coolloud.org.tw/node/76577。

郭彥伯：〈從伴侶制重新思考共同生活的可能〉，《應用倫理評論》，2015年4月第58期，頁159-174。

郭海軍：〈辛亥革命前後的江亢虎社會主義思想〉，《河北理工大學學報》，2007年2月第7卷第1期，頁186-190、193。

郭真：《社會問題大綱》，上海：平凡書局，1922年。

郭院林、程軍民：〈保守與激進：劉師培思想歷程分析〉，《石河子大學學報》，

2008年2月第22卷第1期，頁56-60。

陳玉剛編：《中國翻譯文學史稿》，北京：中國對外翻譯出版公司，1989年。

陳光興、孫歌、劉雅芳編：《重新思考中國革命》，台北：台灣社會研究雜誌社，2010年。

陳奇：〈信仰支撐的崩坍——劉師培墮落原因再探〉，《史學月刊》，2002年第6期，頁52-56。

陳奇：〈劉師培的倫理學〉，《貴州社會科學》，2003年1月第1期，頁57-60。

陳東原：〈關於「廣東的不落家和自梳」〉，《新女性》，1927年1月第2卷第1號，頁203-206。

陳南青：〈民國奇人張靜江〉，《上海消防》，2002年第4期，頁70-71。

陳宣昭：〈現代女子的苦悶問題〉，《新女性》，1927年1月第2卷第1號，頁29-30。

陳品卿：〈莊子三十三篇真偽考辨〉，《師大學報》，1984年第29期，頁339-367。

陳威伯：〈戀愛與性交〉，《新女性》，1926年8月第1卷第8號，頁567-574。

陳重伊：《中國婚姻家庭非常裂變》，北京：中央編譯出版社，2005年。

陳相因：〈論《家庭與共產政府》一文的生成、翻譯與傳播——1924年以前柯倫泰在新俄羅斯、蘇聯與中國〉，《近代中國婦女史研究》，2011年12月第19期，頁2-3。

陳原：《隧道的盡頭是光明抑或光明的盡頭是隧道》，北京：商務印書館，2002年。

陳訓慈（署名「陳叔諒」）：〈託爾斯泰誕生百周紀念——託翁的生涯與他的思想一瞥〉，《東方雜誌》，1928年第25卷第19號，頁41-57。

陳國強：〈評大革命時期的張靜江〉，《江海學刊》，1994年第6期，頁139-145。

陳雪嶺：〈《閑話揚州》與作者易君左其人〉，《民國春秋》，1998年第4期，頁44-48。

陳逸婷：〈捍衛異性戀單偶家庭 各派宗教聯手出擊〉，苦勞網，2013年9月18日，http://www.coolloud.org.tw/node/75664。

陳逸婷：〈酷兒毀家，從位置出發〉，苦勞網，2013年10月23日，http://www.coolloud.org.tw/node/76368。

陳萬雄：《五四新文化的源流》，北京：三聯書局，1992年。

陳漢楚編著：《社會主義在中國的傳播與實踐》，北京：中國青年出版社，1984年。

陳碧蘭（署名「陳碧雲」）：〈家庭的破滅與婦女解放〉，《東方雜誌》，1933年第30卷第7號，頁16-22。

陳碧蘭（署名「陳碧雲」）：〈現代家庭制度的各派主張之檢討〉，《東方雜誌》，1936年第33卷第1號，頁488-500。

陳碧蘭（署名「陳碧雲」）：〈評羅素的婚姻觀〉，《東方雜誌》，1936年第33卷第3號，頁112-118。

陳碧蘭（署名「陳碧雲」）：〈論婦女職業與愛倫凱的女性復興〉，《女青年月刊》，1933年第12卷第9期，頁6-7。

陳碧蘭（署名「陳碧雲」）：《婦女問題論文集》，上海：中華基督教女青年會全國協會，1935年。

陳碧蘭：《早期中共與托派——我的革命生涯回憶》，香港：天地圖書，2010年。

陳碩文：〈想像唯美——《幻洲》中的都市書寫與文化想像〉，《中國現代文學》，2007年6月第11期，頁67-90。

陳慧文：〈二十世紀初中國毀家廢婚的思想初探〉，《立德學報》，2007年12月第5卷第1期，頁114-128。

陳慧文：〈恩格斯《家庭、私有制與國家的起源》在中國的兩篇早期譯文初探〉，發表於「第三屆中國譯學新芽研討會——書寫中國翻譯史」，收錄於《「書寫中國翻譯史」第三屆中國譯學新芽研討會》，香港中文大學，2008年12月18至20日，頁29-52。

陳慧文：〈晚清「新人」、「新社會」之追求中的家庭論述〉，《「置疑『婚姻家庭連續體』國際工作坊」會議論文集》，新竹：清華大學亞太／文化研究室等，2009年12月11-12日，頁131-162。

陳慧文：〈廢婚、廢家、廢姓：何震的「盡廢人治」說〉，收入丁乃非、劉人鵬編：《置疑婚姻家庭連續體》，新北市：蜃樓出版社，2011年，頁69-89。

陳慧文：〈盧隱的女同性愛文本〉，國立清華大學中文研究所碩士論文，2002年。

陳慧道：《康有為〈大同書〉研究》，肇慶：廣東人民出版社，1994年。

陳德徵：〈性愛的價值〉，《婦女雜誌》，1922年8月第9號。

陳德徵：〈家族制度的破產觀〉，《婦女雜誌》，1921年5月第7卷第5號，頁6-10。

陳潔：〈說長道短劉師培〉，《炎黃春秋》，2000年第1期，頁71-73。

陳醉雲：〈個性本位的戀愛〉，《新女性》，1928年12月第3卷第12號，頁1407-1413。

陳學昭：〈「現代女子苦悶」的尾聲〉，《新女性》，1927年3月第2卷第3號，頁353-355。

陳學昭：〈給男性〉，《新女性》，1926年12月第1卷第12號，頁900。

陳學昭：《時代婦女》，上海：女子書店，1932年。

陶成章：《浙案紀略》，出版地不詳，1916年。

陶菊隱：《籌安會「六君子」傳》，北京：中華書局，1981年。

麥惠庭：《中國家庭改造問題》，上海：商務印書館，1930 [1929]年。

傑人：〈覺悟！〉，《新婦女》，1920年8月1日第3卷第3號，頁23-40。

黃士安：〈她（褚問鵑）生於1896年（屬猴）〉，http://blog.tianya.cn/blogger/post_read. asp?BlogID=174799&PostID=18324221。

黃易宇：〈向警予：我黨第一女委員〉，《北京青年報》，2001年4月28日。

黃嘉：〈故褚問鵑女史行誼〉，http://blog.tianya.cn/blogger/post_read.asp?BlogID=174799&PostID=18268059。

傅大為：《知識、權力與女人》，台北：自立晚報，1993年。

傅國湧：〈火一樣燃盡自己的師復〉，《西湖》，2006年第9期，頁60-65。

傅斯年（署名「孟真」）：〈萬惡之原〉，《新潮》，1919年12月第1卷第1號，頁124-128。

善同文教基金會編：《章太炎與近代中國學術研討會論文集》，台北：里仁書局，1999年。

喬健：《惠東人研究》，福州：福建教育出版社，1992年。

渭三：〈結婚是否必需相當的儀式〉，《婦女雜誌》，1924年第10卷第12號，頁1876-1877。

彭小妍：〈性啟蒙與自我解放：性博士張競生與五四的色慾小說〉，《文藝理論研究》，1995年第4期，頁46-53。

彭拔勛：〈愛情定則的討論　十一〉，《晨報副刊》，1923年5月26日，第4版。

彭明主編：《從空想到科學：中國社會主義思想發展的歷史考察》，北京：中國人民大學出版社，1991年。

惲代英（署名「待英」）：〈英哲爾士論家庭的起原〉，《東方雜誌》，1920年10月10日第17卷第19號，頁50-55、1920年10月25日第17卷第20號，頁67-71。

惲代英：《惲代英文集》，北京：人民出版社，1984年。

惲代英：《惲代英日記》，北京：中共中央黨校出版社，1981年。

慨士：〈同性愛和婚姻問題〉，《婦女雜誌》，1925年5月第11卷第5號，頁727-729。

慨士：〈廣東的「不落家」和「自梳」〉，《新女性》，1926年12月第1卷第12號，頁937-942。

華林：〈社會百話（十一）廢除家庭〉，《民國日報‧覺悟》，1919年7月25日。

曾盈瑜：〈不再當陌生人　同志籲婚姻合法〉，《中時電子報》，2013年11月17日，http://www.chinatimes.com/realtimenews/20131117002171-260405。

曾國藩：《曾國藩全集》，長沙：岳麓書社，1985-1994年。

曾榮：〈太平天國的權宜謀劃——再析太平天國婚姻家庭政策〉，《魅力中國》，

2009年第35期，頁129-130。

曾琦：〈婦女問題與現代社會〉，《婦女雜誌》，1924年1月1日第8卷第1號。

游鑑明、羅梅君、史明一主編：《共和時代的中國婦女》，台北：左岸文化，2007年。

游鑑明：〈千山我獨行：廿世紀前半其中國有關女性獨身的言論〉，《近代中國婦女史研究》，2001年8月第9期，頁125-187。

湖北大學中國思想文化史研究所主編：《中國文化的現代轉型》，武漢：湖北教育出版社，1995年。

湯志鈞：〈《大同書》手稿及其成書年代〉，《文物》，1980年第7期，頁58-65。

湯志鈞：〈再論《大同書》的成書年代及其評價〉，《廣東社會科學》，2004年第4期，頁12-19。

湯志鈞編：《章太炎政論選集》，北京：中華書局，1977年。

焦霓、郭院林：〈《天義報》宗旨與劉師培、何震的婦女解放論〉，《雲夢學刊》，2010年7月第31卷第4期，頁36-41。

甯應斌（署名「卡維波」）：〈同性戀／性工作的生命共同體──理論的與現實的連帶〉，《性／別研究》，1998年第1、2期合刊《性工作：妓權觀點》專號，頁264-310。

甯應斌（署名「卡維波」）：〈後1130的同婚政治〉，《華人性權研究》，2014年3月1日總第6期，頁34-40。

甯應斌（署名「卡維波」）：〈為何同性戀平權不是同婚的有效理由？──兼論剩餘認可〉，《應用倫理評論》，2015年4月第58期，頁57-68。

甯應斌（署名「悲筆」）：〈誰來終結婚姻〉，《島嶼邊緣》，1995年第14期，頁61-65。

甯應斌：〈同性婚姻面面觀──專題導言〉，《應用倫理評論》，2015年4月第58期，頁1-12。

甯應斌：〈婚姻文化座談會引言──主流婚姻的另類觀察〉，《「婚姻文化面面觀」座談會會議手冊》，新竹：清華大學性別與社會研究室，2004年3月27日，頁11-14。

舃誨詮次：〈世界小家庭主義之趨勢〉，《進步》，1915年第7卷第4期，頁1-7。

紫瑚：〈現代的男女爭鬪〉，《婦女雜誌》，1923年2月第9卷第2號，頁1-6。

覃忠群：《奇異事物溯源》，南寧：廣西民族出版社，1988年。

費正清、劉廣京編：《劍橋中國晚清史》，北京：中國社會科學院，1993年。

逸民：〈辛亥革命時期中國人婚姻家庭觀念的變遷〉，《中華文化論壇》，2001年4月，頁7-12。

馮友蘭：《中國哲學史》，上海：神州國光，1933年。

馮友蘭：《中國哲學簡史》，北京：北京大學出版社，1985年。

馮自由：《革命逸史》，北京：中華書局，1981〔1848〕年。

馮契主編：《中國近代哲學史》，上海：人民出版社，1989年。

馮軍、李冰等編著：《共青團工作全書》，北京：中國青年出版社，1992年。

黃石：〈性的「他不」〉，《新女性》，1928年7月第3卷第7號，頁755-779。

黃凌霜（署名「凌霜」）：〈托爾斯泰之平生及其著作〉，《新青年》，1917年第3卷第4號，頁1-9。

黃嫣梨：〈張若名與五四時期的天津婦運〉，《近代中國婦女史研究》，1993年6月第1期，頁19-34。

新民社編：《清議報全編》，台北：文海出版社，1986年。

新潮社編：《蔡孑民先生言行錄》，上海：上海書店，1990年。

楊天石：《尋求歷史的謎底：近代中國的政治與人物》，北京：首都師範大學出版社，1994年。

楊在道：〈中國第一位法國女博士——張若名〉，《中國比較文學通訊》，1991年2月第15期。

楊孝臣：〈空想社會主義者——傅立葉〉，《日本學論壇》，1981年第2期，頁45-48、21。

楊沒累：《沒累文存》，上海：泰東圖書局，1929年。

楊芳燕：〈激進主義、現代情境與中國無政府主義之崛起〉，《臺大歷史學報》，2004年6月第33期，頁365-397。

楊堃：〈家族、婚姻發展史略說〉，《北師大學報》，1982年第10期，頁33-44、53。

楊梅：〈唐代尼僧與世俗家庭的關係〉，《首都師範大學學報》，2004年第5期，頁20-26。

楊雅彬：《中國社會學史》，濟南：山東人民出版社，1987年。

楊開智等：《憶楊開慧烈士》，南昌：江西人民出版社，1978年。

楊嘯伊：〈戀愛與革命問題——駁祖儉君〉，廣州《民國日報・新時代》，1926年5月14日第15期。

楊曉明：《梁啟超文論的現代性闡釋》，成都：四川民族出版社，2002年。

楊鐘鍵：〈通信——兒童公育〉，《新青年》，1902年第8卷第1號，頁403-405。

楊繼繩：《中國改革開放二十年》上卷，北京：中央編譯出版社，1998年。

業露華：《中國佛教倫理思想》，上海：上海社會科學院出版社，2000年。

經盛鴻：〈辛亥革命中一位風雲文人的浮沉——劉師培三次思想劇變述論〉，《民國

檔案》，2001年第4期，頁57-65。

經盛鴻：〈張繼〉，《民國檔案》，1993年第1期，頁132-138。

經盛鴻：〈論劉師培的三次思想變化〉，《東南文化》，1988年第2期，頁83-89。

葆華：〈廢除婚姻問題的討論（二）〉，《民國日報・覺悟》，1920年5月11日。

葉至善、葉至誠、葉至美編：《葉聖陶集》，江蘇：江蘇教育出版社，1987年。

葉霞翟：《婚姻與家庭》，台北：台灣省婦女寫作協會，1959年。

葉靈鳳：《永久的女性》，廣州：花城出版社，1999年。

葉靈鳳（署名「亞靈」）：〈新流氓主義（四）我們的性愛觀念〉，《幻洲》，1926
　　年11月16日第4期，頁138-142。

葛懋春、蔣俊、李興芝編：《無政府主義思想資料選》，北京：北京大學出版社，
　　1984年。

賈蕾：〈論愛瑪・高德曼的女性主義對巴金的影響〉，《西南民族大學學報》，2005
　　年12月第26卷第12期，頁44-47。

路哲：《無政府主義史稿》，福州：福建人民出版社，1990年。

遊鑑明、羅梅君、史明主編，洪靜宜等譯：《共和時代的婦女》，台北：左岸文化，
　　2007年。

鄒振環：〈20世紀轟動中國的《互助論》〉，《民國春秋》，1995年第6期，頁11-13。

雷前友：〈試析傅立葉對文明制度道德的批判〉，1987年第4期，頁23-27。

靳明全：《攻玉論：關於20世紀初期中國政界留日生的研究》，重慶：重慶出版社，
　　1999年。

廖金龍：〈論毛澤東對社會主義的認識與探索〉，《嘉應大學學報》，1994年第1期，
　　頁11-15。

漢一：〈毀家論〉，《天義報》，1907年7月第4號。

熊明輝、呂有云：〈論柏拉圖對理想國的畢生追求〉，《廣西大學學報》，2008年第3
　　期，頁12-18。

熊秉真、張壽安等著：《情欲明清──達情篇》，台北：麥田出版社，2004年。

熊培雲：〈民國「另類筆戰」：要不要廢除婚姻和家庭？〉，《政府法制》，2010年9
　　月第27期，頁22-23。

熊培雲：〈要不要廢除婚姻和家庭？──民國的一場「另類筆戰」〉，《同舟共
　　進》，2010年第3期，頁26-28。

熙素：〈兒童公育〉，《新女性》，1929年6月第4卷第6號，頁759-777。

蒲察：〈對於新戀愛問題的解答〉，《新女性》，1928年12月第3卷第12號，頁1425-
　　1426。

褚民誼（署名「民」）：〈四續普及革命〉，《新世紀》，1907年11月23日第23號。

褚民誼（署名「民」）：〈申論民族民權社會三主義之異同再答來書論新世紀發刊之趣意〉，《新世紀》，1907年7月27日第6號。

褚民誼（署名「民」）：〈普及革命〉，《新世紀》，1907年11月30日第24號。

褚民誼（署名「民」）：〈無政府說〉，《新世紀》，1908年1月25日第31號-1908年5月16日第47號。

褚民誼（署名「靡君」）：〈絕婚配以解私團體〉，《新世紀》，1908年2月22日第35號，頁3。

褚鈺泉主編：《悅讀MOOK》第16卷，南昌：二十一世紀出版社，2010年4月。

臧世俊：《康有為大同思想研究》，廣州：廣東高等教育出版社，1997年。

趙泓：《中國人的烏托邦之夢：新村主義在中國的傳播及發展》，台北：秀威資訊，2014年。

趙炎才：〈世紀更替與「公德」「私德」的近代重構——以梁啟超和劉師培為中心〉，《重慶師院學報》，2003年第1期，頁66-71。

趙炎才：〈倫理重構中的時代性與超越性——劉師培倫理道德思想析論〉，《貴州師範大學學報》，2001年第3期，頁49-52。

趙炎才：〈略述劉師培的家族制度思想及其倫理近代化觀〉，《學術研究》，2004年第11期，頁89-94。

趙炎才：〈劉師培近代「私德」「公德」思想述論〉，《安徽師範大學學報》，2002年11月第30卷第6期，頁721-725。

趙炎才：〈劉師培無政府主義倫理道德思想析論〉，《江海學刊》，2001年第2期，頁139-143。

趙俊欣等譯：《傅立葉選集》，北京：商務印書館，1979年。

趙慎修：《劉師培評傳》，北京：中國文史出版社，1998年。

趙穎霞：〈李石曾的政治思想及實踐活動述評〉，《保定學院學報》，2009年3月第22卷第2期，頁133-136。

齊衛平：〈五四運動前後馬克思主義在中國傳播的兩個階段比較研究〉，《河南師範大學學報》，2003年第30卷第5期，頁100-105。

劉人鵬：〈二十世紀初中國之毀家廢婚論〉，《「置疑『婚姻家庭連續體』國際工作坊」會議論文集》，新竹：清華大學亞太／文化研究室等，2009年12月11-12日，頁107-129。

劉人鵬：〈家庭與性的公與私〉，回應溝口雄三〈公私〉，收入陳光興、孫歌、劉雅

芳編：《重新思考中國革命》，台北：台灣社會研究雜誌社，2010年，頁96-99。

劉人鵬：〈從二十世紀初中國「毀家」、「廢婚」論談起〉，發表於文化研究學會2008年年會：「樂‧生‧怒‧活：風格運動、生活政治與私眾社會」之「性態，家庭與宗教權力之轉化」圓桌論壇，台北：文化大學，2008年1月6日。

劉人鵬：〈晚清毀家廢婚論與親密關係政治〉，收入丁乃非、劉人鵬編：《置疑婚姻家庭連續體》，新北市：蜃樓出版社，2011年，頁33-68。

劉人鵬：〈章太炎的「神經病」：作為生存位置與革命知識情感動能〉，《文化研究》，2013年春季第16期，頁81-124。

劉人鵬：《近代中國女權論述——國族、翻譯與性別政治》，台北：台灣學生書局，2000年。

劉大杰：〈托爾斯泰及其夫人答HK〉，《長風》，1929年第5期，頁94-102。

劉中剛：〈師復與中國的無政府主義〉，《炎黃春秋》，1998年第6期，頁64-65。

劉少杰：〈中國社會學的價值追求與理論視野〉，《吉林大學社會科學學報》，2006年第6期，頁66-72。

劉文：〈婚權無法解決的同志困境——為何我反對婚權平等運動？〉，苦勞網，2013年7月3日，http://www.coolloud.org.tw/node/74833。

劉文：〈酷兒左翼「超英趕美」？「同性戀正典化」的偏執及臺灣同志運動的修復詮釋〉，《應用倫理評論》，2015年4月第58期，頁101-128。

劉以鬯編：《香港文學作家傳略》，香港：市政局公共圖書館，1996年。

劉永生：〈何震的無政府主義思想初探〉，《貴州師範大學學報》，2003年第1期，頁69-71。

劉永濟：〈（九）托爾斯泰誕生百年紀念〉，《學衡》，1928年第65期，頁43-63。

劉立善：《日本白樺派與中國作家》，瀋陽：遼寧大學出版社，1995年。

劉正剛、喬素玲：〈近代中國女性的獨身現象〉，《史學月刊》，2001年第3期，頁147-149。

劉半農：〈南歸雜感〉，《新青年》，1918年第5卷第2號，頁117-129。

劉志文：《廣東民俗大觀》，廣州：廣東旅遊出版社，1993年。

劉志文、嚴三九：《中國民俗大系——廣東民俗》，蘭州：甘肅人民出版社，2002年。

劉玨、毛建東：〈沙利‧傅立葉的「和諧社會」思想研究〉，《唐山師範學院學報》，2010年1月第32卷第1期，頁98-101。

劉師培（署名「申叔」）：〈人類均力說〉，《天義報》，1907年7月10日第3號。

劉師培（署名「申叔」）：〈苦魯巴特金學術述略〉，《天義報》，1907年11月30日第11-12號合刊、1907年12月30日第13-14號合刊，頁45-52。

劉師培（署名「申叔」）：〈無政府主義之平等觀〉，《天義報》，1907年7月25日第
　　4號、8月10日第5號、9月15日第7號。

劉師培：〈論中國家族壓制之原因〉，《警鐘日報》，1904年4月13日。

劉師培：《劉申叔先生遺書》，台北：華世出版社，1975年。

劉師培：《劉師培全集》，北京：北京中央黨校出版社，1997年。

劉師培：《倫理教科書》，寧南武氏排印本，1936年。

劉海鷗：〈康有為《大同書》中的婚姻家庭倫理思想初探〉，《船山學刊》，2005年
　　第1期，頁58-59、70。

劉經菴編：《歌謠與婦女》，上海：商務印書館，1928年。

劉義生：〈張靜江評析〉，《史學月刊》，1992年第6期，頁103-110。

劉聖宜：〈師復主義及其評價之我見〉，《華南師範大學學報》，1999年第1期，頁
　　92-98。

劉慧英：〈女權啟蒙與民族國家話語〉，北京：清華大學文學博士論文，2006年4月。

劉慧英：〈消失在歷史迷霧中的「女界革命」——何震和《天義報》〉，《文史知
　　識》，2011年第3期，頁5-13。

劉慧英：〈從女權主義到無政府主義——何震的隱現與《天義》的變遷〉，《中國現
　　代文學研究叢刊》，2006年第2期，頁194-213。

劉濤：〈以小說為中國立法——蔡元培《新年夢》解〉，《漢語言文學研究》，2010
　　年第4期，頁64-70。

輩英：〈結婚到底是什麼〉，《民國日報・覺悟》，1920年5月16日。

輩英：〈結婚做什麼？〉，《民國日報・覺悟》，1920年5月26日。

輩英：〈廢除婚制問題的討論（一）〉，《民國日報・覺悟》，1920年6月1日。

廣東省政協文史資料研究委員會：《廣東風情錄》，廣州：廣東人民出版社，1987年。

樓桐孫：〈中國家制的過去與未來〉，《東方雜誌》，1931年第28卷第2號，頁13-25。

歐金林：〈留取丹心照汗青——館藏新發現的楊開慧手稿試讀〉，《湖南省博物館館
　　刊》，2006年12月第三期，頁459。

歐陽健：〈評蔡元培的《新年夢》和陸士諤的《新中國》〉，《明清小說研究》，
　　1990年第1期，頁193-205。

歐陽健：《晚清小說史》，杭州：浙江出版社，1997年。

潘允康：《家庭社會學》，重慶：重慶出版社，1986年。

潘光旦：〈姓，婚姻，家庭的存廢問題〉，《新月》，1931年第2卷第12期，頁1-22。

潘光旦：〈過渡中的家庭制度（下）〉，《華年》，1936年第5卷第34期，頁651-653。

潘光旦：《中國之家庭問題》（上海：上海書店，1990 [1928]年）。

潘忠榮：〈曲徑通幽處──也談寶玉出家〉，《合肥學院學報》，2006年第3期，頁 60-63。

潘漢年：〈性愛漫談〉，《幻洲》，1926年11月16日第4期，頁143-160。

蔚克水（署名「克水」）：〈巴枯甯傳略〉，《新青年》，1919年5月第6卷第5號，頁 538-541。

蔡元培：〈現代女子的苦悶問題〉，《新女性》，1927年1月第2卷第1號，頁53。

蔡元培：《蔡子民自述》，南京：江蘇人民出版社，1999年。

蔡元培：《蔡元培先生言行錄》，廣益書店，1932年。

蔡元培著、高平叔編：《蔡元培全集》，北京：中華書局，1984年。

蔡尚思：《中國禮教思想史》，香港：中華書局，1991年。

蔡尚思：《蔡元培學術思想傳記》，台北：蒲公英出版社，1986年。

蔡明憲：〈跨宗教愛護家庭聯盟　籲勿修法毀家廢婚〉，《基督教論壇報》，2013年9 月11日，http://www.ct.org.tw/news/detail/2013-02435。

蔡玫姿：〈發現女學生：五四時期通行文本女學生角色之呈現〉，國立清華大學中文 研究所碩士論文，1998年。

蔣俊、李興芝：《中國近代的無政府主義思潮》，濟南：山東人民出版社，1990年。

蔣俊：〈太虛法師與「佛教社會主義」〉，《山東大學學報》，1991年第2期，頁79- 85。

蔣美華：〈辛亥革命前夕婚姻家庭新觀念〉，《山西大學學報》，1995年第4期，頁 22-27。

蔣美華：《20世紀中國女性角色變遷》，天津：天津人民出版社，2008年。

蔣維喬：〈民國教育總長蔡元培〉，《教育雜誌》，1912年1月第3卷第10期，頁10- 20。

蔭：〈愛倫凱的自由離婚及其反對論〉，《婦女周刊》，1925年第17期，頁130-133。

鄧子美、陳衛華：《太虛大師傳》，西寧：青海人民出版社，1999年。

鄧之誠、謝興堯等編：《太平天國資料》，台北：文海出版社，1976年。

鄧天矞（署名「天矞」）：〈婦女──舊奴隸與新奴隸〉，《新女性》，1927年10月 第2卷第10號，頁1029-1035。

鄧天矞（署名「天矞」）：〈婦女與家事〉，《新女性》，1928年2月第3卷第2號，頁 125-131。

鄧天矞、盧劍波：《新婦女的解放》，上海：泰東圖書局，1928年。

鄧偉志、徐新：《家庭社會學導論》，上海：上海大學出版社，2006年。

鄧偉志、徐榕：《家庭社會學》，北京：中國社會科學出版社，2001年。

鄧偉志、張岱玉編著：《中國家庭的演變》，上海：人民出版社，1987年。

鄧偉志：《近代中國家庭的變革》，上海：上海人民出版社，1994年。

鄭大華、鄒小站編：《西方思想在近代中國》，北京：社會科學文獻出版社，2005年。

鄭永福、呂美頤：〈中國近代婚姻觀念的變遷〉，《中華女子學院學報》，1991年第1
　　期，頁28-33。

鄭全紅：《中國家庭史・第5卷民國時期》，廣州：廣東人民出版社，2007年。

鄭在贏編：《傳記散文英華》，武漢：湖北人民出版社，1998年。

鄭霞：〈龍門出土李元珪紀德幢、尼澄璨尊勝幢讀後〉，《敦煌研究》，2010年第2
　　期，頁38-42。

鄭麗君：〈台灣人權之路與同（跨）性婚姻入法〉，立法院全球資訊網，http://www.
　　ly.gov.tw/03_leg/0301_main/dispatch/dispatchView.action?id=50123&lgno=00100&sta
　　ge=8。

鄭曦原、李方惠：《通向未來之路：與吉登斯對話》，成都：四川人民出版社，
　　2002年。

魯太愚：《紅樓夢人物論》，台南：大孚出版社，2000年。

魯迅：《二心集》，上海：魯迅全集出版社，1941年。

魯迅：《兩地書》，北京：人民出版社，1952年。

魯迅：《墳》，北京：人民出版社，1951年。

魯迅：《魯迅全集》，北京：人民文學出版社，1981年。

魯統彥：〈唐代僧尼理想角色標準略析〉，《首都師範大學學報》，2008年第5期，頁
　　36-40。

魯統彥：〈從「出家無家」到出家而有「家」──唐代僧尼孝道倫理現象略析〉，
　　《臨沂師範學院學報》，2008年8月第30卷第4期，頁77-81。

黎潔華：〈師復的姓〉，《學術研究》，1981年第4期，頁22。

黎濛：《家庭問題》，上海：泰東圖書局，1929年。

盧劍波（署名「劍波」）：〈我所認為新女子者〉，《新女性》，1926年11月第1卷第
　　11號，頁818-826。

盧劍波（署名「劍波」）：〈性愛與友誼〉，《新女性》，1928年7月第3卷第7號，頁
　　733-741。

盧劍波（署名「劍波」）：〈非戀愛與戀愛貞操〉，《新女性》，1927年8月第2卷第8
　　號，頁835-847。

盧劍波（署名「劍波」）：〈談「性」〉，《新女性》，1928年8月第3卷第8號，頁
　　872-875。

盧劍波（署名「劍波」）：〈論性愛與其將來的轉變〉，《新女性》，1928年12月1日
　　第3卷第12號，頁1347-1362。

盧劍波編：《戀愛破滅論》，上海：泰東圖書局，1928年。

賴麗芳：〈非「禮」勿言性，師生／失聲禁言〉，《華人性權研究》，2014年3月1日
　　總第6期，頁30-31。

賴麗芳：〈農村＋貧窮＋酷兒＝我不配〉，苦勞網，2013年10月23日，http://www.
　　coolloud.org.tw/node/76488。

錢玄同：《錢玄同日記》，福州：福建教育出版社，2002年。

錢穆：《中國近三百年學術史》，台北：商務印書館，1996 [1937]年。

鮑家麟：《中國婦女史論集》，台北：稻鄉出版社，1993年。

鮑煥彬：〈心的空漠〉，《漢口民國日報》，1927年1月19日。

龍實秀：〈對於新戀愛問題的我見〉，《新女性》，1928年12月第3卷第12號，頁
　　1422-1424。

勵鄉夫：〈論兒童公育〉，《女子月刊》，1936年第4卷第2期，頁23-25。

戴清亮、李良瑜、榮民泰等著：《社會主義學說史》，北京：人民出版社，1987年。

謝文華：〈同性婚姻　平權、毀家兩派激辯〉，《自由時報》，2013年11月19日。

鍾賢培主編：《康有為思想研究》，廣東：廣東高等教育出版社，1988年。

鞠普（荷蘭來稿）：〈禮運大同釋義〉，《新世紀》，1908年3月14日第38號。

鞠普：〈人類原始說〉，《新世紀》，1908年3月21日第39號。

鞠普：〈大同釋疑〉，《新世紀》，1908年4月4日第41號。

鞠普：〈男女雜交說〉，《新世紀》，1908年4月11日第42號。

鞠普：〈毀家譚〉，《新世紀》，1908年5月30第49號。

鞠普：〈論習慣之礙進化〉，《新世紀》，1908年6月6第50號。

韓興鈗：〈結婚是否必需相當的儀式〉，《婦女雜誌》，1924年第10卷第12號，頁
　　1879-1880。

鴻儒：〈同居紀念〉，《幻洲》，1927年3月16日第10期，頁486-490。

簡至潔：〈台灣人權之路與同（跨）性婚姻入法公聽會〉，台灣伴侶權益推動聯盟，
　　2013年11月19日，http://tapcpr.wordpress.com/2013/11/22/20131119。

簡至潔：〈敬請支持，婦女團體發起連署「廢除通姦罪」！〉，2010年6月30日，
　　http://blog.chinatimes.com/OUNIDSLOVE/archive/2010/06/30/513527.html。

聶玉海：〈讀《禮記·禮運》——紀念恩格斯《家庭、私有制和國家的起源》發表一
　　百周年〉，《殷都學刊》，1984年第2期，頁20-31。

藍志先：〈藍志先答胡適書〉，《新青年》，1919年4月15日第6卷第4號，頁398-413。

顏健富：〈晚清新小說的「烏托邦」視野〉，國立政治大學中文研究所博士論文，
　　2008年。

羅志杰：〈我的父親——羅敦偉〉，《46園地》，2009年5月。

羅敦偉：〈家庭生活的民主化——社會的home〉，《家庭研究》，1921年第1卷第1號。

羅敦偉：《中國之婚姻問題》，上海：大東書局，1931年。

羅敦偉：《五十年回憶錄》，台北：中國文化，1952年。

羅敦偉：《社會主義史》，北京：北平大學俄文法政學院講義，1931年。

羅爾綱、韓品崢、李武緯編：《太平天國印書》，南京：江蘇人民出版社，1979年。

羅蘇文：《女性與近代中國社會》，上海：上海人民出版社，1996年。

羅耀久：〈辛亥革命準備時期的思想解放波瀾〉，《學術月刊》，1980年第5期。

譚家健：〈《列子》的理想世界〉，《中國文學研究》，1999年第3期，頁27-33。

譚備戰：〈孫中山和蔣介石心目中的張靜江〉，《黨史文苑》，2007年第19期，頁40-
　　44。

譚嗣同：《仁學》，北京：華夏出版社，2002年。

譚嗣同：《譚嗣同全集》，台北：華世出版社，1977年。

贊寧、范祥雍點校：《宋高僧傳》，北京：中華書局，1987年。

關威：〈五四時期張競生的婦女問題思想〉，《中華女子學院學報》，2006年第18卷
　　第3期，頁78-82。

關啟文：〈「婚姻平權」的反思〉，《應用倫理評論》，2015年4月第58期，頁13-56。

隴西約翰編：《蔡元培先生言行錄》，上海：廣益書店，1932年。

嚴冰、魏林：《中國婚姻史》，台北：文津出版社，1994年，頁308-309。

盧隱：《東京小品》，台北：九思出版社，1978年。

嚴思祺：〈台灣多元成家修法　正反雙方上街拚場〉，BBC中文網，2013年11月30日，
　　http://www.bbc.co.uk/zhongwen/trad/china/2013/11/131130_taiwan_gay_marriage.shtml。

嚴恩椿：《家庭進化論》，北京：商務印書館，1917年。

嚴棣：〈心影〉，《新婦女》，1920年7月1日第3卷第1號，頁19-40。

寶寶：〈兩性間的搭布〉，《新女性》，1926年8月第1卷第8號，頁561-566。

蘇曼殊：《曼殊全集》，上海：北新書局，1929年。

蘇殿遠：〈民國奇人張靜江〉，《縱橫》，1999年第11期，頁34-36。

釋太虛：《太虛大師全書·雜藏第19編二　文叢》，台北：太虛大師全書影印委員
　　會，1970年。

鐘世娟：〈論中國近代無政府主義之家族觀〉，《南通紡織職業技術學院學報》，
　　2005年12月第5卷第4期，頁31-35。

顧均正：〈結婚與戀愛事件〉，《新女性》，1929年1月第4卷第1號，頁93-110。

顧頡剛：〈現代女子的苦悶問題〉，《新女性》，1927年1月第2卷第1號，頁58。

顧肇彝：〈通信〉，《建設》，1919年11月第1卷第4號，頁836。

顧艷：〈亦商亦官張靜江〉，《作家》，2002年第3期，頁24-27。

聽濤：〈廢除家庭制度與解放婦女的途徑〉，《玲瓏》，1935年第5卷第39期，頁3333-3335。

社會科學類　PF0331　讀歷史153

當華屋坍塌
——二十世紀前期中國的毀家廢婚論
（1900s~1930s）

作　　者 / 陳慧文
責任編輯 / 孟人玉
圖文排版 / 楊家齊
封面設計 / 吳咏潔
封面完稿 / 李孟瑾

發 行 人 / 宋政坤
法律顧問 / 毛國樑　律師
出版發行 / 秀威資訊科技股份有限公司
　　　　　114台北市內湖區瑞光路76巷65號1樓
　　　　　電話：+886-2-2796-3638　傳真：+886-2-2796-1377
　　　　　http://www.showwe.com.tw
劃撥帳號 / 19563868　戶名：秀威資訊科技股份有限公司
　　　　　讀者服務信箱：service@showwe.com.tw
展售門市 / 國家書店（松江門市）
　　　　　104台北市中山區松江路209號1樓
　　　　　電話：+886-2-2518-0207　傳真：+886-2-2518-0778
網路訂購 / 秀威網路書店：https://store.showwe.tw
　　　　　國家網路書店：https://www.govbooks.com.tw

2023年12月　BOD一版
定價：650元
版權所有　翻印必究
本書如有缺頁、破損或裝訂錯誤，請寄回更換

Copyright©2023 by Showwe Information Co., Ltd.
Printed in Taiwan
All Rights Reserved

讀者回函卡

國家圖書館出版品預行編目

當華屋坍塌：二十世紀前期中國的毀家廢婚論
(1900s-1930s)/陳慧文著. -- 一版. -- 臺北市：
秀威資訊科技股份有限公司, 2023.12
　　面；　公分. -- (社會科學類；PF0331)(讀
歷史；153)
　　BOD版
　　ISBN 978-626-7346-04-4(平裝)

　　1.CST: 婚姻制度 2.CST:論述分析 3.CST:中國

544.3092　　　　　　　　　　　　112009119